王中江著作系列

第10卷

严复与福泽谕吉启蒙思想比较

王中江　著

商务印书馆
创于1897 The Commercial Press

图书在版编目（CIP）数据

严复与福泽谕吉启蒙思想比较 / 王中江著. -- 北京：商务印书馆，2024. --（王中江著作系列）. -- ISBN 978-7-100-24149-6

Ⅰ. B256.5；B313.4

中国国家版本馆 CIP 数据核字第 2024U10C98 号

王中江著作系列（第 10 卷）

严复与福泽谕吉启蒙思想比较

王中江　著

商　务　印　书　馆　出　版

（北京王府井大街 36 号　邮政编码 100710）

商　务　印　书　馆　发　行

北京虎彩文化传播有限公司印刷

ISBN 978-7-100-24149-6

2024 年 9 月第 1 版　　开本 710×1000　1/16

2024 年 9 月北京第 1 次印刷　　印张 25¾

定价：150.00 元

总　序

想在这个世界上留下一点什么的人们，会将他们所认定的事情作为重要之事来对待。以学术为志业的人们，想在不同领域中成为一位真正的学者，同样也会将自己所从事的学术之业视为重要之事，这也意味着他喜欢这种事务，乐在其中。这没有设定他应该和必须达到何种程度。不管我们的愿望和期望是高是低，我们获得的结果都是一个自然的过程，时间和积累是这一个过程的主要见证者。瞬间超越很动听，但只有在一个临界点的意义上这句话才是一个真理。怀特海说的“瞬间没有超越”，关注的是过程，这很符合他过程哲学的特性。中国哲人在这方面的智慧是“大器晚成”和“美成在久”，晚和久的时间性都是自我实现的关键要素。

世界上确实有一些天才，在同样的环境和同样的心力之下，他们也许容易早成。历史上中国魏晋时代的王弼早逝，但此时他已成为两部伟大经典——《周易》和《老子》——著名的注释家，由此他也成就了自己的哲学家身份。世界上可能没有比他更早成的哲学家了。晚清带着圣人情结的康有为，属于天才式人物，他对自己的学问、学说有一种唯我独尊的自负，称“吾学三十岁已成，此后不复有进，亦不必求进”。他的弟子梁启超以对比的方式说他的老师太有成见，他自己则是太无成见。他不断变化，总是“不惜以今日之我，难昔日之我”。他所说的“难”，如果不是否定式的今是昨非，而是不断扩大自己的学术天地和升华自己的学术境界，那么每个人的学术就只有延长线，没有终止符，这正合乎俗语学无止境一词的意义。

没有人会否定世界广大无限，学问广大无限，新知广大无限；没有人会不赞成庄子说的“计人之所知，不若其所不知”。这也是为什么苏格拉底将追求智慧看成是“认识自己的无知”，为什么老子说“知不知，尚矣”，为什么学问家们、思想家们和科学家们，总是对知识、学问和思想保持着开放性，为什么波普尔为自己的自传加了一个“无尽的探索”（*Unended Quest: An Intellectual Autobiography*）的主标题，为什么一般情况下越有学问的人越谦虚，越有自信的人越会不自伐、不自是和不自彰。学术和科学的精神就是人类要在一切事物面前保持谦卑。大器早成或晚成没有固定的时间点，甚至就像庄子说的成与不成都不好确定。只是在一个十分相对的意义上，我们才可以说，有的人早成，有的人晚成。大多数人不太早，也不太晚。我的偏见是，人学到什么时候，他就老到什么时候。相比于学问的无限性，我们在知识和学问世界中的所得十分有限。人的自信也就来源于这十分有限的东西。

对于做任何值得自己做的事的人来说，他躲进的不是什么象牙塔，他坐的也不是什么冷板凳。动辄指责别人不到什么地方去的人肯定会批评老子说的“不出户，知天下；不窥牖，见天道。其出弥远，其知弥少”，但《老子》第四十一章就同时也对这种人做了回应：“下士闻道，大笑之。不笑不足以为道。”在学术探索过程中，人们何时留出点时间，想想自己都做了什么、留下了什么，若不是一个严肃的安排，往往带有随机性。有的人很年轻时，就开始为自己写自述。如流亡日本时的康有为四十岁就为自己写了《我史》，后来的胡适也有《四十自述》。如果有人能计算出准确时间，为自己写“我的前半生”，他写得越晚，就越需要拉长他生命的长度。说到这里，我想谈一点有关自己的小故事。虽已年过数十载，我仍不想用什么篇幅为自己写一个自述。为这一著作系列的出版写一个总序，也不是一个合适的地方。直到出版社催促我时，我才意识到总要说点什么，但说什么令我犹豫。

我们这一代人很可能就像殷海光说的那样先天不良、后天不足。我和 20 世纪 50 年代来到这个世上的人们一样，出生于“跃进”时期，生活在大锅饭、人不容易活下来的灾害严重的时期，成长在动乱无法在学校安静学习的时期。幸运的是，因改革开放新时期的到来，我们这一代人也终于有了通过考试进入大学之门的机会，这是改变我们这一代人生不逢时命运的最大契机，我也有机会从村里到了城里。我曾自号汝州山人、山顶洞人，准确说是山下洞人。经历了高中毕业担任公办代课老师后，我于 1979 年考上了郑州大学。入学时我进入的是政治系，一年后哲学系成立，又到了哲学系。学士学位论文写的是有关王阳明哲学的评价问题，指导老师是冯憬远先生。我于 1983 年入北大哲学系读中国哲学的硕士研究生，导师是楼宇烈先生，硕士论文的主题是考察金岳霖知识论中的“意念论”（ideational theory）。1986 年，我开始在北大哲学系攻读博士学位，也算是当时较早的博士研究生，导师为张岱年先生。中间有幸到东京大学游学一年多，指导老师是户川芳郎先生。在日本的这一经历，也为我留下了师生之谊和同窗之谊，每当想起沟口雄三、池田知久、土田健次郎、菅野博史、坂元弘子、小岛毅、村田雄二郎、马渊昌也、中条道昭、久保田、高柳信夫、李良、陈力卫等先生和同仁时，总会在脑海里浮现一些难忘的故事。特别是和马渊昌也同仁同甘共苦，忧乐共鸣。

从 1989 年在北大博士毕业到现在，我从事中国哲学这一领域的研究工作已有三十多年了。三十多年对我们有限的生命来说算是很长了，但面对学术的无限性来说又太短，我所做的工作还太少。我也有了不知老之将至的感觉，不时说现在的自己是忘年忘月忘日。晚年的孔子对他的一生有一个在世界上可称得上是最小的自传：“十有五志于学，三十而立，四十而不惑，五十而知天命，六十而耳顺，七十而从心所欲，不逾矩。”从孔子的自传来看，他对自己的人生很满足啊。他没有为他仕途上的挫折而郁郁寡欢。如果他看到了司马迁对他的赞美，他也会深感欣慰吧！（“天下君王至于贤人众矣，当时则荣，没则已焉。孔子布衣，传十余世，学者宗之。自天子王侯，中国言‘六艺’者折中于夫子，可谓至圣矣！”）

现在不时有人评论说，孔子很不幸，他是一位失败者。我很不赞成这种评论。如若孔子在仕途上很得志，那么我们今天面对的孔子就有可能完全是另一番景象了。同样，当时庄子如果接受楚国的盛情去楚国担任令尹，那他能不能留下《庄子》这部不朽的伟大著作就会成为一个疑问。老子的一个智慧之言说：“物或损之而益，或益之而损。”失之东隅、收之桑榆的形象化说法，可以抽象表达为“得到的是失去的补偿”。什么都想要的人，是要把整个世界都变成他自己的，这是权力垄断者的绝对特权。这种人不喜欢开放和价值多元的社会。但具有包容心的人，都希望生活在一个开放和价值多元化的社会中。在这种社会中，人能够自由、自主地去选择某种东西，去做自己想要做的事情，他也乐意接受他选择的结果。套用孔子的人生自传，我调侃自己说，截止到目前，我的人生历程是：十五未志于学，三十未立，四十而惑，五十不知天命，六十耳不顺。由此类推，七十很可能是从心所欲就逾矩，但我乐意接受一个这样的自己。把我没有进入仕途视为最大遗憾，决非仅是家乡人才有的看法，但我从来不这样想，也从来没有这种奢侈的愿望。我没有问过父母的想法，我只知道，他们从来没有给我说我应该走另外的路。我的爱人苑淑娅一直默肯我的选择，一直帮助我，这是我人生快慰的主要来源之一。

对于中国哲学这一领域的探索，我主要在两个方向上展开。一个是早期中国哲学，更具体说是作为中国哲学源头的东周子学，这又多集中于儒家、道家和出土文献的哲学思想上；一个是作为中国哲学新近流变的近代哲学。在这两条战线上，我主要围绕很远的中国过去和很近的中国近代展开讨论，尝试追问和探寻近代中国的困境所在和突围之道，尝试解释和揭示早期中国哲学的突破、内在精神和气质。不管这种求解和给出的答案是否或多大程度上接近于我的期望。

历史有重要转变的时刻。在这种时刻，社会有巨大的变迁，伴随着混乱和失序，新的各种可能性和新颖性不断展开。人们常说殷周之变和唐宋之变。但两周（从西周到东周）之变、成周秦汉之变（从东周到秦汉）、清季民国之变（从清末到民国）等，也都是中国历史上的特殊时刻。清季民国之变是从旧文明帝国向新文明民族国家转变的时期，是引入世界新文明和建立充满活力的新秩序的时期。但在最实质的转变上，这一过程困难重重。

近代中国哲学同近代中国社会政治革新有着强烈的互动关系。新的学术体制建立，按照学术自身的要求而走向思想的学院化、体系化，在一些人物上表现出来，就有了清末知识人和行动者严复、康有为、章太炎、孙中山等，有了新文化运动知识人胡适、陈独秀、梁漱溟、李大钊等，后来又有了学院派哲学家张东荪、熊十力、冯友兰、金岳霖、唐君毅和张岱年等。对严复、金岳霖两位哲学家的专门考察，我先后著有《严复与福泽谕吉——中日启蒙思想比较》（河南大学出版社1991年修订版，中国人民大学出版社2020年版）、《理性与浪漫》（河南人民出版社1993年版）、《金岳霖学术思想评传》（合著。北京图书馆出版社1998年版）、《严复》（东大图书股份有限公司1997年版）等。此外，我还专门考察了自称为“五四之子”的殷海光，著有《万山不许一溪奔——殷海光评传》（水牛图书出版事业有限公司1997年版；大陆版题名为《炼狱——殷海光评传》，群言出版社2003年版），收入这一著作系列中的有《世界巨变：严复的角色》（题名略改）、《严复与福泽谕吉启蒙思想比较》（题名略改）和《理性与浪漫——金岳霖的生活和哲学》。另收入的还有《从古典到现代：观念和人物》，这是过去和新近一些论题和人物思想的讨论。

近代中国巨变在一些观念上表现出来，就是古典的人文和文化普遍主义思维方式在很大程度上被引向了力量上的自强主义思维方式。

新的进化主义世界观扮演了既解释中国近代危机又提供变革动力和方向的双重角色。在学院派和体系化的思想中，中国主要是从英美的经验主义、新实在论和逻辑分析主义，还有英美法的生命主义中发展出近代中国思想，而不像日本那样主要是摄取德国哲学并发展出近代日本哲学，这形成了一种对照；中国近代之后难以建立新的政治权威而产生许多混乱，日本近代重建了政治权威而又走向绝对主义，这又适成一种对照。近代中国思想中对民主、自由、平等、公理等观念的热衷，同近代中国政治权威的建立难以融合。30 年代民主与独裁的争论，就反映了这种冲突。

近代中国思想整体上是在固有思想和西方思想及日本媒介等关系中展开的，它把处理过去与现在关系的古今模式转变为中西模式、新旧模式或传统与现代模式，把处理内部自我与外部他者关系的夷夏模式转变为中国与世界模式，或者通过展现自身固有思想和智慧的独特性，或者通过使西方思想和智慧融会到自身之中，以使自己获得思想上的新生。由此来看，所谓现代中国意识危机、所谓西化主义对文化保守主义、所谓启蒙与救亡的双重变奏等概括，所看到的不过是近代中国思想中的表象而不是实质。对近代中国转变的研究，我以主题和专题先后展开著有《进化主义在中国》（首都师范大学出版社 2002 年版；增订版题为《进化主义在中国的兴起——一个新的全能式世界观》，中国人民大学出版社 2010 年版）、《近代中国思维方式演变的趋势》（四川人民出版社 2008 年版；中国人民大学出版社 2018 年增订版）、《自然和人：近代中国两个观念的谱系探微》（商务印书馆 2018 年版）等。在这几部著作中，我致力于探讨近代中国建立的新的进化主义世界观、新的自强主义思维方式，致力于揭示近代中国思想如何既内在于古代思想而又有超越古代思想的一些新的特性。

殷周之变是政治反抗和文武革命的结果。两周之变虽非易朝换代，虽因周名，但其实则为日新。这是西周天子体系动摇和瓦解的过程，是诸侯列国力政兴起和强大的过程；是西周封建制、采邑制、世袭制、身份等级制衰落的过程，是郡县制、官僚制和身份平等制萌生和强化的过程；是井田制、公田制萎缩的过程，是授田制和私田制扩大的过程；是士者失官、官学式微、礼崩乐坏的过程，是士人大流动、私学子学隆盛和文化繁荣的过程。东周子学革命，是“三代”文明、文化和思想长期积累的结果。东周是中国历史上最有创造性的时代，它造就了各种哲学，造就了中国哲学之后的源头活水。真正认识东周哲学和思想的内在性，比我们想象的要困难得多，这也是产生不准确判断和误读的原因之一。

澄清早期中国哲学文本、准确揭示其内在性意蕴的渴求，因新出土简帛的大量发现和新方法、新视角的引入而被增强。在东周子学的探索方向上，我对贯通性的论题有所考察，重点是道家、黄老学及其相关的出土文献研究，是儒家及其相关的出土文献的研究。有关这方面的著作有《道家形而上学》（上海文艺出版社 2001 年版）、《简帛文明与古代思想世界》（北京大学出版社 2011 年版。2015 年中华书局出版的《出土文献与道家新知》和 2020 年孔学堂书局出版的《出土文献与早期儒家的美德伦理学》则是其分编本）、《儒家的精神之道和社会角色》（中华书局 2015 年版）、《道家学说的观念史研究》（中华书局 2015 年版；其中收入《道家形而上学》列为“上编”）、《根源、制度和秩序》（中国人民大学出版社 2018 年版）、《宇宙、天下和自我：早期中国的世界观》（中国人民大学出版社 2023 年版）等。收入这一著作系列的有《简帛时代与早期中国思想世界》（分上下两卷；题名略变）、《根源、制度和秩序：从老子到黄老学》、《道家形而上学及其展开》（题名略变）和《儒家的精神之道和社会角色》。

单就出土简帛而言，我展开了四个方面的研究，一是根据郭店楚简《太一生水》、上博简《恒先》和《凡物流形》等文献，认识和把握周秦宇宙生成模式的丰富性以及所构想的宇宙生成各层次的内涵；二是从上博简《鲁邦大旱》《鬼神之明》和《三德》等资料出发，揭示随着周秦时代人文意识、人事作用的扩大，此前的宗教信仰和祭祀礼仪如何在被弱化的同时又以不同面貌表现出来的复杂情形；三是从马王堆帛书《黄帝四经》、睡虎地秦简《为吏之道》、郭店楚简《唐虞之道》、上博简《从政》等文献出发，探讨在周秦时代和社会历史条件下思想家提出的治理国家和天下的公共理性、规范的多种形态；四是从郭店简《性自命出》《五行》《穷达以时》等资料出发，考察周秦时代的思想家通过“内外”“身心”“天人”等关系建立德性伦理的过程和方式。在这四个方面的研究中，我主要运用把新出土资料与传世文献结合起来的方法，以确定这些文献在周秦思想史中的恰当位置并克服以往根据通行本进行研究存在的局限，努力究明出土资料为中国古代思想世界带来的变化，关注这些新的思想资源对当代中国和世界的意义。

战国竹简文献除了像《周易》《老子》等有传世本外，大多数是千古未知的佚文。像《黄帝四经》《五行》，即使有相应的记载，但它们的真面目过去一直是个谜。它们的重见天日，完全称得上是奇迹。子学传世文献与佚文之间的关系，也许可用早期中国哲学、思想的干流和支流关系来解释。流传下来的一般来说是重要的，没有被流传下来的也许不都那么重要。《论语》《墨子》《孟子》《老子》《庄子》《荀子》等代表的是早期中国哲学和思想的主流，而战国简多为佚文，不管多么重要，相对来说它代表的或许是早期中国哲学和思想的支流。从战国简帛中，我发现中国思想在源头上就与西洋思想形成了鲜明的对比。如战国简进一步证明中国形而上学和宇宙观既是存在论又是生成论，而不同于西洋的构成论和本质主义。战国出土资料中没有明显的逻辑方面的思想史资料，与此也是一致的。中国的生育式宇宙观，能够促使东方建立一种新的生态形而上学。把战国出土资料中的身心、性情、天人、禅让、穷达等一系列论题同古希腊思想关注的数、灵魂、理念、第一因等论题相比，都能看出两者的差异，这就要求研究者更加注意中国思想与西洋思想之间的差异性。

对于截止到目前我所做的工作，如果问自己是否满意，那很难简单用是或否来回答。坦率地说，自己也不是评定自己的合适人选。如果允许我说一句，那可以这样说：既满意，又不满意。在学术上，我还算专心和专一；所做的一些研究，可能也有学术上的贡献和意义；但我的生活习惯有些从心所欲，工作时间也不好用严格的时段来计算，这可能是所做工作没有达到我所期望的程度的主要原因。现在的时间被分割得更厉害，不时繁忙得真可以说是无所事事。历史上确实有一些全身心投入、专注于哲学志业的人。康德的生活和工作方式大家知道。现代中国的一些哲学家们，都有自己比较严格的生活方式和工作方式，比如冯友兰先生、金岳霖先生和张岱年先生。他们能够排除外部的干扰，又能够严格约束自己。想想自己还期望对中国哲学做出某种整体性的刻画，还期望在哲学上提出自己的某种见解，而目前所做的工作还不到一半，真是任重而道远，虽然这只是对自己设定的目标。为此，特别需要凝神做减法，但在目前的情况下，做减法越来越难，这竟成了考验我们的意志是否坚定的试金石。

在学术追求和探讨的历程中，我要特别感谢张岱年先生，在我开始从事哲学事务的工作之后，他也一直关心和帮助我。我要特别感谢陈鼓应先生，在我的学术之路上，他一直厚爱我。一些师长如冯友兰、朱伯崑、汤一介、许抗生、杜维明、安乐哲、许全兴、余敦康、蒙培元、李学勤、卢中锋、耿云志、姜广辉、孙长江、刘鹗培等先生，也使我多受教益。从事学术活动，我从不感到孤独和寂寞。回想一件事，在没有来北京工作之前，我不时从郑州到北京参加学术活动，多承友人王博同仁的盛情款待，我们一起讨论学术，有时是同陈鼓应先生一起。至今还记得很清楚，有一天下午，我和同仁王博坐在北大图书馆南门外的长椅上。当时那里是绿茵茵的草地，夕阳之下，我们谈论哲学，谈论我在《道家文化研究》上刊出的《存在自然论》，他给予鼓励并说我适合谈谈哲学。这是我引以为珍贵的一个鼓励。遗憾的是，在这个路线上，我步履缓慢，也因此让厚爱我的余敦康先生不满。最近几年，围绕“关系”“关联”和“普遍相关性”等关键词我开始了建立“关系世界观”的尝试，陆续发表了部分论文，也受到同仁王博、郑开的关心。但进展依然有些缓慢。原因之一是在中国，立一家之言意义上的“做哲学”只是一个业余，我的哲学专门和方向是“中国”哲学，是中国固有用语中的诸子学、玄学、义理学，现在完全可以叫作道术学、明道学或明哲学。不管有没有翻译和借用源于西方的“哲学”一词对研究中国诸子学无关紧要，因为多少世纪以来中国古典学术中一直有这方面的“实有”和“实在”（人物、文本、经典和学说）。

列入这一著作系列之中的著作，此前曾在不同出版社出版，大都有后记。这些后记记载了这些著作的一些相关事项。现在将这些著作汇合起来作为系列出版，我不再为每部著作新写后记，而是保留原版的后记并略作改动。

我希望这一著作系列的出版，能够成为中国学术从革命年代的荒芜到新时期恢复和重建的一个小小的印证。破坏一个世界非常容易，建设一个世界十分艰难，如果是对人类文明的真正建设。四十年来中国学术的重建来之不易，中国学术的自立、独立和创发来之不易。我们必须珍惜和捍卫学术这项志业的纯朴性、纯洁性和纯真性。

人们从事的各项事务伴随着人与人之间情感的音符，也因这种情感而变得愉悦和美妙。这一著作系列的出版，留下了一些重要的记忆和情谊，令人感怀和感铭。我要感谢商务印书馆执行董事顾青和总编辑陈小文，感谢他们将这一著作系列列入出版计划，我要感谢友人黄藤先生、朱陈松先生和荀君厉先生的帮助，感谢李婷婷、冷雪涵、董学美、李南男、赵星宇和于娜等各位同仁为这一著作系列的编辑和出版付出的辛劳，感谢叶树勋、吕存凯、常达、李秋红、高源、冯莉、张翊轩、孙雨东、汪柔竹、张可佳、马克和程鹏源等后学助力这一著作系列的校对。

最后，庄子的智慧“来世不可待，往世不可追”，令人闲适有所损，孔子的智慧“往者不可谏，来者犹可追”，令人精进有所益。

序

中日两国的文化联系历史悠久。在历史上，日本的思想文化是在中国的思想文化的深刻影响下发展起来的。中国的儒学是日本儒学的渊源，中国佛学的经典也是日本佛学的经典，这些都是显而易见的历史事实。善于吸取外邦的文化成就，却成为日本的优良传统。进入近代以来，日本经过明治维新，经济、文化取得飞跃性发展，成为东亚的一个强国。相形之下，中国的戊戌变法失败了，后来虽然经过辛亥革命、五四运动等除旧开新的历史巨变，但经济、文化的进展却依然迟缓。近代日本迅速前进，近代中国迟缓落后，其原因何在？这是一个值得研讨的问题。

日本明治维新前后涌现出许多启蒙思想家，中国在 19 世纪末期也涌现了许多启蒙思想家。日本近代的启蒙思想家在社会上起了推动历史进步的实际作用。中国的启蒙思想家却往往历遭艰辛，在冷漠孤寂中度过凄凉的晚年。虽然如此，中国的一些启蒙思想家的历史功绩还是不可埋没的。

王中江同志于 1986 年在北京大学哲学系攻读博士研究生学位，并到日本进修一年，对于中日两国的近代思想进行了广泛而深入的钻研。他选定中日近代启蒙思想的比较作为研究课题，并以严复与福泽谕吉作为中日两国启蒙思想家的代表。严复是中国近代第一个系统介绍西方哲学社会科学的先进人物，他的《天演论》曾风靡一时，对于中国近代思想的发展产生了巨大的影响。福泽谕吉在日本亦以传播西方近代思潮而知名，为日本近代文化的进步做出了杰出的贡献。将严复与福泽谕吉进行比较，确实抓住了中日近代思想的核心要点。

王中江同志依据比较文化学的观点、方法，将严复与福泽谕吉的哲学思想、历史观、文化观、政治经济思想以及关于语言文字的思想进行了对比，对于许多具体问题都提出了自己的见解；他阅读了严氏与福泽氏的大量著作及相关的历史资料，提要钩玄，发幽阐微，确实有独到之处。这是比较文化研究的新成果，也是对于中日近代思想研究的新贡献。我曾经阅读全部书稿，甚为欣慰，于是略述所感，以为之序。

1989 年 10 月

张岱年序于北京大学

目 录

文化篇——东西文化的视角

思想篇——科学方法与理性领域

实践篇——革新论与教育观及实践

引言

思想文化的比较研究，既要鉴别其异，又要认识其同，以达到全面的、深刻的理解，以实现各个文化圈的互补与互认。比较研究之作用即在于此，我对它抱有一种兴趣亦在于此。

在中国，思想文化的比较研究此前一直比较注重东与西的比较，具体地说，就是集中在中国思想文化与西方思想文化这两大体系上。何以如此？是受理论要求与实践要求的双重驱使。相比之下，后者显得更为迫切。自近代始，西方列强的炮火摧毁了东方紧闭的大门，中国再也抵挡不住滚滚而来的世界潮流，各种西方文化纷至沓来，同中国传统文化的冲突异常尖锐。中国文化能否同西方文化融合，能否更新和重建，能否适应时代的要求，成为重大的理论问题和现实课题。为了求得答案，中西文化的比较研究应运而生，以至于到了今天，还保持着强大的吸引力，成了中国近代以来思想文化领域的一个中心。众多思想家都试图解开中西文化比较之谜，著书立说，十分活跃。总之，中西文化的比较研究成了我们比较研究的中心。只是，在现代，我们应扩大比较研究的地盘和视野，要关切同一文化圈或同一地域中不同国家和民族之间的思想文化比较。就东方来说，中国与印度、中国与日本等都应该成为我们比较研究的重要对象。本书所进行的是中日之间的比较研究。

进行中日思想文化的比较研究，一开始可能会受到两个消极因素的影响。一是认为中日同文同种，有一体的连带感，认为中国文化是曾得到了高度发展的文化，日本文化只不过是中国文化的辐射和投影，缺乏创造性，因而没有比较的必要和价值。这一因素由来已久，现在虽有所淡化，但并未消失。跟这一因素大异其趣，近年来又产生了一个新的因素，即热心关切中日思想文化的比较，其发生的原因主要来自对日本近代化的惊叹。人们常常发问：中国与日本在近代之始有那么多惊人的相似之处，何以日本迅速走向了近代化，一跃成为世界强国，而中国却多灾多难，步履蹒跚，成为第三世界国家？期待中国的现代化，希望从日本奇迹般的成功中寻求借鉴，迫切要求进行中日思想文化的比较。这种愿望很自然，无可责难。但值得注意的是，它却潜伏着不利于进行客观比较的因素。因为，若把日本近代化的成功作为根据，那么就很容易只注目一些有利的事实。相反，如果把中国近代化的挫折作为出发点，那么就很可能只提取一些不利的事实。其结果，对日本来说，所描绘的是独好的、完美的历史形象，而中国也就不足挂齿了。以上所说的两个因素，如果能够加以克服的话，中日思想文化的比较研究就会得到很好的发展。

中日思想文化比较研究的领域是相当广泛的。就传统文化来说，中日佛教，特别是禅宗可以比较；中日儒学，尤其是朱子学、阴阳学也可以进行充分的对比分析。从近代文化来看，中日东西文化论、中日传统文化观、中日近代化等都是很好的比较课题。但就中日学者在这些领域所做的研究工作来看，总的来说还很不够，仍需要研究者去做一些开拓性的工作。

本书的比较范围是中日近代思想文化，具体而言，是抓住中日启蒙思想这一对象，并以严复与福泽谕吉这两位著名启蒙思想家为中心而展开的。中日启蒙思想是中日近代思想文化中一个非常重要的部分，它同中日近代化的历程有密切的关系。比较中日启蒙思想，对把握中日近代思想文化的发展特征，对认识中日传统思想如何转变、更新，对了解中日启蒙思想在中日近代化中产生了怎样的影响，都具有积极的意义和作用。严复与福泽谕吉是中日启蒙思想运动中的两位标志性人物，在中日启蒙思想史上占有十分重要的地位。通过对他们的透视，能展现中日启蒙思想中更多微观的部分，以达到对中日启蒙思想的更具体的把握。

但是，要做到上述几点并不容易。这是因为在中日启蒙思想比较研究这一点上我们还找不到可资借鉴的东西，具体到严复与福泽谕吉更是如此。这样一来，我就感到了要做的事情的困难性，我只能做尝试性的探讨工作。

本书将在中日历史的纵向演变与时代的横向关系这一大背景下，首先对中日启蒙思想的整体做出粗线条的描述，继而在此基础上对严复与福泽谕吉这两位启蒙思想家的启蒙思想进行比较分析。

时代篇——背景与课题

同非常久远的人类诞生相比，人类的文明史还比较短，人类社会的形态也不过数种。看来，从一种社会形态走向另一种社会形态，从一种文明类型发展为另一种文明类型，实在太艰难了。这是因为，它们的发生是人类社会发展中的大转变与飞跃，非经过长期的历史蓄积和演进过程则达不到。而且，社会与文明的转变，并不是在世界各国同时实现的，它明显地表现出不平衡性，显示了社会与文明转变的错综复杂。近代社会的形态是资本主义社会，它首先发生在西欧或西方，并且有一个复杂的过程。文艺复兴、宗教改革开启了西方近代化的先声，之后经过一系列的思想解放运动，自然科学和技术文明的迅速发展以及其在生产上的广泛运用，资本的原始积累，政治上的革新等，终于实现了工业革命，建立起近代资本主义社会。这样，西方世界就要把无穷无尽的力量带到世界的各个角落，去征服，去掠夺，使许多落后的国家沦为殖民地。西方世界也把手伸向了东方，首先是印度，继之是中国和日本，中日近代化的序幕就在西方的挑战之下拉开了。

第一章

时代背景

——东方帝国的危机与抉择

中国和日本同居于世界的东方，是一衣带水的邻邦。这两个东方国家的古代文明都得到了高度的发展，又都有很强的文化民族主义的特征，可以说中国和日本是东方一大一小的两个古国。然而，这两个古国是怎么陷入严重的危机的？

一、中日锁国及其悲剧

北宋哲学家张载有句话："雷霆感动虽速，然其所由来亦渐尔。"[①]此话诚然。中日两国近代的危机既不突然也不偶然，同中日两国近世晚期的闭关锁国有密切的关系。

中国历史上的对外征服，著名者要算是蒙古族统治中国时的元朝。这种征服在别的方面有没有积极意义，暂且不谈，但在打开中西交通、促进中西文化交流这一点上，其意义不可抹杀。随着蒙古帝国的灭亡，明朝成为华夏的正统。明朝在对外关系上发生了两个大事件，一个是郑和（又称三保太监）三次下西洋。[②]据载，郑和下西洋号称有宝船数

---

① ［宋］张载：《正蒙》。

② 古代指马来群岛、马来半岛、印度、斯里兰卡、阿拉伯半岛、东非等地，非今日意义上之欧美各国。

十艘，兵员达万人，气势非凡。这恐怕要使哥伦布、麦哲伦的船队相形见绌了。这一壮举推动了中国造船业和航海业的发展，扩大了中国同外部世界在文化、政治和经济等方面的交流，提高了中国在世界上的地位。再一个是西方传教士来华传教。以此为契机，中国开始对西方有了一定的了解和认识。传教士们带来了西方的技术、器物（摆钟、玻璃等），向中国的精英人士介绍和传播西方的科学文化，这的确使中国上流社会的士大夫们大开眼界。中西交流史主要肇始于此，其也对中国文化产生了一定的积极影响。

但是，这两个历史事件又是在明朝“禁海令”下进行的。郑和下西洋，并非明朝统治者真正要开放，同世界各国往来下去，而主要是为了宣扬国威和巩固皇权。明郑晓的《皇明四夷考·序》中说：“高皇何以有海外之使也？更始也。成祖西洋之艭，不已劳乎？郑和之泛海，胡濙之颁书也，国有大疑焉耳。”说“国有大疑”，就是“成祖疑惠帝亡海外，欲踪迹之，且欲耀兵异域，示中国富强”[①]。传教士们在中国传教，实际上也是在锁国的大门所开的一点缝隙中进行的。传教士们千方百计地投中国士大夫乃至皇上之所好，才勉强得到传教的一席之地。他们受到种种监禁、审查和迫害，其主要原因也在这里。对此，《利玛窦中国札记》中有较详细的记述。[②]清朝建立之后，锁国政策并未彻底改变，只不过时严时松罢了。一些士大夫强烈反对汤若望留任钦天监监正，反对由他负责编修历书。杨光先说：“宁可使中夏无好历法，不可使中夏有西洋人。”[③]康熙帝表现出某种宽容，先是开关，但后又再次海禁。

但围绕着在华传教的“礼仪之争问题”，清帝派人同罗马教廷交

① 《明史》卷三〇四《郑和传》。

② 〔意〕利玛窦、金尼阁：《利玛窦中国札记》上册，何高济、王遵仲、李申译，何兆武校，中华书局1983年版。

③ ［清］杨光先：《不得已·日食天象验》。

涉，得不到妥协，便一气之下传旨给嘉乐："尔教王条约与中国道理大相悖戾。尔天主教在中国行不得，务必禁止。教既不行，在中国传教之西洋人亦属无用。"[①] 结果又使国门紧锁，这一锁就是一百多年。到了1840年，国门再也锁不住了，西方列强蜂拥而至，在炮火之下，中国国门被打开了。

再看一看日本。日本的锁国差不多同中国走了相同的道路。日本在接触西洋文明之前，对外交流的对象主要是中国和朝鲜，并不存在锁国的问题。日本的锁国必须从接触西洋文明时说起。日本与西洋的直接接触，以1543年葡萄牙人（当时称南蛮人）乘船到种子岛，向日本人传授铁炮、弹药及其制造方法开始。之后，日本人同葡萄牙人的接触迅速扩展。铁炮、弹药的制造技术传播到日本各地，有的地方还成了制造中心。武器的更新使日本的兵制为之一变。与此同时，日本的对外贸易也活跃起来。葡萄牙船逐渐增多，九州的诸大名（领主）为追求贸易之利，争先恐后地把葡萄牙人迎接到他们自己的领地。1578年（天正六年），葡萄牙船开始出入相模（相当于现在神奈川县的大部分）的三崎港，同领主北条氏进行贸易活动。在葡萄牙人航行到日本不久，1549年，天主教的耶稣会传教士方济各·沙勿略（Francis Xavier）为了传教，把出入马六甲的日本萨摩武士弥次郎（因杀人罪而逃）作为导游，来到了日本。之后，更多的传教士接踵而至。为了在日本布教，传教士与大名联合起来，可能的话，传教士也会使大名成为教徒。在大名的保护和援助下，大名领地的人们改宗换教。大名们为了确保同葡萄牙人进行贸易，也乐意同传教士联合，允许他们在自己的领地内布教。正如贸易的发展使诸大名得到很多财富从而加强了势力一样，传教士的布教事业在大名的保护下飞快蔓延。某些大名成

① 陈垣编:《康熙与罗马使节关系文书》影印本，1932年版，沈云龙主编:《近代中国史料丛刊续编》第7辑，文海出版社有限公司1974年版，第43页。

了教徒，平民归化的更多，到 1582 年，日本全国将近有 15 万教徒，教堂林立。

传教的迅猛发展，同日本文化产生了许多冲突，并发展为尖锐的对立和斗争。天主教把上帝作为天地万物的主宰，排斥所有其他神的存在，当然包括日本原有的神，这与日本固有的信仰相冲突。同时，耶稣会传教士所代表的葡萄牙君王的力量与日本领主贵族也有了对立。斗争只是时间问题。当时，丰臣秀吉是日本的权臣，他一直是把宗教当作工具加以利用，他一旦感到民众信仰异教对他不利，便加以迫害或禁止。这也是当然之大事。1578 年，他在平定九州之际，就对外国传教士对大名具有强大影响力以及长崎成为了教会领土而感到震惊。又正巧，他在博多久守阵地，要求把大名有马氏领地内的美人带到他的寝室。但不断被选中的都是天主教信徒，她们严守教义。这使丰臣秀吉大为恼火。为了信仰，连女人也敢于反抗国家的权臣，这使他难以想象。丰臣秀吉下达了著名的《伴天连追放令》(伴天连即神父)，说日本乃一神国，天主教则为邪教，绝不能任其自然，命令所有传教士在 20 天内离境。于是禁教开始，锁国拉开了序幕。他禁止传教，下令把传教士驱逐出去，并没收了长崎地区的教会领地。不过，此时日本还没有禁止与葡萄牙的贸易，仍有伪装起来的传教士乘商船来到日本。

日本真正的锁国是在德川家康时代完成的。当时，日本与西洋的贸易达到了全盛，日本海外移民已有一万多人，日本船横渡了太平洋。天主教不仅与大名联合，还深入民间，势力就更大了。这使家康感到天主教思想成了他专制统治的障碍。同时，葡萄牙、西班牙对荷兰人垄断了对日贸易极为不满，企图征服日本，这也引起了家康的戒心。同葡、西的贸易已无必要，对天主教的宽大亦属多余，家康决心禁教，于是杀害教徒，烧毁教堂。禁止中国船之外的其他一切外国船出入日本海，也不许日本人进行海外往来。总之，通过一系列措施和步骤，日本完成了历史上的大锁国。

中日两国的锁国，从直接原因上看，都与天主教有关。在日本，传教事业发展迅速，影响了日本封建势力的绝对统治。同时，日本同西方贸易的发展使土地或庄园的领主（“大名”）强大起来，这也对德川幕府的专制统治不利。于是，统治者推行了锁国的政策。在中国，主要是由礼仪问题引起的。中国本来对贸易不感兴趣，为了防止海盗骚扰，加强海禁亦是自然之势。但是中日锁国，与其经济观念和自我中心意识（不同民族程度不同）也有间接的关系。在中日传统社会，自给自足的自然农业经济是社会经济的主体。在日本，商人处于社会的最底层（士、农、工、商），对外贸易完全被当作一种可有可无的东西。在中国，也有类似的情况。再加上中国物产在一定程度上的丰富性，拒绝对外贸易也可行。乾隆皇帝1793年（乾隆五十八年）在给英王乔治三世的敕书中说：“天朝物产丰盈，无所不有，原不借外夷货物以通有无。特因天朝所产茶叶、瓷器、丝斤，为西洋各国及尔国必需之物，是以加恩体恤，在澳门开设洋行，俾得日用有资，并沾余润。”[①]这样，对外贸易的愿望和动力就消融了。另外，中日锁国还与其自我中心意识有关。它们都视自己的民族是天下和世界的中心，是文明的代表，把其他民族或国家都看作未开化的、野蛮的，看作夷狄之邦。《皇朝文献通考·四夷考一》卷二九三中说：“中土居大地之中，瀛海四环。其缘边滨海而居者，是谓之裔。海外诸国亦谓之裔。裔之为言边也。”山鹿素行称日本为“中央之国”，自夸“本朝得天之正道，得地之中枢”，“虽然四海广大而国家众多”，“但无堪与本朝相比之国土，即使大唐，亦不如本朝之完美”[②]。

---

① 《清高宗实录》卷1435，引自《清实录》第27册，高宗纯皇帝实录（一九），中华书局1986年版，第185页。

② 〔日〕信夫清三郎：《日本政治史》第1卷，周启乾译，上海译文出版社1982年版，第51页。

中日锁国是不幸的，甚至具有悲剧性，断送了外来文化所能给予的刺激因素和活力，使漫长的传统社会得以强化和巩固，使两国失去了从传统社会向近代社会转变的机会。我敢断言，西方各国如果各自都封闭的话，它们也只能在封建社会的道路上行进，资本主义社会不会在它们的领地上降临。西方学界有一种观点，认为1500年是欧洲和世界的转折点，此前是世界影响欧洲，此后则是欧洲影响世界。正是在欧洲开始对世界产生影响的时候，中日都走上了长期的锁国道路。我们看一看日本学者对日本锁国悲剧的认识。日本历史学家井上清说："由于锁国，人们既不懂得促进国内商业发展之道，也不了解经济发展的法则。而且由于锁国，民族独特的文化虽然可以说形成了，但这一独特性是一种从世界孤立出来，在闭锁社会中具有的畸形独特性。日本与海外诸国往来，同时外国人来到日本，日本文化与外来文化进行交流，这才是在积极意义上发展具有民族特点，同时又有世界性的民族文化。"① "锁国使社会停滞，它是造成岛国根性这种排他的、视野狭隘的日本人的根本原因。"② 日本著名学者和辻哲郎也指出，在日本，"文化的活力并不是没有"，但由于锁国，"无限的探求精神、视野扩大的精神就没有得到自觉，或者它在走向自觉的途中被暗杀了。精神上的冒险心在此萎缩了"③。他又说："近世之初，新的科学开始发展以来，欧美人费了三百年的时间，使科学精神渗透到生活的各个角落。而日本民族却在开始发展的途中把国锁了起来，之后二百五十年间，由于国家的权力，遮断了这一近世精神的影响。"④ 他们的分析也适合中国。总而言之，锁国之下，必有其灾；兵临城下，势在攻门。西方列强压境，东方帝国处于空前的危机中。

---

① 井上清（1963）『日本の歴史（上巻）』. 東京：岩波書店，p. 285.

② 同上。

③ 和辻哲郎（1982）『鎖国：日本の悲劇（下巻）』. 東京：岩波書店，pp. 304～305.

④ 同上书，第14页。

二、中日开国及其对应

在西方列强军舰和炮火的压力与进攻之下，中日锁国的大门终于被打开了，不得已被迫开国。中日开国的过程是在一系列不平等条约的签订下进行的，在很大程度上丧失了主体性和选择性。首先是中国，以 1840 年鸦片战争为开端，结果中国溃败，不得已，1842 年中国同英国签订了《江宁条约》(又称《万年和约》《南京条约》)，这是中国近代史上第一个不平等条约。继鸦片战争之后，1856 年，英法联军发动了第二次鸦片战争；1883 年，法国发动了中法战争；1894 年，日本趁火打劫，这个刚刚摆脱了西方列强侵略的国家挑起了中日甲午战争；1900 年，八国联军发动了侵华战争。这些战争都以中国惨败而告终。与失败相伴随的是一系列不平等条约，《天津条约》(1958 年)、《北京条约》(1860 年)、《中法新约》(1885 年)、《马关条约》(1895 年)、《辛丑条约》(1901 年)等相继签订。这些条约使中国陷入了被征服地的深渊，中华民族到了生死存亡的关头。就这样，中国被迫开国。

西方列强打败了中国，使日本大为震惊。日本人万万没有想到，他们很久以来的"老师"竟会一朝败给欧洲人。他们争相传说，描述中国鸦片战争的失败，并要以此为戒。但在日本还没找出对策时，列强就涌向了日本。1844 年，荷兰国王威廉二世致信日本幕府，建议日本开国。在欧美列强中，最早要求日本通商的是俄国，但遭到了日本幕府的拒绝。继之，英、法、美出动了。它们的战舰驶入日本港，日本海防处于飘摇之中。日本幕府一方面试图抵抗，但又感到力量不足；另一方面虽感到国不可再锁，但又没有开国的勇气。就这样举棋不定，在不知所措的混乱中，列强们软硬兼施，迫使日本签订了一个又一个不平等条约。1854 年，在美国马休·卡尔布莱斯·佩里舰队的威胁下，幕府与之签订了《日美亲善条约》。1858 年，在美国的强硬要求下，日本又与美国签订了《日美友好通商条约》(又称《江户条约》)；此外，还同荷、英、法签订了《修好通商条约》。

欧美资本主义列强通过一系列不平等条约征服了中国和日本，这是显而易见的一面，但另一方面，帝国主义在客观上又对中国社会和日本社会产生了冲击。井上清说："由锁国而受到保护的日本封建社会，随着开国，正如密封在箱子中的木乃伊受到外界气流的急剧冲击一样，无论是经济，还是政治，都迅速地开始分解。"① 中国传统社会亦开始走向解体。这样，面对西方的挑战，中国和日本就只能做出新的抉择与对应。虽然中日两国对西方文化的接受、吸收都有一个过程，但中国接受、吸收得缓慢故而过程就显得漫长，日本接受、吸收得迅速故而过程就显得短暂。费正清等人分析说："在 1840 年以后的将近半个世纪以内西学的输入是缓慢的，它对中国士大夫的影响是表面的，特别是和西方文化在十九世纪日本的迅速发展及其改造影响相比就更加明显，这是重要的然而经常被忽略的事实。这个世纪中叶以后，当西学在日本迅速成为全民族注意的中心之际，它在中国却于数十年中被限制在通商口岸范围之内和数量有限的办理所谓'洋务'的官员之中……中国大多数的士大夫仍然生活在他们自己传统的精神世界里。"② 确实，中国对西方的挑战，回应比较迟钝。1894 年，中日甲午战争爆发，中国竟被日本打败。直到此时，中国才真正开始有所觉醒，才真正感觉到民族危机的严重性，于是有戊戌变法之举。清朝统治者中的极端保守派违背历史潮流而动，再加上光绪帝和变法派的草率，变法运动很快就失败了，清朝从而为自己设置了覆灭的命运。辛亥革命在此也扮演了重要的角色。但中国仍然没有走上真正的统一与近代化的道路。中国的近代化在百年的复杂变迁中多灾多难。日本的

---

① 井上清 (1963)『日本の歴史 (中册)』. 東京: 岩波書店, p. 9.

② 〔美〕费正清、刘广京编:《剑桥中国晚清史》下卷，中国社会科学院历史研究所编译室译，中国社会科学出版社 1985 年版，第 323 ～ 324 页。

开国过程同中国相比，具有某种类似性。但日本应对得比较迅速，由于明治维新而迈上了近代化的道路。明治初期，新政府推行了一系列文明开化政策，如废藩置县、殖产兴业、大力发展教育，加上明治初期的启蒙运动，日本人接受和吸取西洋文明非常迅速。当然，日本的近代化具有单向度性，主要是谋求富国强兵，政治上的近代化、民主主义则遇到了挫折，从而使日本走上了帝国主义的道路。第二次世界大战之后，日本才开始进行实质性的民主改革。在开国及其应对上，日本整体上比中国顺利一些。其主要原因大概有以下几个方面:（1）中国的保守旧势力比日本强大，中国改革的阻力比日本大。因此，对于西方的挑战，中国的回应比较迟钝，日本则比较敏锐。（2）当时的国际条件对中国更为不利。中国是西方列强殖民政策的重点，西方列强对日本则相对温和，因而中国的反抗和抵制更强烈。（3）中日过去的条件不同。在日本传统社会，幕府制与天皇制并存，改革是走向统一。且天皇制能维系人心，幕府已腐朽，容易形成近代统一国家。而中国汉族与满族之间具有深层矛盾，变法的基础和力量薄弱、不集中。清政府不能顺应大势，变法困难大，虽然辛亥革命颠覆了清朝，但并没有使中国从传统社会的统一走向现代民族国家的统一，反而使中国失序，陷入混乱，走向军阀混战。中国的近代化被搁浅了。①

① 我们还可以从更多的方面去寻找其中的原因。丸山真男从“自然与制作”两种立场对比出发，认为日本传统思想强调“制作”，内在地包含着从传统走向近代的思维方式。（〔日〕丸山真男:《日本政治思想史研究》，王中江译，生活·读书·新知三联书店2000年版;〔美〕贝拉:《德川宗教：现代日本的文化渊源》，王晓山、戴茸译，生活·读书·新知三联书店1998年版）

第二章

时代课题

——中日“近代化”与“启蒙思想”

19 世纪西方世界强权征服东方世界，东西冲突异常尖锐。然而，深入分析就可知道，它的外在表现是西方侵略东方，它的内在实质则是近代工业文明冲击农业文明，是西方资本主义进攻东方传统社会。这就是说，东西冲突既是空间上东与西的冲突，又是时间上农业文明与近代工业文明、传统社会与资本主义社会的冲突。[①] 西方先行实现了近代化，迈上了资本主义社会与工业文明的轨道，而东方则仍处于传统社会与农业文明的轨道上，结果就是西方的近代力量征服东方的传统力量。如果把前提换一下，结果就可能是东方征服西方。这样一来，中日的真正时代课题就是要从传统社会转向近代社会，从农业文明转向工业文明。

一、说“近代化”

谈到“近代化”[②]，它主要都包括哪些内容？这是颇有争议的问题，

---

① 有关这一认识，参阅冯友兰:《新事论：中国到自由之路》，生活·读书·新知三联书店 2007 年版。

② 一般称“现代化”。“近代化”也就是现代化。我们将中国清末的革新和日本的明治维新称为“近代化”。

人们对此有非常多的讨论。日本学者桑原武夫在《传统与近代化》一文中列出了“近代化”的六个要素：(1) 政治上的民主主义；(2) 经济上的资本主义；(3) 产业上的手工业乃至工场手工业转变为工厂生产，特别是科学技术的进步与机械化；(4) 教育上国民义务教育的普及；(5) 军备上国民军的建立；(6) 意识上共同体的解放与个人主义的成熟。[①] 近代化的六要素说，比近代化的合理说虽明确些，但又有芜杂的缺点。

按照我的认识，近代化主要有三个要素：(1) 政治上的民主主义以及国民对权利与义务概念的高度自觉；(2) 经济上的资本主义经济结构与大工业生产；(3) 学术思想文化与社会价值观念的多元化。这三项指标最为基本，可以此为标准来衡量、检视某国是否实现了近代化。当然，在近代化过程中，各个国家发展程度不同，上述三项指标不可能同时实现，往往是第二个指标达到了，而第一、第三个指标没有实现，日本、德国都是如此。

近代化首先发生在西方。它是通过自我更新而逐渐完成从传统向近代化、从封建主义向资本主义的转变的。西方国家整体上没有受到外来势力的征服和压迫，在保持民族、国家独立的条件下，比较从容地步入近代化，因此其过程就比较长。中国与日本的近代化是在西方近代化之后发生的，两者都是接受西方近代化的历史成果。[②] 但这种接受不能从容进行。西方的征服和强权，一方面给中日近代化带来了契机，另一方面又严重阻碍着中日近代化的进行。它们的目标不是将中国和日本引入近代化国家的行列，而是力求使之变为它们的殖民地，并且确实在不同程度上将中国和日本殖民化了。中日失去了民族和国

① 日高六郎 (1964)『近代主義』〈現代日本思想大系〉34. 東京：筑摩書房, pp. 210～235.

② 日本学者丸山真男区分了“先进国”的近代化与“后进国”的近代化的不同特征，认为前者是“自然成长”的近代化，如英国，后者是“目的意识”的近代化，如日本。[丸山真男 (1986)『「文明論之概略」を読む (上)』. 東京：岩波書店, pp. 45.]

家的独立，危机达到了顶点。于是，摆脱危机，争取民族和国家的独立，就同中日近代化的课题密切交织在一起，前者显得更为突出和迫切。这就使中日的近代化变得异常复杂和艰难。如何处理，极为关键。历史表明，中国遇到了挫折，日本则幸运地渡过了难关。

一般来说，社会变革总是伴随着意识形态的革命，一个新的时代往往与思想上的解放运动连在一起。西方的近代化也离不开思想革命的先导作用。这就是启蒙思想的登场。它本身既是近代化的一个重要指标，同时又对政治与经济的近代化有巨大的推动作用。从思想史的立场出发，我们更关心的是近代化中的启蒙主题。

二、“启蒙思想”论略

“启蒙”一词有两种用法，一是广义的，一是狭义的。所谓广义的启蒙，即普通的、一般的意义上的启蒙，它是启发人类摆脱无知蒙昧的意思，这是“启蒙”一词的原义。所谓狭义的启蒙，是作为一个特殊的历史概念被使用的，是指17世纪末到18世纪后期这一特定历史条件下的“启蒙思想”所包含的意义。这一“启蒙”历史过程，又被称为“启蒙思潮”或“启蒙运动”。它首先在17世纪后半期的英国登上历史舞台，接着在18世纪初期以后波及法国，接着是德国，即从先进资本主义国家波及后进资本主义国家。“启蒙思想”，无论在哪国，都含有用“理性之光”去照亮中世纪“蒙昧”的意思。它具有这样一种思想意识：把中世纪看作蒙昧和迷信的时代；与此相反，则把它自己的历史时代称为从蒙昧中解放出来的光明时代。这是当时的新兴市民阶级即资产阶级的思想意识。启蒙思想家们常把自己的时代叫作“理性世纪”或“光明世纪”，虽然这样看带有某种片面性。欧洲启蒙思想运动是继文艺复兴运动（始于14世纪中叶）和宗教改革运动（16世纪中叶达到高潮）之后欧洲历史上的又一次伟大的思想解放运动，它促使封建主义向资本主义转变，为资本主义制度的形成扫除了思想障碍。

启蒙思想运动作为世纪性的思潮，主要发生在英国、法国和德国。从一般意义上看，各国的启蒙具有共同的特征，但如果仔细分析的话，启蒙的表现类型以及它在历史上不同国家所起的作用则并不完全相同。英国是最早完成向资本主义转变和工业革命的国家，启蒙思想运动也首先发生在这里。培根、霍布斯、洛克、休谟是英国启蒙思想的代表。由培根开创的经验主义哲学，为霍布斯、洛克和休谟所继承，对英国近代哲学思想的发展产生了重要的影响。他们把经验作为知识和真理的源泉，主张用观察和实验的方法，反对中世纪的神学演绎方法，对宗教持怀疑和批评的态度，把哲学从中世纪的神学中解放了出来。在政治思想上，他们倡导自然法和社会契约论，摆脱了上帝旨意说与君权神授论。英国的启蒙思想适应了资本主义的需要。一般说来，英国的启蒙思想表现得比较温和。

同英国相比，法国的启蒙思想要激进得多。法国启蒙思想接受了英国启蒙思想的部分成果，洛克的思想最早是由伏尔泰传到法国的，在法国产生了很大影响。法国启蒙思想的突出代表当推伏尔泰、卢梭、孟德斯鸠、孔狄亚克、达朗贝、霍尔马赫和狄德罗等。这一强大阵容合奏出了法国启蒙思想的交响曲。法国启蒙思想家是 1789 年革命准备时期的资产阶级思想家，他们的立场和观点虽然存在分歧，但在很多方面是一致的。他们崇尚理性与科学，以此为标准去衡量、审视一切，寻求问题的答案与解决方法。科学成了一切学问的基础，并借助它去解决政治和社会问题。法国启蒙思想具有唯物主义倾向，批判神学唯心主义，同 17 世纪的形而上学分道扬镳。自由、平等、博爱是启蒙思想家的共同信仰。封建思想与制度、宗教受到了他们的无情抨击和批判，其激烈性是独一无二的。这些人没有模棱两可或者犹豫不决的东西，也不知道什么是动摇，对于要加以否定和摧毁的东西，不曾有丝毫怜悯和温情之心。这种坚决性、彻底性、顽强性使法国启蒙思想在整个欧洲启蒙思想中占有突出的位置。

同英国的特别是法国的启蒙思想相比，德国的启蒙思想带有很大的妥协性和暧昧性。德国启蒙思想家表达启蒙思想的词句晦涩难懂，不深入他们思辨体系的大厦，就很难窥出其所表现的思想锋芒。以康德、黑格尔为代表的启蒙思想充分体现了这种特征。康德 1784 年发表了《答复这个问题："什么是启蒙运动？"》一文，开头有几句著名的话："启蒙运动就是人类脱离自己所加于自己的不成熟状态。不成熟状态就是不经别人的引导，就对运用自己的理智无能为力。当其原因不在于缺乏理智，而在于不经别人的引导就缺乏勇气与决心去加以运用时，那么这种不成熟状态就是自己所加之于自己的了……要有勇气运用你自己的理智！这就是启蒙运动的口号。"①

康德的"启蒙"定义，要把人类未成年状态的责任归于人类自己，人类要摆脱这种状态就得首先自主地、积极地运用人类的"悟性"或"理性"。就此而言，这显然是自觉地以近代人的形象和思维方法为基础的立场，其形象是 18 世纪世俗市民社会中的个体独立的市民形象，其思维方法则是以意识的内在性为基础的"主观"通过"悟性"把客观加以对象化。独立市民的悟性觉醒了，要把它现实化，通过主体的张力对客观的对象加以改组、重建，实现思想的目标，这就是资本主义。而这在英、法两国已经实现。在这一意义上，康德说"不经别人的引导，就对运用自己的理智无能为力"，则反映出德国资本主义的后进性和资产阶级的软弱性。市民阶层还没有独自运用自己悟性的勇气，还要承认封建专制的权力。作为市民阶级，作为资产阶级软弱代言人的启蒙思想家，不敢公开勇猛地向宗教神学开战，不敢尖锐明确地批判德国的封建专制统治。康德以理性的大刀砍下了上帝的头颅，把它

---

① 〔德〕康德：《历史理性批判文集》，何兆武译，商务印书馆 1990 年版，第 22 页。

从前门驱逐出去，但很快又从后门把它迎接回来。黑格尔的名句“凡是合乎理性的东西都是现实的，凡是现实的东西都是合乎理性的”①，无疑也含有革命与保守的二重性。在德国，除了启蒙哲学，还有启蒙文学这一重镇，莱辛、歌德、席勒、赫尔德等是其代表。他们以文学的形式表现启蒙精神，继续和扩大了德国的启蒙运动。总而言之，德国的启蒙思想反映了德国作为后进资本主义国家的特点。如果说先进的英国、法国市民阶级是用斗争争取了近代化，那么德国启蒙的理性则是在云彩上头，在同政治社会实践完全脱离的纯粹思想领域和文学领域才体现了这个近代化。

撇开欧洲启蒙思想在各国的不同表现这一点，我们能否把握启蒙思想的基本精神？显然，对此至今还没有形成一致的看法，在这里只做一简要的描述。

启蒙思想的基本精神之一是对理性和科学的高度尊重。中世纪宗教神学占主导地位，理性从属于信仰。主要不是由于真而信仰，而是由于信仰才真，这典型反映了信仰高于理性的特征。启蒙思想把理性从信仰下解放出来，赋予理性崇高的地位，使启蒙的世纪成为理性的世纪。如果有信仰，那就是信仰理性，到处充满着关于理性的统一性和不变性的信仰。理性在一切思维主体、一切民族、一切时代和一切文化中都是同样的。宗教信条、道德格言和道德信念、理论见解和判断都是可变的，但从这种可变性中能抽取出一种坚实的、持久的因素，这种因素本身是永恒的，它的这种同一性和永恒性表现了理性的真正本质。真理已不再是神的启示，只有理性才是通向真理之道。英国的经验主义、法国的唯物主义、德国的批判和思辨哲学，都把理性作为认识的最高阶段，坚信人类理性的进步与发展。理性成了启蒙思想家

---

①〔德〕黑格尔：《法哲学原理》，范扬、张企泰译，商务印书馆 1961 年版，序言第 11 页。

的一面旗帜。在尊重理性的同时，启蒙思想家还信奉科学。中世纪的思想界主要是神学的领地，自然科学没有占据多大地盘。这首先是因为自然科学的对象“自然”被纳入了宗教的秩序中，宗教体系对它的描述是不可怀疑的。神的王国虽不否认自然王国，并使它完美，但欲在自然本身中发现自然真正的美却是徒劳无益的，必须超越自然领域去寻求这种完满。“自然之光”不再包含任何现实真理；它已暗淡无光，并且不能凭自身的努力恢复光明。文艺复兴的自然哲学为恢复自然的光明迈出了决定性的一步。

自然哲学认为，“自然律”是事物固有的本质和规律，而不是事物从外部接受的规律。自然律不是别的，只是源于事物的一种秩序，只是万物据以沿着自己固有的道路前进的规律。发现这种规律，绝不可将我们自己的主观想象和观念强加给自然，而必须跟从自然本身的途程，并通过观察和实验、测量和计算来测定这一途程：“从十七世纪起，人们开始关心‘解释’的问题——亦即是扬弃所谓‘上天注定’的看法，而从‘自然原因’（natural causes）的观点去解释现象世界。”[①] 启蒙思想家对揭示自然的秘密充满了信心。孟德斯鸠风趣地说：“我们不妨说，大自然行事有如那些处女，她们长久维护自己最珍贵的贞操，然后有朝一日又允许人们夺去她们精心维护、始终如一地守卫的贞操。”[②] 自然科学家出现了，他们是真正能认识自然的手迹、能译解其原文的人。伽利略和开普勒勇敢地站出来阐明自然的规律，牛顿在自然科学上完成了一次革命。启蒙思想家推崇牛顿，认为由于有了牛顿，他们才站在了坚实的基础上。18 世纪英国著名诗人蒲柏为牛顿撰写的墓志铭说：“自然和自然规律隐没在暗夜中，上帝说‘要有牛顿’，

---

① 〔英〕汉普生：《启蒙运动》，李丰斌译，联经出版事业公司 1984 年版，第 19 页。

② 〔德〕E. 卡西尔：《启蒙哲学》，顾伟铭等译，山东人民出版社 1988 年版，第 45 页。

于是一切变为光明。”[①] 启蒙思想家从不怀疑这一点。

法国启蒙思想家达朗贝在《哲学原理》中惊叹自然科学的发展，他说：“自然科学一天天地积累起丰富的新材料。几何学扩展了自己的范围，携带着火炬进入了与它最邻近的学科——物理学的各个领域。人们对世界的真实体系认识得更加清楚了，表达得更完美了……一句话，从地球到土星，从天体史到昆虫史，自然哲学的这些领域中都发生了革命；几乎所有其他的知识也都呈现出新的面貌。”[②] 启蒙思想家接受自然科学的成果，遵循自然科学的模式，更新其他一切学科，并建立起了自然科学与社会科学和人文科学的联盟。而且，启蒙思想家中的一些人就是科学家，还有一些人则关心研究自然科学中的问题，由此可见启蒙思想与科学的紧密相关性。

启蒙思想的基本精神之二是它的批判理性，即对宗教神学与封建专制思想的批判态度。虽然这种批判态度在英、法、德启蒙思想中表现出很大的差别，但它作为启蒙思想的一个基本方面却是可以肯定的。中世纪的宗教神学与封建专制思想，虽然经过了文艺复兴的批判，但仍有很大的势力。进一步对抗这一势力的任务落在了近代启蒙思想家肩上。英国启蒙思想家培根树起唯经验论的旗帜，发起了对神学唯心主义及其经院哲学的批判。他列出的著名“四假相说”就是这种批判的突出表现。他区分了两种真理，即信仰的真理与科学的真理。前者的对象是上帝，后者的对象是自然界。虽然在培根这里还给神启留下了地盘，但他提出的科学真理无疑是冲破神学唯一真理堤坝的一股洪流。霍布斯克服了培根的“神学不彻底性”，把经验论与无神论思想结合起来，成为一位无神论者。他宣扬“自然权利”与“社会契约”思想，否定“君权神授”说，剥去了封建专制的外衣。洛克继承、发展

① 〔德〕E. 卡西尔：《启蒙哲学》，第 42 页。

② 同上书，第 44 页。

了“自然权利”“社会契约”的理论，对封建君主专制的“君权神授”说进行了彻底的批判。休谟是一位怀疑论者，他的怀疑思想在许多方面都引出了革命的结论。休谟描述的“宗教的自然史”对宗教做了判决，他说：“认识上帝是人类理性的一种何等高等的特权；它竟然能从自然的可见作品中推论出像自然的最高创造者这样崇高的一个原则！但请翻到这块勋章的背面，看看大多数民族和大多数时代，审视一下迄今为止事实上风行于世界的宗教原则，你只会认为它们是梦人呓语，而简直无法相信，它们还会是别的什么东西。……怀疑、不确定和无法下判断，似乎就是我们对这一主题进行了最严密的考察之后所得到的唯一结果。”①

如果说英国启蒙思想家对宗教神学与封建专制思想的批判还有温和的一面的话，那么法国启蒙思想家则采取了激烈的形式，这在欧洲启蒙运动中是独树一帜的。伏尔泰、孟德斯鸠、卢梭向封建专制制度开火，认为封建社会是不合理的，是偏见和无知的产物。在宗教上，他们虽然都是自然神者，但都坚决地同宗教神学做斗争。如伏尔泰斥责基督教是“最可怜、最荒谬和最残酷的”东西，是“罪恶的根源”，认为基督教教义是最卑鄙的混蛋做出的各种最卑劣的欺骗等。百科全书派的战斗无神论对宗教神学做了摧毁性的打击。霍尔巴赫说：“神是一个独夫，一个民贼，一个什么都能干得出的暴君。”②狄德罗宣称：“上帝是没有的；上帝创造世界是一种妄想。”③德国启蒙思想家对宗教神学与封建专制思想的批判也许显得暗淡，但批判理性并没有沉睡。康德说：“我们的时代在特别程度上是一个批判的时代，一切都必须受

① 〔德〕E. 卡西尔：《启蒙哲学》，第176页。

② 北京大学哲学系外国哲学史教研室编译：《十八世纪法国哲学》，商务印书馆1963年版，第556页。

③ 〔法〕狄德罗：《狄德罗哲学选集》，江天骥、陈修斋、王太庆译，商务印书馆2009年版，第7页。

到批判。宗教想借口它的神圣法律、想借口它的尊严，企图避免批判。可是，这样一来，它们恰恰就引起别人对它们正当的怀疑，而不能要求人家真诚的尊敬了，因为只有受得起自由和公开的考查与考验的东西，理性才给以真诚的尊敬。”[①]

启蒙思想的基本精神之三是它具有的人道主义光辉以及对人的自由、权利、平等的追求。人道主义是文艺复兴的一面旗帜。中世纪宗教神学与封建专制思想否定世俗价值，贬低人的地位，否定人的现实生活，新兴资产阶级对此发起了以宣扬人道主义为中心的文艺复兴运动，代表了封建主义生产方式向资本主义生产方式过渡时期意识形态的历史变革。文艺复兴的人道主义歌唱人的伟大，赞扬人的价值，尊崇人的尊严。但丁写了下面的名句：“人的高贵就其成果而言，超过了天使的高贵。”[②]莎士比亚写出了对人的热情赞美诗：“人类是一件多么了不得的杰作！多么高贵的理性！多么伟大的力量！多么优美的仪表！多么文雅的举动！在行为上多么像一个天使！在智慧上多么像一个天神！宇宙的精华！万物的灵长！”[③]文艺复兴的人道主义还提倡意志自由，强调个性的自由发展。拉伯雷在《巨人传》的题词中写下了“顺着你的意欲而行”一语，他所向往的理想社会“德廉美修道院”只有一条规则，那就是“想做什么，便做什么”。蒙台涅有一句名言即是“我思考我自己”[④]。人道主义对人充满了深情厚谊，对人的关切成为终极关怀。

启蒙思想使文艺复兴的人道主义精神更放异彩。启蒙思想家们

---

① 〔德〕康德：《纯粹理性批判》，韦卓民译，华中师范大学出版社 1991 年版，第 5 页注释（a）。

② 北京大学西语系资料组编：《从文艺复兴到十九世纪资产阶级文学家艺术家有关人道主义人性论言论选辑》，商务印书馆 1971 年版，第 3 页。

③ 〔英〕莎士比亚：《哈姆莱特》，朱生豪译，人民文学出版社 1978 年版，第 49 页。

④ 耿洪江：《西方认识论史稿》，贵州人民出版社 1992 年版，第 102 页。

大力宣扬人的自由、平等、权利和博爱，并从理论上论证它们的实在性、崇高性和不可侵犯性。“自然状态”“自然法”“自然权利”“社会契约”“天赋人权”等学说都是他们的理论武器。洛克认为，人们所订立的契约关系都是以原始关系为先决条件的，后者不能为任何契约所创造，也不能为任何契约所完全废弃。人的自然权利先于一切社会组织和政治组织的基础而存在。因此，国家的真正功能与目的就在于把这些权利纳入它的秩序，从而保留并且保障这些权利。这些权利包括人身的自由权和财产权等，都是神圣不可侵犯的。卢梭认为，人生而自由、平等。人们为了保护自己，互相订立契约。在这里，每个人都毫无保留地转让权利，并意味着服从，但是，“每个人既然是向全体奉献出自己，他就并没有向任何人奉献出自己；而且既然从任何一个结合者那里，人们都可以获得自己本身所渡让给他的同样的权利，所以，人们就得到了自己所丧失的一切东西的等价物以及更大的力量来保全自己的所有”[①]，“只要臣民遵守的是这样的约定，他们就不是在服从任何别人，而只是在服从他们自己的意志”[②]。

伏尔泰也宣扬人的自由、平等，并把它们建立在自然法与自然状态的基础上。他说：“唯一自然的生活，在于使每一个人自由，而且使所有的人平等。任何其他状态只不过是卑鄙伪造出来的表象，不过是不堪入目的滑稽剧，因为在这种戏剧中，一个人扮演着主人的角色，另一个人扮演着奴隶的角色，第三个人扮演着谄媚者的角色，第四个人扮演着侍候者的角色。只是由于懦怯和愚蠢，人们才失却这种自然的法律状态。”[③] 德国启蒙思想家的尤其是康德的启蒙思想也带有人道主义色彩，并闪现着诱人之光。康德提出“人自身就是目的”的口号，

① 〔法〕卢梭：《社会契约论》，何兆武译，商务印书馆 1980 年版，第 24 页。

② 同上书，第 44 页。

③ 〔苏〕C. 阿尔塔莫诺夫：《伏尔泰传》，张锦霞、苏楠译，商务印书馆 1987 年版，第 61 页。

反对把人当作手段。他说:“人，实则一切有理性者，所以存在，是由于自身是个目的，并不是只供这个或那个意志任意利用的工具；因此，无论人的行为是对自己的或是对其他有理性者的，在他的一切行为上，总要把人认为目的。”①康德还大力宣扬自由、平等、独立的观念，并把它们看作立国的原则。他指出:“1.作为人的每一个社会成员的自由。2.作为臣民的每一个成员与其他成员的平等。3.作为公民的每一个共同体成员的独立”②，“这些原则不仅是已经建立的国家所立的法则，而且一种国家制度或一个国家的建立，就只有依照这些原则，根本说来亦即只有按照外在的人权之纯粹性原理，才是可能的”③。德国启蒙文学家也以文学作品的形式批判封建社会虚伪的道德，强调人的自然本性，歌颂人的价值和尊严，表现出浓厚的人道主义色彩。

欧洲启蒙思想所表现的精神还有别的方面，我们这里所阐明的是它的基本方面或主要方面。中日启蒙思想与欧洲启蒙思想有密切的关系，欧洲启蒙思想的基本精神在中日启蒙思想中是如何表现的呢？中日启蒙思想相比于西方，它们有什么特点？中日启蒙思想之间又有什么异同？这些是下面要考察的问题。

三、中日启蒙思想要说

中文的“启蒙”是指开发蒙昧。应劭的《风俗通·皇霸·六国》中说:“亦足以祛蔽启蒙矣。”启蒙主要用于教育童蒙，使儿童获得初步的入门知识、明白事理，如启蒙教育、启蒙读物。通过开发启导，使

---

① 周辅成编:《从文艺复兴到十九世纪资产阶级哲学家政治思想家有关人道主义人性论言论选辑》，商务印书馆 1966 年版，第 618 页。

② 〔德〕康德:《历史理性批判文集》，第 182 页。

③ 周辅成编:《从文艺复兴到十九世纪资产阶级哲学家政治思想家有关人道主义人性论言论选辑》，第 637 页。

人摆脱偏见，接受新事物，这是对人更高要求的启蒙。这些都是它的日常意义，也是它的通常用法。日语的启蒙与此类似。但在中日两国，“启蒙”还有另一种意义，是作为英语 enlightenment、法语 lumières 和德语 aufklärung 之译语来使用的。这就是我们上面所说“启蒙思想”“启蒙运动”或“启蒙思潮”中的“启蒙”的意义。这种意义上的“启蒙”产生于近代欧洲，是西方近代化与资本主义发展在意识形态领域的反映，并起了先导作用。那么，这种“启蒙思想”是否为欧洲所独有？当我们分析、研究中日近代思想文化的时候，我们就会看到，中日两国都有一个类似于欧洲的启蒙思想运动（晚于欧洲一个多世纪）。称为类似，是说中日启蒙思想显示了欧洲启蒙思想的某些精神，但又与之有差异和不同，具有自己的特点和表现形式。所以，我们称之为中日启蒙思想。

（一）中国启蒙思想

接触中国启蒙思想，首先会使人感到困惑，即中国启蒙思想的时间界限与范围的难划分性。实际上的运用很混乱，很不一致。有的笼统说“中国近代启蒙思想”，有的则说“17 世纪启蒙思潮”或“明清启蒙思想”，还有的说“戊戌启蒙思想”“五四启蒙主题”，甚至出现了 20 世纪 80 年代的所谓“启蒙文化”的说法，如此等等，不一而足。这究竟是怎么回事？难道这就是中国启蒙思想的特殊性？出现上述情况，我想有如下几点原因：（1）滥用启蒙思想这一概念，对欧洲启蒙思想或思潮的内涵、意义，对中国近世以来的思想，缺乏认真的研究与分析，这是它的直接根源；（2）中国近代化的挫折，使中国的启蒙思想运动出现了间断，不能一次性完成；（3）夸大启蒙的作用，认为启蒙就能解决中国的社会问题。20 世纪 80 年代的启蒙补课说，其基点即在于认为中国现代化的难产是由于中国启蒙思想运动没有完成。我们讨论中国启蒙思想，当然对此应有一个明确的限定，清除其中的混乱现象。

我不赞成“17 世纪启蒙思潮”或“明清启蒙思想”的说法。启蒙是指随着资产阶级登上历史舞台而出现的思想领域的革命，它为资本主义的确立与发展鸣锣开道，并提出了一套资本主义思想体系，以取代封建专制思想体系。中国 17 世纪或明清之际不具备此一历史条件，思想家们的思想不具有资本主义思想体系的特色，也没有扮演促使封建主义向资本主义过渡的催产婆角色，因而不能把这一时期的思想称为“启蒙思潮”或“启蒙思想”。还有人对“启蒙思想”与“文艺复兴”不加区分，即称 17 世纪或明清之际的思想为“启蒙思潮”，又称之为中国的“文艺复兴”。这也不恰当。因为“文艺复兴”与“启蒙思想”在欧洲是两个不同的历史概念，其内涵有很大的不同。那么，17 世纪或明清之际的中国思想能否被称为中国的“文艺复兴”？也不能。文艺复兴的根本精神是人道主义，是对人的重新发现和高度自觉。在中国，“民贵”“尊民”的思想没有中断，17 世纪或明清之际的思想中有“民本主义”，但整个思想不是以人为中心而展开的，这是很明显的。至于说 17 世纪或“明清之际”有近代启蒙思想的萌芽、因素，那我是乐于赞成的。

20 世纪 80 年代兴起的文化思潮或文化浪潮，反映了中国改革开放的历史潮流。这一过程方兴未艾，它将走向何方，难以做出准确的预测，大概它要成为 20 世纪末思想领域的旋转中心。这一浪潮也不能被称为“启蒙思潮”或“启蒙思想”，因为它已超出“启蒙思潮”的意义。我宁可把它称为“20 世纪 80 年代的文化浪潮”。至于五四时期的主题，虽具有启蒙的意义，但在中国历史阶段上，它属于现代史的范畴，不是近代意义上的启蒙，一般称之为“新文化运动”还是比较恰当的。从它作为近代启蒙思想的新发展来说，也可以称它为现代中国的“启蒙思想”。

中国启蒙思想首先要定位在中国近代，它是中国近代的“启蒙思想”，具体说，它主要开始于 1895 年，是作为向戊戌变法提供思想理论准备的 19 世纪 90 年代的中国思想运动，这是中国近代启蒙思想的中心范围。它的代表人物主要是康有为、梁启超、谭嗣同和严复。之所以能将以中国 19 世纪 90 年代为中心的思想运动叫作中国或中国近代的启蒙思想运动，首先是因为它是一场中国新兴士人阶层的思想运动。它代表着这样一些新趋势：超越过去的观念，打破旧秩序的堡垒，走向近代化，为政治、经济、意识形态的改革起了先导作用。康有为、梁启超、谭嗣同和严复就是这一思想浪潮的主要推动者。虽然他们在政治上的改革诉求在保守势力的压制下悲壮地失败了，但他们在中国启蒙思想运动中的历史作用却永载史册。19 世纪 90 年代的启蒙思想运动提出了一套新的思想体系，展现出一个新的世界观，在很多方面都同旧的思想体系和世界观相对决，在思想和意识形态领域掀起了一场解放运动，使人们耳目一新，思想观念为之一变，发挥了重要的启蒙功能。在这一思想运动之前，有洋务派和太平天国发起的运动，它们都不能被称为中国近代的启蒙思想运动，其主要理由即在于它们不是思想解放的运动。20 世纪 90 年代后兴起的革命派的革命思想，可以说是广义的近代中国启蒙思想的一部分。但在这里我们不加讨论，只限于讨论变法运动下的近代中国启蒙思想。

在中国启蒙思想舞台上活跃的主要人物——康有为、梁启超、谭嗣同和严复，堪称中国近代“启蒙四杰”。“四杰”在思想上有共同的地方，然而各有特点，风格互异。一般来说，康、梁、谭更接近些，他们不仅扮演了启蒙思想家的角色，而且是社会政治变革的谋划者和直接参与者，戊戌变法的重大实践活动就同他们直接相关。在某种程度上可以说，他们是思想团体和政治集团的二重结合。严复则主要是一位启蒙思想家，他与康、梁、谭虽同时，但却在他们的圈子之外，没有参与变法的具体实践和活动。在思想活动上，严复也没有与他们直接联合。[①] 他是一位西学大师。在严复之前，中国思想界对西学的了解，基本上局限在“船坚炮利”“声光化电”等技术科学的范围内，对更广泛意义上的西学，如政教、经济学等，则知之甚少。当时人们对西学的知识是通过《汽机问答》《格致汇编》等课本，以及《泰西新史揽要》《政法类典》等主要的类书和译作获得的。为了从根本上了解、认识西方近代思想和文化，把握世界的新方向，解决中国迫切的现实问题和理论课题，担当起启蒙的历史重任，严复发表了一系列宣扬西学、传播西方文化的文章，并通过《天演论》《原富》《法意》《穆勒名学》《群己权界论》等著作的翻译，把近代西方的思想体系，从进化论、实证论、经验论、科学方法论和逻辑学，到古典经济学、政治理论和法学，统统介绍给学问饥渴、思想茫然的中国人，从而满足了时代渴望寻求真理、学习西方的迫切要求。在评价严复的这一历史功绩时，李泽厚指出："严复是将西方资产阶级古典政治经济学说和自然科学、哲学理论知识介绍过来的第一人"[②]，他“成了近代中国学习和传播西方资本主义新文化的总代表，成了中国资产阶级最主要的启蒙思想家”[③]。这些都是对严复比较恰当的评定。

与严复相比，康、梁、谭虽也是启蒙思想的中坚代表，但他们对西学的了解和认识相对比较肤浅而狭窄、支离而无系统，其创造的思想体系也是中西杂烩。尽管他们为现实变革提供了理论武器，但他们的思想缺乏科学性、严密性，因而不能更好地说服人、引导人。对此，梁启超毫不隐讳地说："盖当时之人，绝不承认欧美人除能制造能测量能驾驶能操练之外，更有其他学问，而在译出西书中求之，亦确无他种学问可见。康有为、梁启超、谭嗣同辈，即生育于此种‘学问饥荒’

---

① 当然，严复与康、梁、谭的相互影响还是有的。严复与梁启超有直接通信，严复的思想和译著对康、梁、谭有刺激作用。

② 李泽厚:《中国近代思想史论》，人民出版社 1979 年版，第 259 页。

③ 同上书，第 260 页。

之环境中，冥思枯索，欲以构成一种‘不中不西即中即西’之新学派，而已为时代所不容。盖固有之旧思想，既深根固蒂，而外来之新思想，又来源浅觳，汲而易竭，其支绌灭裂，固宜然矣。”[①] 戊戌变法后，梁启超通过日本如火如荼地输入西洋新思想，“然皆所谓‘梁启超式’的输入，无组织，无选择，本末不具，派别不明，惟以多为贵，而社会亦欢迎之。盖如久处灾区之民，草根木皮，冻雀腐鼠，罔不甘之，朵颐大嚼，其能消化与否不问，能无召病与否更不问也，而亦实无卫生良品足以为代”[②]。对严复传播、介绍西学，他非常推崇，并表彰说：“时独有侯官严复，先后译赫胥黎《天演论》，斯密亚丹《原富》，穆勒约翰《名学》《群己权界论》，孟德斯鸠《法意》，斯宾塞《群学肄言》等数种，皆名著也……西洋留学生与本国思想界发生关系者，复其首也。”[③] 总之，如果说康、梁、谭还是用半荒唐半嫌肤浅、不中不西即中即西的思想理论进行启蒙活动的话，那么就可以说严复是用系统而又崭新的西学武器展开启蒙主题的。

同时，加以进一步的分析可知，康、梁、谭之间也存在着差别，表现出不同的特点。康有为组织领导戊戌变法运动，当是魁首，梁、谭参与其中，尽心竭力，奔走呼号，不愧是康的得力助手。在思想上，康有为的理论体系首先完成，而梁启超、谭嗣同皆蒙其影响。梁在《三十自述》中回忆其学受到了康有为的冲击，哗然一变，他说：“时余以少年科第，且于时流所推重之训诂词章学，颇有所知，辄沾沾自喜。先生乃以大海潮音，作狮子吼，取其所挟持之数百年无用旧学更端驳诘，悉举而摧陷廓清之。自辰入见，及戌始退。冷水浇背，当头一棒，一旦尽失其故垒，惘惘然不知所从事，且惊且喜，且怨且艾，

① ［清］梁启超：《清代学术概论》，北京出版社 1999 年版，第 3104 页。

② 同上书，第 3105 页。

③ 同上。

且疑且惧，与通甫[①]联床，竟夕不能寐。明日再谒，请为学方针。先生乃教以陆王心学，而并及史学西学之梗概。自是决然舍去旧学，自退出学海堂，而间日请业南海之门。生平知有学自兹始。”[②]谭嗣同承接康有为之学，亦显而易见。他自称康有为的“私淑弟子”，为学“闻吾[③]谈《春秋》，三世志太平；其道终于仁，乃服孔教精”[④]。梁启超也说：“（谭）[⑤]既而闻南海先生所发明《易》《春秋》之义，穷大同太平之条理，体乾元统天之精意，则大服。”[⑥]谭嗣同的“仁学”体系之形成，与康有为的“大同”思想有一定的关系。

但在启蒙活动的表现方式上，在政治态度上，在学风上，康与梁、谭也不同，梁、谭亦互异。康有为是变法维新运动中的传统理智型人物，他变法的理论武器是“托古改制”，并以孔子为后盾，“请出亡灵来为自己效劳，借用它们的名字、战斗口号和衣服，以便穿着这种久受尊敬的服装，用这种借来的语言，演出世界历史上新的一幕”[⑦]。梁、谭则摘下圣人的桂冠，直接为变法呐喊怒吼。谭嗣同的《仁学》倡言“冲决罗网”，实乃打破偶像之论，怀疑之精神、解放之勇气溢于字里行间。他比康激进，超过梁启超的悍勇，一腔热血，浑身激情。《仁学》是他人格的写照，为道捐躯显现了他的理想之庄严。听一听这一段：“各国变法，无不从流血而成。今日中国未闻有因变法而流血者，此国之所以不昌也。有之，请自嗣同始。”[⑧]令人肃然起敬。梁启超称

---

① 即康有为的弟子陈千秋。

② ［清］梁启超：《三十自述》，《梁启超哲学思想论文选》，葛懋春、蒋俊编选，北京大学出版社 1984 年版，第 498 ～ 499 页。

③ 指康有为。

④ ［清］康有为：《六哀诗》，《康有为全集》第 12 集，姜义华、张荣华编校，中国人民大学出版社 2007 年版，第 218 页。

⑤ 引者按。

⑥ ［清］梁启超：《谭嗣同传》，《梁启超全集》第 1 册，北京出版社 1999 年版，第 233 页。

⑦ 〔德〕马克思：《路易·波拿巴的雾月十八日》，人民出版社 2018 年版，第 9 页。

⑧ ［清］梁启超：《谭嗣同传》，《梁启超全集》第 1 册，第 233 页。

谭嗣同为晚清思想界之一彗星，他说："嗣同遇害，年仅三十三，使假以年，则其学将不能测其所至。仅留此区区一卷[①]，吐万丈光芒，一瞥而逝，而扫荡廓清之力莫与京焉，吾故比诸彗星。"[②]梁启超三十以后，"已绝口不谈'伪经'，亦不甚谈'改制'"[③]。岂止如此，他已开始批评康有为的依傍假托，说："康有为之大同，空前创获，而必自谓出孔子。乃至孔子之改制，何为必托古？诸子何为皆托古？则亦依傍混淆也已。此病根不拔，则思想终无独立自由之望，启超盖于此三致意焉。然持论既屡与其师不合，康、梁学派遂分。"[④]

在学风上，康、梁亦大异其趣。梁启超说："有为太有成见，启超太无成见。其应事也有然，去治学也亦有然。有为常言：'吾学三十岁已成，此后不复有进，亦不必求进。'启超不然，常自觉其学未成，且忧其不成，数十年日在旁皇求索中。"[⑤]梁启超作为一位启蒙思想家，他不像康、谭那样有一个体系，他的最大特点是进行启蒙思想的传播活动。他不如谭嗣同勇猛，但比康有为奋进。他了解的西方启蒙思想，比康、谭要多得多，加之他发表的文章文笔通俗流畅，语句明白易懂，还有那笔尖充满的激动人心的情感，人们喜闻乐见，竞相阅之，其启蒙思想产生了广泛的影响，远非康、谭所能比，严复亦难望其项背。严复说："任公文笔，原自畅遂，其自甲午以后，于报章文字，成绩为多，一纸风行海内，观听为之一耸。"[⑥]"梁任公笔下大有魔力，而实有左右社会之能，故言破坏，则人人以破坏为天经；倡

① 指《仁学》。

② ［清］梁启超：《清代学术概论》，《梁启超全集》第5册，第3103页。

③ 同上书，第3100页。

④ 同上书，第3101页。

⑤ 同上书，第3102页。

⑥ ［清］严复：《与熊纯如书》，《严复集》第3册，王栻主编，中华书局1986年版，第648页。（后文引用《严复集》时，除特殊情况外，均不再注明作者及朝代，所引版本均为中华书局1986年版。）

暗杀，则党党以暗杀为地义。”[1]胡适在《四十自述》中说：“严先生的文字太古雅，所以少年人受他的影响没有梁启超的影响大。”[2]黄遵宪称颂梁的思想言论“惊心动魄，一字千金，人人笔下所无，却为人人意中所有，虽铁石人亦应感动，从古至今文字之力之大，无过于此者矣”[3]。郭沫若亦说梁的传播活动“无论是赞成或反对，可以说没有一个人没受过他的思想或文字的洗礼的。他是资产阶级革命时代的有力的代言者”[4]。

梁启超的启蒙传播活动不限于思想领域，在文艺和史学方面他也开风气之先，如他提倡“新小说”“新史学”。他专门主办了杂志《新小说》，既翻译又创作，掀起了冲破传统文艺的浪潮。梁启超说：“欲新一国之民，不可不先新一国之小说。故欲新道德，必新小说；欲新宗教，必新小说；欲新政治，必新小说；欲新风俗，必新小说；欲新文艺，必新小说；乃至欲新人心，欲新人格，必新小说。”[5]这是对小说在社会革新中之作用的重要肯定。关于新史学，梁启超写了《中国史叙论》《新史学》等论文，批判旧史学，强调群体在社会发展中的作用。梁启超的传播、号召，对人们解放思想、摆脱旧观念、移风易俗起到了很大的作用，成了他启蒙活动的一个重要组成部分。尽管康、梁、谭、严四人的启蒙思想和活动的表现方式不一，风格各异（欧洲各国的启蒙思想家亦复如是），但其中的一些基本精神还是有一致的地方，同欧洲的启蒙思想有类似的地方。

他们都受到了近代自然科学的影响或熏染，虽然程度不同。康、

---

① 《与熊纯如书》，《严复集》第 3 册，第 645 页。

② 胡适：《四十自述》，安徽教育出版社 1999 年版，第 47 页。

③ 丁文江、赵丰田编：《梁启超年谱长编》，上海人民出版社 1983 年版，第 274 页。

④ 郭沫若：《少年时代》，《郭沫若全集》第 11 卷文学编，人民文学出版社 1982 年版，第 121 页。

⑤ ［清］梁启超：《论小说与群治之关系》，《梁启超全集》第 2 册，第 884 页。

谭对近代自然科学的了解或肤浅或狭窄，但其哲学体系中已纳入了科学的概念，说明科学已对他们产生了影响。康有为在《康南海自编年谱》里说："于海幢华林读佛典颇多……兼为算学，涉猎西学书。秋冬独居一楼……俯读仰思……所悟日深。因显微镜之万数千倍者，视虱如轮，见蚁如象，而悟大小齐同之理。因电机光线一秒数十万里，而悟久速齐同之理。知至大之外，尚有大者，至小之内，尚包小者，剖一而无尽，吹万而不同，根元气之混仑，推太平之世。"① 从这里可以看出，自然科学知识是康有为的启蒙思想渊源之一。对于谭嗣同来说也一样。梁启超指出："嗣同幼治算学，颇深造，亦尝尽读所谓'格致'类之译书，将当时所能有之科学知识，尽量应用。"② 谭嗣同的《仁学》是把科学、哲学、宗教融为一体的一种尝试。与康、谭相比，严、梁受自然科学的影响更大，对科学的认识亦深亦广，进入了科学的精神和方法中。严复极其推崇科学，把科学作为一切学科或学问的基础，大力提倡科学方法论，这待第三章再详述。

梁启超认为，中国文化中最缺乏的是科学的精神，这是源于中国人对科学的两种错误态度：一是把科学看得太粗太低，几千年来"德成而上，艺成而下"的观念牢不可破；一是把科学看得太呆太窄。鄙弃科学的人自不待言，尊重科学的人亦不知道科学的价值，"他们只有数学、几何学、物理学、化学……等等概念，而没有科学的概念"③。"中国人因为始终没有懂得'科学'这个字的意义，所以五十年前很有人奖励学制船、学制炮，却没有人奖励科学。近十几年学校里都教的数学、几何、化学、物理，但总不见教会人做科学。"④ 梁启超说正是

---

① ［清］康有为：《康南海自编年谱（外二种）》，中华书局 1992 年版，第 12 页。

② ［清］梁启超：《清代学术概论》，《梁启超全集》第 5 册，第 3102 页。

③ ［清］梁启超：《科学精神与东西文化》，《梁启超哲学思想论文选》，第 385 页。

④ 同上书，第 386 页。

以上这两种对待科学的错误态度造成了中国学术界的五种病症：笼统、武断、虚伪、因袭和散失。梁启超所说的科学和科学精神是什么呢？他说："有系统之真智识，叫做科学。可以教人求得有系统之真智识的方法，叫做科学精神。"[①]不管他的解释对不对，强调科学的真实意义，强调科学精神本身，这是他的独醒之处。他认为科学精神在西方也是文艺复兴以后的事，中国只要努力就能赶上。中国启蒙思想家虽没有把理性作为一面旗帜来崇仰，但他们不乏理性精神。康有为即便依托孔子，信仰孔子，也仍然以自己的理智判断行事。梁启超称康有为为孔教的路德，"先生者，孔教之马丁・路得也"[②]，谭嗣同也称"吾甚祝孔教之有路德也"[③]，这道出了康有为的实际。谭、梁、严则更为突出。他们以理性评判一切，敢于怀疑，勇于打破迷信，对传统思想和文化进行了重估。

中国启蒙思想家的理性批判精神亦大放异彩。他们对旧的制度、旧的观念、旧的伦常展开了不留情的痛击。康有为的《大同书》大胆反映人民的痛苦灾难，指出这是传统社会的黑暗和罪恶造成的。《大同书》的第一部分"入世界观众苦"，其中的"压制之苦""阶级之苦"就根源于传统社会的专制。他说："君臣也，夫妇也，乱世人道所号为大经也，此非天之所立、人之所为也。而君之专制其国，鱼肉其臣民，视若虫沙，恣其残暴……政权不许参预，赋税日益繁苛，摧抑民生，凌锄士气。"[④]又说："据乱世以强凌弱，以众暴寡，以智欺愚，以富轹贫，无公德，无平心。"[⑤]谭嗣同对封建专制的批判受到了黄宗羲

---

① ［清］梁启超：《科学精神与东西文化》，《梁启超哲学思想论文选》，第 386 页。

② ［清］梁启超：《南海康先生传》，《梁启超全集》第 1 册，第 486 页。

③ ［清］谭嗣同：《仁学》，《谭嗣同文选注》，周振甫选注，中华书局 1981 年版，第 148 页。

④ ［清］康有为：《大同书》，中州古籍出版社 1998 年版，第 71 ～ 78 页。

⑤ 同上书，第 79 页。

思想的影响，又对五四批判精神产生了影响，勇猛激烈，毫不胆怯。他说："二千年来之政，秦政也，皆大盗也。"[①]谭嗣同把自古以来尊奉的"忠臣"和"大儒"都说成"辅桀助纣"的帮凶："呜呼，三代以下之忠臣，其不为辅桀助纣者几希！况又为之掊克聚敛，竭泽而渔，自命为理财，为报国，如今之言节流者，至分为国与为民二事乎？国与民已分为二，吾不知除民之外，国果何有？无惑乎君主视天下为其囊橐中之私产，而犬马土芥乎天下之民也。"[②]梁启超也对传统专制政治深恶痛绝，把中国的积弱、社会的腐败统统归之为传统专制统治。他说："造成今日之国民者，则昔日之政术是也。数千年民贼，即以国家为彼一姓之私产，于是凡百经营，凡百措置，皆为保护己之私产而设，此实中国数千年来政术之总根源也！"[③]又说："吾尝遍读二十四朝之政史，遍历现今之政界，于参伍错综之中，而考得其要领之所在。盖其治理之成绩有三：曰愚其民，柔其民，涣其民是也。而所以能收此成绩者，其持术有四：曰驯之之术，曰餂之之术，曰役之之术，曰监之之术是也。"[④]梁启超于是得出结论说："然则救危亡求进步之道将奈何？曰：必取数千年横暴混浊之政体，破碎而齑粉之，使数千万如虎如狼如蝗如蝻如蜮如蛆之官吏，失其社鼠城狐之凭借，然后能涤荡肠胃，以上于进步之途也。"[⑤]

严复对专制的批判和揭露亦淋漓尽致，这在《辟韩》和《〈法意〉按语》中均可窥见。中国虽没有像欧洲中世纪那样占绝对统治地位的宗教神学，但中国的名教、礼教，对经典权威的崇拜，在某种程度上充当了宗教的角色。中国启蒙思想家在这一方面亦显示出激烈的批判

① ［清］谭嗣同：《仁学》，《谭嗣同文选注》，第147页。
② 同上书，第179页。
③ ［清］梁启超：《中国积弱溯源论》，《梁启超全集》第1册，第420页。
④ 同上。
⑤ ［清］梁启超：《新民说》，《梁启超全集》第2册，第688页。

精神，他们的思想成为启蒙思想的遗产之一。康有为的《新学伪经考》否定权威性的经典，打破其神圣性，可谓大胆。经过康有为洗礼的梁启超对阎若璩《尚书古文疏证》影响的评价，更适合评价康有为的《新学伪经考》在思想解放中的作用，他说："夫辨十数篇之伪书，则何关轻重？殊不知此伪书者，千余年来，举国学子人人习之，七八岁便都上口，心目中恒视为神圣不可侵犯；历代帝王，经筵日讲，临轩发策，咸所依据尊尚。毅然悍然辞而辟之，非天下之大勇，固不能矣。自汉武帝表章六艺、罢黜百家以来，国人之对于六经，只许征引，只许解释，不许批判研究。韩愈所谓'曾经圣人手，议论安敢到'。若对于经文之一字一句稍涉疑议，便自觉陷于'非圣无法'，蹙然不自安于其良心，非特畏法网、惮清议而已。凡事物之含有宗教性者，例不许作为学问上研究之问题。一作为问题，其神圣之地位固已摇动矣！今不唯成为问题而已，而研究之结果，乃知畴昔所共奉为神圣者，其中一部分实粪土也，则人心之受刺激起惊愕而生变化，宜何如者？盖自兹以往，而一切经文，皆可以成为研究之问题矣。再进一步，而一切经义，皆可以成为研究之问题矣。以旧学家眼光观之，直可指为人心世道之忧。"①

梁启超对康有为的《新学伪经考》《孔子改制考》亦有直接之判定，其言与上述正合。他说："《伪经考》既以诸经中一大部分为刘歆所伪托，《改制考》复以真经之全部分为孔子托古之作，则数千年来共认为神圣不可侵犯之经典，根本发生疑问，引起学者怀疑批评的态度……虽极力推挹孔子，然既谓孔子之创学派与诸子之创学派，同一动机，同一目的，同一手段，则已夷孔子于诸子之列。所谓'别黑白定一尊'之观念，全然解放，导人以比较的研究。"② 谭嗣同对纲常名

① ［清］梁启超：《清代学术概论》，《梁启超全集》第5册，第3073～3074页。

② 同上书，第3098页。

教的抨击尤为激烈、彻底，在启蒙思想家中卓然屹立，引人注目，他说："俗学陋行，动言名教，敬若天命而不敢渝，畏若国宪而不敢议。嗟乎！以名为教，则其教已为实之宾，而决非实也。又况名者，由人创造，上以制其下而不能不奉之，则数千年来，三纲五伦之惨祸烈毒由是酷焉矣。君以名桎臣，官以名轭民，父以名压子，夫以名困妻，兄弟朋友各挟一名以相抗拒，而仁者尚有少存焉者得乎？"[①]又说："二千年来君臣之伦，尤为黑暗否塞，无复人理。"[②]"则赖乎早有三纲五伦字样，能制人之身者，兼能制人之心。"[③]它之害人皆以"得罪名教"的罪名，使人"遂衔冤饮恨于万古之长夜"[④]。谭嗣同要冲破这名教伦常罗网，要将之悉行摧毁，这是近代中国启蒙思想的最强音。

梁启超虽比不上谭嗣同尖锐，但也显出寒人的锋芒。对礼乐之教产生的弊病，他引福泽谕吉的话加以揭露说："支那旧教，莫重于礼乐。礼也者，使人柔顺屈从者也；乐也者，所以调和民间勃郁不平之气，使之恭顺于民贼之下者也。"[⑤]梁启超又说："中国数千年来，所以教民者，其宗旨不外乎此，则断断然矣。"[⑥]对于中国旧学术上的一统、旧学说的弊端，他指出："自汉武表章六艺，罢黜百家，凡非在六艺之科者绝勿进，尔后束缚弛骤，日甚一日，虎皮羊质，霸者假之以为护符，社鼠城狐，贱儒缘之以谋口腹，变本加厉，而全国之思想界消沉极矣。"[⑦]又说："必取数千年腐败柔媚之学说，廓清而辞辟之，使数百万如蠹鱼如鹦鹉如水母如畜犬之学子，毋得摇笔弄舌舞文嚼字为民

---

① [清]谭嗣同:《仁学》,《谭嗣同文选注》，第111页。
② 同上书，第148页。
③ 同上。
④ 同上书，第112页。
⑤ [清]梁启超:《中国积弱溯源论》,《梁启超全集》第1册，第420页。
⑥ 同上。
⑦ [清]梁启超:《新民说》,《梁启超全集》第2册，第685页。

贼之后援，然后能一新耳目以行进步之实也。”[①] 严复对礼教、对旧学之批判类似于梁启超。

欧洲启蒙精神中的人道主义，启蒙口号自由、平等、博爱、权利等，在中国启蒙思想中都成了重要的符号和价值。康有为、谭嗣同吸取了中国传统中人道主义的精华，高唱自由、平等、博爱，达到了欧洲启蒙精神的水准。康有为的《大同书》所寄托的理想就是自由、平等的理想，所向往的世界亦是以自由、平等为基础的世界。他说：“人人性善，尧舜亦不过性善，故尧舜与人人平等相同。此乃孟子明人人当自立，人人皆平等，乃太平大同世之极。”[②] 男女平等，各自独立最为关键，是实现大同的根本之点，康极力倡之：“故全世界人欲去家界之累乎，在明男女平等各有独立之权始矣，此天予人之权也；全世界人欲去私产之害乎，在明男女平等各自独立始矣，此天予人之权也；全世界人欲去国之争乎，在明男女平等各自独立始矣，此天予人之权也；全世界人欲去种界之争乎，在明男女平等各自独立始矣，此天予人之权也；全世界人欲致大同之世、太平之境乎，在明男女平等各自独立始矣，此天予人之权也。”[③]

“天赋人权”的思想在这类似重复的话语中得到了伸张，把男女平等强调得如此之高，不正是对中国传统中男女不平等的反抗吗？康有为又阐发仁之微言大义，把它与博爱联系在一起，说“仁者，在天为生生之理，在人为博爱之德”[④]；他把墨子的“兼爱”思想移到孔子的“仁”上，言“孔子本仁，最重兼爱”；他又接受张载“民胞物与”的思想，称“乾为吾父，坤为吾母，人身特天之分气耳……凡众生繁殖，

---

① ［清］梁启超：《新民说》，《梁启超全集》第 2 册，第 688 页。

② ［清］康有为：《孟子微》，《孟子微　中庸注　礼运注》，中华书局 1987 年版，第 15 页。

③ ［清］康有为：《大同书》，中华书局 2012 年版，第 252 ～ 253 页。

④ ［清］康有为：《中庸注》，《孟子微　中庸注　礼运注》，第 208 页。

皆与我同气也，必思仁而爱之，使一民一物得其所焉”[1]。正是由于康有为对博爱思想的宣扬，梁启超就把康有为的哲学叫作“博爱派哲学”，梁启超说：“先生之哲学，博爱派哲学也。先生之论理，以‘仁’字为唯一之宗旨，以为世界之所以立，众生之所以生，家国之所以存，礼义之所以起，无一不本于仁。苟无爱力，则乾坤应时而灭矣。”[2]

谭嗣同受康有为《大同书》中平等、博爱思想的影响，建立“仁学”体系[3]，把“通”作为“仁”的第一要义，强调“仁以通为第一义”[4]，而“通之象为平等”[5]，这就是平等一通一仁的逻辑：“平等者，致一之谓也；一则通矣，通则仁矣。”[6]在评价五伦时，他认为只有朋友一伦对于人生有益无害：“无纤毫之苦，有淡水之乐。”[7]原因在于其中贯穿了自由、平等的精神：“所以者何？一曰‘平等’，二曰‘自由’，三曰‘节宣惟意’。总括其义，曰不失自主之权而已矣。”[8]谭嗣同还倡导民主思想：“废君统，倡民主，变不平等为平等。”[9]他发扬了中国传统中的“民本主义”观念，认为先有民后有君，民为本君为末，他说：“生民之初，本无所谓君臣，则皆民也。民不能相治，亦不暇治，于是共举一民为君。夫曰共举之，则非君择民，而民择君也。夫曰共举之，则其分际又非甚远于民，而不下侪于民也。夫曰共举之，则因有民而后有君。君，末也；民，本也……夫曰共举之，则且必可

---

① ［清］康有为：《中庸注》，《孟子微　中庸注　礼运注》，第206页。

② ［清］梁启超：《南海康先生传》，《梁启超全集》第1册，第488页。

③ 当然，谭建立“仁学”体系还受到其他方面思想的影响。关于谭受《大同书》中“大同”“平等”思想影响的具体情况，参阅汤志钧的《戊戌变法人物传稿》上册，（中华书局1982年版，第91～92页）、周振甫选注的《谭嗣同文选注》（前言第9页）。

④ ［清］谭嗣同：《仁学》，《谭嗣同文选注》，第96页。

⑤ 同上。

⑥ 同上书，第98页。

⑦ 同上书，第187页。

⑧ 同上。

⑨ 同上书，第147页。

共废之。君也者，为民办事者也；臣也者，助办民事者也。赋税之取于民，所以为办民事之资也。如此而事犹不办，事不办而易其人，亦天下之通义也。"[①]谭嗣同以自己的理性，得出了与欧洲民主观念相一致的结论。对此，梁启超肯定说："《仁学》下篇，多政治谈。其篇首论国家起原及民治主义，实当时谭、梁一派之根本信条，以殉教的精神力图传播者也。由今观之，其论亦至平庸，至疏阔。然彼辈当时，并卢骚《民约论》之名亦未梦见，而理想多与暗合，盖非思想解放之效不及此。"[②]

梁启超已较多地接触到了欧洲启蒙思想中的自由、民主、平等、权利观念。他专门写了《自由书》，并在其他不少文章中也论及自由，宣扬自由之理。他说："自由者，权利之表证也。凡人之所以为人者有二大要件，一曰生命，二曰权利。二者缺一，时乃非人。故自由者，亦精神界之生命也。文明国民每不惜掷多少形质界之生命，以易此精神界之生命，为其重也。"[③]梁启超认为，在中国并不是没有自由，但这种自由只是形式上的自由、消极的自由或无意识的自由之俗，还不是真正的、积极的自由，真正的自由必须是有自由之德的自由："自由之德者，非他人所能予夺，乃我自得之而自享之者也。"[④]文明国的自由就是这种自由，自由之权在国民而非官吏所操掌。"中国则不然，今所以幸得此习俗之自由者，恃官吏之不禁耳，一旦有禁之者，则其自由可以忽消灭而无复踪影。而官吏之所以不禁者，亦非专重人权而不敢禁也，不过其政术拙劣，其事务废弛，无暇及此云耳。官吏无日不可以禁，自由无日不可以亡，若是者谓之奴隶之自由。"[⑤]这就

---

① ［清］谭嗣同:《仁学》,《谭嗣同文选注》，第 178 页。

② ［清］梁启超:《清代学术概论》,《梁启超全集》第 5 册，第 3103 页。

③ ［清］梁启超:《十种德性相反相成义》,《梁启超选集》，李华兴、吴嘉勋编，上海人民出版社 1984 年版，第 158 页。

④ 同上书，第 159 页。

⑤ 同上。

是说，中国之自由乃施舍之自由，施舍与否全赖官吏之随意性，因而中国人实际上缺乏精神界之生命，欲救之，“舍自由美德外，其道无由！”① 梁启超论自由，已经注意到自由并不是毫无限制的权利，自由公例是“人人自由，而以不侵人之自由为界”②。“制裁云者，自由之对待也。”③ 根据有没有制裁，区别开文明人之自由与野蛮人之自由：“文明人最自由，野蛮人亦最自由，自由等也，而文野之别，全在其有制裁力与否。无制裁之自由，群之贼也；有制裁之自由，群之宝也。”④ 梁启超已进入自由的深层问题。与康有为、谭嗣同侧重博爱不同，梁启超主张国家主义和民族主义，这是他受日本思想影响的结果。在谈到这一点时，他自愧于谭嗣同，觉得自己有错：“《仁学》之政论，归于‘世界主义’，其言曰：‘《春秋》大一统之义，天地间不当有国也。’又曰：‘不惟发愿救本国，并彼极盛之西国与夫含生之类，一切皆度之……不可自言为某国人，当平视万国，皆其国，皆其民。’篇中此类之论，不一而足，皆当时今文学派所日倡道者。其后梁启超居东，渐染欧、日俗论，乃盛昌褊狭的国家主义，惭其死友矣。”⑤ 其实，梁启超没有错，在中国被列强鱼肉瓜分的残酷事实面前，中国也需要国家主义或民族主义。梁启超的关心是现实的，谭嗣同的追求则更有理想性。就当时中国的实际而言，梁启超的观点能发挥积极的作用，世界主义则不免迂腐。严复对自由、平等、权利等问题有更精彩之论，见后述。

总而言之，中国启蒙思想也体现了欧洲启蒙思想中的某种精神。但是，由于中国的特殊条件和背景，中国的启蒙情形和思想与欧洲的

---

① ［清］梁启超：《十种德性相反相成义》，《梁启超选集》，第159页。
② 同上。
③ 同上。
④ 同上。
⑤ ［清］梁启超：《清代学术概论》，《梁启超全集》第5册，第3103页。

又有区别，表现出自己的特征。

欧洲的启蒙思想运动是在17世纪后半期到18世纪中叶展开并完成的，其发生的条件亦主要在于欧洲自身的历史和推动，没有外来的刺激和压力，因而它是欧洲思想文化的一场自我更新、自我改变的运动。中国的启蒙思想运动比欧洲晚一个多世纪，而发生的契机是西方列强的入侵，是西方列强要把中国化为它们的殖民地，中华民族面临着亡国灭种的最严重、最深刻的危机。在这种外在强大压力的剧烈刺激下，中国知识分子中的精英率先奋起，掀起了波澜壮阔的启蒙思想运动，所以它与外来力量的冲击（内发说否认不了这一基本事实）确实密切相关，否则它何时发生、如何发生就很难估计了。

正是由于发生的背景不同，中国的启蒙思想家接受了欧洲启蒙思想运动的成果，中国的启蒙思想运动是在它的影响下进行的，所以将欧洲的新文化、新思想传播到中国，就成了中国启蒙者的重要任务之一。同时，中国的启蒙非常急迫，启蒙思想家大都仓促上阵，他们的思想体系难免显得不成熟和幼稚，他们要在很短时间内走完欧洲很长时间思想发展的历程，对所接受的欧洲启蒙思想根本来不及仔细消化、吸收，带有生吞活剥的特点，思想中的内容也比较芜杂。总之，中国近代的启蒙运动在理论上没有充分的准备。

中国的启蒙运动与救亡图存联系在一起，或者说以此为根本目标。这样，思想理论本身往往成了根本目标之下的手段，并从属于它，与思想理论的自身价值相比，追求的更是它的实践价值或现实意义。

再就是，在中国启蒙思想中，“变”和“进化”的观念受到了强调。欧洲的进化论与中国古代朴素的变化思想结合在一起，形成了进化历史观和革命进化发展观，为中国变法维新提供了理论武器。欧洲启蒙思想中并非没有发展的思想，只是它不像在中国启蒙思想中占有十分突出的地位，当然这与中国当时的历史条件有关。

还有，中国的启蒙思想家（除了谭嗣同）到了后期，思想上都发生了某种程度的调整，同前期的思想发生矛盾，甚至又回到了他们前期批判过的思想中。这种现象并不是他们个人的产物，而照样是由中国社会政治变革的挫折所促成的，可以说是中国近代的历史悲剧。欧洲启蒙思想家，尽管其中不少人思想中有矛盾，前后表现出不一致和非一贯性，但并没有表现出较多的前后矛盾现象。

（二）日本启蒙思想

日本启蒙思想的时间界限和范围相对比较明确，一般是把明治初到明治十年（1877年）左右，更具体地说是到明治八年（1875年）这一时期称为日本的启蒙期，这一时期的主要思想就是日本的启蒙思想。启蒙思想家都是“明六社”的成员。所谓“明六社”，是日本的启蒙学术结社。1873年（明治六年）7月，从美国归国的森有礼倡议成立了“明六社”。1874年（明治七年）2月制定了《明六社规章》，出版刊物《明六杂志》，正式开始活动。最初，“明六社”会员有西村茂树、津田真道、西周、中村正直、加藤弘之、箕作秋坪、福泽谕吉、箕作麟祥、杉亨二和森有礼十人，其后有增加，达到30人。《明六杂志》出版到1875年11月，共43期，内容涉及政治、法律、经济、社会、外交、宗教、历史、教育、自然科学等各个方面。[①]“明六社”随着《明六杂志》的停刊而解散。停刊的原因是，明治政府1875年（明治八年）6月修改《新闻纸条例》，制定《谗谤律》，对舆论进行全面控制和压制，窒息言论自由。虽然“明六社”的宗旨是“在于会合同志，交换意见，增长知识”，虽然“明六社”是以文化学术团体的形式出现的，但其活动和言论却超出了所规定的宗旨，涉及了当时的政治问题和社会问题，并以言论自由表现出来，这就难免与政府的条例发生冲突和对立。在

---

① 关于这方面，参阅近代日本思想史研究会：《近代日本思想史》第1卷，马采译，商务印书馆1983年版，第38～39页。

这种情况下，“明六社”是继续存在还是解散，对此出现了意见分歧。当时，社长箕作秋坪提出停刊《明六杂志》的提案，福泽谕吉起草停刊议案，提出了“向政府屈服”或者“当政府的罪人”的两难选择。他说：“本年6月公布的《谗谤律》及《新闻条例》，同我们学者的言论自由是不能两立的。这种律令如果真的执行起来，学者就只得立即改变思想，或搁笔停止发表言论。我明六社立社的宗旨，如社章第一条所规定，在于同人集会，交换意见，并将此意见作为议论演说，在杂志上发表。从本社成立以来所进行的议论和演说看来，很难保证今后的出版不触犯律令。更兼社员的十之八九是官吏……在言论上所受的限制就更大。……所以在这个时候，我社所能决定的只有以下两点：第一，立即改变社员本来的思想，屈节以适应律令，迎合政府的意图，继续出版杂志；第二，触犯律令条律，自由发表文章，为政府罪人。二者之中只能任选其一。但从现在社中的整个状况看来，二者都不容易实行。”①

森有礼等人却企图用“向政府屈服”的形式来解决问题，因而主张继续出版《明六杂志》，福泽谕吉等人以停刊来解决问题，虽然他热爱言论自由，但仍不想成为政府的罪人，不过他也不愿向政府屈服，表现了一贯的在野精神。

在明六社的成员中，有不少是启蒙思想家，主要代表人物有加藤弘之、津田真道、中村正直、西周、福泽谕吉和森有礼等。整体说来，这些人在社会经历上有一些共同点。②

第一，日本启蒙思想家的出身和活动年代有共同点。启蒙思想家大都出身于“下级士族”，如箕作秋坪、箕作麟祥出身于美作国津山

① 近代日本思想史研究会：《近代日本思想史》第1卷，第51页。

② 丸山真男指出，维新知识分子有两个共同点：一是有儒教读书人的传统，二是受幕末维新日本近代化迫切要求的驱使。（丸山真男（1986）『「文明論之概略」を読む（上）』. 東京：岩波書店，pp. 44～45.）

的藩医（侍医）家庭，西周出身于石见国津和野的藩医家庭，津田真道出身于美作国津山的藩厨家庭，福泽谕吉的父亲是丰前国中津藩的货栈管理员。中村正直后来的身份虽是将军的家臣，但他的父亲原出身于伊豆的农民家庭，迁居江户后，他才取得二条城下级公安人员的地位。杉亨二不是士族出身，而是庶民出身。这些人的身份都是比较低的。有两个人即西村茂树和加藤弘之则稍属特别，他们不是下级士族出身，但也只不过是高于下级士族的中级士族。也许正是由于启蒙思想家的身份都比较低微，所以他们对牢固的封建身份等级制度采取了批判和反抗的态度，努力培植出了出人头地和干一番大事业的雄心壮志。同时，启蒙思想家的出生和活动年代稍前稍后，比较接近。他们（除了箕作秋坪）大都出生于 19 世纪 20 或 30 年代，在美国培里舰队来日本（1853—1854）前后进入青年期，明治元年（1868 年）达到活动的鼎盛期，形成了启蒙的强大阵容。

第二，日本启蒙思想家在学问上走过了一条共同的道路，他们大都是从儒学开始然后进入洋学的大厦。他们从小学习、接受儒学，虽然程度深浅不一，但都有一定的儒学素养。西周和中村正直受到了儒学家的专门训练。西周曾一度担任藩校的教官，中村正直刚 30 岁就取得了当时儒学家的最高位——御儒者[①]。西村茂树、津田真道、福泽谕吉虽比不上西周和中村正直，但也有一定的儒学素养。根据履历进行判断，启蒙思想家中儒学修养稍低的，大概是杉亨二和箕作麟祥二人。由于他们的这种儒学基础，他们接受、吸取洋学往往受到儒家观念的影响。在处理儒学与洋学、东方传统思想与西方近代思想的关系上，不同的人在不同的时期表现出非一贯性。启蒙思想家接受西洋的学问，一般都是从兰学入手的。他们开始都是学荷兰语，通过荷兰语了解西洋的学术，这时他们学习的东西还基本停留在技术领域，对西洋其他

① 幕府的官名，职责是讲儒家经典。

方面的学问知之甚少，佐久间象山的“东洋道德，西洋艺术（技术）”的观念还颇有市场。后来，启蒙思想家从兰学转入英学、法学和德学，即通过英语、法语和德语直接了解西洋的学问。英学有福泽谕吉和西周，法学有箕作麟祥，德学则有加藤弘之。由此，他们打破了西洋的学问只是技术的观念，开阔了视野，扩大了西学的领域和地盘，从而做好了启蒙运动的思想准备，在日本启蒙运动中成了国民的精神导师，为日本的近代化做出了贡献。

第三，日本启蒙思想家在幕府大都是幕臣。明治维新后，启蒙思想家十之八九都成了政府官僚，即便个人不是官僚，也和政府中的高级官僚保有密切的私人关系。1856 年，德川幕府设立西洋文化研究机关和翻译机关“蕃书调所”（后改为“开成所”，是东京大学法律、文学和经济各系的前身）。当时在日本研究西洋学问，没有什么地方比这里更优越。启蒙思想家们为了研究洋学，纷纷来到这里。西周、津田真道、杉亨二、加藤弘之、箕作麟祥五人都在此任教职，福泽谕吉在此学习工作过（他主要在“外国方”做翻译工作）。箕作秋坪虽主要在幕府的“外国奉行”[①]做翻译工作，但也一度兼任过蕃书调所的教授助手。总之，他们都是幕臣，所做的都是推进洋学的工作。明治维新后，这些人基本都成了新政府的官僚，当然像福泽谕吉那样终生不仕的只是一个特例。

第四，日本启蒙思想家大都有游访海外的经历。到幕末即明治维新前，除了西村茂树、杉亨二、加藤弘之三人，其余的人先后都到过西洋，或留学，如西周、津田真道和森有礼，或出访，如福泽谕吉和箕作麟祥，而中村正直则作为赴英留学生的理事出访英国。他们在海外的活动使他们大大扩大了对西洋文明的视野，加深了对西学的认识，对启蒙思想运动的发展产生了积极的作用。

---

① 当时日本的外交部。

启蒙思想家虽具有上述共同点，但每个人也都有各自的特点。加藤弘之的启蒙思想集中于政治方面，他研究西洋政治学，尤其是德国的政治学，成为日本最初的德国专家。他在日本大力传播、宣扬启蒙政治思想，著有《邻草》（1861年）、《立宪政体略》（1868年）、《真政大意》（1870年）、《国体新论》（1874年）等书，影响广泛。他又以政治研究闻名于世，堪称近代日本政治学之父。津田真道研究洋学，侧重于法学。留学荷兰时，他师从西门·菲赛林（Simon Vissering）研习“五科”（包括“性法”“国法”“万国公法”“经济”“统计”五种学科）。归国后，他把记录的讲义译成日文，以《泰西国法论》为题出版，并从事《新律纲领》的编纂工作。[①] 津田一方面利用丰富的法律知识进行启蒙活动，另一方面参与筹划明治维新政权，成了明治前半期司法界的巨擘。西周则是推进启蒙哲学的主将，他最初把philosophy这个词译为“哲学”。今天我们使用的许多哲学名词，如客观、理性、悟性、现象、归纳、演绎等，都是由他的妙手译出的。他给哲学下定义说：“因为哲学是科学的科学（philosophy is the science of sciences），所以哲学的定义应该是诸学上之学。凡事物必有其统辖之理，万事不得不受此理之统辖。故哲学乃诸学之统辖，诸学不得不受哲学之统辖，犹如国民之不得不受国王之统辖。”[②] 他的著作有《致知启蒙》（1874年）、《百一新论》（1874年）、《人生三宝说》（1875年），以及译作《利学》（1877年，现代一般译为《功利主义》）。他可以被称为近代日本哲学之父。福泽谕吉以启蒙的广泛性、通俗性闻名于世。他不接受明治政府屡次的聘请，终生不做官，坚持他的在野精神；而且，从他对封建批判的彻底性来说，或者从他见识的卓越性来说，在启蒙思想家中他是首屈一指的。他之所以被称为“‘日本的伏尔泰’，作为最伟大

① 近代日本思想史研究会：《近代日本思想史》第1卷，第40页。
② 同上书，第44页。

的启蒙思想家受到推崇，其理由便在这里”[1]。至于其他人也一样，他们以自己的方式进行启蒙活动，显现了不同的风格。

日本启蒙思想运动是在明治初期展开的。与新政府自上而下推进的“殖产兴业，富国强兵”近代化政策相对应，启蒙思想家在思想文化领域掀起了一场解放运动和变革运动，同封建专制制度和封建专制思想体系进行斗争，为资本主义在日本的建立呐喊。尽管这一启蒙期历时较短，但它却是日本走向近代化过程中的重要一环，其历史功绩不可抹杀。统观日本启蒙思想，就能看到，它也体现了欧洲启蒙思想的某种精神，闪耀着近代思想的光辉。

日本启蒙思想家重视理性和科学精神，他们发起的“实学”运动鲜明地体现出这一点。日本传统哲学思想受佛教和儒学的影响较大，被认为是崇虚务玄，“理”“气”“道”“阴阳五行”“真如”“来世”等观念充满思想天地，非理性主义和神秘主义的气氛甚为浓厚，没有科学的地盘，理性精神亦非常薄弱。日本哲学史家永田广志指出：“在日本，哲学思想作为宗教思想产生以来，长时期没有从宗教分离开来，又缺乏足以使它充分发展开的科学支柱，这也决定了哲学思想发展的软弱性。”[2]同样，“日本儒教大体说来，没有深入到认识自然的问题，而是突出地作为道学的世界观发展起来的。……如同儒教原来在中国那样，是在理论上把敬天、祭鬼神的宗教加以解释，往往是与神道结合在一起的（林罗山、山崎暗斋、熊泽蕃山等）”[3]。启蒙思想家们把这种学说称为“虚学”，他们则提出与其相对立的“实学”。如津田真道明确区分“虚学”与“实学”，认为只有“实学”才代表文明的发展方向。他说：“所有学问大别之有两种：高谈空洞理论的虚无寂灭、五行

① 近代日本思想史研究会：《近代日本思想史》第1卷，第46页。

② 〔日〕永田广志：《日本哲学思想史》，陈应年、姜晚成、尚永清等译，商务印书馆1978年版，第11页。

③ 同上书，第12页。

性理或良知良能等说的，是虚学；根据实象，专论实理，如近代西洋的天文、格物、化学、医学、经济、哲学等的，是实学。这种实学如能普遍传流国内，明达各种道理，就可以说是真正文明。”[①] 西周说东方思想是“凿空摹虚刻念架想之妄”，德国康德、费希特、谢林、黑格尔的哲学与东方的玄学异工同曲，“所论虽精微，毕竟涉凿摸索，与夫易象，空观何择焉？”西周推崇的学问也是“验诸实物，体诸实知”的实学[②]，他把哲学看成科学的科学。福泽谕吉也极力提倡实学，推崇自然科学，把它作为一切学问的模特，动辄曰“数理”“真理原则”，这是他的信仰。总之，启蒙思想家对实学的弘扬使虚学退避三舍，理性和科学精神的树立代替了空洞的玄思，日本近代世界观（虽不成熟）应运而生。日本启蒙思想家宣扬的实学受到了孔德实证主义的影响，也与明治维新前近代思想的萌芽有关（第三章述）。

日本启蒙思想也具有批判精神。启蒙思想家对日本的封建等级制度和名分观念，对日本传统社会的封建伦理道德，给予了有力的抨击和批判。如加藤弘之批判君臣上下名分关系的绝对性和自然内在性。他认为，五伦关系中的父子、夫妇、长幼和朋友四伦可以说是出自“天理自然”或基于“天理自然”，因为是首先有夫妇关系，然后有父子关系，有兄弟长幼关系和朋友关系，它们是开天辟地以来就有的，但是君臣关系并非如此，它不是出自“天理自然”，而是由偶然之势产生出来的，以此否定主张君臣尊卑、上下关系的绝对观念。加藤否认君臣一伦的自然性，是受到了日本近世大儒荻生徂徕的影响。[③] 荻生徂徕批评朱子学把五伦看作天地自然的秩序（天理、天道），认为五伦

① 近代日本思想史研究会:《近代日本思想史》第 1 卷，第 151 页。

② 王守华:《西周哲学的性质及在日本哲学史上的地位》,《山东大学学报》(哲学社会科学版)，1988 年第 3 期，第 32 页。

③ 荻生徂徕（1666—1728），日本古学大家，主要著作有《辨道》《学则》《政谈》《太平策》等。

是先王人为制作的，他说："先王之道，先王所造也，非天地自然之道也。盖先王以聪明睿智之德，受天命，王天下。其心一以安天下为务。是以尽其心力，极其智巧，作为是道，使天下后世之人由是而行之。岂天地自然有之哉！"[①] 在日本儒学家中，徂徕是把自然规律与社会规律加以区别的第一个人。

加藤弘之还承认父子、夫妇、长幼和朋友四伦的自然性，但他接受荻生徂徕的人为逻辑，打破了君臣一伦的绝对性，动摇了君主至尊无上的地位。加藤从自然法的立场出发，论证天皇与人民即使有尊卑、上下的差别和界限，但也都是人，并非异类。他说："天皇和人民决非异类。天皇是人，人民也是人；只是在同一的人类中有尊卑、上下之分，决非人畜之悬隔。人与牛马为异类，有天然尊卑异类之别，故人视牛马为己私有，得以自由使用，本是理之当然。然天皇与我辈人民同为人类，纵使说天皇有其权，若以牛马对待我辈人民，亦决非善之理。"[②] 在此，加藤还是承认君民有尊卑、上下的差别，但否认君主奴役人民，把人民看作自己的私产。他继续说："国学家者之辈，因爱国心切，更夸称皇统一系，虽确实值得赞赏，但可惜的是，由于不知国家、君民的道理，因此倡导种种牵强附会的妄说，以为天下国土悉皆天皇之私有，亿兆之民悉皆天皇之臣仆。"[③] 站在这种批评传统的立场上，加藤弘之把人民看作国家的主体，认为君主是为人民而存在的，他说："国家的主体是人民，因人民而有君主、才有政府。"[④] 最后他得出的结论是，天下是天下亿万国民之天下，政府只是代表天下亿万国

---

① 荻生徂徕（1931）「辨道」、『荻生徂徕集』〈大日本思想全集下〉7. 東京：大日本思想全集刊行会，p. 15.

② 加藤弘之（1984）「國體新論」、『西周 加藤弘之』〈日本の名著〉34. 東京：中央公論社，p. 385.

③ 同上书，第 384 页。

④ 同上书，第 389 页。

民来治理天下。福泽谕吉则揭露了“君权神授”的谬妄，他说：“还有人发出无稽之谈，说君主是受命于天，或者说其祖先曾登灵山会见天神，或说梦兆或说神托，如此荒唐而恬然不以为怪，所谓神权政府的由来就是如此。”[①]西周认为儒家的伦理观念宣扬克己主义与禁欲主义，把“温柔”“敦厚”“揖让”“寡欲”“无欲”等作为信守的准则，这是迫害人道的东西，应加以摈弃，并提出“人生三宝”的新道德观，即“健康”“知识”“富有”，认为这才是道德的大本，他说：“因此现在在道德论上，要以三者为宝，贵之，重之，欲之，希之，求之，可以说就是达到所谓最大福祉之方略。”[②]津田真道重新对情欲做了认识，认为它并不是恶的，认为儒家禁欲主义抹杀、抑制人的情欲是对人性的摧残，不合乎人的发展，有害无益。

日本启蒙思想家也接受了西洋近代思想中的自由、平等和权利等观念，形成了日本启蒙人道主义的洪流。他们大都信奉“天赋人权”，反对外在力量对人权、对自由的干涉。如加藤弘之认为，君主与人民是同类，都应具有权利，但专政制度却剥夺了人民的权利，这是最大的不幸。加藤弘之说自由对人民的幸福是非常重要的，政府只应加以尊重，没有干涉的道理：“因此，虽说管理政事是君主政府的权力，但不能制裁同公共交际没有利害关系的个人的私事。对于人们纯粹的私事，原本就要任其各人的自由。如果君主政府对于人民的私事也要制裁，这时人们就失去了各自的自由权，这就决不能为人民谋求安宁幸福。”[③]加藤弘之还说人的权利和自由内在于人的本性，人天生就

① 〔日〕福泽谕吉：《文明论概略》，北京编译社译，商务印书馆1959年版，第26页。

② 西周（1984）「人生三宝說」、『西周 加藤弘之』〈日本の名著〉34. 東京：中央公論社，p. 230.

③ 加藤弘之（1984）「國體新論」、『西周 加藤弘之』〈日本の名著〉34. 東京：中央公論社，p. 394.

有“自爱自主之心”和“独立不羁之情”，“人是天之最爱之物，由此可见，给人以万福乃是天意……人决非禽兽之类，更有属于天性的种种之情，其中独立不羁之情乃是第一之情”[①]。“人有了这种天情，那么就有实现此情的权利，所有人都不应有贵贱、上下、贫富、贤愚之别；人决不应该被他人所束缚和拘制，自身之事皆要遂其所欲，这就产生了交往上的种种权利。”[②] 当然，在强调人的权利、自由的同时，加藤弘之也指出人有义务。所谓义务，就是“各人履行自己的本性，尊重他人的权利”[③]。福泽谕吉从“天赋观念”出发，宣扬人的自由、权利，提倡人的平等，他的“天不生人上之人，也不生人下之人”[④]的口号在当时的日本几乎是家喻户晓，为“四民”平等的确立做出了重要贡献。

由上可见，日本启蒙思想体现了一定的欧洲启蒙精神，这是它的一般性。但同中国启蒙思想一样，日本启蒙思想表现出了同欧洲启蒙思想不同的特点。（1）它的发生以西方资本主义势力的强权为导火线或直接原因，因而它的展开也采取了输入、传播、推进西洋文化在日本发展的形式，同西洋近代思想有着不可分割的关系。（2）由于它的发生以幕末的民族危机、国家被侵为背景，所以在日本启蒙思想中，民族主义、国权观念受到了强调。个人自由、个人独立的价值，在某种程度上得到确认，但有时又成为工具和手段，服从于争取国权和建立近代统一国家的目标。（3）启蒙思想体系不成熟。启蒙思想家大都进入政府，不能专门潜心于学术思想研究，这使他们理论和学说的建立受到了影响。（4）启蒙思想家的思想前后发生了不小的变化，几乎

① 加藤弘之（1984）「國體新論」、『西周 加藤弘之』〈日本の名著〉34. 東京：中央公論社，p. 350.

② 同上。

③ 同上。

④〔日〕福泽谕吉：《劝学篇》，群力译，东尔校，商务印书馆 1984 年版，第 2 页。

所有人都出现了程度不同的转变。这些大概就是日本启蒙思想不同于欧洲启蒙思想的特点。

现在我们回到中日启蒙思想，就其异同之点做一概述。

四、中日启蒙思想的异同

中日启蒙思想的异同是一个比较复杂的大问题，在此难以充分展开，只能就其一般做一概述。

正如前面我们已经指出的那样，中日的近代化是在外来力量的刺激下拉开序幕的，而不是根源于中日社会的内在自我机制自然发生的，因而带有很强的目的意识。与目的意识的近代化紧密相关，思想启蒙也完全为一个明确的目的意识所支配。这是中日启蒙思想的一个共同点，又是中日启蒙思想与西欧启蒙思想的一个差异处。西欧的近代化是自发产生的，是自然演变出来的，其启蒙思想也是如此。当然，这绝不是说启蒙思想家进行启蒙没有目的意识，而只是说启蒙思想的发生是内在的自然过程，即由固有的社会历史条件所诱发。

中日的近代化与启蒙正是因为直接源于外力的刺激，自身缺乏长期的酝酿准备，所以没有充分的准备和牢固的基础，再加上外力冲击的激烈性以及异质文明的先进性，中日启蒙就带上了急迫性、仓促性、输入性、不成熟性的特质。中日的近代化与启蒙是急迫的，必须在很短的时间内实现富强与思想领域的变革。启蒙思想家为了上述目的，大都仓促上阵，思想的积累与准备来不及也不能从容进行。思想比较无系统，即便个别人创造了体系，其体系也相当幼稚和芜杂，而思想的内容和成分又基本上采取了输入的形式，所谓启蒙主要就变成了把西欧近代思想推进到中日的过程。

同时，中日启蒙思想与功利主义观念密切相关。中日两国都受到了西方强权主义的挑战，都面临着国家沦丧、民族失去独立性的现实性灾难，因而救亡图存、实现富强和国家独立就成了第一性的主题。启蒙思想家所宣扬的启蒙思想在很大程度上成为手段，服务于上述目的，思想理性的普遍价值被降到了从属地位。

另外，中日启蒙思想家大都发生了转变，在思想上表现出前后的非一致性或断裂。对前期的思想或是修正，或是自省，甚或走向了与之对立的境地。这一方面反映了中日近代化的曲折，另一方面也反映出中日启蒙思想家的不成熟。

说到中日启蒙思想的差异，大致可以认为，中国启蒙思想中变的观念、进化的观念比较突出，而日本启蒙思想则强调文明开化。使用变法与维新，也许体现了此一差异。由于中国启蒙思想在戊戌前已达到高潮，所以它突出了政治上的变革要求；日本启蒙思想则主要是在明治维新初期大规模展开的，因而启蒙思想家更多是拥护明治新政权，没有强烈要求政治上的民主进程，而这一任务恰恰落到了自由民权运动领袖们的肩上。同时，中国启蒙思想家更多显示出中国传统士大夫的特性，他们还称不上近代知识分子，且启蒙阵容不够强大。日本启蒙思想家既有近代知识分子的类型，又有近代官僚的类型，相较之下，有一支更强大的队伍。

第三章

严复与福泽谕吉的启蒙生涯简述

严复与福泽谕吉是中日启蒙思想家中的两位杰出人物，扮演了时代精神导师的角色。在系统讨论他们的启蒙思想之前，我们先就其启蒙的生涯与道路分别做一叙述。

一、严复的启蒙道路

1854 年，严复出生于福州南台苍霞洲（今台江），初名体乾，入马尾船政学堂后易名宗光，字又陵，登仕始改名复，字幾道，晚年号瘉壄老人，另署天演哲学家，又别号尊疑学者，福建侯官（治今福州）人，入民国后，侯官并县，称闽侯。严复先世为河南固始籍，李唐末由中州入闽。曾祖焕然，嘉庆庚午举人，松溪训导。祖父秉符，嗣祖秉忠。父振先，中医，声名州里。母陈氏。严复 1921 年去世，享年六十七岁。[①]

启蒙是严复的主题，它在严复的一生中是如何展开的呢？按照严复一生活动的特点，我们把他的启蒙道路分为三个时期：启蒙准备期、

① 有关严复的生平，参阅严璩的《侯官严先生年谱》(《严复集》第 5 册)、王蘧常的《民国严幾道先生复年谱》(台湾商务印书馆 1981 年版)、孙应祥的《严复年谱》(福建人民出版社 2003 年版)、皮后锋的《严复大传》(福建人民出版社 2003 年版)。

启蒙前期、启蒙后期。

严复的童年之事多不可考，但有一事为人常道。五岁时，“邻有凿井，设架高丈余，先生窃登之，俯视井底，大呼圆哉！圆哉！陈太夫人闻而出视，大惊。恐其惧而下坠也，不敢斥言，遂阳为悦状而言曰：‘儿能真过人，如凭梯下，则更能矣。’及下，始笞责之”[①]。严复成熟早，父亲为他选择严师，先后易数人，以通过科举进入仕途。严复发愤读书，奠定了国学的根基，迈出了学贯中西的第一步。

1866—1876 年是严复在福州船政学堂的学习时期。船政学堂是福州船厂的附设机构。船厂 1866 年由左宗棠奏请创办，由沈葆桢主管。为培养人才，设立学堂，学堂招试英少，投考者大多为贫困人家子弟。1866 年 6 月，十四岁的严复失去父亲，生活重担全落在母亲肩上，经济拮据，难以维持。严复诗中写道：“我生十四龄，阿父即见背。家贫有质券，赙钱不充债。……慈母于此时，十指作耕耒。上掩先人骸，下养儿女大。富贵生死间，饱阅亲知态。门户支已难，往往遭无赖。五更寡妇哭，闻者隳心肺。”[②]处在此种困境中的严复，不得已，舍弃了科举学习的道路，报考了有生活保障的船政学堂。当年试题为《大孝终身慕父母论》。严复文奇，考取第一名。严复进入的是英文班的后学堂，学习英文和驭船术。在学堂里，他学习“圣谕广训、孝经，兼习论策，以明文理”[③]。更重要的是，他广泛接触了自然科学的几乎所有部门，如“英文、算术、几何、代数、解析几何、割锥、平三角、弧三角、代积微、动静重学、水重学、电磁学、光学、音学、热学、化学、地质学、天文学、航海术”[④]等。

严复启蒙思想的科学基础得益于此。十九岁时毕业，大考最优。

① 王蘧常：《民国严幾道先生复年谱》，台湾商务印书馆 1981 年版，第 2 页。

② 《为周养庵题篝镫纺织图》，《严复集》第 2 册，第 388 ～ 389 页。

③ 王栻：《严复传》，上海人民出版社 1976 年新 1 版，第 4 页。

④ 严璩：《侯官严先生年谱》，《严复集》第 5 册，第 1546 页。

之后，在建威帆船和扬武军汽舰上实习五年。对于船政学堂及船上的学习和实习生活，严复回忆说："不佞年十有五，则应募为海军生。当是时，马江船司草创未就，借城南定光寺为学舍。同学仅百人，学旁行书算。其中晨夜伊毗之声与梵呗相答。……回首前尘，塔影山光，时犹呈现于吾梦寐间也。已而移居马江之后学堂。卒业，旋登建威帆船、扬武轮船为实习，北逾辽渤，东环日本，南暨马来、息叻、吕宋，中间又被檄赴台湾之背旂、莱苏澳，咸以绘图以归。"①

1876—1879年是严复在英国的留学时期。清政府派遣第一批留学生是在1872年（同治十一年），去的是美国。严复是第二批派出的留学生之一，这批留学生均出自福州船政学堂，不是到美国，而是到欧洲国家。在船政学堂前学堂学习法文及造船专业的往法国，在后学堂学习英文及驭船术的则去英国。严复属于后者。到英国后，严复肄业于朴次茅斯大学院，后入格林尼治海军学院。在此念完了高等算术、格致、海军战术、海战、公战、公法及建筑海军炮台诸专业，考试均优等。"是时日本亦始遣人留学西洋，伊藤博文、大限重信之伦皆其选，君试辄最。"②

到1879年学业结束，严复在英国的留学生活虽还不到三年，但对他一生则产生了至关重要的影响。他的启蒙思想在此得到了很好的酝酿。应进一步分析一个问题：学习海军专业的严复，超出自己的专业领域，投入英国社会政治思想、学术方面，对此该做如何解释？严复自己没有说明。根据间接材料，一是说严复年少时就有一种关心大事、要干大事的雄心壮志；二是说严复受一英国人的启发与教诲。他在扬武军汽舰上实习时，船长是英国人德勒塞，是一位海军中校。此人在华服役三年，即归之时告别严复说："君今日于海军学术，已卒业矣。

---

① 《〈海军大事记〉弁言》，《严复集》第2册，第352页。

② 王蘧常：《民国严幾道先生复年谱》，第7页。

不佞即将西归，彼此相处积年，临别惘然，不能无一言为赠。盖学问一事，并不以卒业为终点。学子虽已入世治事，此后自行求学之日方长，君如不自足自封，则新知无尽。望诸君共勉之。此不第海军一业为然也。”[①] 严复“闻之悚然”。这个“闻之悚然”，恐怕对他的选择与道路会有影响。

再就是，严复到英国后，不是只待在学校里，而是有意识地积极接触英国社会。他说：“犹忆不佞初游欧时，尝入法廷，观其听狱，归邸数日，如有所失。”[②] 这个“如有所失”，大概会使他联想很多，并是他进一步了解、认识英国社会繁荣发达的原因。中国的积弱、民族的危机，使带着忧患意识的严复不能不产生一种使命感，他要从英国的富强中找出中国的富强之方，他超出专业领域的普遍关心有明确的目的意识。他热心地学习英国的政治、经济、社会思想，追问英国富强的奥秘何在：“正是这个迫在眉睫的问题，而不是闲逸的好奇心，引导严复热切地考察英国的政治、经济和社会制度，并且最终导致他全神贯注于当时英国的思想。”[③] 严复留学之时，“湘阴郭侍郎嵩焘为出使英国大臣，见府君而异之，引为忘年交。每值休沐之日，府君辄至使署，与郭公论述中西学术政制之异同”[④]，“尝语湘阴郭先生，谓英国与诸欧之所以富强，公理日伸，其端在此一事。先生深以为然，见谓卓识”[⑤]。这样，严复就成了一位思想家，海军专业技术就变成了严复学习的一部分。总之，留学英国使严复从技术领域转向了思想领域，从而奠定了他的启蒙思想的基础，为他的启蒙活动做好了准备。

---

① 严璩：《侯官严先生年谱》，《严复集》第5册，第1546页。

② 〔法〕孟德斯鸠：《孟德斯鸠法意》上册，严复译，商务印书馆1981年版，第224页。

③ 〔美〕史华兹：《寻求富强：严复与西方》，叶凤美译，江苏人民出版社1996年版，第26页。

④ 严璩：《侯官严先生年谱》，《严复集》第5册，第1547页。

⑤ 〔法〕孟德斯鸠：《孟德斯鸠法意》上册，第224页。

严复的启蒙前期，从时间范围上讲大约在1880—1899年，基本上是任职于北洋水师学堂时期。在北洋水师学堂，严复度过了不得志、苦闷与无所作为的长长岁月。1879年6月，严复结束英国留学生活归国，先是在福州船政学堂当教员。1880年，直隶总督李鸿章在天津创办水师学堂，调严复为水师学堂总教习（即今教务长），后又先后升为会办（即今副校长）、总办（即今校长）。严复在此一待就是二十年，到1899年义和团运动爆发时才离开。严复回忆说："返国年廿七八，合肥李文忠公方治海军，设学于天津之东制造局，不佞于其中主督课者前后凡二十年。庚子排外祸作，清朝群贵以祖宗三百年社稷为之孤注，迨城下盟成，水师学堂去不复收，盖至是不佞与海军始告脱离。"①

在水师学堂，严复最初受李鸿章器重，但他始终没同李鸿章建立起密切关系。中国在中法战争中失败，日本吞并琉球，严复痛心疾首，"常语人，不三十年藩属且尽，缳我如老牸牛耳！"②李鸿章闻之不悦，疏远了他："闻者弗省。文忠亦患其激烈，不之近也。"③严复郁郁不得志，时有牢骚所发，他说："自来津以后，诸事虽无不佳，亦无甚好处。公事一切，仍是有人掣肘，不得自在施行。至于上司，当今做官，须得内有门马，外有交游，又须钱钞应酬，广通声气。兄则三者无一焉，又何怪仕宦之不达乎？"④此时严复染上了抽烟的习惯。后来，严复力求维持与李鸿章的关系，李鸿章提拔他为校长，但始终得不到重用："以君总办学堂，不预机要，奉职而已。"⑤

---

① 《〈海军大事记〉弁言》，《严复集》第2册，第352页。

② ［清］陈宝琛：《清故资政大夫海军协都统严君墓志铭》，《严复集》第5册，第1541页。

③ 同上。

④ 《与四弟观澜书》，《严复集》第3册，第731页。

⑤ 同上。

在这种情况下，严复竟有了三进科场之举。他想通过这一道路寻求施展才能与抱负的机会："府君自由欧东归后，见吾国人事事竺旧，鄙夷新知，于学则徒尚词章，不求真理。每向知交痛陈其害。自思职微言轻，且不由科举出身，（当日仕进，最重科举。）故所言每不见听。欲博一第入都，以与当轴周旋。既已入彀中，或者其言较易动听，风气渐可转移，因于是秋赴闽乡试，榜发报罢。"① 三次科举，榜上无名。时值甲午大战，中国战败，产生了一系列危机。严复大受刺激，断念科举，另辟救国蹊径。康、梁宣扬变法，谋求维新大业。严复虽没参加维新变法的政治实践活动，但却展开了他的思想启蒙活动，承担起了解放国民精神的使命。

从 1895 年开始，严复先后在《直报》上发表了《论世变之亟》《原强》《辟韩》《救亡决论》等著名论文。这些论文向人们展现了一个全新的世界观，集中体现了严复的启蒙思想，使严复名声大振。然最使严复声名卓著的，则是他翻译出版的《天演论》一书。此书的作者是英国人赫胥黎，原书名为 *Evolution and Ethics*，今译为《进化论和伦理学》。这部书的出版，为中国人打开了一个学问的新世界，使人们真正了解到，西洋除了船坚炮利之外，还有一个学问的天地。尤其是书中的思想，对于处在亡国灭种边缘的中国来说，大有起死回生之力。"物竞天择""适者生存"成了人们的口头禅，影响了一代中国的知识分子。吴汝纶得读此书，赞不绝口。维新志士康、梁亦佩服至极，谓"眼中未见此等人"②。梁启超称"《天演论》为中国西学第一者也"③。黄遵宪把《天演论》供奉于案头多年。鲁迅说："星期日跑到（南京）城南去买了来，白纸石印的一厚本……一有闲空，就照例地吃侉饼、

① 严璩：《侯官严先生年谱》，《严复集》第 5 册，第 1547 页。

② ［清］梁启超：《梁启超致严复书》，《严复集》第 5 册，第 1570 页。

③ 王栻：《严复传》，第 43 页。

花生米、辣椒，看《天演论》。”[①]可以肯定，《天演论》风靡当时的思想界，为人们注入了新鲜血液。

严复宣扬启蒙思想，有明确的目的意识，这就是他的“三民说”（“开民智、新民德、鼓民力”）的主题。对于启蒙前期的思想，严复回忆说：“甲午春半，正当东事臬兀之际，觉一时胸中有物，格格欲吐，于是有《原强》《救亡决论》诸作，登布《直报》，才窘气茶不副本心，而《原强》诸篇尤属不为完作。盖当日无似不揣浅狭，意欲本之格致新理，溯源竟委，发明富强之事，造端于民，以智、德、力三者为之根本，三者诚盛，则富强之效不为而成；三者诚衰，则虽以命世之才，刻意治标，终亦隳废。故其为论，首明强弱兼并乃天行之必至，而无可逃，次指中国之民智、德、力三者已窳之实迹……则雌雄胜负效不可知，及乎衰与盛邻，则其终必折以入。然则中国由今之道，无变今之俗，存亡之数，不待再计而可知矣。是以今日之政，于除旧，宜去其害民之智、德、力者；于布新，宜立其益民之智、德、力者。”[②]

显然，严复深深关心的是“三民”的解放与提高。在他看来，不把“三民”导向高水准，任何社会政治理想都不能实现。戊戌变法失败后，严复评论说：“终谓民智不开，则守旧维新两无一可。”[③]在孙中山筹划革命之际，他的规劝仍是以民智为出发点。1905 年，严复与孙中山都在英国，孙中山访问严复时，严复言：“以中国民品之劣，民智之卑，即有改革，害之除于甲将见于乙，泯于丙者将发之于丁。为今之计，惟急从教育上着手，庶几逐渐更新乎！”孙中山对曰：“俟河之

---

① 鲁迅：《朝花夕拾・琐记》，《鲁迅全集》第 2 卷，人民文学出版社 2005 年版，第 405 页。

② 《与梁启超书》，《严复集》第 3 册，第 514 页。

③ 《与张元济书》，《严复集》第 3 册，第 525 页。

清，人寿几何！君为思想家，鄙人乃实行家也。”[1] 确实，严复一生在政治实践上没有什么特别的作为，但他是一位启蒙思想家，启蒙是他的主题。

严复的启蒙后期，可从 1900 年算起，直到严复去世。严复离开水师学堂后，流动性比较强，可以说是他一生中的一个游离时期。在这一时期的前十年左右，严复专注于翻译活动，他翻译的名著，除了《天演论》是在 1894 年译出外，其他均在这一时期翻译出版，主要有《原富》(1901—1902 年)、《群己权界论》(1903 年)、《社会通诠》(1904 年)、《法意》(1904—1909 年)、《穆勒名学》(上半部，1905 年)、《名学浅说》(1909 年)等。这些名著的译出进一步推进了西洋文化的传播。尤其是，严复在大部分的译著中加了很多按语，这些按语反映了严复的思想观点，是他启蒙思想非常重要的组成部分。

严复一生的最后 10 年，思想上发生了很大的变化，这就是一般所说的严复的转变。通常认为其主要表现是:(1)提倡尊孔读经，表现了对中国传统文化的极大热情;(2)参加“筹安会”;(3)反对辛亥革命和五四运动;(4)对启蒙前期的思想做了一些否定。这四个方面是批评严复走向转变和保守的基本论据。我认为，严复后来确实发生了某些转变，但主要是上述的(1)(4)方面。严复早期对传统文化的批评是主导方面，虽然不是完全否定，他后期则肯定多一点，而批评少了。他前期宣扬西学思想，后期则做了某些改变，如前期他具有天赋自由与平等观念的因素而后期则加以驳斥，这反映在他的《〈民约〉平议》一文中。他还对自由加以限制，把穆勒的《论自由》翻译成《群己权界论》。这两个方面反映了严复启蒙思想的复杂性与矛盾性，是严复启蒙思想中的一个曲折。

严复与筹安会的关系以及反对辛亥革命和五四运动，不是判定他

---

① 严璩:《侯官严先生年谱》,《严复集》第 5 册，第 1550 页。

发生转变的根据。考察严复与筹安会的关系，至今所看到的基本材料有两个：一是严复自己有两段话①，说明了他与筹安会的关系；二是严复的门生侯毅（疑始）所写的《筹安盗名记》（据侯毅说，经过了严复的核实）。这两个材料都说明了严复的被迫性。尤其是，虽然严复的名字被列上了筹安会名单，但他并未参与其中。唯一可批评的是严复没有登报声明筹安会窃取了他的名字，这反映了他的软弱性。但如果考虑一下严复当时的处境，我们就能给予同情的理解。这件事不能说严复是反动的。至于严复反对辛亥革命和五四运动，这是严复自始至终政治立场的最终逻辑。严复的政治立场始终是主张渐变论和君主立宪政体，不主张革命和共和政体，他曾说："鄙人自始洎终，终不以共和为中华宜采之治体。"②支持这一点的是他的"三民说"。如果说在这一点上严复是反动的，那么这并不是严复后期思想的产物，他一生都是反动的。但我们不能这样看。这只能说明严复不能适应让中国迅速变化的革命思想。

因此，严复的启蒙思想在后期确实有所变化。但他的政治立场是一贯的，其表现也不能说是反动的。而且，我们必须看到，严复启蒙思想中的一个主题"三民说"——"开民智、新民德、鼓民力"始终没有变，他要使国家富强的热忱始终没有变。他的启蒙思想之所以到后期会发生变化，与下列因素实有因果之关系：（1）戊戌变法失败，守旧势力发起反攻，严复虽没有直接参与变法活动，但他宣扬的思想被认为是激进的，为人所忌，严复担心受到迫害，他的思想表现出温和性；（2）辛亥革命以后，中国处于破坏和动乱的恶性循环中，他看到了这些可怕的恶果，反映到思想上就是磨钝锋芒，以防止被利用；（3）欧战的事实，使他对欧洲文明的信仰产生了危机，促使他回到中国传统文

---

① 《与熊纯如书》，《严复集》第 3 册，第 627 页。
② 同上书，第 711 页。

化中。

不管怎么说，严复启蒙思想的进步性与功绩是根本的和主导的东西，变化只能说是最后的一个小曲折。

二、福泽谕吉的启蒙足迹

福泽谕吉 1835 年出生于大阪，1901 年在东京逝世，享年六十六岁。以明治维新为界，他的一生正好可分为两个部分：在明治维新前的幕末时代，他度过了前半生；在明治维新后的明治时代，他度过了后半生。这样，他就体验和感受了两个不同的历史时代。

福泽谕吉是一位启蒙传播大家，他一生主要是进行启蒙活动。根据不同的活动时期与特点，我们可以把他的启蒙工作分成两大阶段：启蒙准备期与启蒙期。前者包括三个阶段：少年时代（1835—1853 年）、潜心兰学时期（1854—1859 年）、游访欧美时期（1860—1867 年）。后者可分为两个阶段：启蒙前期（约 1866—1881 年）、启蒙后期（1882—1901 年）。

（一）福泽谕吉的启蒙准备期

第一，少年时代（1835—1853 年）。福泽谕吉虽出生于大阪，但他的家不在大阪，而是在九州丰前的中津。他父亲福泽百助，为中津藩士。福泽谕吉回忆说："父亲的身分据说刚好可以按规定的仪式谒见藩主，所以较'足轻'的地位要高几等，但仍是一个下级的士族……父亲在藩内任'总管'职务，长期在中津藩设于大阪的'货栈'值勤，因此全家都迁在大阪居住。"[①] 福泽的父亲虽是一个很能干的官吏，但

① 〔日〕福泽谕吉：《福泽谕吉自传》，马斌译，商务印书馆 1980 年版，第 2 页。有关福泽谕吉的人生经历和启蒙活动，主要参考他的自传来说明。

他不满意事务工作，而是想成为一个专门读书的学者。他爱好中国的哲学、历史和文学，是具有汉学风格的人。不幸的是，四十三岁时他因脑出血而死去，留下一家六口人——福泽谕吉的母亲、哥哥、三个姐姐和福泽谕吉，此时福泽谕吉才十八个月。成为寡妇的母亲带着他们回到故乡中津，福泽谕吉在艰难中成长起来。

少年的福泽谕吉，有几件事值得一提。在福泽谕吉小的时候，汉学在日本还是正统学问。他父亲也实行严格的汉学教育。他父亲听说他哥哥在学校背《九九歌》、学算账，就深为不满，发火让其退学，因而福泽谕吉的哥哥很受汉学的影响，说话、做事有原则。而福泽谕吉从小不愿读书。到了十四五岁，觉得别人都读书，唯独他不进学校，不体面，难为情，于是才入学。别人都在读《诗经》和《书经》时，他才开始读《论语》《孟子》《蒙求》，很感害羞。但由于颇有天赋和文才，进步很快。除了听取先生讲授《诗经》《书经》《左传》《老子》《庄子》《战国策》《世说新语》之外，他还读了很多史书，如《汉书》《晋书》《五代史》《元明史略》等。由于对《左传》特别感兴趣，他反复阅读达十一遍。他成了一个小小的汉学家。

福泽谕吉从小很要强，敢于冒犯。有一次，他听哥哥说某人是位大英雄，在严寒天也只穿一件夹衣。福泽谕吉觉得这算不了什么，自己也能做到，于是每天晚上只穿一件薄棉衣，不铺褥子就在席上睡觉。母亲发现后劝阻也不听，就那样过了一冬。还有一次，他哥哥堆了一堆废纸，他从上面踩了过去。哥哥训斥说：纸上写有中津藩主的名字，为什么不看看就踩。他很不服气，觉得并没有踩着老爷的头。心想，踩住写有名字的纸就有罪过，那么践踏写着神、佛名字的神符该怎么样呢？于是，他背着人，把神符踩了一阵，还特意拿到厕所踩了踩。心里虽害怕，却也没发生什么。收养他的叔父家里有一神祠，供养狐仙。福泽谕吉不知里面放的是什么，打开一看是一块石头。他把它扔掉，换了一块放进去。他还把邻村的神祠打开，发现供的神主是一块木牌，竟没事似的把它扔掉。过节时，村里人挂旗帜、敲大鼓，还给狐仙敬神酒，他就在一旁讥笑说："傻瓜！你们给我放进去的石头敬酒、下拜，真有趣啊！"[①]冒犯亵渎之举如此之多，不一而足。另外，福泽谕吉从小就有对士族等级观念的痛恨意识。据说，福泽谕吉的父亲知道福泽谕吉在藩里按等级永远不能出人头地，于是福泽谕吉一生下来，他父亲就说，等福泽谕吉长大了，要让他出家当和尚，在寺庙里还有希望做到大僧正。福泽谕吉小时候在本藩内经常看到一些不合理的等级现象，这些现象即使在孩子们的交际中也有表现。他很气愤，后来他激烈地批判等级制度就根源于这一点。

第二，潜心兰学时期（1854—1859 年）。兰学是日本江户时代中期以后，学荷兰语或借荷兰语著作学习、研究西洋学术的一种学问。福泽谕吉学兰学似乎没有直接的目的。当时，由于美国佩里舰队来到日本，大家都在谈炮术。而学炮术，必须通过兰学。他哥哥指点他说，要学习炮术，必读荷兰语原文书，问福泽谕吉愿不愿意学，福泽谕吉欣然同意，于是决定去长崎（兰学中心之一）。尤其是，他讨厌中津，很想离开，去学兰学，可以如愿。因此，学兰学的目的没有那么清楚，就是学了几年以后，好像也只是为学而学。福泽谕吉体会到了无目的学习的好处。他回忆说："这种无目的的学习却很幸运，竟因而比江户的学生学得好……今天的学生是一面拼命地学习，同时又总在那里考虑自己的前途。这样学习，其效果恐不会好。"[②]在学习的时候，"始终总想着自己的前程，比如怎样才能立身处世啦？怎样才能弄到钱啦？怎样才能住上漂亮的房子啦？怎样才能吃好的、穿好的啦等诸如此类的事情，假若我们的心尽被这些事情所吸引而胸襟狭隘，我想那决不会真正学好。学习自当心静，这条道理我想大概就是从这

---

① 〔日〕福泽谕吉：《福泽谕吉自传》，第 15 页。

② 同上书，第 78 页。

里来的”[①]。

福泽谕吉学习兰学，先是在长崎，后是在大阪，最后是在江户（今东京）。他在长崎开始学习荷兰语时，懂得了一点炮术。到大阪以后，他主要学习医学（西医）。当时，荷兰语原文书非常少，很难搞到，只好抄书，字典一两本，大家共用。学塾中的学习方法，是自学加会读（大家集中起来一起读，研究其意义）。虽然那时汉学仍占上风，洋学没有地位，但福泽谕吉和他的同学们用心读书，埋头研究，享受到了读书的无穷乐趣。福泽谕吉谈到这一点时说：“这些学生只是昼夜苦读难懂的原著而感觉津津有味，他们好像是很难理解似的，可是进一步看看，当时这些学生的内心深处自有一番乐趣……这些学生认为读介绍西洋进展情况的原文书是日本国内一般人所不能做的事，而只有像自己同学这样的一些人才能读懂。虽然都是穷学生，但是不论怎么贫穷，不论怎么艰难，即便穿的是粗衣吃的是粗食，外表看来简直不像样子，而自认智力和思想活泼高尚，连那些王公贵族也不放在眼里，只认为越艰难越有趣味，认为自己所处的是一种苦中有乐、苦即是乐的境地。”[②] 福泽谕吉在学塾中和其他同学一样，热心工艺技术，千方百计做化学实验，进行解剖实习。大阪学习结束之后，福泽谕吉受聘去江户教书。一次，他到横滨，那里有很多外国人和外国商店，商店的名字和招牌都不是荷兰语，他什么也认不得，也不能同外国人谈话。这对他刺激很大，甚至使他有点泄气，自己下苦功学习多年的荷兰语一点也用不上。但他觉得英文以后肯定会盛行，作为一个洋学家，不懂英文，怎么能行？于是下决心自学英文。没有英文书、辞典，连指导教师也找不到，但他毫不气馁，克服困难，经过努力，掌握了英文，这对他后来传播西洋文化，推进西洋文化在日本的发展

① 〔日〕福泽谕吉：《福泽谕吉自传》，第 78 ～ 79 页。

② 同上书，第 77 页。

起到了很大的作用。

第三，游访欧美时期（1860—1867 年）。福泽谕吉到江户，是日本开国（1854 年）几年后的 1858 年。第二年幕府决定派遣军舰访问美国，这是日本空前未有的壮举。福泽谕吉做了种种努力，争取到了出访的机会。1860 年乘船出发，横渡太平洋，到达美国。对福泽谕吉来说，这是一次了解、认识外部世界的大好机会。所闻所见使他惊叹不已，又使他大惑不解。在访问活动中，大家的行为举止丑态百出，狼狈不堪。看到地上铺着绒毡，不敢在上面走，因为在日本这是一种珍贵物品，只有过分奢侈的日本人才买一寸见方去做钱包或烟盒用。饮酒时，大家不知里面放的是冰，有的先把它吞到嘴里又吐出来，有的一个劲地咬嚼起来。男男女女一起跳舞，女尊男卑的风俗，问华盛顿后代情况时得到的冷淡回答，垃圾场、海滩上扔掉的废铁等等，都使福泽谕吉感到惊讶。总之，出访美国增加了他对西方文明的感性认识。1861 年，福泽谕吉又随访问团到欧洲访问，前后达一年之久。在这次访问活动中，福泽谕吉留心政风人情，有意识地了解、寻问新鲜事物与各种事理。从工业技术文明、社会设施到政治制度、思想，关心的范围甚为广泛。《西洋事情》这部影响极大的著作，其写作就是在这次访问中打下的基础。福泽谕吉后来又到美国访问一次，这次访问中他最大的收获是购置了一批英文书，包括辞典、地理、历史、法律、经济和数学等各个门类的书。这对日本吸取西方文化发挥了积极作用。

启蒙是福泽谕吉后半生的主题。福泽谕吉是如何确立这一主题的呢？如前所述，福泽谕吉潜心兰学时，没有什么特别明确的目标。几次游访欧美的体验，打消了他对西方世界的某些成见，使他发现了西洋文明的先进性与日本文明的落后性，从而坚定了他的“开国论”主张，必须学习西洋文明成了他的信念。但是，日本被迫开国以后，幕府以及各藩都是地道的攘夷派，勤王派也一样，这与他的“开国论”势不两立。一部分倒幕派推翻了幕府，这就是所说的明治维新。维新后成立了新政府，而政府中的很多人都是攘夷派，福泽谕吉对这个新政府不抱任何希望（后来观点、态度变化了），认为这个新政府也许比幕府更糟。因而，很多知名人士都去政府里做官，但他却甘愿做一个平民，不与统治者同流合污。他说："主要是因为我认定这个新成立的明治政府仍是一个一味守旧的攘夷政府。攘夷是我最讨厌的。"[①]

说实在的，福泽谕吉对当时许多无法改变的现象深感失望，对政治也极为灰心。但是，他说："自己是个日本人，又不能无所作为。政治一事反正听其演变好了，自己只想把所学的洋学传教给后生，并全力以赴地努力从事翻译、著作。尽管力量有限，我自己下决心这样做，说不定也许侥幸能把我国同胞引向文明世界。"[②] 福泽谕吉受到政府的多次聘请，但他决不出仕，要成为一个独立的榜样，并把国民引导到独立的道路上。在他看来，独立与文明开化密切相关。福泽谕吉说："日本国内的士族不消说了，就连一般农民、商人的子弟，只要稍识一点字的就想做官，即便不能做官，也总想靠拢政府以图发财，那种情况有如苍蝇麇集在腐食上一样。全国人民都认为不依赖政府就没有发迹的机会，因而毫无自身独立的想法。"[③] 福泽谕吉以此为病，尚独立，说："即便天下只我这样一个人，也想叫人们看到真实的榜样，说不定自然也会有人倾向于这个方针"[④]；"一个国家所以能够独立，那是由于国民具有独立之心。如果举国上下都是老一套的奴隶性，那么国家无论如何也不能维持"[⑤]。当然，福泽谕吉并不是不关心政治，而只是不做官、不从事政务，他只是诊断政治，而不是治疗政治。这样，福泽谕吉一生就保持在野的风格，致力于启蒙事业，并一手创办了庆应义

---

① 〔日〕福泽谕吉：《福泽谕吉自传》，第 172 页。

② 同上书，第 174 页。

③ 同上书，第 259 页。

④ 同上书，第 260 页。

⑤ 同上。

塾，培养了大批人才，为日本的近代化做出了卓越贡献。他说："我一方面教育众多的学生，并以讲演来传播自己的思想；另一方面著书翻译，非常忙碌，但这也是一种所谓略效微力的心意吧！"[①]

（二）福泽谕吉的启蒙期

第一，启蒙前期（约1866—1881年）。这是福泽谕吉启蒙思想形成与展开的时期。首先是翻译书籍，介绍西洋文明，以打开日本人的视野。《西洋事情》（初编、外编、二编，1866—1870年）、《西洋导游》（1867年）、《西洋衣食住》（1867年）、《穷理图解》（1868年）、《洋兵明鉴》（1869年）等书籍的出版发行，标志着福泽谕吉启蒙思想的形成。福泽谕吉在谈到他的意图时说："我们洋学者的目的只有一个，就是介绍西洋的实际情况，促使日本国民有所变通，早日进入文明开化的大门。对于西洋人我们就像东道主一样，负责输入和代销它的新事物。"[②]以上他的这些书籍对日本的文明开化影响极大，特别是《西洋事情》，它的发行量正版和盗版加起来，竟有20万～25万册之多。这部书成了文明教育的好教材，成了明治政府的决策库。福泽谕吉欣喜地说，人们"一看就说这本书有意思，建立文明社会，这才是一本好材料。一人说万人应，不论朝野，凡谈西洋文明而主张开国之必要者都把《西洋事情》置于座右。《西洋事情》好像是无鸟乡村的蝙蝠，无知社会的指南，甚至维新政府的新政令，有的可能也是根据这本小册子制订的"[③]。《西洋事情》这部书，内容广泛，仿佛是介绍西洋文明的小百科。福泽谕吉启蒙思想中的基本观念（如独立、自由、权利），他的从"有形文明"到"无形文明"的主张，都在这部书中提出来了。他的《穷理图解》体现了他对自然科学的关心。这部书图文并

① 〔日〕福泽谕吉:《福泽谕吉自传》，第277页。

② 同上书，第288页。

③ 同上书，第293页。

茂，很有趣味，是了解、学习自然科学的通俗读物。书中的序言反映了他的科学观以及他对物理学的高度重视，而这正是福泽谕吉启蒙思想的一个重要方面。

福泽谕吉启蒙思想的展开以《劝学篇》和《文明论概略》为标志。这两部是代表福泽谕吉启蒙思想的最重要的著作。福泽谕吉说："《劝学篇》这本小册子，从一至十七共十七编，每编仅数十页……十七编共计发行三百四十万册，遍及全国。"[①]《文明论概略》也发行了几万部之多。这两部著作与上述的翻译著作不同，它们主要是发挥和展开作者自己的启蒙思想。评传《福泽谕吉》的作者鹿野政直说："在出版翻译著作的同时，洋学家自己也纷纷著书立说，宣传启蒙思想，使国民从封建沉迷中觉醒过来。在这当中，福泽谕吉给予国民的影响之大，恐怕比其他所有启蒙思想家之和还要广泛、深刻。福泽著作中，《劝学篇》和《文明论概略》不仅理论水平高，而且是日本启蒙思想的代表性著作，今天它［们］已成为国民学习的古典。"[②]在《劝学篇》中，福泽谕吉在首篇就非常明确地提出了"天生平等"的思想。"天不生人上之人，也不生人下之人"的名句，多么叩人心扉，激发人心。他吸收了欧洲启蒙思想中的契约观念，站在公众的立场上批判传统社会仁政思想的局限性。他说："制订法律，保护人民本来就是政府应尽的职责，不能叫作恩惠。"[③]政府与人民之间的关系不是恩赐与服从的关系，两者只是职业分工上的不同。福泽谕吉还第一次把西方文明的一个重要事物"演说"（speech，福泽谕吉首译）介绍给日本国民。他说："演说一语，英文叫作'speech'，就是集合许多人讲话，即席把自己的思想传达给他们听的一种方法。我国自古没有听说有过这种方法，只有

① 〔日〕福泽谕吉：《福泽谕吉自传》，第295页。

② 〔日〕鹿野政直：《福泽谕吉》，卞崇道译，生活·读书·新知三联书店1987年版，第63～64页。

③ 〔日〕福泽谕吉：《劝学篇》，第12页。

寺院里的说法和演说差不多。在西洋各国，演说极为盛行，上自政府的议院、学者的集会、商人的公司、市民的集聚，下至冠婚丧祭、开店开业等琐细的事情，只要有十个人以上集合在一起，就一定有人说明集会的主旨，或发表个人生平的见解，或叙述当时的感想，养成当众发表意见的风气。”[①]演说是走向言论自由、活跃人们思想的一种好方法。福泽谕吉也要使日本国民掌握并使用这种方法。他在庆应义塾的高地建起了“三田演说馆”，经常举办演讲会，虽现在有了新的演说馆，但至今还能看到当时的残垣断壁。由此也可看出福泽谕吉启蒙的广泛性，以及他为推进日本文明发展所做出的功绩。

《劝学篇》是文章汇编，《文明论概略》则是一部系统的理论著作。这部著作受基佐《欧洲文明史》和巴克尔《英国文明史》的影响较大，但不是简单地挪用，而是经过消化而吸收的，并结合日本社会的实际，提出了独到的思想和见解。正如作者福泽谕吉自己所说的那样：“拙著中引用了西洋各种著述，其中直接从原文译出的，都注明了原著书名以明出处；至于摘译其大意，或参考各种书籍括取其精神借以阐明我个人见解的，都没有逐一注明出处。这正如消化食物一样，食物虽然是身外的东西，但一经摄取消化之后，就变成我体内的东西了。所以本书理论如果有可取之处，这并不是由于我的理论高明而是因为食物良好的原故。”[②]《文明论概略》主要阐述进步发展的历史观。同欧美的先进国家相比，对日本文明所处的地位以及日本文明的发展目标，福泽谕吉都做了分析、说明。对于这些内容，我们在下文将做具体的讨论。总而言之，启蒙前期的启蒙活动是福泽谕吉一生活动中最重要的部分。

第二，启蒙后期（1882—1901年）。福泽谕吉的启蒙后期以他创

---

① 〔日〕福泽谕吉：《劝学篇》，第65页。

② 〔日〕福泽谕吉：《文明论概略》，序言第4页。

办的《时事新报》(1882 年 3 月 1 日创刊)为标志，这是福泽谕吉此时活动的主要舞台。以论集出版的《时事大势论》《帝室论》《兵论》《德育如何》《学问之独立》《男女交际论》《日本男子论》《尊王论》《实业论》等，所收都是发表在《时事新报》上的社论。这些社论集中反映了福泽谕吉启蒙后期的思想和他对社会政治以及现实问题的态度。除继续宣扬启蒙思想外，福泽谕吉的政治立场以及对现实问题的看法，显示了与他早期启蒙思想的距离和差别。最突出的一点是，他公然拥护、支持日本帝国对中国和朝鲜的侵略战争。其根据在于他的亚洲观，体现在《脱亚论》一文中。"脱亚"的宗旨在于，日本的一切事情皆应吸取西洋近代文明，应在亚洲建立新的中心。中国和朝鲜却依恋古风旧习，不知变革，只能走向亡国，无助于日本，反而会使西洋误认为日本也是那样，这对日本的外交极为有害。因此，日本应把中、朝视为恶友，脱离这样的伙伴，同西洋诸国一致行动。基于这种思想，福泽谕吉露骨地宣扬扩张主义，叫喊瓜分中国的口号："我日本应加入吞食者行列，与文明国人一起寻求良饵。"① 中日甲午战争时，福泽谕吉和庆应义塾的教员、学生听到旅顺陷落时，手挽手上街游行，高唱：

> 文明与野蛮如同雪与炭，
> 实无长久融合之希望；
> 迟早要降一场血雨，
> 雨后天空才能晴朗。
> 正当如此思虑之时，
> 惩罚野蛮的时机到来，
> 文明军队所向无敌，
> 旌头直指陆地大海，

① 〔日〕鹿野政直:《福泽谕吉》，第 146 页。

在文明军的旗帜下，
前来投靠者均得厚爱。[1]

福泽谕吉在晚年回忆中日甲午战争时还说："'日清战争'这种官民团结一致的胜利，实在令人高兴，值得庆幸。只有活到今天才能看到这种事情，以前死去的同志朋友是不幸的，我真想叫他们也看看这种胜利！每当想起这点来都要使我落泪。"[2]这充分暴露了福泽谕吉作为一位启蒙思想家的局限性。

反映福泽谕吉变化的事实还有一个，即在自由民权运动与政府专制发生冲突的关键时刻，他以中立的面貌出现，主张"官民调和"，最终又站到了政府的一边，鼓吹国权，抑制民权，把民权看成国权的对立物。福泽谕吉为什么会发生这样的变化？这不仅是福泽谕吉个人的问题，更重要的是日本近代化的方向问题。日本明治维新以后近代化的发展是自上而下推进的，它追求的是资本主义经济的近代化，即富国强兵的目标。这种近代化视政治上的近代化——民主主义为对立物，并以它的牺牲为代价。这反映了后进资本主义国家近代化的特点。福泽谕吉作为一位启蒙思想家，在早期他追求的目标是国家的独立，而把其他一切统统看作达到这一目标的手段。这里面已潜藏着国家绝对主义的危险。当自由民权运动高涨，与政府的专制对立达到尖锐化时，他也被视为自由民权运动的鼓吹者，从而受到了政府的警告。为了摆脱困境，他开始强调国权。他说："我曾经多次倡导民权论，但却忘记了重大之处……忘记了什么？这就是没有论及国权问题。"[3]他对国权意义的理解也发生了变化，由日本的独立、摆脱不平等条约、确立与欧美列强的平等的意义，转而认为与欧美列强竞争、积极向外发展才

① 〔日〕鹿野政直:《福泽谕吉》，第 161 ～ 162 页。
② 〔日〕福泽谕吉:《福泽谕吉自传》，第 278 页。
③ 〔日〕鹿野政直:《福泽谕吉》，第 116 页。引文有改动。

是国权的根本。于是，他开始支持政府的对外政策，并为之提供理论根据，从而背离了他早期的启蒙进步思想。当然，福泽谕吉启蒙思想所发挥的积极作用还是根本的，出现倒退或转折是因为他不能超越日本社会的历史条件。

通过对严复与福泽谕吉启蒙道路的叙述，可以看出一个共同点，即都有转变现象发生，其转变发生的原因也都与外界条件有关。这就是说，他们的启蒙是在时代条件下的启蒙，其转折也是在时代条件下的转折，虽然转折的内容、方式各不相同。这样，我们就不会把转变归为他们个人的产物，而是试图理解社会历史条件是如何影响他们个人的活动的。

文化篇——东西文化的视角

在进入本篇主要内容之前，我们先就“文化”概念的用法以及“东方”“西方”的称谓做一简略的回顾和分析。先说“文化”概念的用法。“文化”概念的定义众多，举不胜举。就目前来说，想给它做一全面而又能为大家所接受的统一性规定几无可能，在此也不做这一尝试。只是，“文化”概念虽无统一性的规定，但从接触到的一些定义来看，虽各种定义互有差异，但我们不重异而重同，重在异中求同，以找出一些基本要素，一些共同的因素。

“文化”一词为汉语所固有，原义是“文治教化”。所谓“文治”，即以文教施政；所谓“教化”，即用教育感化人。“文化”就是用文教的方法施政，用教化的方法感化人。萧统编的《昭明文选》录束皙《补亡诗》所说的“文化内辑，武功外悠”，区别了文化与武功的不同。《昭明文选》录王融《三月三日曲水诗序》所说的“设神理以景俗，敷文化以柔远”，则强调文化的柔和方法。由此可见，“文化”文教施政的特点是以柔和的方法感化人，教人和睦相处。

“文化”一词虽早就出现在汉语中，但在中国古代思想中的影响并不大。现在我们广泛使用的“文化”概念，主要是英语 culture 的译语。作为译语，它在新文化运动时期已开始流行。梁漱溟的《东西文化及其哲学》、张君劢的《欧洲文化之危机及中国新文化之趋向》、瞿秋白的《东方文化与世界革命》等都使用了“文化”概念，尤其是新文化运动就是以“文化”作为中心范畴的。与此同时，当时的人们也较多使用“文明”一词，常常出现在论文的题目中，如李大钊的《东西文明根本之异点》、伧父的《战后东西文明之调和》、冯友兰的《东西文明之比较观》即是。现在我们则更多使用“文化”概念。

在日本亦有类似情况。中国古汉语中的“文化”“文明”概念早已传到日本，但影响不大。日本现在普遍使用的“文化”“文明”概念都是英语和德语的译语。明治维新初期，思想家们较多使用“文明”一词，产生了“文明”“开化”这样的流行语，如福泽谕吉的《文明论概略》、田口卯吉的《日本开化小史》等书名就使用了它们。明治十年（1877年）至明治二十年（1887年），诸如“开化”“风俗”“士俗”（相当于今日的“文化”一词）相当流行。到了明治三十年（1897年），“文化”开始被广泛使用，而“文明”则较少出现。现在“文化”是最常用的概念之一。

“文化”的意义如何？我们先看一下有代表性的辞典是怎样解释的。《不列颠百科全书》解释“culture”，把它分为两类：一类是“一般性”的定义。据此，文化就等于“总体的社会遗产”。另一类是多元的、相对的文化概念。据此，文化是一种根源于历史的生活结构的体系，这种体系往往为集团成员所共有。它包括这一集团的语言、传统、习惯和制度，包括有激励作用的思想、信仰和价值，以及它们在物质工具和制造物中的体现。《法国大百科全书》解释说：“文化是一个社会群体所特有的文明现象的总和”，“文化是一个复合体，它包括知识、信仰、艺术、道德、法律、习俗，以及作为社会成员的人所具有的一切其他规范和习惯”。《中国大百科全书·哲学》对文化的定义是：“人类在社会实践过程中所获得的能力和创造的成果。……广义的文化总括人类物质生产和精神生产的能力、物质的和精神的全部产品。狭义的文化指精神生产能力和精神产品，包括一切社会意识形态，有时又专指教育、科学、文学、艺术、卫生、体育等方面的知识和设施，以与世界观、政治思想、道德等意识形态相区别，文化中的积极成果作为人类进步和开化状态的标志，便是文明。”

上面列举的“文化”定义说法不一。但如仔细分析，共同点还是基本的。这些共同点主要是:(1) 文化是人类已经创造出来的产品或成果，是人类的历史遗产;(2) 它包括相当广泛的内容，从物质的到精神的，即有形的与无形的总和;(3) 它是一个不断积累的过程。抓住了这些主要之点，就不会为众多的定义所困惑而不知所措。

综上所述，我们给“文化”做一大致的规定。所谓文化，是指人类在解决人与自然、人与人、人与社会的关系过程中所创造的物质产品和精神产品的总和，它以各种形式表现出来，如宗教、哲学、文学、艺术、政治、经济、教育思想以及科学技术、工具设施等。这可以说是文化的广泛意义。虽然严复当时比较中西不使用“文化”概念，福泽谕吉更多使用“文明”概念，但我们做统一的考察，则主要使用广义的“文化”概念对他们加以分析。

现在我们看看“东方”“西方”的称谓。在我国或在日本，“东方”“西方”的称谓相当于英语中的 east 和 west，或 the Orient 和 the Occident。“东方”“西方”这一对用语，演变至今，主要在三种意义上使用：第一是指称不同的地区或地域，第二是表示不同的文化体系，第三是反映国际政治经济关系。现略述其由来。

第一是地区或地域上的东西方。这个指称最早也最基本。日本著名学者新渡户稻造指出，东方与西方的区别同太阳的升落有关系。太阳升起的地方是东方，太阳落下的地方是西方。从语源学上看，汉语的“東”字，就是“日”字加一“木”字，表示太阳从树后面升起的地方，“西”字则是鸟落巢之地。他进一步考证说，英语、德语、梵语中指称“东”“西”的字，在某种程度上都与汉语“东”“西”的来源有同样的过程。①

---

① 新渡户稻造（1984）『西洋の事情と思想』. 東京：講談社，pp. 29 ～ 34.

古代欧亚虽都使用“东方”“西方”的称谓，但与现在所指的范围大不相同。在中国，所谓“西方”，主要指印度，明代虽有西洋的说法[①]，但也主要指泰国、越南、印度洋，而不是现在所说的西方。在欧洲，很早时期，所谓“东方”，是指小亚细亚和波斯，不是把印度、埃及、阿拉伯称作东方，而是称作南方。亚历山大的远征活动又把欧亚看作一个大陆。东西方开始显示出对立并改变其范围是奥斯曼帝国勃兴以后的事情。

第二是文化上的东西方。文化上的东西方对举是从近代开始的，新文化运动时期明确地确立下来。日本则在明治维新前后达到这一阶段。于是，文化上的东方与西方就表示思想、观念、价值等两种不同类型或异质的体系。这种情形至今尚未改变，将来如何，难以断言。

第三是国际政治关系上的东西方。这种意义上的东西方关系的发展，现在又有强化的趋势。东西方的关系在世界格局中愈来愈占有重要的位置。

近代化的发展，全球性意识不断加强，世界一体的观念也在发展，东西方的差别正在淡化，但在一定时期仍不会消失。日本著名学者梅棹忠夫根本不同意把世界划分为东方和西方，他说：“将世界划分为东方和西方，原本就是荒谬的……所谓东方与西方的说法，只能不明确地表示位置与文化内容，虽然是很方便的说法，但如果要进行稍微具有科学意义的讨论，则难以发生效用。”[②]他似乎是把东西方关系完全看作人为划分的。实际上“东方”“西方”的称谓确乎有客观上的根据，并不容易抹杀。

本篇所说的东西方主要是文化上的。把西方文化作为一个整体，

---

① 指称西洋的词是“泰西”，“泰西”即极西，如明末成书之《火攻挈要》即题“泰西汤若望授”。

② 〔日〕梅棹忠夫：《文明的生态史观——梅棹忠夫文集》，王子今译，上海三联书店1988年版，第71页。

而东方文化则只涉及中国文化和日本文化。

西学东渐，始于16世纪中叶以后，以西方传教士来华为契机，在近代趋向高潮。处于东方的中国和日本都遇到了这一异质文化。传统文化同这一新的外来文化的摩擦和冲突在所难免。在发展过程中，有种种的反应和解决方式。中日启蒙思想运动在这一点上也表现出鲜明的特点。严复与福泽谕吉则是其中的代表。我们把中日启蒙思想中尤其是严复与福泽谕吉的东西文化观做一比较，对把握文化的传播、接受、吸取以及文化的融合肯定是有借鉴意义的。

第四章

历史进程中的中日东西文化论模式

在严复与福泽谕吉之前，在中日历史进程中，有两个东西文化观念影响非常深远：其一为“华夷之辨”与“神夷之辨”，其二为“中体西用论”与“和魂洋才论”。

一、东西文化论模式之一：“华夷之辨”与“神夷之辨”

“华夷”之分观念在中国很早就产生了。“华”常与“夏”合称，称“华夏”，指中国。《左传·定公十年》言：“裔不谋夏，夷不乱华。”孔颖达注疏：“中国有礼仪之大，故称夏；有服章之美，谓之华。华夏一也。”《尚书·武成》言：“华夏蛮貊，罔不率俾。”孔安国传曰：“冕服采章曰华，大国曰夏。”孔颖达疏云：“华夏为中国也。”“华夏”与“中国”为同义语。“夷”与“狄”连用，指称中原四周的野蛮民族。“夷”，原指东方的野蛮国。《说文解字》云：“夷，平也。从大从弓，东方之人也。”《礼记·王制》曰：“东方曰夷。”“狄”，原指北方民族。后来，“夷狄”就成了四方野蛮民族（东夷、南蛮、西戎、北狄）的代称。

在中国历史上，华夏夷狄观念根深蒂固，历久不绝。华夏当然一直指中国，而夷狄最初虽是指四方野蛮民族，但范围依次扩大，与印度有了文化交流之后，印度被归到夷狄的行列，与西方有了关系之后，西方亦逃不了夷狄的称号。这种华夷观念把世界、天下二分为文明和野蛮两种类型：凡非文明即野蛮。代表文明的只是中国，中国之外的一切国家均属野蛮之国。华夷之辨主导了几千年来中国在对外关系上的立场，以至于到了近代，西方列强征服了中国这一文明古国，但一些很守旧的士大夫仍把西方视为夷狄。为什么华夷观念如此牢固，成了中国士大夫强大的心理意识，并产生了深远的影响？

一般说来，每个民族都有自尊心，就像每个人都有自尊心一样。认识与行动往往以“自我”的立场出现，这对保持心理上的平衡很有帮助。就像罗素指出的那样，人们习惯于视其所属之团体较其他团体优越。[①] 英国著名政治学家欧内斯特·巴克亦说：“每个民族的成员相信，他们民族的文明才是文明。”[②] 与此同时，中国形成华夷秩序观念，与中国文明的发展有关。中国古文明成熟早，并在很长历史时期内一直处于世界领先地位，远非周围的一些民族所能比，它们大都处在游牧未开化的状态中。从这种意义上讲，说中国是华夏，是文明国家，说四周民族是夷狄，是野蛮国家，也是可以理解的。当然，华夷秩序观念还与中国的“天下”观念和对世界缺乏了解密切相关。在中国古人的意识中，“天下”的方位是东、西、南、北、中。正如“中国”这个词所意味的，中国被认为处于天下的中心。不管东、西、南、北如何延伸，中国作为“中心”都不变。宋石介的《中国论》中说：“天处乎上，地处乎下，居天地之中者曰中国，居天地之偏者曰四夷。四夷外也，中国内也。天地为之乎内外，所以限也。”

中国人一般认为天圆地方，中国处于天下的中心。利玛窦也指出了这一点，他说：“他们认为天是圆的，但地是平而方的，他们深信他

① 孙广德：《晚清传统与西化的争论》，台湾商务印书馆 1982 年版，第 70 页。

② 〔英〕欧内斯特·巴克：《英国政治思想——从赫伯特·斯宾塞到现代》，黄维新、胡待岗等译，商务印书馆 1987 年版，第 13 页。

们的国家就在它的中央。他们不喜欢我们把中国推到东方一角上的地理概念。他们不能理解那种证实大地是球形、由陆地和海洋所构成的说法，而且球体的本性就是无头无尾的。”[①] 因此，他向中国人指出中国并不在天下的中心，并让中国人看他带来的地图，中国人的惊奇和怀疑达到了顶点。一些人讥笑他，拿他开心。如魏濬在《利说荒唐惑世》一文中说："近利玛窦以其邪说惑众……所著《坤舆全图》，极洸洋窅渺，直欺人以其目之所不能见，足之所不能至，无可按验耳，真可谓画工之画鬼魅也。……中国当居正中，而图置稍西，全属无谓。"[②] 利玛窦看到中国人的这种反应，为传教的需要，就想出了一个迎合中国人心理的办法："他抹去了福岛的第一条子午线，在地图两边各留下一道边，使中国正好出现在中央。这更符合他们的想法，使得他们十分高兴而且满意。"[③] 自利玛窦始，中国人才开始对世界概念有了一定正确的了解。刘献庭说："地圆之说，直到利氏东来而始知之。"[④] 李之藻看到了利玛窦屋里挂的地图，并加以验证、确认，之后"乃悟唐人画方分里，其术尚疏"[⑤]。华夷观念形成的基础如此，那么它对中国文化和历史的影响如何？

华夷观念满足了中国人区别族群内外以及划界的愿望，但又产生了一定的自我封闭性，减少了对外部世界的关心和兴趣，以自我为中心而安于大地之中，缺乏远游和探险精神。既然中国是中心，是最文明的国家，那么其他一切民族或国家自然就不足挂齿了，甚至将中国之外的事物一概斥为夷物，这就很难走向世界了。到了近代还有此种倾向。郭嵩焘的例子是很典型的。当他被任命为驻英公使时，他的一

---

① 〔意〕利玛窦：《利玛窦中国札记》上册，第 180 页。

② ［明］徐昌治编：《圣朝破邪集》卷三。

③ 〔意〕利玛窦：《利玛窦中国札记》上册，第 180 ～ 181 页。

④ 钟叔河：《走向世界——近代中国知识分子考察西方的历史》，中华书局 1985 年版，第 25 页。

⑤ 同上。

些朋友感到沮丧。李鹤年和冯誉骥竭力劝他不要去蛮夷之邦。李慈铭在他的日记里伤心地写道："郭侍郎文章学问世之凤麟，此次出山，真为可惜。"[①] 当时，北京还有人以集句的形式做了一副对联，对郭嵩焘大加嘲笑：

> 出乎其类，拔乎其萃，不见容尧舜之世；
> 未能事人，焉能事鬼，何必去父母之邦。[②]

这个走向世界的孤独先行者，其结局并不圆满。

在中国近代之前，中国人虽然通过西方传教士的介绍和传播对西方文化有所了解，但整体上仍是知之甚少。由于不知而产生的误解，令人吃惊。如对西方人的形貌误会很深。近代文人汪仲洋描写英国人的形象说：他们有着鹰钩鼻子、猫眼睛，有红色的络腮胡子和头发，他们的长腿不能弯曲，因而不能奔跑、跳跃；他们碧绿的眼睛畏怯阳光，甚至在中午都不能睁开。两江总督裕谦在几个地方都描述说，英国人不能弯曲腰身和两腿，所以他们如果挨打，便会立即倒下。[③]

华夷观念过度强调华夷界限，在中外文化关系上主要坚持向外辐射的单向性。这种观念很早，如孟子言："吾闻用夏变夷者，未闻变于夷者也。"[④] "用夏变夷"与"用夷变夏"成了尖锐的对立。冯友兰对此有一个分析，他说："所谓夷夏之别，有殊与共的两个方面。就殊的方面说，夷夏之别，即是中国人与别底民族之别。就共的方面说，夷夏之别，即是城里人与乡下人之别。在清末以前之历史中，我们所见之

---

① 〔美〕费正清、刘广京编：《剑桥中国晚清史》上卷，第 216 页。

② 钟叔河：《走向世界——近代中国知识分子考察西方的历史》，第 213 页。

③ 参阅阿英编的《鸦片战争文学集》（古籍出版社 1957 年版，第 191 页）、故宫博物院编的《史料旬刊》卷 38（国家图书馆出版社 2008 年版）。

④ 《孟子·滕文公上》。

城里人即是中国人。所以在我们的心目中，中国人是惟一底城里人，城里人即是中国人，所以所谓用夏变夷，是用城里人变乡下人，亦即是用中国人变别底民族。照此方面说，用夏变夷是应当底，而且亦是可能底。用夷变夏是不应当底，而且亦是不可能底。”[①] 如果仅就“华夷”进行抽象分析，那么我们可以说只能用夏变夷，不能用夷变夏。但问题是，“华”只限于中国，而夷则包纳了中国之外的一切国家。佛教是印度文化，但印度并非夷狄。而隋唐时期反对吸取佛教文化的排佛论者就是以华夷之别为武器的。如顾欢《夷夏论》中言：“舍华效夷，义将安取？”[②] 傅奕在《请除释教疏》中也认为佛教是外夷之物，非华夏正统。韩愈《原人》中亦以华夷之别来驳斥佛教。西方亦非夷狄，但明中叶西方传教士向中国介绍了许多西方的新知识和新事物，一些人也用华夷之别加以拒之。他们反对《山海舆地全图》的理由是，绘制它的人利玛窦为“外夷人”。到了近代，还有一些人仍以华夷之别来反对学习西方文化，说什么“以堂堂中国，而效法西人，不且用夷变夏乎？”[③] 即使那些主张向西方学习的人，亦不能摆脱夷狄观念，说这是“以夷制夷”。

华夷观念主要是文化上的，尤其集中在礼仪道德观念上，以此作为划分文明与野蛮的标准，科学技术等工具性的东西被排斥在外。中国古代科学特别是技术有较高的发展，但这不能成为区分华夷的尺度。轻视技术，视其为雕虫小技和玩物丧志，虽有伟大的技术发明，但却得不到应用。坚持文化本位，轻视物质和技术，形成了中国社会重文不重物、尚礼不尚力的缺点。

---

① 冯友兰：《新事论：中国到自由之路》，生活·读书·新知三联书店 2007 年版，第 31 页。

② 《南史·顾欢传》。

③ 薛福成：《筹洋刍议：变法》，《薛福成选集》，丁凤麟、王欣之编，上海人民出版社 1987 年版，第 556 页。

最后，华夷观念影响了中国民族主义的形成。华夷之辨虽强调内外之别，严夷夏之防，但它与“天下”观念有关，表现出世界主义、包容主义的色彩，用文化去同化夷狄，达到世界一体的目标，整体上政治民族主义的意识比较弱。[①]历史上汉民族国家有两次被异族征服，即蒙古族和满族入主中原，在政治上统治中国，汉人往往以文化上能够同化异民族而达到心理上的平衡，他们觉得汉族在文化上占据着统治地位，以此可以得到补偿。这就是政治民族主义的欠缺。近代以后，中国人的政治民族主义、民族国家意识也不健全。对政治民族主义缺乏高度自觉，使中国吃了大亏，而原因即在于中国人太习惯于从天下主义即世界的范围看问题。这同文化上的华夷之辨有一定的关系。因此，我觉得华夏观念最应批评的地方即上述几个方面，尤其是后两点。

有趣的是，日本在江户时期吸取了儒家思想中的华夷观念，形成了神夷之辨。日本一些思想家把西洋诸国看作“夷狄”“戎狄”和“黠虏”，与此相反，称自己的国家为皇国、神州或神国。大桥讷庵著《辟邪小言》排斥洋学，第二卷和第三卷中的题目就有《论西洋不知穷理》《论西洋不知天》《论西洋不知仁义》《论西洋不知活机》[②]，说：“西洋之戎狄，本纯阴之气所凝集者。”[③]他认为日本是位于东方的“神州”，说：“真正之华夏者，非我神州莫属。”[④]儒者山鹿素行称日本为“中央之国”，说：“本朝当天之正道，得地之中枢”[⑤]，“虽然四海广大而国家众多，但无堪与本朝相比之国土，即使大唐，亦不如本朝之完

---

① 冯友兰:《中国哲学简史》，涂又光译，北京大学出版社 1985 年版，第 220、370 页。

② 〔日〕永田广志:《日本哲学思想史》，第 252 页。

③ 明治文化研究会編（1992）『思想篇』〈明治文化全集〉16. 東京：日本評論社，p. 113.

④ 同上书，第 125 页。

⑤ 王晓秋:《近代中日启示录》，北京出版社 1987 年版，第 5 页。

美”[①]。水户藩士会泽正志亦言：“神州是日出和元气肇始的地方。天日的后裔，历代君临，万古不易。真是大地之元首，万国之纪纲。”[②]又说：“今夫欲开创不拔之业，宜立其大经，明夏夷之邪正也。”[③]他还解释道，“日神所开创”之神州，是表示“朝气”“正气”的，所以比表示“暮气”“邪气”的外国优越，是位于“大地之首的”：“夫神州位于大地之首，朝气也，正气也。……朝气正气，是为阳。故其道正大光明，明人伦以奉天心，尊天神以尽人事，发育万物，以体天地生养之德。戎狄者屏居于四肢也，暮气也，邪气也。暮气邪气，是为阴。故索隐、行怪，灭裂人道，而幽冥之说是讲，亵天、媚鬼，而荒唐之语是悦，寂灭万物，而专由阴晦不祥之途。”[④]凡此种种，日本的“神夷之辨”观念与中国的“华夷之辨”观念具有类似性，只不过它是以日本为中心来看待外部世界。

日本神夷观念的兴起，同水户学和国学有较大关系。作为意识或萌芽，神夷观念在江户以前已有所表现。如《太平记》就把京都的朝廷与幕府对比为中夏与东夷，这显示的就是内外二分法，但还没有转换成国际关系的对立。江户时代以来，对外关系问题尖锐起来，内外神夷意识开始突出，特别是受中国华夷之辨的影响，在日本就形成了神夷观念。水户学和国学在其中起了关键作用。水户学通过导入神道或神国的思想，对内加强上下名分之分，巩固有崩溃之势的幕藩体制，克服由儒教产生的中国崇拜，提倡日本中心主义。在内外之别意识的影响下，水户学也强调“国体”观念。国体观念的昂扬，使神夷对立更鲜明化，时人认为日本是优于万国的强国，西洋诸国是应被蔑视的夷狄，它们信奉邪教，不知人伦，如同禽兽一般。水户学兴起以后，

---

① 王晓秋：《近代中日启示录》，第5～6页。

② 同上书，第6页。

③ 〔日〕永田广志：《日本哲学思想史》，第248页。

④ 同上书，第248～249页。

说到西洋即指夷狄，说到夷狄即指西洋，这成为一般的观念。国学的兴起，其原因就在于对本国的关切和自觉。国学虽然集中于日本古典文献的研究，但目的是要摆脱儒和佛的束缚，破除所谓虚伪的“唐心”和“佛心”，树立日本人的真情实意（感性），即宣扬“大和心”，激发人们的真实思想感情。日本幕末国际问题以外部压力的形式出现，内外关系变得尖锐突出，人们更加神化日本，说日本“是万国的根本之国，崇高的祖国”，并形成狂热的排外主义思想，幕末的“攘夷论”就是其集中表现。

与此同时，一些洋学家则主张学习西方的科学技术，反对盲目的排外主义。中国鸦片战争的失败，使他们认识到，夷狄观念使中国吃了大亏。如斋藤正谦说：“清国自称中夏，把外国视为禽兽。然而这些国家，机智敏捷，机器出色，清国却没有任何防备。外国乘船海上纵横，清国反受它们凌辱。”[①] 横井小楠在《国是三论》中批评清朝说：“开国以来百数十年，至道光咸丰，升平以久，骄傲文弱，不知海外各国已开智、施仁、国富、兵强，仍把各国当作昔日的夷狄，如禽兽般蔑视，以至道光末年鸦片之乱为英国所挫。”[②] 对中国夷狄观念的批评，也使日本的夷狄观发生了动摇。在日本，随着对西洋文化认识的深入，特别是在明治维新以后，夷狄观慢慢消失。

通过以上对华夷观念和神夷观念的阐述，我们可以看出两者的一些共同因素：（1）两者都是自我中心主义。中国把自己看作天下的中心。日本原来一直把中国当作老师敬仰，从中国接收、吸取了先进的文化和技术。但它受华夷观念的影响，自我意识加强，自己无限膨胀，打破中国中心主义，而把自己看作世界的中心。（2）两者都带有某种排外主义的色彩。中国严华夷之防，日本的攘夷论也有这种倾向。（3）两

① 藤間生大（1977）『近代東アジア世界の形成』. 東京：春秋社，p. 60.

② 同上书，第61页。

者都把国内的上下名分关系和等级秩序扩展到国际关系上，强调自国的优越性和神圣性，使其他的国家和民族在文化上隶属于自己。(4）两者都有机能性和变动性的一面。日本学者植手通有认为，日本的神夷观念是机能性的，中国的华夷观念是实体性的。此说不当。所谓机能性，就是说有转换的可能，并不是一成不变的或死的。太宰春台说："四夷名为夷狄，卑于中国，其原因在于缺乏礼仪。这样一来，就是中国人，如果缺乏礼仪，也同于夷狄。四夷如果有礼仪，也同于中国人。"[①]这表明他把华、夷看成可以互变的。

在中国，华夷观念虽有绝对性的一面，但也有机能性的一面。虽然孔子说过"夷狄之有君，不如诸夏之亡也"[②]，但也有另外的说法，如"天子失官，学在四夷"[③]。秦汉以后，一些人反对学习夷狄的长处，是夷狄观之僵化的一面。针对这种僵化，郭嵩焘不仅认为应学习夷狄的长处，还认为华夷观念是会转化的，他说："西洋言政教修明之国曰色维来意斯得（civilized，文明的），欧洲诸国皆名之。其余中国及土耳其及波斯，曰哈甫色维来意斯得（half-civilized，半开化的）。哈甫者，译言得半也；意谓一半有教化，一半无之。其名阿非利加诸回国曰巴尔比里安（barbarian，野蛮的），犹中国'夷狄'之称也，西洋谓之无教化。三代以前，独中国有教化耳，故有'要服''荒服'之名，一皆远之于中国而名曰'夷狄'。自汉以来，中国教化日益微灭；而政教风俗，欧洲各国仍独擅其胜。其视中国，亦犹三代盛时之视夷狄也。"[④]

华夷观和神夷观虽有共同的地方，但也有不同之处。不同之处主要有两点：第一，中国的华夷观念与"天下"观念联系在一起，而日

① 植手通有（1974）『日本近代思想の形成』. 東京：岩波書店，p. 242.

② 《论语·八佾》。

③ 《左传·昭公十七年》。

④ 钟叔河：《走向世界——近代中国知识分子考察西方的历史》，第225～226页。

本的神夷观念则与“国家”观念密切相关；中国的“天下”含有包容主义和世界主义的思想，强调文化上的世界秩序圈。严华夷之防与天下太平并不矛盾。严华夷之防主要是反对以夷乱华，天下太平则是把中国文化推广到夷狄，使之进入文明之境。与此有所不同，日本的神夷观念重在明内外之别，重在区别自我与他者的界限，强调尊王和国家观念，是自我意识强化的突出表现。第二，中国的华夷观念注重文化上的优越性，并坚持其连续性；对夷狄主教化，军事上的征服和政治上的统治欲望淡薄。历史上汉民族国家曾两次被异族征服，丧失国体和政统，但仍以从文化上同化异族而感到自豪和满足。而日本在文化上自然没有优先性，也主要不以文化为神夷之别的标准。它强调日本皇统的连续性和日本民族的独立性。日本历史上受过元军的挑战，由于“神风”和日本人的顽强抵抗，元军大败。这样，历史上日本确实一直保持了国体的连续性。儒学家山鹿素行说，“中央之国”日本，“屹立巨海，疆域自有天险，自神圣继天立极以来，四夷终亦不得窥伺藩篱。皇统连绵而与天地共无穷”[①]。会泽正志也说：“一君一民，天地之大道也。虽四海之大，万国之多，而其至尊不宜有二。东方，神明之舍也。太阳之所生……天气之所发，于时为春，万物之所始也。而神州居于大地之首，宜其首出于万国，君临于四方也。故皇统绵绵，君臣之分一定而不变，自太初以至今日。”[②]

在中日华夷观念与神夷观念的对比分析中有一点特别值得注意，这就是关于民族主义的问题。日本的神夷观念对日本的最大影响即在于民族主义。这一民族主义给日本带来了强大的凝聚力，同时也造成了历史的悲剧。日本近代化的成功尽管有许多因素起作用，但民族主义无疑是一个重要原因。它为日本人提供了重要的认同力和合力，使

---

① 〔日〕信夫清三郎：《日本政治史》第1卷，第51页。

② 〔日〕永田广志：《日本哲学思想史》，第249页。

日本能够很快进入先进国家的行列。但日本的民族主义又过分发展，与国家绝对主义结合在一起，走向了帝国主义，对外侵略扩张，并为此付出了沉重的代价。由此可见，民族主义如得不到合理的发展，也是极其有害的。近代化过程中的德国亦是一例。

同日本的情况有所不同，中国的华夷观念并没有导致强大的政治民族主义。我们并不是说中国没有民族主义，有是有的，但比较微弱，中国吃了这方面的大亏。近代中国遇到了西方列强，这是刺激中国产生政治民族主义的因素。但同时，近代中国也存在民族矛盾问题。不过，相较之下，中华民族与帝国主义之间的矛盾和冲突明显更为根本。如何解决？困难重重。辛亥革命推翻了清朝的统治，但中国并没有走向真正的统一，军阀混战加剧，各路军阀利用帝国主义势力，以求达到自己的目的。这是最突出的敌我不分、内外不分。民族主义在此消失殆尽。举一个最普通的情况，在抗日战争中，日本竟能在中国扶植起强大的汉奸队伍，使中国人欺压中国人。一些中国人的民族心全然丧失。研究中国近现代史，恐怕还没有人对此发出疑问。我认为，这是最应好好分析和注意的事实。

在一定意义上我们可以说，在近代化过程中，缺乏政治民族主义的自觉，就不会有国家的繁荣昌盛。欧洲近代化的成功亦与民族主义有极为密切的关系。中国近代化的困难亦与中国近代没有形成统一的民族国家有一定的关联。[①] 近代世界的一体化观念在成长，但这仍然不能代替国家、民族的利益追求，而宁可说，前者仍是一种手段，谋求本国和本民族的发展才是优先的东西。中国近代化的成功与否，与中国民族主义凝聚力的大小有正比例关系，对此必须高度自觉。

---

① 有关近代化与现代民族国家的关系，参阅〔美〕亨廷顿：《变化社会中的政治秩序》，王冠华译，华夏出版社 1989 年版，第 87 ～ 121 页。

二、东西文化论模式之二："中体西用论"与"和魂洋才论"

"中体西用论"与"和魂洋才论"是中日历史进程中影响深远的东西文化论。我们先分别讨论其形成与内容，然后做一总体的分析比较。

（一）"中体西用论"

"中体西用"的全称是"中学为体，西学为用"。"体""用"为中国传统哲学中的一对重要范畴。"中学""西学"对举的说法是近代思想发展的产物。

在中国传统哲学中，"体用"范畴有一个演变过程，前后的含义不尽相同。归纳起来，主要有三层含义：（1）体用即实体与作用、结构与功能的关系；（2）体用即本质与现象、本体与表象的关系；（3）体用即本与末、第一性与第二性的关系。"体"与"用"的说法，先秦已出现。荀子说："万物同宇而异体，无宜而有用为人。"（《荀子·富国篇》）此处的体用，似乎还没有明显的哲学意义。魏晋以后，哲学上的"体用"意识开始凸显，玄学家们多言体用。如王弼说："虽［德］盛业大富（而）有万物，犹各得其德……［万物］虽贵，以无为用，不能舍无以为体也。"① 此处的"体"即存在或实体之意，"用"即作用。南北朝时有"质""用"对举的用法："形者神之质，神者形之用。"② 与上述作用义相同。唐崔憬《周易探玄》对"体用关系"的解释最为清晰，他说："凡天地万物，皆有形质。就形质之中，有体有用。体者即形质也，用者即形质上之妙用也。假令天地圆盖方轸为体为用，以万物资

① ［魏］王弼：《老子道德经注》第三十八章。

② ［南朝梁］范缜：《神灭论》。

始资生为用为道；动物以形躯为体为器，以灵识为用为道；植物以枝干为器为体，以生性为道为用。”[①] 显然，崔憬是就一物而言“体用”，认为一物中有形体和作用两个方面。宋儒程朱言“体用”，以实体与作用而论其意义，但他们更侧重于将体与用看成本质与现象、本体与表象的关系。如《朱子语类》云：“问道之体用，曰：‘假如耳便是体，听便是用；目是体，见是用。’”[②] 此为前者之意。程伊川言体用一源，朱熹解释说：“‘体用一源’者，自理而观，则理为体、象为用，而理中有象，是一源也。‘显微无间’者，自象而观，则象为显、理为微，而象中有理，是无间也。”[③] 显然，这里的“体用”是指本质与现象、本体与表象。体用的本末、主辅、原则与应用意义，北宋教育家胡瑗提出的“明体达用之学”中的“体用”即是。胡瑗说：“君臣父子，仁义礼乐，历世不变者，其体也……举而措之天下，能润泽斯民，归于皇极者，其用也。”[④] 明代思想家亦有不少人言“体用”，他们强调即体即用，在此不赘述。总之，“体用”范畴在中国传统哲学中受到了一定的讨论。

“中学”“西学”的说法，中国古代已有，但与我们要讨论的“中学”“西学”的意义没有关系。“中学为体，西学为用”中的“中学”“西学”实为近代中国之产物。中国古人只承认自己的“圣人之学”，除此之外，不承认夷狄有什么学术。近代以后，随着对西方认识的扩大，中国人逐渐改变了对夷狄的成见。林则徐、龚自珍等著名士大夫在写西方国家的名字时，一般还加偏旁“犭”，但后来变了，“夷”

---

① ［唐］李鼎祚：《周易集解》引。

② ［宋］朱熹：《朱子语类》第1册，黎靖德编，王星贤点校，中华书局1986年版，第3页。

③ ［宋］朱熹：《晦庵先生朱文公文集》卷四十，《朱子全书》（修订本）第22册，朱杰人、严佐之、刘永翔主编，上海古籍出版社2010年版，第1841页。

④ ［清］黄宗羲：《安定学案》，《宋元学案》第1册，全祖望补修，陈金生、梁运华点校，中华书局1986年版，第25页。

字用得很少了，有时称“外国”，有时称“西洋”。19世纪40年代和50年代许多排外著作称西洋人为“夷”，到70年代和80年代这些著作再版时，都改写为“洋”。从“夷狄”到“西洋”“西方”，这的确是中国人对外认识的一个很大转变。与此同时，中国人开始承认和肯定西洋的学问，“西学”名词流行。梁启超指出：“道光间鸦片战役失败，逼着割让香港，五口通商，咸丰间英法联军陷京师，烧圆明园，皇帝出走，客死于外。经这次痛苦，虽以麻木自大的中国人，也不能不受点刺激。所以乱定之后，经曾文正、李文忠这班人提倡，忽有‘洋务’‘西学’等名词出现。”① 怎样认识“中学”和“西学”，如何处理两者的关系，对近代中国来说就成了迫切需要解答的问题。“中体西用”观念应运而生，成了那个时期的思潮，并产生了深远的影响。

谈到“中体西用”，一般都把它与张之洞联系在一起，但很难说它是张之洞首先提出的。②《劝学篇》中没有“中学为体，西学为用”的说法，而只有“旧学为体，新学为用”的说法，当然所说的旧学即中学、新学即西学。张氏还有“中学为内学，西学为外学”的说法。这些大概都是“中学为体，西学为用”的不同表现形式。梁启超指出：“甲午丧师，举国震动，年少气盛之士，疾首扼腕言‘维新变法’，而疆吏若李鸿章、张之洞辈，亦稍稍知之。而其流行语，则有所谓‘中学为体，西学为用’者，张之洞最乐道之，而举国以为至言。”③ 梁启超的话大概是对的。梁启超没有说“中学为体，西学为用”是张之洞首先提出的，而只是说张之洞“最乐道之”。

---

① ［清］梁启超：《中国近三百年学术史》，《梁启超全集》第8册，第4440页。

② 据邬周义的考察，是孙家鼐最先提出了“中学为体，西学为用”的观念，参阅《社会科学战线》1982年第2期。有关“中体西用”观念的整体研究，参阅丁伟志、陈崧：《中西体用之间》，中国社会科学出版社1995年版。

③ ［清］梁启超：《清代学术概论》，《梁启超全集》第5册，第3104页。

当然，不只是张之洞最乐道之，“中学为体，西学为用”作为一个流行语，当时成了许多人的口头禅，并出现在学会的章程中。例如陈炽说：“广储经籍，延聘师儒，以正人心，以维风俗……并请洋师，兼攻西学。庶几体用兼备。”①1895年，沈寿康在《万国公报》上发表《匡时策》，他在其中说：“夫中西学问，本自有得失，为华人计，宜以中学为体，西学为用。”②同年8月，孙家鼐亦在《议覆开办京师大学堂折》中说：“今中国京师创立大学，自应以中学为主，西学为辅；中学为体，西学为用。”③戊戌变法时期，各地纷纷兴办学会，也往往以“中体西用”概括学会宗旨。如《武昌质学会章程》言：“深之六经诸史，以植其体，达之中外古今，以拓其用。”④《苏学会简明章程》载：“以中学为主，西学为辅，中学为体，西学为用。中学有未备者，西学补之；中学有失传者，以西学还之。以中学包罗西学，不能以西学凌驾中学，此是立学宗旨。”⑤维新派梁启超也受过“中体西用”的影响，他代拟的《京师大学堂章程》中写道：“夫中学体也，西学用也，二者相需，缺一不可。体用不备，安能成才？”在《〈西学书目表〉后序》中，梁氏说：“要之舍西学而言中学者，其中学必为无用。舍中学而言西学者，其西学必为无本。无用无本，皆不足以治天下。”⑥简单地说维新派已超越了洋务派的“中体西用论”，看来并不恰当。

与“中体西用”思想一致，洋务改良派在中学与西学的关系上宣扬“道器”“本末”“主辅”“先后”之说。如冯桂芬在《校邠庐抗议·采西学议》中提出：“以中国之伦常名教为原本，辅以诸国富强

① ［清］陈炽：《庸书：学校》，《陈炽集》，第30页。
② ［清］沈寿康：《匡时策》，《万国公报》第75卷，1895年。
③ 中国史学会：《戊戌变法》二，上海人民出版社2000年版，第426页。
④ 中国史学会：《戊戌变法》四，上海人民出版社1979年版，第442页。
⑤ 同上书，第446页。
⑥ 见［清］梁启超：《梁启超全集》第1册，第86页。

之术。”[①] 王韬说：“形而上者中国也，以道胜；形而下者西人也，以器胜。”[②] “器则取诸西国，道则备自当躬，盖万世而不变者，孔子之道也。”[③] 薛福成言：“今诚取西人器用之学，以卫吾尧、舜、禹、汤、文、武、周、孔之道。”[④] 郑观应亦言：“道为本，器为末，器可变，道不可变。庶知所变者富强之权术，非孔孟之常经也。”[⑤] 郑观应还说：“中学其本也，西学其末也。主以中学，辅以西学。知其缓急，审其变通，操纵刚柔，洞达政体，教学之效，其在兹乎！”[⑥]

“中学”“西学”包含的内容是什么？“中学”主要指中国传统的纲常名教，即以孔孟为代表的中国儒家的学说和思想，主要限于伦理道德、政治观念和制度领域。“西学”主要指西方的近代科学技术，尤其是技术，技术又特别注重军事技术、器物和富强的方法。冯桂芬说的“中国之伦常名教”、薛福成说的“尧、舜、禹、汤、文、武、周、孔之道”、郑观应说的“孔孟之常经”等都是“中学”的内容，他们所说的“富强之术”（冯桂芬）、“西人器用”（薛福成）则属于西学的内容。

张之洞论新旧学的内容更为具体。他说：“四书、五经、中国史事、政书、地图为旧学，西政、西艺、西史为新学。”[⑦] 这里的“中学”已超出了伦理的范围，“西学”的内容也扩大了。曾参奏康有为的文悌把“中学”与“西学”的界限划分得很清楚，他说：“惟中国此日讲

---

① ［清］冯桂芬：《校邠庐抗议》卷下，《采西学议——冯桂芬、马建忠集》，郑大华点校，辽宁人民出版社 1994 年版，第 84 页。

② ［清］王韬：《弢园尺牍》，中华书局 1959 年版，第 30 页。

③ ［清］王韬：《弢园文录外编》，中华书局 1959 年版，第 323 页。

④ ［清］薛福成：《筹洋刍议：变法》，《筹洋刍议——薛福成集》，第 90 页。

⑤ ［清］郑观应：《郑观应集》上册，夏东元编，上海人民出版社 1982 年版，第 240 页。

⑥ ［清］郑观应：《盛世危言》，辽宁人民出版社 1994 年版，第 30 页。

⑦ ［清］张之洞：《劝学篇》，中州古籍出版社 1998 年版，第 121 页。

求西法，所贵使中国之人明西法为中国用，以强中国。非欲将中国一切典章文物废弃摧烧，全变西法，使中国之人默化潜移，尽为西洋之人，然后为强也。故其事必须修明孔孟程朱、四书五经、小学性理诸书，植为根柢，使人熟知孝弟、忠信、礼义廉耻、纲常伦纪、名教气节以明体，然后再学习外国文字、言语、艺术以致用。”[①] 但这里所讲的“西学”并不包括技术这一重要内容。

洋务派言“西学”在某种程度上已进入西政。如李鸿章对“西洋政教规模……亦略闻梗概”[②]。张之洞把政教看成统一体，说“政教相维者，古今之常经，中西之通义”[③]，这不仅承认了西政，而且肯定了“西教”的存在。陈炽强调西政说：“泰西之所长者政，中国之所长者教。道与器别，体与用殊，互相观摩，互资补救。”[④] 何启则把西方富强之术与西方的政治联系在一起，如他所说：“泰西何而为富强？……以其有富强之政也……但言立学，而不言立政，是本末体用先后缓急之未能明也。”[⑤]

从上面的考察来看，洋务派和改良派的“西学观”，不只是强调“西学”中的技术和器物，在某种程度上已接触到西学中的政治与教化。一般认为，在近代中国的革新中，洋务改良派处于言技的阶段，它只强调西方的富强之效。这种看法并不完全恰当，只能是一种相对的描述。值得注意的还有，维新派虽讲变法、言西政，但也有强调西技的一面，也有“中体西用”的痕迹，如康有为、梁启超即是如此（上面已指出）。曾廉与谭嗣同总结言“西学”之阶梯。曾廉说：

---

① 中国史学会：《戊戌变法》二，第 484 ～ 485 页。

② ［清］吴汝纶：《李文忠公（鸿章）朋僚函稿》，文海出版社有限公司 1967 年版，第 1283 页。

③ 张之洞：《劝学篇》，第 51 页。

④ ［清］陈炽：《庸书：审机》，《陈炽集》，第 138 页。

⑤ ［清］何启、胡礼垣：《新政真诠——何启、胡礼垣集》，郑大华点校，辽宁人民出版社 1994 年版，第 384 页。

“变夷之议，始于言技，继之以言政，益之以言教。”[①]谭嗣同在《仁学》卷下中说：“言进学之次第，则以格致为下学之始基，次及政务，次始可窥见教务之精微。”[②]因此，说康有为、梁启超只是处在言政这一阶段也不全对。其实康有为后期则只言西洋的物质技术。他说：“吾国人之所以逊于欧人者，但在物质而已。……然则今而欲救国乎？专从事于物质足矣。”[③]“吾所取为救国之急药，惟有工艺、汽电、炮舰与兵而已。”[④]

从上述对“体用”概念的使用情况来看，其意义主要侧重于传统用法中的第三层含义，即主辅、本末或原则与应用这一方面，与前两层含义已无什么关联，这是“体用”范畴在中国近代的一个特点。

“中体西用”这一东西文化论模式，是把中国文化作为主体或主导，再配置以西方文化，使中国文化与西方文化、传统文化与近代文化达到某种程度的调和与融合。随着洋务运动的破产，这一模式自此以后就受到了各种各样的批评，至今仍然不绝。同时，这一模式又通过其他方式表现出来。最著名的批评是严复的一段话：“体用者，即一物而言之也。有牛之体，则有负重之用；有马之体，则有致远之用。未闻以牛为体，以马为用者。……故中学有中学之体用，西学有西学之体用，分之则并立，合之则两亡。”[⑤]与严复的批评相类似，何启的一段话也很典型：“本末者，事之始终也，指一事之完者而言，谓其有是本，因而有是末也，非指二事之散者而言，谓其本在此，其末在彼也……体用者身之全量也，指一身之完者而言，谓其有是体，因而有

① ［清］曾廉：《蠡庵集》卷十三《上杜先生书》。
② ［清］谭嗣同：《仁学》，《谭嗣同文选注》，第 192 页。
③ ［清］康有为：《物质救国论》，《康有为全集》第 8 集，第 67 页。
④ 同上书，第 71 页。
⑤ 《与〈外交报〉主人书》，《严复集》第 3 册，第 558 ～ 559 页。

实用也，非指二物之异者而言，谓其体各为体，用各为用也。”[①]

严复与何启二人的批评有一个共同点，他们都认为“中体西用论”割裂了体用的关系。他们这样看，当然是以传统哲学中体用不二、体用一源的观点作为出发点的。从这一点来看，“中体西用论”当然是割裂了体用的关系。他们强调中西学各有体用、自有本末，这也许是对的。郭嵩焘、张树声亦指出了这一点。郭嵩焘言：“西洋立国二千年，政教修明，具有本末。”[②]张树声云，两者“自有本末”“具有体用”[③]。谭嗣同的批评颇具特色。他把“道”看作“用”，把“器”看作“体”，这与“中体西用论”中的规定正好相反。他说：“故道，用也；器，体也。体立而用行，器存而道不亡。”[④]很明显，这是受了王夫之“天下惟器”思想的影响。

进入 20 世纪以后，人们对“中体西用论”的批评仍接连不断。新文化运动时期和前后的“西化论”、反传统论都是这种批评的具体表现。在 20 世纪 80 年代我国的新文化浪潮中，人们对“中体西用论”的批评更是屡见不鲜。另外，近代的“中体西用论”并未消失，这一文化论模式又通过其他形式表现出来。康有为、梁启超所代表的维新派的看法，梁漱溟所代表的东方文化派的看法，王新命、陶希圣等十位教授的“中国本位文化派”的看法，冯友兰的“新理学”，贺麟的“新心学”等，都表现出“中体西用论”的特点。贺麟在《儒家思想的新开展》中明确地说“以儒家精神为体、以西洋文化为用”[⑤]。李泽厚则提出“西体中用论”，对“中体西用论”做出了形式上似乎是不伦不

① ［清］何启、胡礼垣：《新政真诠——何启、胡礼垣集》，第 310 页。

② 钟叔河：《走向世界——近代中国知识分子考察西方的历史》，第 225 页。

③ ［清］张树声：《张靖达公奏议》卷八《遗折》。

④ ［清］谭嗣同：《报贝元征》，《谭嗣同全集》（增订本）上册，蔡尚思、方行编，中华书局 1981 年版，第 197 页。

⑤ 贺麟：《文化与人生》，商务印书馆 1988 年版，第 6 页。

类的改造。我们究竟应如何看待“中体西用论”？待后文再做分析。

（二）“和魂洋才论”

与“中体西用论”类似，在日本有“和魂洋才论”。“和魂洋才”由和、魂、洋、才四个字组成。和，即大和，为日本国旧名，有“山外”之意，它从天理市附近的地名发展而来，最初写成“倭”。元明天皇时，在与“倭”字相通的“和”字前冠以“大”字，称为“大和”，同时也称“大倭”，把这两个字定为国名。“日本”这一称法是后起的。日本大化改新，学习和模仿唐朝的文化、政治制度等，同中国往来很多。大和国土处于大唐帝国之东，人们又认为东方即是日之本（太阳升起的地方），所以“大和”又有了“日本”之称。奈良时代以后，它有了新的读音。“魂”的基本意思是灵魂与精神，“和魂”的“魂”则是指日本的精神。“洋”有东西，此处的“洋”当然是指“西洋”。“才”指学问或艺术、技能。“和魂洋才”的同义语是“东洋道德，西洋艺术”。现在我们追溯一下它的形成过程。

“和魂洋才”的原版是“和魂汉才”。日本文化起步较晚，在公元6世纪它几乎还是空白，完全不能与中国文化相比。正是由于这种落后性，日本自古就有向外国先进文明学习的特性。一般来说，佛教是后汉明帝永平十年（公元67年）传入中国的。公元538年，它开始传入日本。以此为契机，日本文化中的“神”观念就与外来文化处在一种难舍难分的关系中。但外来的毕竟是外来的，固有的究竟是自己的。于是，佛教的佛与日本的神就有了彼此你我的界限，对立、融合成为自然之势。开始是对立，后来就逐渐发展为“神佛”调和与折中，其最突出的表现是“本地垂迹说”。从平安末期到镰仓中期，作为“神佛”调和形态的“神道说”确立了。对本地神的认识就成了神佛混合的形态。此形态一直持续到明治维新时期。即使是现在，日本的很多家庭中还是神佛共存，这典型地反映出日本人的折中主义性格。

“本地垂迹说”可以说是“和魂汉才论”的先声。继佛教传入日本之后，汉学开始传播到日本，日本文化中又加入了汉学这一成分。当然，在开始时，日本并未以主体自觉的形式来把握内外关系。日本从奈良时代（公元710—公元789年）开始进入对中国文化的全面学习和模仿阶段。一批批遣隋使、遣唐使相继来到中国，学习中国的先进文化，并把它移植到日本，于是中国文化渗透到日本的政治、社会生活、建筑、艺术和语言等众多方面。在语言方面尤为突出。日本人原本没有创造出固有的语言文字系统。汉字传入后，他们根据汉字创造了假名。所谓假名，就是日本人在使用汉字时表示读音的文字。当时的日本，由于崇拜中国，在公共事务方面，文件都必须用汉文书写。这又是男性的特权。男性都用汉文阅读。汉文水准的高低，就反映出一个男性教养的高低。这成了人们的共同观念。在此，日本对本国文化的自我意识大概不存在。与此相对，使用假名的则是女性。如果说公的世界是汉文的世界，是外的世界的话，那么使用假名的世界则是“内”的世界。

正是在这个“内”的世界中形成了日本风格的文化，日本人达到了对自己文化的自觉。这一日本风格的文化就是故事文学，即各种各样的“物语”形式。日本人对自己文化自觉的表现，首先反映在平安中期紫式部的《源氏物语》中。此书“乙女卷”中有一节，与谢野晶子把它译成了口语，意思是：学问毕竟是第一位的，但应懂得如何保持日本魂，只有这样，才能有学问的根底。在此，虽没出现“中国的学问”，但在平安朝的宫廷内，所谓学问就是指汉学。它与“才”的所指一致。在与谢野晶子看来，平安朝上流贵族理想中的男子一方面要心存和魂，另一方面要有教养，即身通六艺。总之，在《源氏物语》中我们已经可以看到“和魂汉才”的胚胎或萌芽。明确表述“和魂洋才”这一观念的，则是菅原道真的《菅家遗诫》，书中言：“凡国学所要，虽欲论涉古今究天人，其自非和魂汉才，不能阚其阃奥矣。”据川口久雄教授考证，无论从内容上看还是从文体上看，这段话显然都不是道真所作，而是近代人在注解此书时故意窜入的，伪作者推定为室町时代（1336—1573 年）人。

不管怎么说，日本的“和魂洋才论”作为内外、表里的文化意识已经明朗化。在广阔领域，“和汉”相对的形式已建立起来。一方是和歌、和样、和式、和服、和文、和字等；另一方则是唐歌、唐样、唐式、唐服、汉文、汉字。近代之前，中国文化已经在日本扎下了根。江户时代中后期，特别是到了幕末，日本由于与西洋文化的接触逐渐加强，所以又兴起了兰学与洋学。这首先集中于西洋的技术领域，日本人后来又发现了西方在医学、天文学等方面的优越性，又产生了努力学习和吸取的志趣。西方势力的扩展与自身压力的增大，使日本人产生出自我保存的危机感，反映在文化上就是日本文化与西洋文化的关系问题。为了解决问题，“和魂汉才”中的“汉才”就被替换成“洋才”。“和魂洋才论”成为解决、调和日西文化摩擦的一种文化论模式，“东洋道德，西洋艺术”也成了一个流行口号。

最早表述“和魂洋才”思想的是新井白石。他是一位史学家，对自然科学亦颇有兴趣。他通过与禁教后潜入日本的最后一位传教士西多蒂的对话[①]，研究世界地理和西洋文化，成了在日本研究洋学的先驱。在新井白石那里已有了“和魂洋才”思想的原型。一方面，他认识到西洋自然科学和技术的先进性，说“自天文、地理，直到方术、技艺之小者，无不悉皆有学”[②]。另一方面，他由于还没有广泛地接触西学，所以将基督教视为荒唐，说造物主、天堂等观念“荒诞浅陋，不值一

---

① 西多蒂（Giovanni Battista Siotti，1668—1714），意大利耶稣会传教士。1708 年到日本，被捕监禁于江户。新井白石的《西洋纪闻》《采览异言》就是根据对他进行审问的记录而写成的。

② 〔日〕永田广志：《日本哲学思想史》，第 122 页。

辩”[①]，只承认西方科学技术的先进性，认为在理性领域日本是优越的。他说：“由此可知，彼地之学，只精于其形与器，只知所谓形而下者，至于形而上者，尚未预闻。”[②]继新井白石之后，日本另一位思想家山片蟠桃从朱子的“穷理”精神出发，承认欧洲在自然科学和技艺方面的长处，主张学习之，他说：“欧罗巴之精于天学，古今万国无与伦比。尤其环顾外国，皆以实见从事发明，谁能敌之？……故天地之事，只能听任西洋而尝其糟粕。不必怀疑西洋之术，应坚决信奉者也。”[③]但在道德方面，他认为应向东方圣贤学习，他说：“在所有人的德行性质方面，主要应取之于古圣贤。”[④]洋学家佐久间象山说得最清楚，堪称代表。在他看来，君子有五乐，第四、第五两乐即是“和魂洋才论”的内容。他说：“西洋自然科学高度发达，生于此世，知孔孟不知的道理，此为第四乐”，“东洋道德、西洋艺术，精粗不遗，表里兼该。因以泽民物，报国恩。此为第五乐”[⑤]。他承认西洋技术，高谈东洋义理，并吟咏了一首诗：“东洋道德西洋艺，匡廓相依完圈模。大地周围一万里，还须缺得半隅无。”[⑥]桥木左内与佐久间象山相呼应，说：“器械艺术取于彼，仁义忠孝存于我。”[⑦]与他们同时代的横井小楠也说：“明尧舜孔子之道，尽西洋器械之术，富国又强兵，大义布四海。”[⑧]凡此种种，不一而足。“和魂洋才论”的中心旨趣是把日本文化与西洋文化二元化，一边是道德伦理，一边是科学技术，两者各有短长，互为补充，

① 〔日〕永田广志：《日本哲学思想史》，第 122 页。

② 同上。

③ 同上书，第 222 页。

④ 〔日〕永田广志：《日本哲学思想史》，第 122 页。另参阅源了円编（1984）『山片蟠桃』〈日本の名著〉23. 東京：中央公論社，p. 46.

⑤ 松浦玲编（1984）『佐久間象山 横井小楠』〈日本の名著〉30. 東京：中央公論社，p. 95.

⑥ 同上书，第 262 页。

⑦ 同上。

⑧ 同上书，第 467 页。

以此达到调和。这样，“洋才”观念在日本学习西方文化上扮演了极其重要的角色。

上面已说过，“和魂”指的是日本精神。这种精神究竟是什么？第二次世界大战中出版的《辞苑》（博文馆）对此有较详细的解说。虽然对战后的日本人来说，这一解说已经过时，但它反映了一个时代或一个时期日本人对“和魂洋才论”的认识。按照它的界定，所谓“日本精神”，就是纵跨三千年，横贯在九千万日本人意识中的日本国固有的传统精神。其根底来自对万邦无比的国体尊严的自觉。这种精神的具体表现，由于时代不同，前后有所变化。上古表现为尊崇明、净、直的精神和尚武的风气。与外国发生交流以后，又表现为急速吸取外国文化的精神并使之日本化。前者是敬仰作为“现人神”的天皇，后者是国体自觉的第一步。平安朝时代，日本虽然孕育出敬神崇祖的信仰、爱好和平的精神以及尊重优美的文化，但其母胎仍是尊重皇室和显扬皇国文化的信念。佛教采取本地垂迹的形式，这是国体自觉精神的表现，是使一切外来的东西日本化的这一日本精神的体现。明治以来国运的隆盛发展也是尊重皇帝及国体信念的必然结果。日本对欧美文化的吸取以及日本化，亦是日本精神的发动。很明显，上述对日本精神的解说充满了大日本主义的傲慢，因此受到一些日本学者的批判。当然，从中我们也能窥到日本精神的某些特征。特征之一就是日本精神并不是固定不变的。“和魂汉才论”中的“和魂”，是接受中国文化之前的日本精神；“和魂洋才论”中的“和魂”，则是吸取、同化了中国文化之后的日本精神。至于“洋才”，则是指西洋的学问和知识，尤其是指西方科学技术方面的学问和知识。

“和魂洋才论”作为日本文化论的一种模式，也受到了明治维新以后知识分子的批评，但其影响仍然很大。日本的近代化在某种程度上是沿着“和魂洋才论”的路线前进的。它首先是在科学技术上近代化，实现富国强兵，一跃成为世界强国。明治脆弱的启蒙运动，在自由民权运动之后，代之以明治绝对主义，思想上复活儒家主义，“大和魂”也膨胀到极点，正如夏目漱石在《我是猫》一书中所讽刺的那样：“大和魂！日本人大喊，就像肺病患者一样咳嗽着。”“大和魂！报纸也大喊。大和魂！小偷大喊。大和魂一跃而起，渡过大海。在英国举行着大和魂的演讲。在德国上演着大和魂的舞台剧。”“东乡将军拥有大和魂。鱼店的小银拥有大和魂。魔术师、骗子、杀人犯，都有大和魂。”“你若问大和魂是什么？大和魂就是大和魂。”[①] 这段话可谓活灵活现地勾画出了狂热日本主义的面孔。第二次世界大战的悲剧教训了日本人，“大和魂”的防线被摧毁了，然而并未销声匿迹。“和魂洋才论”的形成与内容大致如此。

（三）“中体西用论”与“和魂洋才论”的对比分析

“中体西用论”与“和魂洋才论”可谓是东西文化论模式上的一对孪生子，表现出惊人的相似和一致。这表现在以下几个共同点上。（1）两者都是在外来西洋文化的冲击下产生的模式。这两种模式都建立在内外彼此对置的二元论立场上，它们在对他者的认识中反过来又增强了自我意识，在对异己的认识中达到主体自觉。从这种意义上看，两者都有积极的一面。文化选择是必要的，丧失了主体，也就丧失了独立性、自主性，就要被外来因素完全左右，陷入单纯模仿的、无个性的境地。（2）两者都是调和模式。在这种模式中，东西两种因素结合、配置在一起，冲突和对立得到了缓和。从中国和日本当时的时代来说，调和可能是一个应有的选择，能使大多数人保持心理上的平衡，易为更多的人接受和认可。由此看来，两者也是一种较好的调和。（3）两者都把自己的伦理道德价值作为立足点，都强调本国文化在这方面的优越性。两者对异己文化都只选择了科学技术这一侧面。这一方面是

---

① 〔日〕夏目漱石：《我是猫》，曹曼译，浙江文艺出版社 2015 年版，第 242 页。

因为对异己中的深层文化不了解，另一方面是因为不希望异己文化的洪流把自己全部淹没。如果这样，就意味着自我丧失，会造成文化上的亡国。当时中日选择西方的科学技术，可以说是两边兼顾的选择。

分析“中体西用论”与“和魂洋才论”这两种东西文化论模式，我们可以得到文化交流的两个规律。(1) 无论哪种文化，只要是一个体系，在遇到外来文化的冲击时就必有其反应，其反应程度与冲突规模的大小、形势的缓急有正比例关系。我们把这种反应叫作“文化自我保存反应”。东方的中国和日本对西方文化的反应亦是如此。如果西方文化受到东方文化同种程度的冲击，它也会有同样的反应。(2) 科学技术往往比社会伦理价值观念容易先行输入。接受前者容易，接受、吸取得快；接受后者困难，接受、吸取得慢。这是为什么呢？因为物质文明（即科学技术及物化状态）是一般性的东西，能超越时空的限制，在哪里都行得通，是一种公共的文化或文明，没有民族性、地域性和国界性。伦理价值观念与此不同，它虽有普遍性的因素，但更带有特殊性，具有强烈的民族性、地域性和国界性的特点，是文化体系中最稳定的部分，是群体的凝聚点和个体的共同信念。把一个文化体系中的这一部分输入、推行到另一个文化体系中，就会受到各种各样的抵触，因为这冲击了固有文化体系中的稳定部分，使群体的精神发生混乱和动摇，威胁了共同体的生活。而科学技术是不易与深层文化意识发生冲突的部分，虽然在某些方面仍有矛盾。这样看来，中日两国的文化论模式都力求保存自己固有的文化传统，在此基础上输入科学技术，使之并行不悖，这是很自然的表现。

同时，我们也必须注意“中体西用论”与“和魂洋才论”的不同点。这主要有：(1) 在这两种类似的文化论模式中，“中体”与“和魂”各自在框架中所处的地位和位置不同。“中体”在模式中是根本的和优先的东西，“西用”则处于从属地位，两者是一种不对等的结合。而“和魂”没有受到优先的强调，“洋才”也没有被摆到细枝末节的位置，两者基本上是一种对等的结合。日本幕末和明治时期的文化发展，是国体主义与富国强兵并驾齐驱，而后者还成了前者的基础。“中体西用论”与“和魂洋才论”的这一差别极其重要。根本的问题是伦理道德与科学技术在社会发展中的作用问题。衡量社会发展或进步的根本尺度是生产力和科学技术的水平，而不是道德水准。区分封建社会与资本主义社会，其根本点亦在于经济结构和生产力、生产方式的不同，而主要不在于道德上的差别。从动态和静态的相对角度来看，科学技术主要是一个动态系统，而伦理道德主要是一个静态系统。科学技术革命对社会的推动作用是巨大的，而道德革命即便对社会有推动作用，其作用也比不上科学技术革命。“和魂洋才论”中的“洋才”没有被看作根本的，但也绝非末节或从属者；而“中体西用论”就不同了，在其中，科学技术被视为末和辅，是从属者和次要者，伦理道德则被看成根本的和主导的。一句话，“和魂洋才论”不存在道德中心主义的问题，而“中体西用论”的根本局限即在于道德中心主义或道德至上论。批评“中体西用论”的人非常多，但大都没有注意到这一本质和要害问题。大家所关心的只是洋务运动的失败说明中国只学习西方的科学技术是不行的。我们可以反问：如果当时把西方的一切文化都搬过来，就能保证中国在甲午战争中不失败吗？宁可说，中国的洋务运动在科学技术上仍没学好，没学到家，所以中国难以与日本抗衡。日本的成功大大得益于科学技术的力量，得益于富国强兵，“和魂洋才论”是日本狭义近代化的集中表现。“中体西用论”随着洋务运动的失败，则受到了更多的批评。但要批评的应当是道德中心主义，并应强调科学技术的作用。然而实际上并非如此，批评的主要是“中体西用论”只学习西方的科学技术，强调要学习广义的西方文化。中国传统的道德中心主义视技艺为雕虫小技的观念，经过“中体西用”之后仍没有发生转变。这是很遗憾的。(2)“中体西用论”与“和魂洋才论”的历史命运不同。由于洋务运动的失败，“中体西用论”受到了批评。由于中国近代化的艰难性，“中体西用论”的命运更加可悲，至今对它的批评仍然不绝。而“和魂洋才论”，由于明治维新推行的是狭义的近代化，它的命运要好得多。现在日本的思想界也没有抓住“和魂洋才论”不放而大做批评文章。

站在中国的立场上，我们更关心“中体西用论”。下面围绕对“中体西用论”的评价以及批评“中体西用论”通常所依据的根据做一分析。

现在有一种通论，几乎成了公式，为人时常引述，这就是中国近代向西方学习的三阶段说，即从言技到言政再到言教，并认为这是一个不断深化的过程。“中体西用论”是最初的阶段，也是最低的阶段。它只看到西方的技术和物质文明，而没有看到更根本、更深层的西方文化，只有进入政教才算抓住了西洋文化的本质。我对这种定论不敢赞同。说从言技到言政再到言教反映了不同阶段的特点是可以的，说这是一个深化的过程则太过简单。“深化”是一个带有价值评价的词汇，具有认识变得更根本、更本质的内涵。但事实并非如此。说起来，洋务运动的“中体西用论”是言技，通过科学技术解决中国的问题；戊戌变法和辛亥革命是言政，通过政治解决中国的问题；五四运动是言教，通过文化解决中国的问题。那么，科学技术、政治、思想观念三者，谁更根本、更本质？（这当然是相对于社会进步发展而言的。）中国的根本问题是科学技术不发达以及与此相关的生产力落后的问题。如果在这些方面赶上去了，中国就成了发达国家，否则无论思想观念多么革命、解放，中国都不可能成为强国。新中国成立后的曲折，最大的错误即在于用文化革命和政治革命代替了科学技术革命、生产力革命与经济发展。现在才集中精力发展经济，搞科学技术革命，虽然有些晚，但总算是抓住了根本。最近几年的文化热流，仍有借文化解决中国问题的倾向。对此我们必须注意，我们必须更多地关切中国的经济和科学技术，而不能让文化的反思冲淡经济的发展，或扭转生产力发展这个根本课题，否则也许还要吃亏。

“中体西用论”虽没有把西方的科学技术放在根本的位置上，但毕竟抓住了科学技术这个主题。洋务派没有意识到这是本，不过其发展实业，可以说是一种不自觉的务本。李泽厚提出“西体中用论”虽有混乱之处，受到很多人的批评，但有一点值得肯定，即他将生产力、科学技术置于体的位置上，这是对“中体西用论”的重要修正。总之，我认为，言技、言政、言教不是一个简单的深化过程，而是一个累加过程，应给予“中体西用论”合理的评价。

再一个问题是，在批评“中体西用论”时，很多人都用了“文化有机体”这个概念，认为西方文化是一个有机体，只学习西方的科学技术是不行的，也必须学习西方的其他方面，否则就无效。这是一个不容放过的问题。所谓“有机体”，即实体的各个部分组成一个不可分割的整体，将它分割成部分，每个部分将丧失其机能。[①] 人们认为，文化有机体也必须这样理解，即文化的各个部门或部分组成一个整体，将它分开进行部分移植亦将使其失去效能。[②] 我承认文化各个部门或部分间的相互联系和影响，但不认为文化是一个有机体，而且退一步讲，即便文化是一个有机体，它也可以进行部分输入或移植，并可以有意识地进行选择，完全可以只移植一部分而不管其他。学习西方的科学技术，不必然一定要吸取西方的宗教或伦理观念。

中国古代吸取印度文化，只接受了佛教，并使之中国化，为什么学习佛教文化就一定要学习印度文化的一切方面？日本接受中国文化，也没有把中国文化统统搬过去，学习西方也是这样。难道说日本没有

---

① 在西方，“文化有机体”是斯宾格勒的著名观点。他所说的“文化有机体”包含两层意思：一是文化是一个高度综合的统一体，二是文化是一个活生生的有机物。(〔德〕斯宾格勒:《西方的没落》上册，齐世荣、田农、林传鼎等译，商务印书馆 1963 年版，第 83 ～ 193 页）

② 20 世纪 30 年代陈序经坚持“全盘西化论”，亦是以文化有机体为理论根据。

学成，或学过去的东西没有发生实际效用吗？如果说欧洲受到了东方文化的影响，那也只会是部分的。考察古今中外文化交流的一切情况，可以说都是部分移植的。相反，全部移植往往是不可能的。这里讨论的只是可不可能的问题，而不是必不必要的问题。自从严复提出“牛马各有体用”、中西文化各有体用之后，引申的有，赞扬的有，认真分析的则没有。文化即便有体用，也不是类似于牛马的体用。严复思想中隐含的是，学习西方的用，一定要学习西方的体。在我看来，学习用与学习体之间并没有必然的联系，虽有必要全面学习，但只学习用并不是没有可能。

胡适、陈序经提倡“全盘西化论”。“全盘西化”不仅在理论上与在现实上都不可能，而且没有必要。冯友兰先生指出：“中国人是黑头发、黄眼珠。西洋人是黄头发、蓝眼珠。如果真要‘全盘西化’，你能把黑头发、黄眼珠换成黄头发、蓝眼珠吗？显然没有这个可能，也没有这个必要。”[①]

---

① 冯友兰：《三松堂自序》，《三松堂全集》第1卷，河南人民出版社2000年版，第219页。

第五章

严复与福泽谕吉的东西文化论

18 世纪欧洲的启蒙思想曾受到中国文化的影响，如中国的传统文化使伏尔泰惊叹不已，在某种程度上给他以启迪。但总的说来，欧洲的启蒙运动是沿着自己的文化道路展开的，是进行自我更新的过程。与此不同，东方中国和日本的启蒙运动却紧紧与西方文化联系在一起。讨论中日启蒙思想，撇开它们与西方文化的关系便无法进行。在一定意义上可以说，中日的启蒙运动是面向西方、把西方文化推进到本国的过程。中日启蒙思想的发展，也表现为西方文化中国化或日本化的形式。同这一过程相对应，中日还要处理西方文化与自身传统文化的关系问题。如何看待传统文化，对它采取什么态度，能否使它更新发挥作用等问题，都必须给予回答。概括起来，这就是古今东西的文化课题。中日启蒙思想家都遇到了这一课题，这一课题成为他们首先回答的问题。这就是东西文化论在中日启蒙思想中的登场。我们只讨论严复与福泽谕吉的东西文化论。严复与福泽谕吉学贯东西，才识超群，在东西文化论上发启蒙先声，开一代新风，超越了“华夷论”与“神夷论”，也超越了“中体西用”与“和魂洋才”东西文化论模式的局限性，分别做出了自己的贡献。我们先分别阐述严复与福泽谕吉的东西文化论，然后做一总的比较分析。

一、严复的中西文化论

严复的中西文化论主要包括三个方面的内容：(1) 严复对西方文化的态度；(2) 严复对中国传统文化的态度；(3) 严复的中西文化比较。

(一) 严复对西方文化的态度

在中西文化交流史上，严复是中国的第一位西学大家。他对西方文化有全面的认识，并采取了全新的态度。按照严复的逻辑，西方是富强发达的世界。西方为什么会这样，这肯定同西方的文化有关。[①] 中国是落后贫困的国家，这自然与中国固有的文化有关。由此得出的结论很简单，为了保种、保国，使中国富强发达起来，中国就应学习西方的先进文化，改造自身的传统文化。严复说："夫士生今日，不睹西洋富强之效者，无目者也。谓不讲富强，而中国自可以安；谓不用西洋之术，而富强自可致；谓用西洋之术，无俟于通达时务之真人才，皆非狂易失心之人不为此。"[②] 又说："今日国家昭设之学堂，乃以求其所本无，非以急其所旧有。中国所本无者，西学也，则西学为当务之急明矣。"[③] 基于此种认识，严复的重要启蒙任务就是破除人们对西方文化的种种偏见，使人们正确地对待西方文化，把中国引导到学习西方文化的轨道上，以图中国的富强。为此，他对夷狄观、排外主义和

---

① 史华兹（Benjamin I. Schwartz，又译史华慈）指出，严复钻研 19 世纪自由主义进化论是基于这样的逻辑："英国是 19 世纪的强国，英国有过工业革命；英国是亚当·斯密和赫伯特·斯宾塞的故乡，因此，在英国得到高度发展的这些思想与英国成为强国这两件事情之间必然存在着某种联系。"（〔澳〕默逊：《中国的文化和科学》，庄锡昌、冒景璠译，浙江人民出版社 1988 年版，第 74 页）

② 《论世变之亟》，《严复集》第 1 册，第 4 页。

③ 《与〈外交报〉主人书》，《严复集》第 3 册，第 562 页。

中体西用论提出了批评。

如前所述，在中国传统文化中，夷狄观根深蒂固。它产生的原因之一是，人们对外部世界不了解，不管是什么国家或民族，统统将之划到夷狄之列。对此，严复批评说："存彼我之见者，弗察事实，辄言中国为礼义之区，而东西朔南，凡吾王灵所弗届者，举为犬羊夷狄，此一蔽也。明识之士，欲一国晓然于彼此之情实，其议论自不得不存是非善否之公。而浅人怙私，常詈其誉仇而背本，此又一蔽也。而不知徒塞一己之聪明以自欺，而常受他族之侵侮，而莫与谁何。……公等念之，今之夷狄，非犹古之夷狄也。"[①]对严复来说，即便是夷狄也会变，执一不变而御万变，不察情实，总要吃亏挨打。

中国古代同周围的民族打交道，这些民族有体力之强，是以质胜者，还未进入文明之境。中国有智慧之术，是以文胜者，已进入文明之境。野蛮民族以无法胜，而中国以有法胜，显示了中国文化的长处。然而，近代中国所遇到的西洋诸国绝非野蛮民族："今之西洋，则与是断断乎不可同日而语矣。彼西洋者，无法与法并用而皆有以胜我者。"[②]所以，我们防不胜防，抵挡不住它们的冲击："往者中国之法与无法遇，故中国常有以自胜；今也彼亦以其法与吾法相遇……则彼法日胜而吾法日消矣。"[③]这是一个非常惨痛的事实，但"天下事既如此矣，则安得塞其涂目，不为吾同胞者垂涕泣而一道之耶！"[④]

中国近代开国以后，顽固守旧派仍然坚持排外主义，对待学习西方文化仍有杨光先那样的人在（杨曾说："宁可使中夏无好历法，不可使中夏有西洋人"）。严复指出了排外主义的表现："吾国自庚子以还，时论实以排外为有一无二之宗旨。其所异于前者，向则傲然懵然，以

① 《论世变之亟》，《严复集》第 1 册，第 2 页。

② 《原强》，《严复集》第 1 册，第 11 页。

③ 同上书，第 12 页。

④ 同上。

外人为夷狄而排之；今也耸然惕然，知外人之智力为优胜而排之。向也，欲不度德不量力而排之；今也，度德量力，欲自免于危亡而排之。故其说曰，向之排外是也，特所以排之者非耳！向之所以排外者，野蛮之术也，故虽排而外人之入愈深，而中国之受损者益重。乃今吾将为文明之排外焉，吾国其庶几有豸乎……方今吾国，固当以开通为先，而大害无逾于窒塞。……已闻留学生有言，宁使中国之路不成，矿不开，不令外国赀财于吾国而得利。此言与昔徐东海相国云，能攻夷狄，虽坐此亡国，亦为至荣。何以异乎？他日恶果，必有所见。”[①] 严复认为，处在国威丧失下的中国的最佳选择是进入世界物竞之列，谋求文明和发展：“外物之来，深闭固拒，必非良法，要当强立不反，出与力争，庶几磨厉玉成，有以自立。至于自立，则彼之来皆为吾利，吾何畏哉！”[②] 如果“徒倡排外之言，求免物竞之烈，无益也。与其言排外，诚莫若相勖于文明。果文明乎，虽不言排外，必有以自全于物竞之际；而意主排外，求文明之术，傅以行之，将排外不能，而终为文明之大梗”[③]。

严复根据历史经验总结出一条公例：把自己封闭起来以求稳固，总是不能成功的。他赞扬彼得大帝对其他国家的开放政策，批评秦国筑长城的罪过：“与人并立天地间而为国，有一公例焉，曰避敌以为固，未有能固者也。大彼得之治俄也，置莫斯科而立彼得堡，曰：使吾国而兴，必向西对诸国而开户牖。此其言近之矣。中国自秦起长城，而河山两戒，戎夏划然。更三千年，化不相入。不然，龙庭区落，未必不为过江之吴楚，逾岭之粤闽也。谁生厉阶，至今为梗，论者以此为秦之功，吾则以此为秦之罪也。”[④] 在严复看来，如果说古代各国是

---

① 《〈原富〉按语》，《严复集》第 4 册，第 1005 页。

② 《有如三保》，《严复集》第 1 册，第 82 页。

③ 《与〈外交报〉主人书》，《严复集》第 3 册，第 558 页。

④ 《〈法意〉按语》，《严复集》第 4 册，第 962 页。

在不通中求生的，那么近代世界文明的发展则是在求通中实现的："古之各国，大抵不相往来者也。岂惟国与国然，乃至一国之郡邑部落，亦大抵不相往来者也。是故礼俗既成，宗教既立之后，虽守之至于数千年可也。至于近世三百余年，舟车日通，且通之弥宏，其民弥富；通之弥早，其国弥强。"①

很显然，严复批评排外主义，是要求中国实行开国主义。他的理论根据，除了一般所说的是为了学习外国的长处以弥补本国的不足之外，更在于文明的发展是一个竞争的过程。文明只有处在竞争场中，互相砥砺，才能发展起来。一个国家如果把自己封闭起来，同外界隔绝，以相安相养，就只能积弱，不能富强。中国之所以贫弱，"正缘国于大地之中，而不与人交通竞争而已"②。欧洲诸国的情况则相反，它们"各立君长，种族相矜，互相砥砺，以胜为荣，以负为辱。盖其所争，不仅军旅疆场之间而止，自农工商贾至于文词学问一名一艺之微，莫不如此。此所以始于相忌，终于相成，日就月将，至于近今百年，其富强之效，遂有非余洲所可及者"③。

开放主义、分立竞争是社会文明发展的刺激因素和推动力量，而排外主义、锁国主义则使文化僵化和凝固，会阻碍社会的发展。严复还看到了问题的另一面，即对外开放不仅是向外部世界借鉴和学习，而且是通过与外部世界的竞争以求得发展的内在活力。④对于排外主

---

① 《〈法意〉按语》,《严复集》第4册，第989页。

② 《实业教育》,《严复集》第1册，第204页。

③ 《拟上皇帝书》,《严复集》第1册，第66页。

④ 梁启超也提出了类似的看法。他认为，中国几千年来保守性强，发展缓慢，落后于西方，就是由于中国大一统取消了竞争之力，而西方分治并争，奋发向前。他说："自秦以后，一统局成，而为退化之状者，千余年于今矣，岂有他哉，竞争力销乏使然也。"（[清]梁启超:《新民说》,《梁启超全集》第2册，第684页）而"泰西当希腊列国之时，政学皆称极盛，洎罗马分裂，散为诸国，复成近世之治，以迄于今，皆竞争之明效也"（同上书，第683页）。

义，我们不能给予任何肯定的评价。落后与愚昧是排外主义的亲密伙伴。只要落后与愚昧就会排外，而排外则会更加落后与愚昧。在此，应澄清一点，即排外主义与民族主义毫无共同之处。排外主义往往打着民族主义的旗号，以保护国家、民族独立的面目出现。然而，排外主义恰恰给国家、民族带来了更大的灾难。国家必须在开放中谋强大，而不可在闭锁中寻相安。

对于西学，严复与早期改良派和洋务派思想家表现出了很大的不同。如前所述，改良派和洋务派思想家主张“中体西用”“本末”“主辅”说，把西学的内容限制在技艺器物范围内，在体用之间划了明确的界限，这是一个保守的公式。严复不满足于此。他凭着对西学的透彻了解，认为西方的学问不只是技艺器物，它还有在技艺器物背后起作用的东西，这也是必须要学习的。他说：“今之称西人者，曰彼善会计而已，又曰彼擅机巧而已。不知吾今兹之所见所闻，如汽机兵械之伦，皆其形下之粗迹，即所谓天算格致之最精，亦其能事之见端，而非命脉之所在。其命脉云何？苟扼要而谈，不外于学术则黜伪而崇真，于刑政则屈私以为公而已。”①

严复以这种见解为根据，对“中体西用论”做了批评。他说：“体用者，即一物而言之也。有牛之体，则有负重之用；有马之体，则有致远之用。未闻以牛为体，以马为用者也。中西学之为异也，如其种人之面目然，不可强谓似也。故中学有中学之体用，西学有西学之体用，分之则并立，合之则两亡。议者必欲合之而以为一物。且一体而一用之，斯其文义违舛，固已名之不可言矣，乌望言之而可行乎？”②严复的这一批评很著名，它论及了两个问题：一是中学与西学各有体用，二是文化如何移植和对接。这两个问题看似简单，分析起来却颇

① 《论世变之亟》，《严复集》第1册，第2页。

② 《与〈外交报〉主人书》，《严复集》第3册，第558～559页。

为复杂。究竟如何划分中学与西学的体用，而且归根到底能否区分出何为体、何为用，这需要做一番研究功夫。另外，即便中学与西学各有体用，那么是否可以移花接木，是否可以把西学的体或用移植到中学的用或体上，这也需要探讨。严复肯定了中学与西学各有体用，而且认为西方文化不可能嫁接，而必须全部移植，但他没做充分的论证。严复对“中体西用论”的批评具有重要的实践意义。他对西学的认识超出了“中体西用论”的范围，主张不仅要学习西方的“技艺器物”这种有形文化或硬文化，而且应学习西方的精神这种无形文化或软文化。因此，在对待西方文化上，我们可以说严复弥补了洋务派思想的不足。

同上述思想有关，严复还批评了中西文化上的主辅说。他说：“若夫言主中学而以西学辅所不足者，骤而聆之，亦若大中至正之说矣。措之于事，又不然也。往者中国有武备而无火器，尝取火器以辅所不足者矣；有城市而无警察，亦将取警察以辅所不足者矣。顾使由今之道，无变今之俗，是辅所不足者，果得之而遂足乎？有火器遂能战乎？有警察者遂能理乎？”[①] 又说：“尝谓吾国今日之大患，其存于人意之所谓非者浅，而存于人意之所谓是者深；图其所谓不足者易，而救其所自以为足者难。一国之政教学术，其如具官之物体欤？有其元首脊腹，而后有其六府四支；有其质干根荄，而后有其支叶华实。使所取以辅者与所主者绝不同物，将无异取骥之四蹄，以附牛之项领，从而责千里焉，固不可得，而田陇之功，又以废也。”[②] 严复在此除了继续肯定文化为有机体外，还涉及另外一个问题，即中国文化如何与西方文化相适应的问题。在严复看来，中国接受和吸取西方文化，需要有适应它生长的土壤，否则再好的东西到了中国也会变形扭曲，难奏其

① 《与〈外交报〉主人书》，《严复集》第 3 册，第 559 页。
② 同上书，第 559 ～ 560 页。

效。严复列举了中国从西方接受过的许多新制度和技术，如总署、船政、矿务、学堂、铁道、电报等，但它们在中国却不能很好地发挥作用："凡此皆西洋至美之制，以富以强之机，而迁地弗良，若亡若存，辄有淮橘为枳之叹。"①

总之，严复要打破"体用""主辅"这种作茧自缚、画地为牢的文化选择模式，主张全方位地学习西方文化。这种思想以至于发展为类似于后来的"全盘西化"的要求。严复认为，当时中国的大患是愚、贫、弱，而愚又为其首，所以"凡可以愈愚者，将竭力尽气皲手茧足以求之。惟求之能得，不暇问其中若西也，不必计其新若故也。有一道于此，致吾于愚矣，且由愚而得贫弱，虽出于父祖之亲，君师之严，犹将弃之，等而下焉者无论已。有一道于此，足以愈愚矣，且由是而疗贫起弱焉，虽出于夷狄禽兽，犹将师之，等而上焉者无论已。何则？神州之陆沈诚可哀，而四万万之沦胥甚可痛也"②。但是，严复晚年对西方文化的态度有所变化，陷入了失望的境地。这主要是因为第一次世界大战对他有很大的刺激。他说："不佞垂老，亲见脂那七年之民国与欧罗巴四年亘古未有之血战，觉彼族三百年之进化，只做到'利己杀人，寡廉鲜耻'八个字。"③又说："西国文明，自今番欧战，扫地遂尽。"④严复有此种认识，当在情理之中。欧洲人由此也对自己的文明产生了危机感，并对之进行反思和重新认识，斯宾格勒的《西方的没落》便是集中的表现。再加上严复把西方文化作为理想的模特，一旦出了问题，失望就会随之而来。晚年的严复已没有时间再对西方文化进行一番新的认识了。

---

① 《原强》，《严复集》第1册，第15页。

② 《与〈外交报〉主人书》，《严复集》第3册，第560页。

③ 《与熊纯如书》，《严复集》第3册，第692页。

④ 同上书，第690页。

（二）严复对中国传统文化的态度

说到严复，人们总是把他与西学联系在一起，这是很自然的。但是，他与中国传统文化的关系往往为人所忽略，即使有所注意，也往往把它视为严复晚年的产物。然而，问题并非这么简单。关于严复对中国传统文化的态度，应做一仔细的分析。中国要强大，中国文化要更新，必须学习西方文化。把国民引导到这一轨道上，是严复的启蒙任务。倡导推进西学，对中国传统文化就要进行批判性的省察。因此，严复对中国传统文化有尖锐的批判。这是启蒙思想家的共同特点。严复对中国传统文化中消极部分的批判，主要发生在他的思想前期，主要有以下几个方面的内容。

一是严复对中国历史上专制统治的批判。他说："盖自秦以降，为治虽有宽苛之异，而大抵皆以奴虏待吾民。虽有原省，原省此奴虏而已矣；虽有燠咻，燠咻此奴虏而已矣。"[①] 严复针对韩愈的《原道》作《辟韩》一文，驳斥韩愈之抑民扬君的理论。韩愈认为，如古无圣人，人类早就灭亡了。对此，严复批评说："且使民与禽兽杂居，寒至而不知衣，饥至而不知食，凡所谓宫室、器用、医药、葬埋之事，举皆待教而后知为之，则人之类其灭久矣，彼圣人者，又乌得此民者出令而君之。"[②] 韩愈说："民不出粟米麻丝、作器皿、通货财以事其上，则诛。"严复反问韩愈为什么不说"民不出什一之赋，则莫能为之君；君不能为民锄其强梗，防其患害则废；臣不能行其锄强梗，防患害之令诛则乎？"[③] 严复说："夫自秦以来，为中国之君者，皆其尤强梗者也，最能欺夺者也。窃尝闻'道之大原出于天'矣。今韩子务尊其尤强梗，最能欺夺之一人，使安坐而出其唯所欲为之令，而使天下无数之民，

---

① 《〈原强〉修订稿》，《严复集》第 1 册，第 31 页。

② 《辟韩》，《严复集》第 1 册，第 33 页。

③ 同上。

各出其苦筋力、劳神虑者，以供其欲，少不如是焉则诛，天之意固如是乎？道之原又如是乎？”[①]

严复判断说秦以来所有的君主都是窃国大盗：“国谁窃？转相窃之于民而已。既已窃之矣，又惴惴然恐其主之或觉而复之也，于是其法与令蝟毛而起，质而论之，其什八九皆所以坏民之才，散民之力，漓民之德者也。斯民也，固斯天下之真主也，必弱而愚之，使其常不觉，常不足以有为，而后吾可以长保所窃而永世。”[②]严复说，在中国长期的历史发展中，所谓天下、所谓国家都是虚的，只有一姓一家的皇宗才是真实的：“中国自秦以来，无所谓天下也，无所谓国也，皆家而已。一姓之兴，则亿兆为之臣妾。其兴也，此一家之兴也，其亡也，此一家之亡也。天子之一身，兼宪法国家王者三大物，其家亡，则一切与之俱亡，而民人特奴婢之易主者耳，乌有所谓长存者乎！柳子厚之论封建也，夫非辨者之言欤！顾其所利害者，亦利害于一家而已，未尝为天下计也。”[③]这是对传统政治的彻底否定，虽然传统政治事实上不全是这样。

二是严复对礼教的批判。严复说：“老氏庄周，其薄唐虞，毁三代，于一是儒者之言，皆鞅鞅怀不足者，岂无故哉！老子言曰：‘失道而后德，失德而后仁，失仁而后义，失义而后礼。礼者忠信之薄，而乱之首也。’始吾尝傥然怃然，不知其旨之所归，乃今洞然若观火矣。礼者，诚忠信之薄，而乱之首也。”[④]在严复看来，中国礼教最束缚人，尤以夫妇之礼为甚：“故其为礼，于女子尤严，此诚非无所为而设者矣。乃至后世其用此礼也，则杂之以男子之私。己则不义，而责事己者以贞。己之妾媵，列屋闭居。而女子其夫既亡，虽恩不足恋，贫

---

① 《辟韩》，《严复集》第1册，第34页。

② 同上书，第35～36页。

③ 《〈法意〉按语》，《严复集》第4册，第948～949页。

④ 同上书，第961页。

不足存，甚或子女亲戚皆不存，而其身犹不可以再嫁。夫曰事夫不可以贰，固也。……独夫妇之际，以他人之制，为终身之偿，稍一违之，罪大恶极。呜呼！是亦可谓束于礼而失其和者矣！吾闻礼法之事，凡理之不可通者，虽防之至周，其终必裂。裂则旁溃四出，其过且滥，必加甚焉。中国夫妇之伦，其一事尔。”[①]

三是严复对八股制学风的批判。严复对八股制深恶痛绝，认为不变法则已，欲变法则必先废八股：“天下理之最明而势所必至者，如今日中国不变法则必亡是已。然则变将何先？曰：莫亟于废八股。夫八股非自能害国也，害在使天下无人才。”[②]严复指出，八股破坏人才，主要是它的三大害所致：一锢智慧，二坏心术，三滋游手。严复说：“夫数八股之三害，有一于此，则其国鲜不弱而亡，况夫兼之者耶！”[③]又说：“总之，八股取士，使天下消磨岁月于无用之地，堕坏志节于冥昧之中，长人虚骄，昏人神智，上不足以辅国家，下不足以资事畜。破坏人才，国随贫弱。”[④]严复对中国传统文化中其他消极方面的批判，在此不一一缕述。

不过，严复绝不是极端反传统、全面否定传统文化的人。他在批判中国传统文化消极部分的同时，也对中国传统文化中的一些普遍价值有深切的了解，有慎重的肯定。严复似乎区分了传统文化与近代文化。在西方，传统文化发展转变成了近代文化；但在中国，到了近代则没有实现此种转变。由于这一差别，中国文化显然是落后了。但如果从传统文化所包含的因素来看，那么中国文化与西方文化就具有某种同步性，即西方传统文化中的问题与关切在中国传统文化中已有所表现。在谈到西方根本精神之一时，严复指出：“其命脉云何？苟扼要

① 《〈法意〉按语》，《严复集》第4册，第1017～1018页。

② 《救亡决论》，《严复集》第1册，第40页。

③ 同上书，第42页。

④ 同上书，第43页。

而谈，不外于学术则黜伪而崇真，于刑政则屈私以为公而已。”但这种精神在中国也是有的，“斯二者，与中国理道初无异也”[①]。这种对照，在严复那里不乏其例。例如，在谈到斯宾塞的群学（社会学）时，他引用了荀子的话“人之所以异于禽兽者，以其能群也”并加以阐述，指出西方发展起来的群学，“其节目支条，与吾《大学》所谓诚正修齐治平之事有不期而合者”，只不过《大学》“引而未发，不语而详”[②]。

严复还认为中国传统文化中的某些因素先于西方文化：“顾吾古人之所得，往往先之，此非傅会扬己之言也，吾将试举其灼然不诬者，以质天下。夫西学之最为切实而执其例可以御蕃变者，名、数、质、力四者之学是也。而吾《易》则名、数以为经，质、力以为纬，而合而名之曰《易》。”[③] 严复的这些话都是在他的思想前期讲的。这不能等同为玩弄顽固保守派、排外主义的“古已有之”的手法。若硬要如此理解，就难以说明严复的开国主义、面向西方文化的言行，更难以解释他对“古已有之说”“西学源于中国说”的批评。中国文化中的一些因素虽与西方文化中的某些因素类似，但“由斯之说，必谓彼之所明，皆吾中土所前有，甚者或谓其学皆得于东来，则又不关事实，适用自蔽之说也”[④]。严复又说：“中国学者，于科学绝未问津，而开口辄曰吾旧有之，一味傅会；此为一时风气，然其语近诬，诬则讨厌，我曹当引以为戒也。”[⑤] 显然，严复与顽固保守派是不同的。

严复言学最重普遍精神与恒常的东西，他认为中国传统文化中就有这种东西：“今夫六艺之于中国也，所谓日月经天，江河行地者

---

① 《论世变之亟》，《严复集》第1册，第2页。

② 《原强》，《严复集》第1册，第6页。

③ ［清］严复：《译〈天演论〉自序》，〔英〕赫胥黎：《天演论》，严复译，商务印书馆1981年版，第ix页。

④ ［清］严复：《译〈天演论〉自序》，《天演论》，第ix页。

⑤ 《与张元济书》，《严复集》第3册，第550页。

尔。"[①]到了晚年，严复对中国传统文化则寄予了更多的热情，他曾说："鄙人行年将近古稀，窃尝究观哲理，以为耐久无弊，尚是孔子是书。"[②]此时，严复提倡读经，希望以此导扬中国传统文化的精神。这虽然反映了严复思想的某种变化，但严复的前后思想也不是完全没有一贯性。

严复既致力于西学，又兼顾中学，这使他发现中西学可以互相印证、互相发明。他说："考道之士，以其所得于彼者，反以证诸吾古人之所传，乃澄湛精莹，如寐初觉，其亲切有味，较之觇毕为学者，万万有加焉。此真治异国语言文字者之至乐也。"[③]严复晚年作《〈老子〉评语》与《〈庄子〉评语》，对中西学的互印互证有更多的阐发。对此，夏曾佑与曾克耑在为两书写的序里皆有评论，现特予引述。夏曾佑说："老子既著书之二千四百年，吾友严几道读之，以为其说独与达尔文、孟德斯鸠、斯宾塞相通。……于是客有难者曰：严几道是，则古之人皆非矣。是必几道之学，为二千数百年间所未有而后可。其将何以立说？应之曰：君亦知流略之所从起乎？智识者，人也；运会者，天也。智识与运会相乘而生学说，则天人合者也。人自圣贤以至于愚不肖，其意念无不缘于观感而后兴。其所观感者同，则其所意念者亦同。若夫老子之所值，与斯宾塞等之所值，盖亦尝相同矣。而几道之所值，则亦与老子、斯宾塞等之所值同也。"[④]我们再看看曾克耑的评论："自泰西之说入中国，国人初仅以形下之学目之，以为仅工制器械而已，以为仅能窥天测地而已。迨侯官严氏起，广译其书，而后知其于吾《易》《春秋》之教，《大学》《中庸》之精义，无二致焉。其所译书既时引吾儒之说疏通而沟贯之，复以其暇乎《老子》而评点之，

---

① 《译〈天演论〉自序》，《天演论》，第ⅷ页。

② 《与熊纯如书》，《严复集》第3册，第668页。

③ ［清］严复：《译〈天演论〉自序》，《天演论》，第ⅷ页。

④ 《〈老子〉评语：附录一　夏曾佑序》，《严复集》第4册，第1100页。

又时时引西儒之说以相证明，然后知老子真南面君人之术，而非导引清谈权谋之说也。严子尝言，必博通译鞮之学，而后可读吾儒先之书，往往因西哲之启迪而吾说得以益明。”[①]严复能达到这种境界，得益于他学有根底和对中西文化的贯通。曾克耑又说：“识不能贯东西万里，学不综上下千古，其何足以言道术之全之真之微哉！”[②]“不通古今，不足以言贯通；不通中外，不足以言融汇，非甚易事也。”[③]

严复还认为新旧古今并非绝对对立。当吴汝纶深知中国必须谋新但又担忧旧学之消灭时，严复说：“不然，新学愈进则旧学愈益昌明，盖他山之石可以攻玉也。”[④]在谈到中国的教育变革时，严复认为并非要尽去中国旧有的东西，他引用英国人摩利的说法“变法之难，在去其旧染矣，而能择其所善者而存之”[⑤]，并引申说中国传统文化中有价值的东西不能抛弃，应该继承：“方其汹汹，往往俱去。不知是乃经百世圣哲所创垂，累朝变动所淘汰，设其去之，则其民之特性亡，而所谓新者从以不固，独别择之功，非暖姝囿习者之所能任耳。必将阔视远想，统新故而视其通，苞中外而计其全，而后得之，其为事之难如此。”[⑥]严复对中国传统文化的这种态度是正确的。

（三）严复的中西文化比较

严复是中国第一位对中西文化做系统比较的人，他比较的范围相当广泛，涉及中西政治、法律、哲学、宗教、教育、风俗习惯等许多方面，其识见的敏锐令人敬佩。严复的中西文化比较意识在英国留学时已显示出来。他同出使英国的郭嵩焘“每值休沐之日……论述中西

① 《〈老子〉评语：附录二　曾克耑序》，《严复集》第4册，第1103页。
② 同上书，第1102页。
③ 同上书，第1103页。
④ 严璩：《侯官严先生年谱》，《严复集》第5册，第1549页。
⑤ 《与〈外交报〉主人书》，《严复集》第3册，第560页。
⑥ 同上。

学术政制之异同”[①]。严复既在理论方面又在实践方面关心中西文化比较。严复想通过中西文化的比较，明其差异与优劣之处，以吸取西方文化的优点，更新中国传统文化，实现中国的富强。

1. 中西政治、法律思想上的差异

政府与人民的关系、君与民的关系，是政治中的根本问题，其实质是政府的权力有没有限度，是分属还是统而归一。从这里能看出政治上的差别与优劣。严复认为，中西政治观念和行为的一个很大的差异即在于此。西方言政，政府的权力是人民赋予的，并且有限度；中国言政，则把一切权力统归于政府，人民无丝毫权利，只有义务。严复说："西人之言政也，以其柄为本属诸民，而政府所得而操之者，民予之也，且必因缘事会，而后成之。察其言外之意，若惟恐其权之太盛，将终不利于民者也，此西说也。中国之言政也，寸权尺柄，皆属官家。其行政也，乃行其所固有者。假令取下民之日用一切而整齐之，虽至纤息，终无有人以国家为不当问也，实且以为能任其天职。"[②]在西方，君与民各有其权，君不能拥有无限之权力，从而对民滥施干涉和侵夺，在中国则与此相反："夫西方之君民，真君民也，君与民皆有权者也。东方之居民，世隆则为父子，世污则为主奴，君有权而民无权者也。皆有权，故其势相拟而可争，方为诏令，其君方自恤之不暇，何能为其抗己者计乎？至于东方，则其君处至尊无对不诤之地，民之苦乐杀生由之，使不之恤，其势不能自恤也，故有蠲除之诏令焉。此东西治制之至异也。"[③]

由于中西君主的权力不同，所以中西君主的地位也十分不同。中国之君，集一切于一身，至高无上，其尊无比；但西方诸国之君则不能如此。严复说："盖西国之王者，其事专于作君而已；而中国帝王，

① 严璩：《侯官严先生年谱》，《严复集》第5册，第1547页。
② 《〈社会通诠〉按语》，《严复集》第4册，第930页。
③ 《〈法意〉按语》，《严复集》第4册，第975～976页。

作君而外，兼以作师。且其社会，固宗法之社会也，故又曰元后作民父母。”[①] 西方诸国之君除统管一些重要之事外，其他一切任其民自决、自行，不施摆布，不加干预，以充分发挥其民之主动性、积极性。但中国之君则什么事都要干涉，都要管，越俎代庖，民之事不能自主、自决，其积极性、能动性也不能发挥。严复说：“夫彼专为君，故所重在兵刑。而礼乐、宗教、营造、树畜、工商，乃至教育文字之事，皆可放任其民，使自为之。中国帝王，下至守宰，皆以其身兼天地君亲师之众责。兵刑二者，不足以尽之也。于是乎有教民之政，而司徒之五品设矣；有鬼神郊禘之事，而秩宗之五祀修矣；有司空之营作，则道理梁杠，皆其事也；有虞衡之掌山泽，则草木禽兽，皆所咸若者也。卒之君上之责任无穷，而民之能事，无由以发达。使后而仁，其视民也犹儿子耳；使后而暴，其过民也犹奴虏矣。为儿子奴虏异，而其于国也，无尺寸之治柄，无丝毫应有必不可夺之权利，则同。由此观之，是中西政教之各立，盖自炎黄尧舜以来，其为道莫有同者。”[②]

上述中西之君的差别，严复说并非中西自古以来就是如此。中西近代之前的传统社会，其政治即便有差异，亦不过平分秋色，难分伯仲。西之政教大进，乃近代资本主义之产物，而中国缺乏此一环节，政教仍为传统社会的一套，故中西异别，显出优劣，非自古中西即有决然之不同，乃是由于传统社会的政治与资本主义的政治不同。中国政治的运行及盛衰，完全取决于君主个人的气质、品格，国家的政策法令也难以保持一贯性，具有任意性、随意性的特征，而西方之资本主义政治及其运行机制则改变了这种情势。严复说：“求中国之治，非上有圣主不能。盖自制封建为郡县以来，二三千年，尽如此矣！若夫欧美诸邦，虽治制不同，实皆有一国之民，为不祧之内主。故其为

① 《〈社会通诠〉按语》，《严复集》第 4 册，第 928 页。
② 同上书，第 928 ～ 929 页。

政也，智慧虽浅，要必以一国为量，而作计动及百年。虽伯理（总统。——引者按）由于公推，议院有其聚散，而精神之贯彻始终则一而已。中国之所恃者天子耳！生于帷幄，长于阿保，其教育之法至不善。故尊为明圣，而其实则天下之最不更事人也。惟缔造之君，发迹闾阎，如汉宣、光武、唐太宗者流，夫而后乃有赖。否则，必得宰相重臣，如明之张太岳者，犹可以粗举。顾无知人之明，而有得人之效，此至不常之事也。则安得不治世少而乱世多乎！”[①] 在法律与刑讼上，严复认为中与西也表现出很大的不同。宪法为君立，中国是也；宪法为君民共立，西方是也。中国之治，治理得好，可以叫作有法的君主治理，否则就是专制之乱。因为“其专制也，君主之制，本可专也。其立宪也，君主之仁，乐有宪也……若夫今世欧洲之立宪，宪非其君之所立也，其民既立之，或君与民共立之，而君与民共守之者也”[②]。中国的司法，亦由天子决断；西方的司法是神圣独立的，不受君主的左右。严复说：“从中国之道而言之，则鞫狱判决者，主上固有之权也。其置刑曹法司，特寄焉而已。故刑部奏当，必待制可，而秋审之犯，亦天子亲句决之，凡此皆与欧洲绝异而必不可同者也。今盎格鲁国民，其法廷咸称无上，示无所屈，其所判决，虽必依国律，而既定之后，王者一字不能易也。”[③]

2. 中西历史观上的差异

在严复看来，中西历史观上的差异具体表现为对新旧、古今、向前和因循的看法不同，表现为对历史发展方向的信念不同。严复说：“尝谓中西事理，其最不同而断乎不可合者，莫大于中之人好古而忽今，西之人力今以胜古；中之人以一治一乱、一盛一衰为天行人事之自然，西之人以日进无疆，既盛不可复衰，既治不可复乱，为学术政

① 《〈法意〉按语》，《严复集》第 4 册，第 1000 页。

② 同上书，第 950 页。

③ 同上书，第 952 页。

化之极则。”[①] 中国的历史观是历史循环论，西方的历史观追求历史的发展进化。这样，中国的历史观往往厚古薄今，西方的历史观则厚今薄古。严复又说：“今夫中与西之言治也，有其必不可同者存焉，中之言曰，今不古若，世日退也；西之言曰，古不及今，世日进也。惟中之以世为日退，故事必循故，而常以愆忘为忧。惟西之以世为日进，故必变其已陈，而日以改良为虑。夫以后人之智虑，日夜有以胜于古人，是非决前古之藩篱无所拘挛，纵人人心力之所极者不能至也，则自由尚焉。”[②] 也确乎有一些中国思想家主张历史发展观，但更多的人则认为历史是退化的，一代不如一代，今不如古，把复古作为信念。但西方历史观的基本倾向是投向于现在与未来，崇古守旧、厚古薄今的观念不似中国突出。

3.中西学术上的差异

学术是否分化繁多，是否分门别类，是衡量其水准高低的重要标志。在这一点上，中西学术趋向不同。中之学混而不分，合为一体；西之学分而不混，各为一途。严复说：“往者湘乡曾相国有言，古之学者，无所谓经世之术也，学礼焉而已！……吾国之礼，所混同者，不仅宗教法典仪丈习俗而已，实且举今所谓科学、历史者而兼综之矣。”[③] 尤其是“中国教与学之事合而为一，而西国教与学之事判而为二”[④]。在西方，不仅教有争，学亦有争：“顾自今以西学眼藏观之，则惟宗教，而后有如是之纷争。至于学界，断断不宜有此。然则，中国政家不独于礼法二者不知辨也。且举宗教学术而混之矣。”[⑤] 中国传统学术含混笼统的特点，现已为广大学者所承认。在学术发展中，如果

---

① 《论世变之亟》,《严复集》第1册，第1页。
② 《主客平议》,《严复集》第1册，第117～118页。
③ 《〈法意〉按语》,《严复集》第4册，第991～992页。
④ 《〈原富〉按语》,《严复集》第4册，第910页。
⑤ 《〈法意〉按语》,《严复集》第4册，第992页。

只注重宏观和整体，缺乏对微观和部分的认识与把握，那么所说的宏观和整体就容易成为空洞的东西。中国的学术就有这样的缺点，学科界限不明，分化、独立发展不够。西方在这方面具有优越性。亚里士多德对各学科已有分门别类的研究。近代西方科学得到了高度的分化和发展。现代科学的发展，是分化与综合同步并进，但分化仍是基本的，综合以它为基础。至于教与学混而不分，欧洲中世纪也有类似的情形，只是文艺复兴、宗教改革之后，这种局面才慢慢改变了。

4.中西风气、习惯上的差异

在风气上，中西有一个很大的不同，中国人内倾，西方人外向，由此造成了中西强弱上的差别。严复说："不惮艰险而乐从军走海上者，欧洲之民，大抵如此。而图敦、日尔曼之种尤然。此其风气，与中国所甚异而绝不同者也。欧罗巴能雄视五洲以此；支那常恐为其所逼蹜而终不足自存者，其端亦在此。……呜呼！用诗书礼乐之教，奖柔良谨畏之民，期于长治久安也；而末流之弊，乃几不能自存。"[①] 在怨仇上，西之俗求谅解与排消，中之俗则重牢记并延及世代。严复说："西之宗教，重改过宥罪，曰此教徒之天职也。虽有至深之衅，使犯者声言歉衷，以自谢于受者，则旧怨可以立捐。……脱既解矣，而犹以旧怨相绳，则其人必为国人所不数，此西国之俗也。至于吾俗，乃大不然。衅之既生，衔者次于骨髓，迁怒及其亲戚，寻仇延乎子孙。即有居间排难之家，以势相临，若不得已。虽曰解仇，察其隐微，固未尝释也。"[②] 严复说这是东西宗教造成的，"此固宗教使之然耳"[③]。

上面是对严复中西文化论的概论。严复比较中西，由于还处在中西文化比较研究的初级阶段，所以他揭示出的中西文化差异基本上是

---

① 《〈原富〉按语》,《严复集》第4册，第863～864页。

② 《〈法意〉按语》,《严复集》第4册，第1014页。

③ 同上。

中西文化优劣的对比。中西社会发展在近代的非同步性，使中国大大落后于西方，从而使中西文化显示出优劣的差别。对于产生这种差别的原因或制约因素，严复又做了进一步的解释。

首先，中西文化的差异与中西自由不自由、平等不平等的观念有关。西方社会以自由为体，而中国社会则缺乏自由的天地。严复说："夫自由一言，真中国历古圣贤之所深畏，而从未尝立以为教者也。"[①]严复认为，中国的恕、絜矩与西方的自由观念虽有相似之处，但在根本上却是不同的，因为"中国恕与絜矩，专以待人及物而言。而西人自由，则于及物之中，而实寓所以存我者也"[②]。中西自由不同，于是产生了中西文化的许多差异："自由既异，于是群异丛然以生。"[③]严复列举道："则如中国最重三纲，而西人首明平等；中国亲亲，而西人尚贤；中国以孝治天下，而西人以公治天下；中国尊主，而西人隆民；中国贵一道而同风，而西人喜党居而州处；中国多忌讳，而西人众讥评。其于财用也，中国重节流，而西人重开源；中国追淳朴，而西人求欢虞。其接物也，中国美谦屈，而西人务发舒；中国尚节文，而西人乐简易。其于为学也，中国夸多识，而西人尊新知。其于祸灾也，中国委天数，而西人恃人力。"[④]东西文化的差异还与平等观念有关。在严复看来，西方主平等，东方主不平等，由此产生了西方的强和东方的弱。他说："三百年来，欧之所以日兴，而亚之所以日微者，世有能一言而通其故者乎？往者湘阴郭先生尝言之矣。曰：吾观英吉利之除黑奴，知其国享强之未艾也。夫欧亚之盛衰异者，以一其民平等，而一其民不平等也。"[⑤]

---

① 《论世变之亟》,《严复集》第 1 册，第 2 ～ 3 页。
② 同上书，第 3 页。
③ 同上。
④ 《论世变之亟》,《严复集》第 1 册，第 3 页。
⑤ 《〈法意〉按语》,《严复集》第 4 册，第 962 页。

其次，中西文化的差异与中西的一统和分治有关。中主大一统，西标分治并立。严复说：“天下之事，有行之数千年，人心所视为当然恒然，而实非其至者，如吾国一统之规是已，夫九州十八行省，必治以一家，是宁不可以无然，而有善今之制者乎？吾尝思之，盖自《公羊》说兴，而以谓春秋大一统。《中庸》同轨同文之盛，议礼考文之尊，于是乎有正统偏安割据之等差。而一王代兴，非四讫同前，则以为大憾。向使封建长存，并兼不起，各君其国，各子其民，如欧洲然，则国以小而治易周，民以分而事相胜，而其中公法自立，不必争战无已时也。且就令争战无已，弭兵不成，谛以言之，其得果犹胜于一君之腐败。呜呼！知欧洲分治之所以兴，则知中国一统之所以弱矣。”[①]严复还从地理环境来说明欧洲利分，中国利合，欧洲“抑亦其地势之华离破碎使之然也。至我中国，则北起龙庭天山，西缘葱岭轮台之限，而东南界海，中间方数万里之地，带河厉山，浑整绵亘，其地势利为合而不利为分”[②]。

最后，严复用社会形态来解释中西文化的差异。他把人类社会已有的发展分成图腾、宗法、国家三种形态，认为中国文化之所以落后于西方文化，是由于中国社会几千年来一直处于宗法社会这一阶段。严复说：“其圣人，宗法社会之圣人也。其制度典籍，宗法社会之制度典籍也。”[③]与此不同的是，西方诸国已进入国家社会，它们的文化反映了国家社会的特点。因此，“使中国必出以与天下争衡，将必脱其宗法之故而后可”[④]。

---

① 《〈法意〉按语》，《严复集》第4册，第965页。

② 《拟上皇帝书》，《严复集》第1册，第66页。

③ 《译〈社会通诠〉自序》，《严复集》第1册，第136页。

④ 《读新译甄克思〈社会通诠〉》，《严复集》第1册，第151页。

二、福泽谕吉的日西文化论

福泽谕吉的日西文化论也可分为三个方面来说：(1) 福泽谕吉对西方文化的态度；(2) 福泽谕吉对日本传统文化的态度；(3) 福泽谕吉的日西文化比较。

(一)福泽谕吉对西方文化的态度

与严复一样，福泽谕吉是一位坚决的开国主义者。作为一位启蒙思想家，他在推进西洋文化的事业上做出了巨大贡献。

如前所述，在西方的重压之下，日本被迫开国。至此，日本便处于西方的激烈冲击之下，所受影响之大，绝无仅有。福泽谕吉感受到了这一点，他说："自从嘉永年间，美国人来到日本，此后日本又与西洋各国缔结了通邮、贸易等条约，我国人民才知道有西洋，互相比较，才知道彼此的文明情况有很大的差异；人们的视听一时为之震动，人心仿佛发生了一场骚乱。"① 在历史上，日本接受了佛教与儒学，由于两者都属于亚洲固有文化，日本比较容易接受，但西方文化就不然了。福泽谕吉说："由于地理畛域不同，文化因素不同，以及这种因素的发展情况和发展程度不同，所以我国人民骤然接触到这种迥然不同的新鲜事物，不仅感到新异，而且感到所见所闻无一不奇无一不怪。这好比烈火突然接触到冷水一般，不仅在人们的精神上掀起波澜，而且还必然要渗透到人们的内心深处，引起一场翻天覆地的大骚乱。"②

福泽谕吉主张开国，主张推进西洋文明，这是由于他认识到西洋

① 〔日〕福泽谕吉：《文明论概略》，序言第 1 页。

② 同上书，序言第 2 页。

文明高于日本文明。他说:“现代世界的文明情况，要以欧洲各国和美国为最文明的国家。”[①]“从总的情况看来，不能不说日本的文明落后于西洋。文明既有先进和落后，那末，先进的就要压制落后的，落后的就要被先进的所压制。”[②]为了使日本文明赶上西洋文明，为了使日本独立和富强，就“应该坚决汲取西洋文明”[③]。但是，在西方的冲击下，日本的最初反应却很被动。顽固守旧派的攘夷论、排外主义的锁国论阻碍着开国与文明的进程。在这种情况下，福泽谕吉所做的工作是向日本全体国民介绍西洋文化的真实情况，使人们懂得开国的道理，以走向文明之域。他说:“我希望不管怎样也要把日本闭关自守的局面打开，并把日本导向西方那样的文明世界，使日本能富国强兵，在世界上不致落后。”[④]他又说:“当开国之初，我们这些洋学者们的本愿只是想把全国大多数人民无论如何要引导到真实的开国主义中去。宛如为输入西洋文明的东道主一样，希望一方面能够反对汉学的保守思想，同时另一方面能够阐明洋学的实际好处。”[⑤]

福泽谕吉对幕末的攘夷主义甚为反感。他虽在幕府工作，但却无心为它效劳。因为“当时日本全国的舆论都主张攘夷，各藩也都是攘夷藩。只有德川幕府使人耳闻目睹觉得好像是在主张开港，但一细究它的精神实质，如果说天下第一的攘夷者、最厌恶西洋的就是德川幕府，这大概不会有错”[⑥]。他说:“攘夷是我最讨厌的。”[⑦]明治维新初期，福泽谕吉根本不愿意去政府做官，其中一个原因是他对政府不信任。在他看来，新政府仍是攘夷的。总之，他对攘夷主义深恶痛绝，强烈

① 〔日〕福泽谕吉:《文明论概略》，第 9 页。
② 同上书，第 168 页。
③ 同上书，第 24 页。
④ 〔日〕福泽谕吉:《福泽谕吉自传》，第 204 页。
⑤ 同上书，第 294 页。
⑥ 同上书，第 159 页。
⑦ 同上书，第 172 页。

希望日本开国。当然，后来福泽谕吉对攘夷论又做了某种肯定性的评价，认为当时的攘夷派不是出于私心，而是出于公心，出于爱国，出于分清敌我内外的界限，以保护日本，所以其主张受到了响应。他说："它的真正目的既不是复古，也不是攘夷，而是利用复古攘夷的主张为先锋以声讨根深蒂固的门阀专制。"① 这表明了他思想态度的变化。

排外主义的危害在于把国家封锁起来，拒绝外来的一切活力因素，使社会秩序处于一种恒稳定状态，日本的德川时代即是如此。福泽谕吉说："日本全国几千万人民，被分别关闭在几千万个笼子里，或被几千万道墙壁隔绝开一样，简直是寸步难移。"② 明治维新十年后，为了对付自由民权运动的高涨，日本以政府为中心掀起了儒教复活主义的逆流，同时，排外主义势力逐渐抬头。于是，福泽谕吉又展开了对排外主义的批判，认为排外主义是最大的灾难。他说："在人类社会中，虽有像地震、洪水、饥馑等大灾，非常悲惨，但与排外热的流行相比，其害尚可以说是小的。自然灾害虽也剧烈，但受害的范围有限，且易于恢复。至于排外之祸，则事关国家的大局。维新前的攘夷派暗杀外国人，向外国船发炮就是证据……现在回想起来，还觉得危险至极，不禁身出冷汗。"③

日本开国之初，顽固守旧观念在一般国民中也有表现。福泽谕吉对此主要是加以引导，向国民述说开国的道理。他最初的著作《唐人往来》（一开始没有正式出版，抄写散发）即为此而作。有一个故事说，一位名叫神田孝平的人在东京雇了一个上年纪的老太婆做仆人。这个老太婆很正直，但向来厌恶唐人（当时日本人一般把外国人称为唐人），把一切不顺心的事统统归罪于外国人，整天牢骚满腹。主人试图用三寸不烂之舌说服她。主人一有空，就给她讲开国的道理，分析

---

① 〔日〕福泽谕吉:《文明论概略》，第 64 页。

② 同上书，第 156 页。

③ 慶応義塾编（1961）『福沢諭吉全集（第 16 卷）』. 東京：岩波書店，p. 273.

锁国的害处，费尽心机，反复试验三个月甚至半年，但老太婆实在太顽固，其心如铁石一般，不为所动。福泽谕吉听了这个故事就提起笔来，“向全江户的老人诉说开国之道也是一件愉快的事！自此就匆匆执笔著书，写出了《唐人往来》”[①]。福泽谕吉的启蒙用心，由此可见一斑。

主张开国，主张向西方学习，并不是要倾倒于西洋文明之下，丧失自己的主体性。福泽谕吉一开始就对西洋文明有清醒的认识，认为西洋文明只是比较而言是先进的，它绝不是完美无缺的。他说：“现在称西洋各国为文明国家，这不过是在目前这个时代说的，如果认真加以分析，它们缺陷还非常多。例如，战争是世界上最大的灾难，而西洋各国却专门从事战争；窃盗和杀人是社会上的罪恶，而西洋各国窃盗和杀人案件层出不穷；此外西洋各国还有结党营私争权夺利的，也有因丧失权力而互相攻讦吵嚷不休的；至于在外交上要手段，玩弄权术，更是无所不为。只是大体上看来，西洋各国有朝向文明方面发展的趋势，而决不可认为目前已经尽善尽美了。”[②]

但是，同攘夷主义、排外主义相反，一些西洋文化醉心者、开化先生对西洋文化不加分析，盲目崇拜，福泽谕吉对此提出了批评。他说：“非常奇怪的是，我们日本的学者、论客盲信西洋。察看一下十年来的舆论所趋，全是一味称西洋的事物，钦慕它，醉心于它，又极恐怖它，丝毫不加怀疑，张口西洋，闭口西洋，只以西洋的做法为模本，小到衣食居住，大到政令法制，都以西洋为标准来评论得失。应该说，这是很不正常的。”[③] 醉心者、开化先生看不到西洋文明的缺点，陷于盲信之中，争相模仿，随波逐流，把日本的一切看得一无是处，统统

---

① 〔日〕福泽谕吉：《福泽谕吉自传》，第 287 页。

② 〔日〕福泽谕吉：《文明论概略》，第 10 ～ 11 页。

③ 福沢諭吉（1984）「民情一新」、『福沢諭吉』〈日本の名著〉33. 東京：中央公論社，p. 429.

予以排斥，这非常浅薄，失去了自尊自重。福泽谕吉说："不论中人以上的改革家，或自称文明开化的人士，开口即赞扬西方文明之美，一唱万和。举凡知识、道德之教，到政治、经济，以及衣食住等细微末节，莫不羡慕西方风尚，争先仿效。甚至有些对于西方情形一知半解之人，也随波逐流，厌旧趋新，何其轻信不疑如此？纵使西方文明高出日本数倍，其文明也未必尽善尽美，其缺点亦不胜枚举。"①

福泽谕吉举了很多例子来说明开化先生的轻浮。如"西方人用纸拭鼻，用后抛弃，日本人用布代纸，洗过又用，评论者忽然灵机一动，把这种小事附会到经济学的大道理上说道：在贫穷的国家里，人民自然会知节省，倘使全日本的人民都像西洋人那样用纸拭鼻，就会浪费国家财产，所以用布代纸，洗过又用，可以说是由于国家贫穷而不得不实行节俭。这些人对于日本妇女耳带金环，欢喜束腰和讲究衣饰，也抬出大道理来，皱眉蹙额地说：太严重了，不开化的人民不懂道理，违反自然，而且伤害身体，他们耳挂重荷，把妇女顶重要的腹部缚得像蜂腰一般，既妨碍妊娠，又增加了分娩的困难，小则祸延一家，大则妨害全国人口的增殖"②。这类例子很多，福泽谕吉说都是附会，真是可笑。一般说来，不同文化体系中的习惯那一部分，在不少方面难分优劣。如果把一个文化体系看成绝对好，把另一个文化体系看成绝对坏，那就会在习惯上也一定要分优劣。上述的开化先生就是这样。这种情形，在我国至今还有所表现。有人说，中国人见面时问"吃饭了没有"，路上打招呼问"上哪儿去"，受人夸奖时谦虚地说"过奖""不敢当"等行为习惯，也显示出个体被规范在群体秩序中，没有自由、自主和独立，显示出个体在贬损自己，以抬高群体。而西方人见面时说"早上好"，说"今天天气不坏"，受人夸奖时说"谢谢"，则

① 〔日〕福泽谕吉：《劝学篇》，第86页。

② 同上书，第87页。

显示出个人的独立与尊严。我敢说这与福泽谕吉批评的开化先生并无二致。随着改革开放的进行，有段时间中国人的自卑感与消极主义也达到了顶点。中国人的主体性处于危机之中，这与近代化是格格不入的，必须改变。

福泽谕吉对西洋文化一方面坚持开放，主张接受、吸取，另一方面又坚持主体性和独立性，主张选择、甄别，打破迷信，这可以说是一种最佳的态度。总之，他说："本来仰慕西洋文明，择其善者而效之是可以的，但如这样不加辨别地轻信，就还不如不信。例如西方国家富强，当然是值得羡慕的，但西方人民贫富不均之弊却不值得效法。……再如西方诸国非常尊重妇女，虽然是人类世界的一件好事，但悍泼之妻凌辱丈夫，不孝之女看不起父母，行为放荡之习俗，就不值得赞赏了。"[①] 又说："现在我们正处于混杂纷乱之中，必须把东方和西方的事物仔细比较一下，信其可信，疑其可疑，取其可取，舍其可舍。"[②]

那么，日本应如何学习西洋文化？福泽谕吉做出了独特的回答。当时有一种观点，叫"取长补短"说。从理论上看，这种观点是讲得通的，但它抓住的只是"西洋技艺"，尤其是西洋文化的外在形式。福泽谕吉并不一般地反对"取长补短"说，而是从一个新的角度提出了学习西洋文化的方法。他把文明分为两个方面，即外在的事物或外在的文明与内在的精神。他说："文明有两个方面，即外在的事物与内在的精神。"[③] 外在的文明主要是指"从衣服饮食器械居室以至于政令法律等耳所能闻目所能见的事物而言"[④]。这是文明的外表或外形。与此对应，内在的精神是指一国人民的"风气"："究竟所谓文明的精神是

---

① 〔日〕福泽谕吉:《劝学篇》，第 89 页。

② 同上。

③ 〔日〕福泽谕吉:《文明论概略》，第 12 页。

④ 同上。

什么呢？这就是人民的‘风气’。这个风气，既不能出售也不能购买，更不是人力所能一下子制造出来的，它虽然普遍渗透于全国人民之间，广泛表现于各种事物之上，但是既不能以目窥其形状，也就很难察知其所在。”① 文明的这两个方面学习起来，有难易快慢之差别：“文明的外形易取而文明的精神难求。”② 有形的东西容易模仿，文明的精神则难学。福泽谕吉说：“衣服饮食器械居室以至政令法律，都是耳目可以闻见的东西。然而，政令法律若与衣食居室相比，情况便有所不同，政令法律虽然可以耳闻目见，但终究不是可以用手来捉摸或者用金钱可以买卖的东西，所以汲取的方法也较困难，不同于衣食房屋等物。所以，仿效西洋建筑铁桥洋房就容易，而改革政治法律却难。……至于更进一步想要改变全国人民的风气，更是谈何容易，这决不是一朝一夕所能奏效的。”③

因此，谋求一国的文明就有轻重缓急的次序，就应先难后易，不能颠倒次序。福泽谕吉说：“谋求一国的文明，应该先攻其难而后取其易。……假如把次序颠倒过来，在未得到难者之前先取其易，不但不起作用，往往反而有害。”④ 又说：“汲取欧洲文明，必须先其难者而后其易者，首先变革人心，然后改革政令，最后达到有形的物质。按照这个顺序做，虽然有困难，但是没有真正的障碍，可以顺利到达目的。倘若次序颠倒，看来似乎容易，实际上此路不通。”⑤ 福泽谕吉重文明的内在精神，这是他看得远、看得深的地方，为一般人所不及。他对日本学习西洋文明的方式有切实的感受：“试看今天日本的形势，实在是徒有文明之名，而无文明之实；徒具文明的外形，而缺乏内在的精

① 〔日〕福泽谕吉：《文明论概略》，第 12 页。
② 同上书，第 13 页。
③ 同上书，第 13 ～ 14 页。
④ 同上书，第 12 页。
⑤ 同上书，第 14 页。

神。”[①] 因此，其言论也切中时弊。总之，学习西洋文化不仅要学习外在的东西，而且必须吸取内在的精神，两者协调并进，才是最佳方法。

福泽谕吉所说的外在的文明、有形的东西，按照前文所述，似乎不包括技术文明。在其他地方，我们也看不到他把技术文明归到这里面。“和魂洋才论”所提倡的“东洋道德，西洋艺术（技艺）”，福泽谕吉显然是不赞成的，因为他主张学习西洋的精神文明，这是他高于幕末其他洋学家的地方。但是，福泽谕吉对西洋的技术毫无轻视之意。他高度赞扬技术的作用，主张日本必须拥有西方的技术文明。在《民情一新》《西洋事情》中，他集中分析了西方技术文明给社会带来的巨大变动以及带来的人们思想观念的变革。他所说的技术文明，突出地表现为蒸汽、电信、邮电、印刷。他称它们为“文明利器”。他说，所谓“文明的利器，就是蒸汽、电信、邮电、印刷等这四种东西”[②]。

在这里，我们能看到福泽谕吉思想中的一个重要观念，即“文明类型”说。西洋文明是近代的，是因为西方有“近代的技术文明”。西方之所以强大，并不是西方本身的强大，而是技术文明的力量在起作用。福泽谕吉说：“可以说，1800 年是蒸汽的时代，近代的文明是蒸汽的文明。”[③] 又说：“世人们认为，嘉永年间西人来到日本，这是我们的一大变动，并十分震惊。但我并不震惊西人的到来。因为此时的西人是蒸汽、电信发明以前的西人。”[④] 此时的西人还是旧套的西人，所以以旧套应之即可，不足惊慌。但是宽永以后的西人开始了日新的事业，发动了科学技术革命，这个力量才是巨大的。福泽谕吉说：“嘉永年

---

① 〔日〕福泽谕吉：《劝学篇》，第 57 页。

② 慶応義塾编（1960）『福沢諭吉全集（第 8 巻）』. 東京：岩波書店，p. 605.

③ 福沢諭吉（1984）「民情一新」、『福沢諭吉』〈日本の名著〉33. 東京：中央公論社，p. 427.

④ 同上书，第 446 页。

间，美国人来到日本，打开了通关的大门，这是为什么呢？在我看来，这不是美国人的作用，必须看作是蒸汽的作用。”① 福泽谕吉抓住了西方技术，是抓住了西方文明的根本。

因此，福泽谕吉区分东与西的文明开化，是把技术作为根据和标准，不是把思想价值观念与道德看作标准。他说：“一国文明的开化不在于它的国土是广还是狭、人口是多还是少，也不在于它的德教是盛还是衰、文学是先进还是落后、理论是深还是浅。如果把亚洲和欧洲加以比较，东西所行的德教宗旨有什么差别呢？耶稣、孔子、释迦之教，说是正都是正，说是邪都是邪，互相论辩的话，只能以一场宗门之争而告终。德教与文明开化的深浅没有关系。”② 那么标准在何处？在于交通的方便不方便。福泽谕吉说：“以余观之，不得不云在于其人民交通之便。”③ 东西之差即在此：“西洋诸国开明，原因是交通便利；东洋诸国没达到开明，原因是交通还不便利。”④ 福泽谕吉高度评价了交通在文明中的作用。在他看来，哪里交通便利，哪里就文明。交通发达是近代蒸汽技术所起的作用。福泽谕吉又说：“评论国家的大小强弱盛衰，只要看看文明利器利用的是多还是少，活泼还是不活泼，就可做出判断。”⑤

福泽谕吉高度礼赞近代技术革命的作用，说技术使民情一新，“一新又一新，一变又一变”⑥。又说：“西人有言，电信使世界变得狭小，我则说电信与蒸汽加起来，缩短时间，事半功倍，延长了人的寿命。

---

① 福沢諭吉（1984）「民情一新」、『福沢諭吉』〈日本の名著〉33. 東京：中央公論社，p. 446.

② 同上书，第 425 页。

③ 同上。

④ 同上书，第 426 页。

⑤ 慶応義塾编（1960）『福沢諭吉全集（第 8 巻）』. 東京：岩波書店，p. 605.

⑥ 福沢諭吉（1984）「民情一新」、『福沢諭吉』〈日本の名著〉33. 東京：中央公論社，p. 427.

古人一日行十里，今人一日行三百；古人需要一个月才能知道的消息，今人一分钟即可；古人七十年所成就的事业，今人三年即可告终；古人一百个劳动力所做的，今人一只手即可成。因此，在今天，如把运用文明利器者与不运用者加以比较即可看到，其势力和权威有几百倍的差别。”[①] 因此，日本必须吸取西方的技术文明，因为更好地利用文明利器的将制人，否则就要受人所制。福泽谕吉批评那些墨守成规的人会误了国家大事。这些人一味地维持旧有习惯，要保存旧风俗，避免急变的冲击，但这只能是一时之策，因为这在根本上违背了世界发展大势的方向。

学习利用西洋技术文明，不仅是应该的，而且是完全可能的。因为它是公有的，不为西洋人所私有："此利器为文明世界所公有，不允许有专门独占者。”[②] 日本明治维新以后，很快就把西洋技术文明学到手了，并成为世界强国之一。福泽谕吉的期望实现了，他回忆说："我们日本人开国接触外国事物是三十年前的事。最初十年之间，处于内外新旧的冲突之中，虽一时眩惑，不知所措，但维新一举，从根本上确立了人心的方向，社会的一切事物都从西洋近代文明中找到了根据。看看当时的情景，国人争先恐后，读西洋书，学西洋科学，用西洋之物，行西洋之事。从蒸汽船、蒸汽车、电信、邮电、印刷技术，到著书报纸、炮和轮船的制作，无一不学，真是不胜枚举。不停地发展，在东方出现了一个新的文明国家。我们维新以来十余年的事业，其发展迅速使海外也感到震惊。”[③] 从这一点来看，日本近代化的成功与大量并迅速吞吐西洋技术文明实有因果之关系。

---

① 福沢諭吉（1984）「民情一新」、『福沢諭吉』〈日本の名著〉33. 東京：中央公論社，p. 442.

② 慶応義塾编（1960）『福沢諭吉全集（第8卷）』. 東京：岩波書店，p. 605.

③ 同上书，第599～600页。

（二）福泽谕吉对日本传统文化的态度

启蒙思想家都是身兼两职，双手行事：一手传播、推进西洋文化，一手排除来自传统文化方面的阻力和消极因素。福泽谕吉也是这样，他在推进西洋文化上不遗余力，同时还致力于批判传统文化、旧的意识形态。

一般说来，日本传统文化主要由三个因素构成，即儒教、佛教和神道。在日本的不同历史时期，它们在力量上相互消长，影响各异，分别扮演了不同的角色。在福泽谕吉看来，儒教或汉学影响最深，尤其是它的等级名分制度和伦理道德观念，不批判这种思想意识形态，就难以使日本进入近代文明的境地。因而，他的批判主要对准儒教，这是他一生的目标之一，自始至终都未改变。在很大程度上，他是一个强烈的反儒教者，不管是情感上的还是理智上的。儒教滋润日本文化的恩泽几乎全在他的视野之外。有时他似乎给儒教一点积极评价，但又很不自然，甚至处于矛盾的境地。

福泽谕吉对儒教有浓厚的厌恶情感。他入学虽晚，但受到了良好的教育，除了认真学习儒家典籍之外，还读了中国道家的书籍以及相当数量的历史书。这使他成了一位小小的汉学家。但接触洋学之后，他就表现出对儒教或汉学的强烈排斥情感。他说："当时已然步入洋学之门而以天下的儒家为眼中钉。不论甚么，如果是出于儒家之手，我都感觉不顺眼。"[①] 福泽谕吉在大阪读洋书、学西医之时就开始厌恶汉学、反感中医。他说："当时的敌人只是中医。我不仅讨厌中医，即连儒家也很憎恶，总认为中国派的东西都应该打倒，这好像是注定了的。即便当时有儒家来讲经史，我塾同学也没人去听，而且一看到汉学学生就觉得可笑。尤其对那些学中医的学生，不仅笑话他们，甚至还要

① 〔日〕福泽谕吉：《福泽谕吉自传》，第 245 页。

辱骂他们，对他们毫不客气。”[①]又说：“我从年轻的时候就无心崇拜汉学，也不重视汉学。”[②]但此时福泽谕吉的反儒教态度还没有明确的目的意识，还没有与日本的文明开化、面向西方文化联系在一起，因为他当时学习洋学或西医没有什么目的或理想。福泽谕吉回忆说：“若问他们为甚么这样苦学？他们一点也回答不出。”[③]或者“回答的只是一些模糊的见解罢了”[④]。“总之，当时绪方的学生十之七八都是无目的地埋头苦学的学生。”[⑤]

但后来福泽谕吉对儒教的批判就有了明确的目的，态度也更坚决，甚至不顾一人要与天下众人为敌的危险。他说：“我明知经史之义而装不知，却屡次抓住汉学的要害，不管在讲话或写作上都毫不容情地予以攻击。这就是所谓的‘恩将仇报’。对汉学来说，我确实算是一个极恶的邪道。”[⑥]又说：“我与汉学为敌到此地步，乃是因为我坚信陈腐的汉学如果盘踞在晚辈少年的头脑里，那么西洋文明就很难传入我国。我已下定决心愿尽一切努力，不论如何也要把这些后生拯救出来，进而把他们导向我所确信的目标。谈到我的真正意图，即希望日本国内的汉学家们都来较量较量，我一个人愿做他们的对手。”[⑦]他的决心之大、勇气之足，在日本启蒙思想家中首屈一指。

日本著名学者丸山真男把福泽谕吉对儒教的批判分为两个时期：前期与后期。按我的看法，这种划分并没有明确的界限和标准，故不采用。我们只从总体上做一分析阐述。福泽谕吉对儒教的批判集中在等级名分制度和伦理道德观念上。

---

① 〔日〕福泽谕吉：《福泽谕吉自传》，第 78 页。
② 同上书，第 181 页。
③ 同上书，第 77 页。
④ 同上书，第 78 页。
⑤ 同上。
⑥ 同上书，第 181 页。
⑦ 同上。

儒教把君臣之义视为人的天性，将之看作一种必然的东西，加以绝对化、内在化，认为“人有君臣之伦，犹如夫妇父子之伦，并且认为君臣之分，是在前生注定的”①。对此，福泽谕吉持怀疑和批评的态度。他追问：“这种君臣之义，究竟是胚胎于人性呢，还是在人出生之后，偶然发生了君臣关系，而把这种关系的准则称作君臣之义呢？必须根据事实弄清其先后。”②事实上，君臣之义不是人的天赋本性，而是一种偶然关系，并没有像夫妇、父子之伦的那种天赋性。世界上的国家并不是都具有君臣之义。君臣之义“如果说这是人的本性，那末世界各国只要有人就必然有君臣之伦，但是事实并不如此。人类社会莫不有父子夫妇，莫不有长幼朋友，这四者是人类天赋的关系，也可以说是人的本性。唯独君臣，在地球上，某些国家就没有这种关系。目前一些实行共和制的国家，就是如此”③。既然这样，君臣之义这个原则就可以修改，也可以破除，君主政治也能加以改变。“尽管子不能为父，妇不能为夫，父子夫妇的关系难以更改，但是君可以变为臣，例如汤武的放伐就是如此。另外，君臣也可以同起同坐，例如我国的废藩置县，就是如此。”④

福泽谕吉对儒教的“男尊女卑”观念，对儒教的“孝”观念也据合理主义的观点做了批评。日本传统儒教也宣扬“男尊女卑”“三从四德”，束缚、制约女性，给男性以特权，人为造成了男女的不平等。福泽谕吉说：“须知生存于人世间的，男的也是人，女的也是人；更就世间所不可缺少的作用来说，天下既不可一日无男，也不可一日无女，其功用确实相同。”⑤男女虽在生理、体力上有差异，但这种差异并没

① 〔日〕福泽谕吉：《文明论概略》，第35页。

② 同上书，第36页。

③ 同上。

④ 同上书，第36～37页。

⑤ 〔日〕福泽谕吉：《劝学篇》，第47页。

有上下尊卑的特质，可朱子学家贝原益轩却在《女大学》里说：“妇女有三从之道，幼时从父母，出嫁从夫，老来从子。”福泽谕吉诘难说：“在幼时顺从父母，虽然无可非议，但嫁后应该怎样来从夫，却不能不问。按照《女大学》的说法，纵然丈夫酗酒耽色，诟妻詈子，极其放荡淫乱，可是妇人仍然应该顺从。对于这个淫荡的丈夫，总要敬之如天，待之和颜悦色，尽管存有异议，亦不得牢记前怨。按照这项教条的旨趣，就是说淫夫也好，奸夫也好，既然已经结为夫妇，纵使蒙受何等耻辱，也不得不降心依从。”[①] 在福泽谕吉看来，这毫无道理。福泽谕吉在《日本男子说》《日本女子论》《男女交际论》等论文中对男女道德、男女平等都做了详细的解说。

福泽谕吉还驳斥纳妾是为了有后和达到孝的说法。儒家宣扬“不孝有三，无后为大”。后人为纳妾提供的理由之一就是为了有后。福泽谕吉说：“我的回答是：对于提倡违反天理，倒行逆施的人，即使是孟子孔子，也不必有所顾虑，仍当视为罪人。”[②] 娶妻而不生子，怎能说是大不孝呢？“所谓不孝，是指为人子者做出了背理的事，使父母的身心感受不快。”[③] 福泽谕吉并不一般地反对孝。因为孝顺父母本来就是很自然的，也是应当的，但他认为不能把孝行推到愚蠢的极端。中国和日本劝孝的故事很多，二十四孝就是代表。但这里面宣扬的孝行很多是极其不近人情的，使人们做非分的事情。福泽谕吉举例说：“比如在严寒中，裸体卧在冰上，等待融解，这是人们所不能做到的；又如在夏天的夜里，把酒洒在自己的身体上，以饱蚊蚋，免得蚊子再去咬他父母的身体。如将沽酒的代价来置备蚊帐，岂不更为明智？再如不从事可以奉养父母的劳动，到了无法可施时，却将毫无罪过的赤子挖洞活埋，像这样的人直当认为是魔鬼、蛇蝎，其伤害天理人情，达于

① 〔日〕福泽谕吉：《劝学篇》，第 47 ～ 48 页。

② 同上书，第 49 页。

③ 同上。

极点。”[①] 福泽谕吉的批评确实抓住了二十四孝所具有的非人道性与不合理性。

福泽谕吉对儒教整体上是批判的，但有时他似乎又给予了一点肯定。他认为，儒教的毒害在于其腐败性，这是说儒教原来是纯正的，只是在历史演变过程中发生了腐败，产生了许多异质因素，背离了儒教的固有精神。他说：“儒教主义是周公和孔子倡导的教理，本来纯粹无瑕，但现在已腐败了，或者腐败从几百年前已开始发生。本来的真完全看不到了，这就是发生流毒的原因。其毒不是主义的罪过，而是腐败的结果。”[②] 又说：“周公、孔子之教阐明忠孝仁义之道，这是无可非难的，倒可以把它作为社会人道的标准加以尊奉。”[③]

福泽谕吉对孔孟的评价有时表现出矛盾性。如早先在《文明论概略》中，他断定孔孟之道与当时的社会发展不协调，说它违背了时代潮流，因而遭到冷遇，不被采用。但到了明治十六年（1883 年），他又在《儒教主义》一文中说修身、齐家、治国、平天下的教理是适合于孔孟时代的历史潮流的：“它确实是适合于周公、孔、孟时代的教理，在这一时代不可没有这一主义。”[④]在《女大学评论》中，他说儒教的思想适合了封建社会的秩序，对女子的一些要求，在今人看来会有奇怪之感，但当时的人们并不觉得奇怪。之所以出现这种现象，也许是福泽谕吉要对儒教的批判态度做一点温和的修正。

（三）福泽谕吉的日西文化比较

为使日本文明开化，吸取西洋文化的优点和长处，福泽谕吉对日西文化或文明做了比较。他说：“知道有西洋，互相比较，才知道彼此

---

① 〔日〕福泽谕吉：《劝学篇》，第 49 页。

② 慶応義塾编（1961）『福沢諭吉全集（第 16 巻）』. 東京：岩波書店，p. 277.

③ 同上书，第 276 页。

④ 慶応義塾编（1960）『福沢諭吉全集（第 9 巻）』. 東京：岩波書店，p. 273.

的文明情况有很大的差异。”[1]

1. 日西政治思想上的差异

西洋文化与日本文化，在政治思想上无疑会有各种各样的差别，表现出不同的特点，这可以从多个方面进行比较。福泽谕吉并没有全面展开，他只在自由与权力这一点上对日西政治思想做了比较。

在自由与权力问题上，西洋文化同日本文化的倾向显然不同。关于其不同之所在，福泽谕吉指出：在西洋，自由因素得到了高度的发展，权力也是一个走向平衡的过程，也就是说西方社会是朝着多元化的目标迈进的；相反，日本缺乏自由的因素，权力的偏重特别突出，政治力量控制了一切，社会始终在单一性与一元化中徘徊。他说：“西洋文明的特点在于对人与人的交往问题看法不一，而且各种看法互相对立、互不协调。例如，有主张政治权的，有主张宗教专权的，有的主张君主政治，有的主张神权政府，有的主张贵族执政和有的主张民主政治等等，众说纷纭，莫衷一是，自由争辩，胜负难分。由于长期形成对峙局面，即使彼此不服，也不得不同时并存。既然同时并存，即便是互相敌对的，也不得不在互相了解对方的情况下，允许对方的活动。……于是便各持其说，各行其是，为文明进步尽一分力量。最后将溶为一体。这就是产生‘民主自由’的原因。”[2]

西方的自由精神是在近代文化中才真正确立起来的，福泽谕吉承认这一点。但他特别关心这一因素在西方的演变过程。他抓住了西洋文明的两个主要来源——古罗马文明与基督教文明加以说明。古罗马文明主要体现在政治、法律和国家思想及制度方面的发展，在它里面已有自由独立的气氛，虽然其中还只是国家的自由和独立。后来日耳曼人把这种自由和独立发展为个人的自由和独立。福泽谕吉说：“在古

---

① 〔日〕福泽谕吉:《文明论概略》，序言第 1 页。

② 同上书，第 121 页。

罗马时代，并不是没有自由之说，耶稣教士也不是没有主张自由的，但他们所主张的自由是一个民族的自由，而从未听说有主张个人自由的。主张个人的自由和发展个性的风气，是野蛮的日耳曼人创始的。在后世的欧洲文明中，把这种风气奉为至宝，直到现在仍然非常重视自由独立，这不能不归功于日耳曼人（自由独立的风气，胚胎于日耳曼的野蛮人）。”[①]

西洋文明的另一来源是基督教文明。基督教在欧洲中世纪完全统治着人们的精神世界。理性从属于信仰，在此没有多少自由可言，但宗教改革以后，信仰自由开始实现。这就是新教精神。新教与旧教不是“争论宗教的正邪，而是争论是否允许信仰自由，不是争论耶稣教的是非，而是争夺罗马的政权。所以这场斗争是表现了人民争取自由的新风气，可以说是文明进步的一种征象（宗教改革是文明的征象）”[②]。宗教改革意义重大，影响深远，欧洲近代文化得益于此者诚多。宗教改革实现了宽容，而宽容是学术思想文化繁荣之前提条件。福泽谕吉说新教是争信仰自由，正中鹄的。欧洲文化还有一个重要来源，即古希腊文明。文艺复兴使古希腊文明中的自由因素大放异彩，成为欧洲近代文化的一个源头。福泽谕吉没有注意到这一点。总之，关于西洋文明的多元特点，福泽谕吉总结说：“西洋文明的特点是这样，关于人的社会关系，开始是各种学说同时并立，中间经过争论彼此逐渐接近，最后合而为一，其中含有自由精神。这好像把金银铜铁等元素，熔化在一起，变成一种非金、非银，又非铜、非铁的化合物，各种成分保持均衡，互相构成一个整体。”[③]

同西方的自由精神、多元化发展相反，日本处于“权力偏重”的一元化状态中，缺乏自由的因素和力量。福泽谕吉说：“我们日本的情

---

① 〔日〕福泽谕吉:《文明论概略》，第 123 页。

② 同上书，第 128 页。

③ 同上书，第 131 页。

形，就与此大不相同了。日本文明，关于人的社会关系，当然也有各种因素，君主、贵族、宗教和人民等自古就有，并各自形成一个阶层，各有各的思想。但是这些思想未能并立，未能互相接近和合而为一，这好比虽有金银铜铁各种元素，但未能镕合成一体。即或镕合在一起，实际上并不是各种元素保持着均衡，不是偏重偏轻，就是其中的一种元素消灭了其他元素，使其他元素不能现出本色。这好比铸造金银货币时，虽然掺入十分之一的铜，但是不能现出铜的本色，铸造出来的货币仿佛是纯金银货币一样。这就叫作偏重。"①

福泽谕吉所说的"权力偏重"，是指社会的一切价值、权力完全集中于一点，即以统治者为中心，其他一切均无独立的地位。福泽谕吉亦从日本社会的发展来说明这一点。他认为日本政治的发展，虽经历了几千年，但政府从未发生根本改变，完全是同样事情的重复："国内局势从不改变，权力永远偏重于一方，在统治者与被统治者之间，就好像筑起一道高墙，断绝了关系。"②在宗教领域也一样，日本的宗教没有独立的权力，完全隶属于统治者，并为统治者服务："宗教是支配人类心灵的东西，本来应该是最自由最独立丝毫不受他人控制丝毫不仰赖他人力量而超然独存在的。但是，在我们日本则不然。虽然有人说我国的宗教有神道和佛教两种，但神道始终未能形成宗教的体制……佛教从一开始就站到统治者的一边，并依靠了他们的力量。"③宗教在日本没有权力，没有独立性，这是日本宗教与西方宗教的一个突出差别。

福泽谕吉举了两个例子做了鲜明的对比。他说，在欧洲中世纪，"宗教既已统治了精神世界，控制了人心，而和王侯的世俗政权形成对立的形势，但并不以此为满足……于是进而侵犯王侯的地位，或夺取其国家，或剥夺其王位。这样，罗马教皇就俨然成为世界上的唯一至

① 〔日〕福泽谕吉:《文明论概略》，第 131 页。

② 同上书，第 139 页。

③ 同上书，第 142 页。福泽谕吉的这一判断也许有夸大之处。

尊。德意志皇帝亨利第四，因为触犯了教皇革勒格里，不得不在风雪严寒中，赤足站在罗马城下三天三夜，向教皇哭乞哀求赦免。这件事就是发生在这个时代（宗教权力的伸张）”[①]。而在日本，僧侣破了戒，只是在宗教上破了戒，而不是犯了世俗之罪，但却要被政府逮捕，游街示众，并处以极刑。福泽谕吉说：“从这种例子就可以看出僧侣是多末没有势力，也可以说僧侣就是政府的奴隶。近来政府下令允许全国僧侣食肉娶妻，根据这个命令来解释，以前僧侣之所以不食肉不接近妇女，并不是因为遵奉宗教的教义，而是没有得到政府的许可，所以才不敢不这样。从这些情形看来，不仅僧侣是政府的奴隶，也可以说日本全国根本就没有宗教（无宗教权）。”[②] 在学术上，日本传统就更是缺乏自由。总之，日本的自由因素是缺乏的，权力偏重占据了整个社会领域。

2. 日西学术上的差异

日本与西洋在学术上的差异，福泽谕吉认为主要有三点：第一点在于学术能否独立发展，第二点在于学术趋新还是守旧，第三点在于学术构成上是否包括自然科学。

学术能否独立，能否在自身中把握其价值，对学术的发展会有极大的影响。日本与西洋在学术上的一个很大差异就在于此。福泽谕吉说：“关于东西洋学术风尚的是非问题，暂且不谈，仅就学术发展的过程，说明两者之间的显著的差异。所谓差异就是指，在乱世之后，当学术产生时，这个学术在西洋各国是从一般人民中产生的，而在日本是从政府中产生的。这点有所不同。西洋各国的学术是学者的事业，在学术的推广上，并无公私之别，而只是在学者的社会中；然而我国的学术，却是属于所谓统治者社会的学术，仿佛是政府的一部分。”[③]

---

① 〔日〕福泽谕吉：《文明论概略》，第 124 ～ 125 页。

② 同上书，第 144 页。

③ 同上书，第 146 页。

在一定意义上讲，福泽谕吉确实抓住了日本与西洋在学术发展上的一个明显差别。

在西洋，古希腊罗马哲学文化是自由独立发展的，理性占主导地位，不依赖于政治或受政治的控制；中世纪的神学虽统治了整个学术地盘，但它是一种独立的力量，完全能与政治力量相抗衡；文艺复兴、宗教改革并不是学术对政治而求解放，而是对教会而求独立；之后，西方的学术虽有时也受政治的影响，但总的来说是沿着自由独立的方向发展。日本的情况则不同，儒、释、神三教是日本学术文化的骨干，但从来没有独立过，它们都隶属于政治，为政治所左右。日本虽接受了儒教和佛教，但缺乏创造性，这也与上述情况有关。本来，学术与政治是两个天地，学术是学者的事业，政治是政治家的职业，两者虽有关系，但应各自独立，互不妨碍。只有这样，学术才能发展。但事实上，在东方，政治则更多地垄断、支配学术，日本是这样，中国也有类似的问题。

日本与西洋在学术上的另一个差异是对新旧的态度不同。西方学术趋新，以求新知；日本学术崇古，喜夸旧识。福泽谕吉说："现在西洋各国的学者不断发表新的学说，真是推陈出新层出不穷，其中包括许多令人惊奇的东西。"[①] 与西洋不同，日本学术崇古的特点比较突出。儒学对于日本今天的文明有一定的贡献，但是它有厚古薄今的弊病。福泽谕吉说："汉儒的系统是从尧舜传到禹、汤、文、武、周公以至于孔子，孔子以后，圣人就断了种，不论在中国，或在日本，再没有出现过圣人。孟子以后，宋代的儒者和日本的硕学大儒，对后世可以自诩，但是对孔子以上的古圣人则一句话也不敢说，而只有叹息自己学圣人而不及圣人而已。……他们如此迷信古代崇拜古代，而自己丝毫不动脑筋，真是所谓精神奴隶（mental slave）。他们把自己的全部精神为

① 〔日〕福泽谕吉：《文明论概略》，序言第2页。

古代的道理服务。生在今天的世界而甘受古人的支配，并且还迭相传衍，使今天的社会也受到这种支配，造成了社会停滞不前的一种因素，这可以说是儒学的罪过。”[①] 福泽谕吉谈论日本学术的崇古性，在这里也涉及了中国。中国的学术发展确实带有较强的崇古特点。这并不是说中国的学术没有发展。崇古在一定程度上是形式上的，其内容往往突破了经典的原有意义，但形式上的崇古守旧会影响内容的充分发展。

日本的学术与西洋的学术在构成上亦有差异。这就是西洋的学术中有自然科学，而日本的学术中则比较缺乏这一最要之门。福泽谕吉把它叫作“数理”的有无。数即数学，理指物理学，两者都是自然科学中的主体。他说：“拿东方的儒教主义和西方的文明主义相比，那么东方所缺少的有两点：即有形的数理学和无形的独立心。”[②] 又说：“人间万事绝不能离开数理，也不能撇开独立。然而，这种极其重要的道理在我们日本国内却遭到轻视。”[③] 在其他不少地方，福泽谕吉都反复强调这一点，并认为这是东方文化特别是日本文化的一个致命缺点。他把它归罪为儒教，认为儒教只讲道德，以伦理为中心，忽视了对自然的研究和关心，用阴阳五行解释宇宙万物，影响了对自然奥秘的真正探索。但问题是，西洋真正意义上的自然科学也是近代的产物，是文艺复兴之后才开始逐渐建立起来的。而东方的中国或日本，古代亦不可能有真正意义上的自然科学。但中日为什么不能产生近代意义上的科学呢？中外许多学者都对这一问题产生了兴趣，并做出了种种探讨。在我看来，这至少同以下几个因素有关：(1) 与思维方式或方法有关。中日对抽象思维和逻辑系统没有达到高度自觉，这影响到了自然科学。(2) 与社会生产的需要有关。自然科学是近代社会生产发展的产物，而中国和日本的社会没有提供这一动力。(3) 与政治力量的

---

① 〔日〕福泽谕吉:《文明论概略》，第 148 ~ 149 页。

② 〔日〕福泽谕吉:《福泽谕吉自传》，第 180 页。

③ 同上。

强大和功名价值观的单一性有关。中日两国人民都喜欢从事政治，都喜欢追求世俗的功名，使人民降低了对自然的爱好和兴趣。

3. 日西国民风气上的差异

福泽谕吉所说的国民风气，是指一个国家人民的精神、独立人格、心理素质和权利地位意识等方面。从这些方面，如果把日本国民和西洋诸国国民加以对比的话，就能看出他们的明显不同。福泽谕吉说："把亚欧两洲加以比较……而专门寻求两洲之间迥乎不同之处，就必然会发现一种无形的东西。这种无形的东西是很难形容的，如果把它培养起来，就能包罗天地万物，如果加以压抑，就会萎缩以至于看不见其形影；有进退有盛衰，变动不居。……现在暂且把它称作国民的'风气'。"[①] 这种"风气"，福泽谕吉也将之叫作文明的精神或一国的"人情风俗"。欧亚悬殊的重要原因之一就在于此，其具体表现是，日本人缺乏独立心，依附性强，对自我的价值、地位和人格不重视、不自觉。福泽谕吉说："自有史以来，日本武人就遵循着本国人与人之间的规矩准则，生活在权力偏重的环境中，从不以对人屈从为可耻，这和西洋人的爱惜自己的地位，尊重自己的身份，以及维护自己的权利相比，有着显著的区别。"[②] 又说西方人"根据个人居住的地方或同业关系，而提出各自的主张，保护各自的利益，为此，甚至不惜牺牲个人生命。但是，日本人自古以来，就不重视自己的地位，只知趋炎附势，企图依靠别人谋求权势，否则，就取而代之，步前人的后尘，即所谓'以暴易暴'，真是卑鄙已极，这与西洋人独立自主的精神相比，确有天壤之别"[③]。当然，福泽谕吉的这些话有点过激。因为不管怎么说，西洋人并不都是独立自主的人，日本人亦非人人都缺乏对自我价值的肯定。

---

① 〔日〕福泽谕吉：《文明论概略》，第 13 页。
② 同上书，第 151 页。
③ 同上书，第 141 ～ 142 页。

从上述内容来看，福泽谕吉论日西文化和文明的差异，显然带有价值意识倾向，日西文化的不同亦即优劣之对照。如何看待这一点呢？不同的文化各有特征，这是大家都可以接受的，但不同的文化存不存在价值上的优劣，人们的意见往往截然不同。有人根本否定对文化做价值上的判断，有人则过分强调文化在价值上的差别。在我看来，这两种立场都不妥，我持此种看法不是要做调和工作而是因为问题复杂。不同的文化，在一些方面确有价值上的优劣，但在另一些方面则不能进行价值上的判断，只能指出特征。有的文化现象，很难说哪一个好，哪一个不好。这里涉及评价的标准问题。后文我们将对比分析严复与福泽谕吉的东西文化论，并讨论文化评价的标准问题。

福泽谕吉比较日西文化也有另一面，即只指出两者的不同或特征，而不做价值优劣上的分别，这表现在他对日西宗教与道德所进行的对比上。西方最大的宗教是基督教，东方则是儒教、佛教影响深远。福泽谕吉把东方的儒、佛与西方的基督教加以对比，认为东西方宗教虽然表现不同，各有特点，但在根本上是一致的，没有优劣、长短、是非之分。福泽谕吉在谈到这一点时指出："在日本流行的德教是神儒佛，在西洋流行的德教是耶稣教。耶稣和神儒佛的学说虽然不同，但是，在其以善为善，以恶为恶的主旨上，彼此之间是没有多大差别的。正如，日本认为雪是白的，西洋也说是白的，西洋认为炭是黑的，在日本也是黑的。关于德教问题，东西两洋的学者都在争相宣扬自己的教义，或著书立说，或驳斥异说，迄今仍争论不休……这是什么缘故呢？这是因为西洋的德教不见得就如牛和力士，日本的德教也不见得就像猫和小孩，并证明了东西双方的德教是处在不相上下的地位。"[①]又指出："把东西文明加以比较，看一看其道德原则如何就知道，自古以来，我国的德教是以儒道和佛法组织起来的，西洋诸国则是以耶稣

① 〔日〕福泽谕吉:《文明论概略》，第95～96页。

教为根据的。其说虽有相异之处，但都是以善为善，以恶为恶，主张无害人之心的品德。东西的道德，其主义可以说是相同的。”①

在《通俗国权论》一文中，福泽谕吉批评了那些醉心于西洋文明者的观点。这些人主张西方的基督教优于东方的儒、佛。福泽谕吉说，两者正邪的争论毫无意义，我们应看到双方有共同的旨趣，即行善来世入天堂，作恶来世入地狱。宗教的社会作用既有消极的一面，又有积极的一面。它积极的作用在于劝人弃恶从善，确立信仰，在解决人生困惑等方面往往有很重要的作用。福泽谕吉认为东西方宗教没有优劣之分，承认各从其好，主张继续维持自己的德教秩序，而不必在这方面互相代替，用一个取代另一个。

日本文化受中国文化的影响很大，但仍保有自己的特点。福泽谕吉比较日西文化，同时也谈到了中日文化的不同之处。文化或文明的一个特征是事物的分化发展，因素繁多，价值取向多元。从这一点来衡量、比较中日文化，日本比中国复杂。最明显的例子是，在中国传统社会，君、亲、师的价值合而为一，集于皇帝一身；而日本的神权政府虽至尊但不至强，至强属于武人的世界。这样，中国主要是一个因素，而日本则有两个因素。这对自由风气的产生会有不同的影响。在吸取西洋文明上日本会更快一些。福泽谕吉说：“中国是一个把专制神权政府传之于万世的国家，日本则是在神权政府的基础上配合以武力的国家。中国是一个因素，日本则包括两个因素。如果从这个问题来讨论文明的先后，那么，中国如果不经过一番变革就不可能达到日本这样的程度。在汲取西洋文明方面，可以说，日本是比中国容易的。”② 这一说法很值得注意。

---

① 慶応義塾编（1960）『福沢諭吉全集（第8卷）』. 東京：岩波書店，p. 221.

② 〔日〕福泽谕吉：《文明论概略》，第18页。

三、严复与福泽谕吉观点的对比分析

至此，我们分别讨论了严复与福泽谕吉两人对待西方文化的态度，对待本国传统文化的态度以及对本国文化与西方文化所做的比较。自然，对比分析严复与福泽谕吉在这些问题上的异同，对之做出解释，并理解文化中的某些普遍性问题，就成了我们的另一个任务。按上文的层次，对他们的观点的比较分析也分别进行。

（一）对比分析之一

中日近代启蒙思想的一个共同点是，用西欧的启蒙思想作为在中日进行启蒙的重要武器。这样，中日对待西洋文化的开放态度就成了前提条件。启蒙思想家们都具有这一前提。我们找不出任何一个排斥西洋文化而又能成为中日近代启蒙思想家的人物，尽管启蒙思想家中确有人到了后期对传统文化有了更多的热情，但其仍不是排外主义者。可以说，启蒙思想家要启蒙就必须对西洋文化持开放态度。但他们仅有这种态度还不行，他们还肩负着一个使命，即把自己的态度转化成整体国民和国家的态度，从而为吸取西洋文化铺平道路。中日启蒙思想家是保守主义、排外主义的批判者，是开放主义的信奉者。为了把国民和国家引导到学习西洋文明的轨道上，他们做了坚持不懈的努力。严复与福泽谕吉是其中的杰出代表。这两位启蒙思想家对中日当时的顽固守旧观念、排外主义、攘夷主义等都做了深刻的批判；他们倡导开放、开国，努力推动西洋文化的传播。福泽谕吉为此冒着被攘夷派暗杀的危险："我的言行当然不是故意要找敌手。可是在闭关之风盛行的日本，若要进一步明确主张开港、提倡文明，那就自然会招来对头，这一点也是无法避免的。敌人并不是用嘴来这个那个地斥责你一顿或咒骂你一顿，而是只用使你最害怕的办法——袭击、暗杀。”[①]但作为启蒙思想家，福泽谕吉具有很强的使命感，没有放弃自己的任务，他用笔杆子苦口婆心地向日本人解说开国的道理。严复进行启蒙思想传播，实际上也承担有风险，如他的《辟韩》一文就曾受到张之洞的警告和威胁。梁启超在上海办《时务报》，转载严复的《辟韩》等文，“湖广总督张文襄公（之洞），见而恶之，谓为洪水猛兽，命屠梅君侍御（仁守）作《辟韩驳议》。先生几罹不测，嗣郑孝胥辈为解围，事始寝”[②]。由此可知，严复与福泽谕吉在开国主义的启蒙传播上做了大概差不多的工作，但中日开国、学习吸取西洋文明的步伐并没有同步发展。我们看一下这方面的情况。

上文阐述福泽谕吉对待西洋文化的态度，其中一个内容是讲他对日本醉心于西洋文化者、开化先生的批评。福泽谕吉在传播开国主义的同时，也坚决反对盲目崇拜西洋文明。从这一现象能够看到一个重要的事实，即日本一旦开国，接受、吸取西洋文化的速度便是迅猛的，开化先生一味地学习、模仿西洋文化就反映了这一点。福泽谕吉举出例子说：“西方人每天洗澡，日本人每月只洗一两次，开化人士就评论说，文明人喜欢洗澡，促进皮肤的蒸发，是很卫生的，不文明的日本人却不明此理。又如日本人在卧室内放置尿瓶盛放小便，上厕所后又不洗手，但西方人虽在半夜也到厕所去，做事后一定洗手。”[③]我们可以再联想到一个例子。如1880年（明治十三年）前后，当自由民权运动兴盛的时候，人们追逐时尚的潮流也很有趣，“自由”口号满天飞，“浴池有自由浴池、自由温泉，点心有自由糖，药店有自由丸，饭店有自由亭，其他自由评书、自由跳舞、自由帽子”[④]。这些表现虽浅薄或

① 〔日〕福泽谕吉：《福泽谕吉自传》，第188页。
② 王蘧常：《民国严畿道先生复年谱》，第30页。
③ 〔日〕福泽谕吉：《劝学篇》，第86页。
④ 近代日本思想史研究会：《近代日本思想史》第1卷，第74页。

滑稽，但至少说明日本的西化是吞吐式的，来得很快。这也是日本人善于变通和灵活的一个表现。[①]

同日本相比，中国就慢得多。在严复的著作中看不到他对西化或开化先生的批评，因为在当时中国并没有出现开化先生。中国的人保守性比较突出，对西方近代文化反应迟钝，变法革新的阻力也大。鲁迅指出："可惜中国太难改变了，即使搬动一张桌子，改装一个火炉，几乎也要流血；而且即使流了血，也未必一定能搬动、能改装。"[②]中国人的保守性在近代的表现，可以引用森有礼与李鸿章的辩论来说明。在1875年底，日本驻华公使森有礼前往保定拜访直隶总督兼北洋大臣李鸿章，席间他们有一场辩论。李鸿章先问森有礼对中西学问的看法：

> 森答："西国所学十分有用，中国学问只有三分可取，其余七分仍系旧样，已无用了。"
>
> 李："日本西学有七分否？"
>
> 森："五分尚没有。"
>
> 李："日本衣冠都变了，怎说没有五分？"
>
> 郑永宁（日本使馆代办）："这是外貌，其实本领尚未尽学会。"
>
> 森："敝国上下俱好，只学得现在器艺，没有像西国从自己心中想出法儿的一个人。"[③]

---

① 池田大作指出："人们常说，日本人在吸收、消化外国文明方面，发挥了卓越的民族天质。众所周知，这种天质的表现方式是随时应变、随机应变、灵活多变的。"（〔英〕A.J. 汤因比、〔日〕池田大作：《展望二十一世纪——汤因比与池田大作对话录》，荀春生、朱继征等译，国际文化出版公司1985年版，第296页）

② 鲁迅：《娜拉走后怎样》，《鲁迅全集》第1卷，第171页。

③ 王晓秋：《近代中日启示录》，北京出版社1987年版，第73页。

李与森还讨论了日本明治维新后的改革：

李："对于近来贵国所举，很为赞赏。独有对贵国改变旧有服装，模仿欧风一事感到不解。"

森："其原因很简单，只需稍加解释。我国旧的服制，正如阁下所见，宽阔爽快，极适于无事安逸之人，但对于多事勤劳之人则不完全合适，所以它能适应过去的情况，而于今日时势之下，甚感不便。今改旧制为新式，对我国裨益不少。"

李："衣服旧制体现对祖先遗志的追怀之一，其子孙应该珍重，万世保存才是。"

森："如果我国的祖先至今尚在的话，无疑也会做与我们同样的事情。距今一千年前，我们的祖先看到贵国的服装优点就加以采用。不论何事，善于学习别国的长处是我国的好传统。"

李："贵国祖先采用我国服装是最贤明的。我国的服装织造方便，用贵国原料即能制作。现今模仿欧服，要付出莫大的冗费。"

森："虽然如此，依我等观之，要比贵国的衣服精美而便利。像贵国头发长垂，鞋大且粗，不太适应我国人民，其他还有很多事不能适应。关于欧服，从不了解经济常识的人看来，虽费一点，但勤劳是富裕之基，怠慢是贫枯之源。正如阁下所知，我国旧服宽大但不方便，适应怠慢而不适应勤劳。然而我国不愿意怠慢致贫，而想要勤劳致富，所以舍旧就新。现在所费，将来可期得到无限报偿。"

李："话虽如此，阁下对贵国舍旧服仿欧俗，抛弃独立精神而受欧洲支配，难道一点不感到羞耻吗？"

森："毫无可耻之处，我们还以这些变革感到骄傲。这些变革决不是受外力强迫的，完全是我国自己决定的。正如我国自古以来，对亚洲、美国和其他任何国家，只要发现其长处就要取之用于我国。”

李：“我国决不会进行这样的改革，只是军器、铁路、电信及其他器械是必要之物和西方最长之处，才不得不采之外国。”

森：“凡是将来之事，谁也不能确定其好坏，正如贵国四百年前（指清军入关前）也没有人喜欢现在这种服制。”

李：“这是我国国内的变革，决不是用欧俗。”

森：“然而变革总是变革，特别是当时贵国强迫作这种变革，引起贵国人民的忌嫌。”①

这段争论谈论服装问题，从中能窥到日本人的灵活多变性，也能看到中国人的固执和不善变通。在我看来，服装纯粹是鸡毛蒜皮之事，中国人为什么喜欢在它上面做文章？古代变衣冠竟会成为立国大事，历史上围绕胡服的改易发展为激烈的政治斗争。这种现象很值得深思。真正的国家大事不关心，却要干涉人们生活中的细小事情，连头发也抓住不放，治理国家难道还有比这更愚蠢的吗？中国与日本相比，输入西学要早（日本直到18世纪初才准许介绍“洋书”“洋学”，这比利玛窦等人进入中国传教译书晚了近两个世纪），但中国由于具有保守性，在吸取西方近代文化上被日本抛在了后边，两者形成了鲜明的对照。总之，顽固保守使我国吃的苦头实在太大。谈到学习日本文化的优点，它的灵活变通、顺应时势即为一个方面。因此，严复与福泽谕吉虽做了相类似的启蒙传播工作，但由于中日的情况不一样，效果就自然不一样，不能说福泽谕吉一定比严复本领大。

如前所述，中日东西方文化论中有“中体西用论”和“和魂洋才

---

① 王晓秋：《近代中日启示录》，第73～75页。另参阅王元崇整理翻译的《1876年李鸿章与森有礼保定会谈记录》（中国社会科学院近代史研究所近代史资料编辑部编：《近代史资料（总126号）》，中国社会科学出版社2012年版，第140～144页），所译有所不同。

论”的说法，两者的主要局限在于把对西方文化的接受限制在技术领域。这当然是作茧自缚，其实在其他广大的领域，中日可以向西方近代文化学习的地方还很多。严复与福泽谕吉是“中体西用论”和“和魂洋才论”的批评者，他们都关注西方文化中技术领域之外的更多的东西，福泽谕吉将之叫作“内在的文明”或“文明的精神”，严复称之为文化的“命脉”或“根本”。福泽谕吉认为，外在的文明或有形的物质易求，内在的文明或无形的精神则难得，因此学习西洋文明应先攻其难，后取其易。严复指出，学习西洋文化或文明，应从根本上和命脉上学，舍弃这一点，所谓的学往往无效或事倍功半。西洋的技术文明一到中国，就犹如陆地行舟，寸步难行，正由此故。这里涉及的根本问题，用现在的话说，是物质文明与精神文明的关系问题。“中体西用论”“和魂洋才论”等文化论模式，解决物质文明与精神文明之关系的路子是，精神文明取东洋，物质文明取西洋。它们认为东洋的精神文明是本（中体）与魂（和魂），西洋的物质文明是末（西用）和技艺（洋才）。严复、福泽谕吉的解决办法与这种解决办法当然不同。严复不仅主张采取西洋的物质文明，而且主张学习、吸取西洋的精神文明，不过他往往更强调后者。福泽谕吉重视西洋的物质文明，亦强调西洋的精神文明。显然，严复与福泽谕吉都认识到了西洋精神文明的价值，这是启蒙思想家的一个长处。

究竟应该怎样看待物质文明与精神文明的关系，这是一个很难的问题。说谁决定谁，谁主谁辅，往往易于简单化或陷入决定论的一偏。但我们至少可以肯定两者是相互作用的。如果硬要说哪一个更主要一些，我宁可说是物质文明。近代化首先应该是物质文明的近代化。物质文明近代化了，精神文明不管怎样忸怩作态，也要跟着变，不变不行。从这一点来看，我们注意到了严复与福泽谕吉对西洋文化认识的一个不小的差别。福泽谕吉对西方物质技术文明有一种极大的热情和赞叹；而严复虽也很重视西方物质技术文明，但对其思想领域更关切。

福泽谕吉谈民情一新，认为其动力即在于物质技术革命，西洋也被这一革命弄得措手不及、狼狈不堪。那么结论应该是什么？即日本必须拥有这一物质技术文明，以带动社会其他方面的变革。福泽谕吉抓住了西洋近代社会革命的这一根本点。

关于这一点，我们可以看一下马克思的一个说法。马克思说："蒸汽、电力和自动走锭纺纱机甚至是比巴尔贝斯、拉斯拜尔和布朗基诸位公民更危险万分的革命家。"① 日本科学史家汤浅光朝说："摧毁中世纪封建社会，爆发工业革命，使现代化社会的面貌发生日新月异的变化，所依靠的是科学技术的伟大手段。"② 又说："如果不具备枪炮、印刷机、罗盘而只靠赤手空拳的文艺复兴精神，是不可能摧毁中世纪封建社会的，如果没有纺织机和蒸汽机，那么，高涨起来的群众力量即使有要求，工业革命也还是不会实现。"③

技术革命的作用必须高度估价。福泽谕吉的认识与马克思的观点有惊人的相似之处（福泽谕吉的话，上述"福泽谕吉对西方文化的态度"中已引，请对照）。我对洋务运动和"中体西用论"抱有特别的同情，即基于对物质技术的充分认识。洋务运动的代表虽还没有认识到技术的革命作用，但他们抓住了西方的技术则是可以给予肯定的。洋务运动的失败绝非由于技术无用，宁可说是由于技术还没有高度发达。中国的悲剧之一即在于没有坚持学下去。中日甲午战争一役，中国失败了，给人一种假象，仿佛技术不行，于是人们对技术的关心淡薄了。中国辛亥革命以后，政治上分裂，近代国家不能形成，技术当然亦被牺牲掉了，这是最可悲的事件之一。

日本明治维新以后，政治上走向统一，建立了近代国家（虽还不

---

① 《马克思恩格斯选集》第1卷，人民出版社2012年版，第775页。

② 〔日〕汤浅光朝：《解说科学文化史年表》，张利华译，科学普及出版社1984年版，第50页。

③ 同上。

成熟），这为集中学习西方的技术开辟了道路，并很快实现了富国强兵。第二次世界大战之后，日本的振兴和崛起亦大大得力于技术上的力量。日本是世界上一个独特的技术国家。汤因比把日本战后的发展过程与当时的西方进行对比，叫作日本的第四次试验，其中心就是在技术上与西欧竞争，并谋求超越。汤因比说："这次他们想在非军事方面——就是在以前西欧独霸的技术方面，与之展开竞争——战胜西欧，以此来弥补第二次大战后在军事上的失败。"[①] 当然，日本也必须在精神领域取得发展，但技术上去了，事情就轻松自如多了。中国虽然发明创造了在欧洲号称打破中世纪封建制度的三大技术，即远洋航海技术、活字印刷技术以及火药技术，但却没有广泛应用它们，于是失去了产生近代技术革命的机会。新的技术革命又已来临，如果再行丧失，那就真的要被开除出"球籍"了。

（二）对比分析之二

中日近代启蒙思想还有一个共同点，这体现在怎样对待本国传统文化的问题上。一般来说，两者都是以批判为中心的。在新思想尚未确立，对旧有的东西又抱有极大怀疑的气氛下，人们很难顾及继承传统文化的优秀遗产问题，所以对传统文化的批判态度就占据了突出的位置。严复与福泽谕吉都提供了这一形态。他们深入了解和接受西洋近代文化，对中日传统文化的批判很尖锐，但有贴切的地方。他们虽认识到传统文化中的合理部分，但仍顾不上思考如何继承传统文化的问题。我们要注意的是，严复与福泽谕吉都不是极端反传统和全盘否定传统的启蒙思想家，他们只是批判了传统中应该批判的东西。福泽谕吉从文明发展的观点出发，强调儒、佛对日本文明的贡献。严复即

① 〔英〕A. J. 汤因比、〔日〕池田大作：《展望二十一世纪——汤因比与池田大作对话录》，第 297 页。

使早期对中国传统思想的批判比较激烈，但也肯定其中的普遍因素，后期他回到传统，也不能简单地说他的思想走向了反动、保守。传统文化不是一团糟，不是一堆积累起来的垃圾。中国传统文化中有普遍的价值存在。

我们由严复与福泽谕吉对待传统文化的态度进入关于对待传统文化的态度的一般讨论。对待传统文化的态度，是东西方近代启蒙思想运动所遇到的一个共同问题。西方近代启蒙思想也是在批判中建设的，一般来说，它对传统的批判集中于两点：一点是对宗教神学的批判[①]，更准确地说是对教会制度的批判；另一点是对封建专制制度的批判。对两者进行比较激烈的批判的主要是法国的启蒙运动，德国与英国的批判则相对温和一些。但不管是激烈还是温和，西方都没有表现出全面打倒传统、全面否定传统和一切都必须从头开始的特征。固有传统思想文化中的积极合理因素，或被扩展，或被修正，都被纳入新思想形式的框架，使传统文化得到了升华。可以说西方近代的启蒙并不是离开传统文化的轨道而突然发生的奇迹，宁可说它是对传统文化的扬弃。余英时对此有一个看法，他说："西方自宗教革命与科学革命以来，'上帝'和'理性'这两个最高的价值观念都通过新的理解而发展出新的方向，开辟了新的天地。把人世的勤奋创业理解为上帝的'召唤'，曾有助于资本主义精神的兴起；把学术工作理解为基督教的'天

① E. 卡西尔在《启蒙哲学》一书中指出，那种认为启蒙时代的一般特征是"对宗教的批判的、怀疑的态度"的观点值得怀疑。他举出伏尔泰以及百科全书派对宗教的批判宣言，然而笔锋一转说："我们能否根据启蒙运动的斗士和发言人的上述宣称，就认为启蒙时代的基本精神是反宗教和敌视宗教，这一点值得怀疑。"（〔德〕E. 卡西尔：《启蒙哲学》，第 131 页）他接着说："启蒙运动最强有力的精神力量不在于它摈弃信仰，而在于它宣告的新信仰形式，在于它包含的新宗教形式。"（同上书，第 132 页）"德国启蒙思想家的基本目标不是瓦解宗教，而是对宗教作'先验'辩护，为宗教建立'先验'基础。启蒙时代所表现出来的特殊宗教虔诚就源于这一目标，无论就其消极趋向或积极趋向、就其信仰或不信仰而言，情况都是如此。"（同上）

职'（scholarship as a Christian calling），也促进了西方近代人文教育与人文学术的发展。……西方外在超越的价值系统不仅没有因为'现代化'而崩溃，而且正是现代化的一个极重要的精神泉源。"[①] 这一看法颇有道理。有趣的是，福泽谕吉在《文明论概略》中已提出了西方近代思想与西方传统文化的继承、发展关系，他说："现在西洋各国的学者不断发表新的学说，真是推陈出新层出不穷，其中包括许多令人惊奇的东西。但是，这不过是继承千余年来的历史传统和前人的遗产，而加以研究整理得来的。即使有些新颖之外，也都是同出一源，并非首创。"[②] 可以说，西方近代思想是西方传统文化的历史逻辑的发展。在西方近代思想中，不存在把传统文化与近代化完全对立起来的二元模式态度。

我们来看一看日本。日本近代启蒙也带有批判传统的特点，但绝非全面否定传统。明治十四年（1881 年）左右，日本儒教主义复活，国粹主义势力抬头，这是对自由民权运动的某种反动。倾倒于传统文化一边，亦不正常。第二次世界大战以后，日本思想文化的发展渐渐走上正常轨道，学术的多元化、价值的多层次性得到确立。传统与近代化的融合贯通得到了较好的调和。中国传统文化的许多东西在中国被人遗忘或消失了，但在现代化的日本却为人熟知，得到了很好的保存。日本著名学者长谷川如是闲说："看一看我国文化历史的各个时代，就能发现'传统的'文化与'现代的'文化一定是在同一时代繁荣并茂。在非常'现代的'时代，颇为'传统的'东西仍焕发着活力。"[③] 日本是世界上成功地解决传统文化与现代文化之关系的国家之一。

回过头来检视一下我国的情况。戊戌变法前后的启蒙思想运动，

---

① 余英时：《从价值系统看中国文化的现代意义》，《中国思想传统的现代诠释》，江苏人民出版社 1989 年版，第 46 页。

② 〔日〕福泽谕吉：《文明论概略》，序言第 2 页。

③ 長谷川如是閑（1966）『日本文明の性格』. 東京：日本国際教育協会，p. 73.

无疑都有批判传统文化的一面，无论是康有为、梁启超，还是谭嗣同、严复，他们都带有这一特点（虽有程度上的差别），但都不是全面否定传统文化。在中国，反传统比较激烈的主要是新文化运动，新文化运动的干将陈独秀、胡适、鲁迅等即为突出代表。新文化运动的历史功绩不容否定，但其中也有局限。最大的局限有两个：一是反传统比较激烈，二是试图借思想文化来解决中国问题。[①]但新文化运动的反传统遇到了文化保守主义的回应，它又是思想自由批评和竞争的运动，传统文化在此得到了反思和转化。在中国，“文化大革命”对传统文化造成了极大破坏，单是被毁坏的文物就不计其数，是中国文化发展史上的一次空前浩劫。但传统并没有被打倒，它只是潜伏了起来。现在关于如何对待传统文化，我们仍有争论。

对待传统文化的态度一般可分为三种：一是极端反传统，二是顽固地固守传统，三是损益传统。第三种是第一种与第二种的调和。在我看来，实际情形主要是在第一种与第三种态度之间争论，第二种顽固保守的态度（只要传统，反对学习西方）一般没有市场。我采取第三种态度，不赞成第一种态度。现在来分析一下第一种态度产生的根源。极端反传统的第一个根源是现实根源，认为中国没有实现近代化，在很大程度上是由中国传统文化造成的，中国现代社会中产生的问题也是传统文化的罪过。谁都承认，中国传统文化中的消极因素对现代社会仍有不利影响，但它并不应承担更多的责任。现代人是现代历史的主体，必须承担现代历史的责任，不能推卸、转移。很多社会腐败或异化现象都是现实的产物，如用人制度上的任人唯亲，中国历史上的科举制度恰恰提供了相反的证明。西方的文官制度亦得益于此。极

---

① 有关这一说法，参阅林毓生：《中国意识的危机——“五四”时期激烈的反传统主义》，穆善培译，贵州人民出版社 1986 年版，第 44 ～ 93 页。中国问题的根本在于建立近代国家，发展生产力，进行工业技术革命。文化对此只有促进作用。离开上述之点，只是进行文化批判，中国仍不会有出路。新文化运动中的道德革命加强了这一趋势。

端反传统的第二个根源是，对现实不进行批判，却从传统文化中寻找原因，这是理性软弱的表现。极端反传统的第三个根源是认识上的根源，我将之叫作传统文化与现代化的“矛盾假象”。传统与现代化的二元论认为，传统文化与现代化一定有矛盾，而且有必然矛盾。基于这一前提，一个国家要实现现代化，就必须彻底否定传统，否则就不可能实现现代化。真的需要这样吗？不是。英国和日本可以佐证。说传统文化与现代化有矛盾，在处理不好两者关系的意义上可以承认。如果处理好了它们的关系，那么两者非但没有矛盾，传统文化还会有利于现代化的发展。冯友兰先生的一段话说得很对：传统文化“可以是现代中国人的包袱，也可以是遗产，那就要看中国人怎样了解它、对付它。对付得好，腐朽可以化为神奇；对付不好，神奇可以化为腐朽”①。那种把传统文化与现代化对立起来的态度，自然是要把神奇化为腐朽，有害无益。余英时说：“中国现代化的困难之一即源于价值观念的混乱；而把传统文化和现代生活笼统地看作两个不相容的对立体，尤其是乱源之所在。”② 日本著名哲学史家永田广志对传统文化所说的一段话很有启发性，他说：“过去的文化既不可一概否定，也不应一味地赞美。不论我们如何想唾弃它，而它也是同现代有着血肉的联系；另一方面，不论我们如何想赞美它，而它已经不能按照原来的样子复活。”③

（三）对比分析之三

中日近代启蒙思想的再一个共同点是对东西文化进行比较认识。

---

① 冯友兰：《〈中国哲学史新编〉回顾及其他》，《三松堂全集》第 13 卷，河南人民出版社 2000 年版，第 456 页。

② 余英时：《从价值系统看中国文化的现代意义》，《中国思想传统的现代诠释》，江苏人民出版社 1989 年版，第 47 页。

③ 〔日〕永田广志：《日本哲学思想史》，第 8 页。

启蒙思想家们在不同程度上都是东西文化比较研究论者。这种情况在西方近代启蒙中并不明显。原因是：中日启蒙的参照物是西洋文化，西洋文化率先进行近代化，东方文化落后了，要学习先进的西洋文化，改变东方文化的落后局面，就应知道西洋文化的先进性、优越性在哪里，同时要知道东方文化的落后性、弊病在哪里，对两者进行比较，就能看清楚，也能知道取舍的标准；西方的启蒙是自我启蒙，没有参照物，没有先进的比较对象，所以东西方近代启蒙就有了重比较与不重比较的差别。

严复与福泽谕吉把西方文化与本国传统文化做了比较。从他们的比较的构成可知，严复的比较涉及的内容比福泽谕吉的要广泛，比较意识更突出一些。这一情况显示，严复对西方文化的研究比福泽谕吉充分。再就是，严复比较中西，优劣比较更多一些；而福泽谕吉比较日西，除了优劣比较外，还比较了日西文化很难分优劣的部分。何以如此？这大概是严复把西方文化这一“模特”理想化的成分多一些，福泽谕吉相对来说更现实一些，他一开始就强调了西洋文化的相对性。

严复与福泽谕吉比较东西文化，对西方文化的基本精神有没有共同的体认和把握呢？有，概括起来有三点：

第一，自由与多元化。严复与福泽谕吉都承认，西方文化的一个根本所在即是对自由观念高度自觉，自由贯穿在整个社会生活中。严复指出，西方文化日新月异，“推求其故，盖彼以自由为体，以民主为用”[①]。福泽谕吉说西洋文明的特点即在于具有“自由独立的风气”和“自由精神”。与自由有关，西方文化的多元性也很突出，社会价值的发展以多元为基点，严复将之叫作“分治”，福泽谕吉称之为“各种成分保持均衡”。可以肯定，自由与多元化是西方文化的一个核心。但要注意，这个核心是西方从近代开始逐渐确立起来的，它同近代工业文

---

① 《原强》,《严复集》第1册，第11页。

明和科学技术革命有关联。

第二，厚今薄古的观念。严复与福泽谕吉都认识到，西方近代文化趋新向上、喜新厌旧的特点比较突出。勇于探索、敢于试验、不怕失败的观念给西方带来了发展的活力。相比之下，中日则有尚古的特性，对新事物、新思想往往持排斥态度。严复说，西方是尊新知，中国是夸旧识；福泽谕吉说，西洋各国以实验为主，而日本则向来崇拜孔孟的理论。

第三，权利与自我意识。严复与福泽谕吉也都认为，西方人的权利与自我意识得到了高度的发展，他们强调人要有独立的人格与独立的精神，要敢于维护自己的利益，不屈服于任何压力，政府不能干涉人民的事情，人民有关心、参与国家事务的权利，两者不是一种敌对关系；但在东方，个人的权利没有得到充分发展，人民只有服从的义务，自我价值往往被抹杀。这是东西文化的又一个差别。

严复与福泽谕吉对西方文化的体认，根据以上几点可知，确实能反映西方文化的特质。

严复与福泽谕吉对东西文化的比较涉及了几个较为普遍的文化问题，我们适当地加以讨论一下。

第一是关于传统文化与近代文化的关系问题。从严复与福泽谕吉的比较来看，他们所讲的中国文化与日本文化的缺点大都是中国与日本之传统文化的缺点，而所指出的西方文化的优点又基本上是西方近代文化的优点。如果我们比较东西文化都限于古代，那么是否还有东西之优劣呢？这恐怕就难于断定了。这样一来，东西文化出现优劣差别的原因即可归结为东西文化发展阶段之不同。一个是传统的，一个是近代的。为什么东方文化不能实行自我更新而进入近代？这是一个复杂的问题，当与许多因素有关，在此难以解决。我们所关心的是，东方文化必须近代化，只有近代化了，东方文化的缺点才能被克服，东西文化的比较也才会得到更好的发展。

第二是关于文化的评价标准问题。严复与福泽谕吉比较东西文化，都有很强的价值优劣意识。他们肯定的西方文化的不少方面是优点，指出了东方中国文化与日本文化的不少缺点。显然，这是对东西文化做了价值判断。他们运用的标准是什么，他们是以什么为根据做出这种判断的？人们一般不问这个问题，但这个问题很重要，因为它涉及文化有没有绝对的、固定不变的价值，文化的优劣是绝对的还是相对的等问题。评价文化一定有标准，虽然它不像度量衡那样容易把握。譬如，我们说民主制比独裁制优越，显然是站在社会发展的立场上进行评价的，而且是相比较而言的。这样一来，独裁制就不是绝对坏，在传统社会中它也许是合适的；而民主制也不是绝对好，未来也许还会有更好的政治形式。再如，人们都喜欢坐飞机而不喜欢坐牛车，因为飞机比牛车好，好在哪里，好在速度快、舒适，而牛车则不具备这些优点。但飞机的快虽是牛车无法比的，可仍是相对的，大概以后还会有更快的交通工具，那么到那时人们也许就不再喜欢坐飞机了。从这两个例子来看，优劣好坏是相对的。之所以这样，是因为事物是发展的。从发展的观点看问题，就是我们的评价标准，而这个标准也是相对的。文化的优劣也是如此，它是相对的，因为评价标准是以发展为尺度的。这样一来，我们就承认文化有相对的优劣，这个优劣是在发展过程中来看的。有的人只承认不同的文化只可指出特征，不能分别优劣，这样就否认了文化发展的不同阶段性和前后性，这不符合客观事实。肯定文化有相对的优劣差别，有两个意义：一是要求低一阶段的文化要朝更高阶段发展，二是不把文化价值绝对化。这有利于对文化做出全面的认识和分析。

第三是对文化形成原因的解释。何以有这一种文化或那一种文化，为什么文化有各种各样的差别？这一问题很难解决。现在有“文化解释”概念，也许对此问题有所帮助，但究竟如何，不得而知。我要指出的是，寻求文化形成的原因与寻求社会复杂现象产生的原因一样，因素不是一个，也不是直接对应，所以往往只能指出影响关系，而难以做出有一种原因就有一种结果的因果决定性解释。

四、严复与福泽谕吉的文风和文化翻译

前文指出，中日近代启蒙思想有一个共同点，即两者的启蒙思想和理论都与西方近代启蒙有密切关系，介绍和传播西方近代启蒙思想，这本身就成了中日启蒙运动的一个重要组成部分。这种介绍和传播有两种方式：一种是思想家通过对西方启蒙思想的融会理解，结合自己国家的情况，以著述的方式表达出来；另一种是直接翻译。就严复与福泽谕吉来说，严复属于后者，福泽谕吉属于前者。严复是一位翻译家，福泽谕吉是一位著述评论家，但在翻译上也是内行。比较严复与福泽谕吉的翻译文风，能明显看到二人启蒙趋向之不同。

严复与福泽谕吉的翻译风格大异其趣（著述的论文亦复如是）。严复求文辞高雅，福泽谕吉求言语通俗，两者的文风形成了鲜明的对照。

严复为翻译立下了三条标准：信、达、雅。在信和达上，他做得如何，姑且不论，但雅这一条确实是做到了。严复自己亦不谦让："自负于并世诸公未遑多让。"[①] 时人与后人对他也都赞叹不已。吴汝纶言："自吾国之译西书，未有能及严子者也。凡吾圣贤之教，上者，道胜而文至，其次，道稍卑矣，而文犹足以久；独文之不足，斯其道不能以徒存……文如几道，可与言译书矣。"[②] 梁启超说："严复的译文'其精美更何待言'。" 胡适认为，严复的译本"在古文学史也应该占一个很高的地位"[③]。蔡元培说："他的译文，又都是很雅驯，给那时候的学者，

---

① 《与张元济书》,《严复集》第 3 册，第 537 页。

② ［清］吴汝纶:《吴汝纶序》,《天演论》，严复译，第 vi～vii 页。

③ 胡适:《五十年来中国之文学》,《胡适全集》第 2 卷，安徽教育出版社 2003 年版，第 276 页。

都很读得下去。”[①] 冯友兰说得更详细："在严复的译文中，斯宾塞、穆勒等人的现代英文却变成了最典雅的古文，读起来就像是读《墨子》《荀子》一样。中国人有个传统是敬重好文章，严复那时候的人更有这样的迷信，就是任何思想，只要能用古文表达出来，这个事实的本身就像中国经典的本身一样地有价值。”[②] 诚如大家所言，严复的译文古典高雅，他岂止是译书，而是在创作。他为了译文的神韵和趣味，不拘于原来的表达方式，而创作了新的表达方式。总之，他做到了雅。

与严复正好相反，福泽谕吉的文风执着于俗，也确实达到了最大的通俗性。对此，福泽谕吉颇为自负，他说："我的文笔通俗易懂，社会上的评论久已肯定，笔者也自信不疑。”[③] 与福泽谕吉差不多同时代的日本著名哲学家中江兆民评论说："福泽谕吉的文章，日本全国再没有比它更不讲修饰，更自由自在的了。他的文章中不值一看的地方，正是自成一格的文章。”[④] 这就是说，福泽谕吉的文章不拘一格，是俗文不是雅文，通俗正是其特色之所在。总之，福泽谕吉以通俗易懂之文著称于世。

严复求高雅，福泽谕吉求通俗，旨趣不同，自有原因。在严复看来，翻译求达必求雅。他引用《周易》中说的"修辞立其诚"以及孔子说的"辞达而已"和引用的"言之无文，行而不远"之语，说"三者乃文章正轨，亦即为译事楷模……此不仅期以行远已耳，实则精理微言，用汉以前字法、句法，则为达易；用近世利俗文字，则求达难"[⑤]。要表达精理微言，近世通俗文字也许可以，但严复不这样认为，

---

① 蔡元培:《五十年来中国之哲学》,《蔡元培全集》第4卷，中华书局1984年版，第351页。

② 冯友兰:《中国哲学简史》，第374页。

③ 〔日〕福泽谕吉:《福泽谕吉自传》，第280页。

④ 〔日〕中江兆民:《一年有半、续一年有半》，吴藻溪译，商务印书馆1979年版，第38页。

⑤ [清] 严复:《译例言》,《天演论》，第xi页。

他认为这求之于先秦古文才可。严复赞赏司马迁和韩愈的文，言自己不为求雅，而为求是，说："窃以谓文辞者，载理想之羽翼，而以达情感之音声也。是故理之精者不能载以粗犷之词，而情之正者不可达以鄙倍之气。中国之文美者，莫若司马迁、韩愈。而迁之言曰：'其志洁者，其称物芳。'愈之言曰：'文无难易，惟其是。'"[①] 严复求雅与受到吴汝纶的影响亦大有关系。吴汝纶推崇先秦古文，崇尚"六艺"之文，有复古文之意，对近世士大夫矜持时文、公牍、说部（指古代小说、笔记、杂著一类书籍）不以为然，视之为文学靡敝之象。严复尊敬吴汝纶，他译的第一部书《天演论》得吴汝纶的指点与匡正殊多，尔后删改定稿，并求吴汝纶为之作序。吴汝纶在序中褒奖严复，推为上乘。严复自谓能有进步，全赖于吴汝纶的指教，曾说"凡此皆受先生之赐矣"[②]，并谦虚地向吴汝纶说："复于文章一道，心知好之，虽甘食耆色之殷，殆无以过。不幸晚学无师，致过壮无成。虽蒙先生奖诱拂拭，而如精力既衰何，假令早遘十年，岂止如此？"[③] 总而言之，严复的译文典雅精美，其味无穷。

有一种观点说，严复译文求雅，是为了迎合士大夫的心理，以扩大影响，此说不对。正如吴汝纶所言，当时士大夫尚时文、公牍、说部，且以此为学。而严复与之相背，偏以古文为旗帜，吴汝纶亦与时趣不合。吴汝纶说："今学者方以时文、公牍、说部为学，而严子乃欲进之以可久之词，与晚周诸子上下之书，吾惧其倂驰而不相入也。虽然，严子之意，盖将有待也。"[④] 严复果有待乎？待知音。当时有不少人虽极口称赞严复笔墨之佳，但也指出严复的文风过于尚古求雅，非多数读书人所能领悟。对此，严复回答："著作一道，珍之则海内之宝

---

① 《与梁启超书》，《严复集》第3册，第516页。

② 《与吴汝纶书》，《严复集》第3册，第520～521页。

③ 同上书，第522～523页。

④ ［清］吴汝纶：《吴汝纶序》，《天演论》，第ⅶ页。

书，易之则一家之敝帚。虽高文典册，如杨云未遇知音，且覆酱瓿；不能如东坡所言，良玉精金市有定价也。”[①]又云：“有求于世，则啼笑皆非。此吴挚甫所以劝复不宜于并世中求知己。”[②]

关于这一点，梁启超、黄遵宪致严复的信皆有论及。梁启超虽称严复之文精美，但又说：“吾辈所犹有憾者，其文章太务渊雅，刻意摹仿先秦文体，非多读古书之人，一翻殆难索解。夫文界之宜革命久矣。欧、美、日本诸国文体之变化，常与其文明程度成正比例。……况此等学理邃赜之书，非以流畅锐达之笔行之，安能使学童受其益乎？著译之业，将以播文明思想于国民也，非为藏山不朽之名誉也。文人积习，吾不能为贤者讳矣。”[③]严复不为此言所动，坚持认为：“所从事者，学理邃赜之书也，非以饷学僮而望其受益也，吾译正以待多读中国古书之人。……声之眇者不可同于众人之耳，形之美者不可混于世俗之目，辞之衍者不可回于庸夫之听。非不欲其喻诸人人也，势不可耳。”[④]严复又说：“若徒为近俗之辞，以取便市井乡僻之不学，此于文界，乃所谓陵迟，非革命也。”[⑤]

究竟谁对谁错，待下面再做议论。黄遵宪对严复与梁启超的争论，未发一偏之言。他在给严复的信中说《名学》也许用通俗之文难以达旨尽蕴，用艰深之文势在必行，但《原富》“或者以流畅锐达之笔行之，能使人人同喻，亦未可定”[⑥]。关于文界革命，黄遵宪调和说无革命而有维新：“公以为文界无革命。弟以为无革命而有维新，如《四十二章经》，旧体也。自鸠摩罗什辈出，而内典别成文体，佛教益

---

① 《与张元济书》，《严复集》第3册，第534～535页。

② 同上书，第535页。

③ 商务印书馆编辑部编：《论严复与严译名著》，商务印书馆1982年版，第18页。

④ 《与梁启超书》，《严复集》第3册，第516～517页。

⑤ 同上书，第516页。

⑥ ［清］黄遵宪：《黄遵宪致严复书》，《严复集》第5册，第1572页。

盛行矣。本朝之文书，元明以后之演义，皆旧体所无也，而人人遵用之而乐观之。文字一道，至于人人遵用之乐观之足矣。”[①] 由此可以看出，实际上黄遵宪倾向于梁启超的立场。总之，严复对自己的译文风格，信守自始至终。对他来说，即使读的人很少，那也不是作者之过，乃是由于人们的水准太低。因此，严复用先秦古文译述，并非为了迎合当时士大夫的心理，而是追求文章本身的价值。

与严复的文风明显不同，福泽谕吉的文风追求通俗，对此他始终如一。原因何在？大概有两点：一是他受先达的影响，二是他认为译述的目的是要使大众易懂。使他受到影响的这位先达是绪方洪庵。福泽谕吉早年在他门下学习医学，深受其影响，福泽谕吉文笔通俗即得益于这位先达。他说："今当谈其由来，则是由于四十多年以前我在大阪的一位大医学家绪方洪庵先生的门下学习所致。”[②] 当时还有一位著译名流是杉田成卿，福泽谕吉亦很钦敬他。他说杉田氏“在翻译西方著作时，用意周到，一字不苟，根据原文如实翻译。由于有此文风，致使文章字句极为高雅。一时拿到手中，只能读而不易理解，熟读几遍即觉津津有味，实乃名文”[③]。但绪方氏的文风与杉田氏的文风截然相反，完全不拘泥于词句，唯以求懂、求通俗为目的。绪方氏常常批评有人在译文中罗列一些没用的、难懂的词句，为难读者。他认为翻译本来就是为不能读原著者做服务工作。福泽谕吉受教于绪方氏，熟悉先生的风格，常得到告诫。福泽谕吉回忆说："有一次，先生的一个学生名叫坪井信良，他从远方把译稿送到先生处请求校阅，绪方先生就用红笔热心地为他加以增删。当时我正在先生身边，亲眼看到先生只在修改译稿而书案上并无原著。不看原著就下笔修改译稿者，大概

---

① ［清］黄遵宪:《黄遵宪致严复书》,《严复集》第 5 册，第 1573 页。

② 〔日〕福泽谕吉:《福泽谕吉自传》，第 280 页。

③ 同上。

只有先生一人！在著译方面，先生豪放之风大抵如此。”[①] 绪方氏告诫福泽谕吉说：“你们这些有知识的学者在翻译洋书时，如果使用难懂的词句，只会使读者迷惑不解。所以，翻译的文字应只限于你们所知道的，而特意追求字典上的词句则毫无用处。《玉篇》或《杂字类编》之类不可置于座右，因为这样会使你有使用难字、难句的可能。”[②] 在绪方氏的教诲下，福泽谕吉躬行实践，慢慢形成了自己通俗易懂的文体风格。他也非常感谢绪方先生，曾说：“我的著译所以始终保持平易二字，诚为先生所赐，这也是我至今用以报答恩师的一点表现。”[③]

另外，日本当时盛行的仍是汉学，文人们以汉文相尚，视译文通俗为可耻，因而故意玩弄词句，以把自己装扮成汉学家的样子。福泽谕吉本来就轻视汉学家，甚至以汉学家为敌。他反其道而行之，偏偏以通俗为目标。他认为只要能达到俗，任何文体都可以用。当时有汉文体和俗文体。福泽谕吉不受此格约束，或在汉文中插入“假名”，或在俗文中去掉“候”字：“俗文中插入汉语，汉语后面接以俗语，雅俗混在一起，宛如冒犯汉文社会的圣地一样，使其文法紊乱。”[④] 为此，他专门买了一本莲如上人的文集，反复阅读，有些地方甚至都能背诵。因为莲如的文章夹杂着假名，通俗易懂。尤其是，福泽谕吉认为译书的目的是要把文明的新思想最广泛地传播到人民大众中去。他说：“不仅在于要使未受过教育的农民工商之辈能够了解文明的新思想，而且要使乡下来的女仆隔着拉窗也能听懂书中讲的是甚么内容。不做到这一点就不是我的写书本意。因此，我的译著当然不会请教汉学家们给予校正，而是叫我家里的妇女和小孩读一下我的草稿，他们知道的词语不多，在他们说出哪点不懂的地方，必会发现有汉语的费解之词，

---

① 〔日〕福泽谕吉：《福泽谕吉自传》，第 280 页。

② 同上书，第 281 页。

③ 同上。

④ 同上书，第 282 页。

随即加以改正。这种情况是很多的。”[①]

福泽谕吉的一个亲戚是汉学专家，他看到福泽谕吉夹杂着“假名”的俗文，就诚心诚意地欲帮助福泽谕吉改正过来，福泽谕吉亦深为感激，但由于与自己的志愿不合，便只能婉言谢绝。福泽谕吉说：“从最初起，我就决心要写世俗文章，想用世俗通用的俗文引导世俗走向文明，宛如效法真宗鼻祖亲鸾上人那样，自己食肉，以便教化食肉的善男信女。不论到甚么地步，我也要坚持采用使用世俗易懂的通俗写法著书立说，以便与世俗阶层一起达到文明的佳境，这才是我的本愿。”[②]有趣的是，他坚持俗文主义，还刻了一个“三十一谷人”的印章，拼合起来就是“世俗”二字，以明其志。他的信念之坚定，由此可见。他编译出版的《西洋事情》一书，有人建议说，书的内容可以，但用的文体不伦不类，有失正雅，应请求汉儒先生修改，以达到尽善尽美，以做永世之宝。对此，福泽谕吉啼笑非之，认为译洋书只注意华丽文雅，这不合翻译旨趣，应以让人人明白为目的。总而言之，福泽谕吉一生用俗文写作，就像严复一生用雅文写作一样。在这一点上，福泽谕吉与梁启超类似。

严复与福泽谕吉分别用雅文和俗文写作，从文学上讲各有价值，两者各成一格，别有天地。但从影响范围上看，显然，严复的书很难普及，很难产生广泛的影响，而福泽谕吉的书则正好在这方面大显身手，获得了最广泛的读者。《天演论》是严复所译书籍中产生影响最大的一部书，但也只能在上层知识分子中间传播。当然，严复译的书大都是学理较深的著作，一般人难以读懂，但如果能在行文方面通俗一点的话，接受者就会多一些，这恐怕是无疑的。他所译的《天演论》当时发行的各种版本究竟有多少，不得而知。福泽谕吉的《西洋事

---

① 〔日〕福泽谕吉:《福泽谕吉自传》，第282页。

② 同上书，第284页。

情》，把正版和盗版加起来，当时的发行量竟达 20 万～ 25 万册，这是很惊人的，其影响之广，可想而知。过去人们都认定严复的《天演论》风行海内，但实际上主要还是在上层知识分子中间流传，严复的其他译著就更不用说了。

由此，我们就可知梁启超为什么会比严复的影响大。梁启超的文笔流畅，通俗易懂，又富有情感，很为人们喜欢。中国近代的大量新词汇基本上都由日本输入，至今已成为最一般、最通用的词汇，这与梁启超一帮人的广泛传播大有关系。严复翻译了许多新名词，有些是音译，但更多是意译，我们虽无完全统计，没有得到具体数字，但根据调查，他译的新词汇虽然很多，但流行通用下来的却很少，如“天演”（进化）、“计学”（经济学）、“名学”（逻辑学）、“群学”（社会学）、“内籀”（归纳）、“外籀”（演绎）等，基本上都没有传承下来。这显然同严复的文风刻意求古有一定的关系。梁启超倡文界革命，代表了文学发展的方向，严复反对，显得保守。特别是，严复把解决中国问题归结到“开民智”上，他为什么却忘记了向最广大的民众灌输文明的新思想，为什么要大大缩小他著作读者的范围？当然，任何事情都不能两全其美。严复也只能选择其一。不管如何，这影响到了他启蒙思想的广泛传播。这里我们只指出了严复的一面，至于他的整体地位和贡献，那是有目共睹的，谁也抹杀不了。他作为近代输入西学、融贯中西的第一人，已成为历史定论。

思想篇——科学方法与理性领域

启蒙与新的世界观和新的理论学说的建立密不可分，欧洲近代启蒙是这样，中日近代启蒙亦复如是。尽管中日启蒙思想以接受和吸取欧洲启蒙思想为特征，且在认识、了解上不够全面深入，尽管两者所提倡和宣扬的学说还不系统，但两者毕竟提出了新的世界观和新的理论学说，并与传统的观念形成了鲜明的对照，引发了思想领域的一场变革。严复与福泽谕吉的思想就具备上述特征，而且他们的思想所涉及的领域相当广泛，他们二人堪称百科全书派人物。全面地阐释他们的思想和学说，并加以分析比较，就成为我们的中心任务之一。

第六章

科学观与哲学观

近代自然科学的诞生，不仅是科学史上的革命，而且引起了思想领域尤其是哲学领域的革命。科学与哲学宣告独立于宗教神学并结成联盟，建立起近代的世界观，并开始在思想领域占据主导地位。中日启蒙思想的新世界观首先在这里展现出来，严复与福泽谕吉的新世界观尤为突出。

一、严复的科学观与哲学观

说到中国近代思想的变革，严复最为有功。在他的整个思想中，最能体现这一变革的必推他的科学观与哲学观。具体来说，以下诸方面值得高度关注。

（一）学问与政教的分离[①]

这里所说的学、教和政，分别指科学或学术、宗教和政治；所谓分离，则指科学或学术从宗教和政治中分化出来，并开始保持独立的

---

① 学与教的混而不分，在前面“严复的中西文化比较”中已经涉及，在此做进一步的申述。

地位。这是严复改造中国传统学术所倡导的一个重要方面。在严复看来，支离破碎、东鳞西爪、无系统、无一贯的东西，严格地说都不是“学”。他说：“不知即物穷理，则由之而不知其道；不求至乎其极，则知矣而不得其通。语焉不详，择焉不精，散见错出，皆非成体之学而已矣。”[①]能被称为“学”的，必须是系统的学说，而且各个部分的理论都可以求证，并能产生实践的效能。严复说：“今夫学之为言，探赜索隐，合异离同，道通为一之事也。是故西人举一端而号之曰‘学’者，至不苟之事也。必其部居群分，层累枝叶，确乎可证，涣然大同，无一语游移；无一事违反；藏之于心则成理，施之于事则为术；首尾赅备，因应厘然，夫而后得谓之为‘学’。”[②]按照这个标准衡量，严复认为中国传统学术难以称为“学”：“则凡中国之所有，举不得以‘学’名。”[③]何以如此？原因之一是中国的学术与宗教、政治混而为一，没有得到独立的发展。

事实上，在西方，中世纪宗教神学一霸天下，学术实无独立之地位：“教力之大盛于欧也，彼皆隤然以《旧》《新》二约为古初之天语，上帝运无穷悲智，于以默示下民。凡说之与此异者，皆殃民之妖魅也。”[④]但是经过文艺复兴与宗教改革之后，西方的学术对宗教宣告独立，判若两然。严复说：“今夫教之为物，与学绝殊。学以理明，而教由信起，方其为信，又不必与理皆合也。”[⑤]按照严复的说法，学术以理性为根基，宗教以信仰为支柱。学术与宗教的分立，即是理性与信仰的分立，两者此消彼长，分别存在。严复写道：“西学之与西教，二者判然绝不相合。‘教’者所以事天神，致民以不可知者也。致民以不

① 《救亡决论》,《严复集》第1册，第52页。
② 同上。
③ 同上。
④ 《〈法意〉按语》,《严复集》第4册，第1021页。
⑤ 同上。

可知，故无是非之可争，亦无异同之足验，信斯奉之而已矣。‘学’者所以务民义，明民以所可知者也。明民以所可知，故求之吾心而有是非，考之外物而有离合，无所苟焉而已矣。‘教’崇‘学’卑，‘教’幽‘学’显……世人等之，不亦远乎！”[①]

但是，在中国传统社会，学术与宗教混而不分的情况一直持续着[②]，宗教的纷争却在学术上表现出来。严复叙述说：“中国赵宋以前之儒者，其所讲者，固不外耳目践履之近者也。其形上者，往往求之老佛之书。自宋之诸儒，始通二者之邮，大明乎下学上达之情，而以谓性与天道，即见于可得闻之文章，则又痛辟乎二氏之无当。自陆王二子，主张良知，而永嘉经制之学，乃逐物破道。愈为儒教偏宗，非其所尚者矣。顾自今以西学眼藏观之，则惟宗教，而后有如是之纷争。至于学界，断断不宜有此。然则，中国政家不独于礼法二者不知辨也。且举宗教学术而混之矣。”[③]学术与宗教相混的弊病是影响各自的独立发展。在中国，儒学既充当了宗教的角色，又保持着学术的阵地。它一方面培育了中国人的宗教心，但另一方面又使宗教不在独立的体系中发展，表现出漂泊性。就学术来说，一方面儒学尊重理性，使思想主体的作用得到发挥，但另一方面，儒学中的信仰和盲从又使学术萎缩，唯经唯人的习性根深蒂固。这样，学术与宗教就受到了双重制约。因此，在中国，学术与宗教的分离应是互为分离，不是像西方那样，学术对宗教求独立，求解放。学术与宗教是否分离，能反映出事物发展的程度。严复从进化的角度指出：“吾闻凡物之天演深者，其分殊

---

① 《救亡决论》，《严复集》第1册，第52页。

② 在中国，佛教是外来的宗教，道教则是土生土长的宗教，这种一般意义上的宗教并没有成为占统治地位的思想意识形态，拥有这一特权的是儒学。儒学是不是宗教呢？大家的分歧甚大。这涉及如何定义宗教的问题。从它作为儒者的信仰来说，儒学具有宗教的性质，但又有世俗化的特点。

③ 《〈法意〉按语》，《严复集》第4册，第992页。

繁，则别异暂。而浅者反是。”[①] 按照严复的立场，中国的学术与宗教必须各立门户，各起炉灶。

再者，在中国传统社会，学术又受到政治的强大制约，这突出表现在学习以入仕为鹄的，以当官治人为理想。严复说：“父兄之期之者，曰：得科第而已。妻子之望之者，曰：得科第而已。即己之寤寐之所志者，亦不过曰：得科第而已。”[②] 又说：“夫中国自古至今，所谓教育者，一语尽之曰：学古入官已耳！”[③] “盖往者通国之人，舍士无学。”[④] “中国前之为学，学为治人而已。至于农、商、工、贾，即有学，至微，谫不足道。是故士自束发受书，咸以禄仕为达，而以伏处为穷。”[⑤] 这样，学术本身的价值和目的就不复存在，它只是一个手段，只是一块敲门砖。人们“非志功名则不必学，而学者所治不过词章，词章极功，不逾中式，揣摩迎合以得为工，则何怪学成而后，尽成奴隶之才，徒事稗贩耳食，而置裁判是非，推籀因果之心能于无所用之地乎！”[⑥] 特别是，人们以出仕做官为极致，舍仕而外，别无洞天，别无他志，这使社会价值单一化，官本位主义左右一切，从而使社会广大的其他领域荒芜不堪，无人问津，被人们视之如瓦砾，鄙之如粪土，影响了社会多元的、全面的发展。严复痛而言之：“中国重士，以其法

① 《〈法意〉按语》，《严复集》第 4 册，第 992 页。

② 《论治学治事宜分二途》，《严复集》第 1 册，第 88 页。另外，利玛窦对这种情形已有描述。他说：“在这里每人都很清楚，凡有希望在哲学领域成名的（即通过科举做官。——中译者注），没有人会愿意费劲去钻研数学或医学。结果是几乎没有人献身于研究数学或医学……钻研数学或医学并不受人尊敬，因为他们不像哲学研究那样受到荣誉的鼓励，学生们因希望着随之而来的荣誉和报酬而被吸引。这一点从人们对学习道德哲学深感兴趣，就可以很容易看到。在这一领域被提升到更高学位的人，都很自豪他实际上已达到了中国人幸福的顶峰。”（〔意〕利玛窦：《利玛窦中国札记》上册，第 34 页）

③ 《论今日教育应以物理科学为当务之急》，《严复集》第 2 册，第 281 页。

④ 同上书，第 278 页。

⑤ 《大学预科〈同学录〉序》，《严复集》第 2 册，第 292 页。

⑥ 《论今日教育应以物理科学为当务之急》，《严复集》第 2 册，第 281 ～ 282 页。

之效果，遂令通国之聪明才力，皆趋于为官。百工九流之业，贤者不居。即居之，亦未尝有乐以终身之意。是故其群无医疗、无制造、无建筑、无美术，甚至农桑之重，军旅之不可无，皆为人情所弗歆，而百工日绌。一旦其国入于天演之竞争，乃俛然不可以终日。”[①] 严复认为，要改变此种状况，必须确立平等精神，打破职业贵贱的森严壁垒："使其国以平等为精神，将执业虽异，而于社会，皆为分工而不可阙，初无所谓贵贱者也。操术固有巧拙难易，而贵贱不甚相悬，而后诸业皆奋，而其群无废事。”[②]

说到政治家与学问家对社会的作用，严复固然肯定政治家的地位，但也给学问家以极高的赞赏。他说："如德之路得、汗德，若法之特嘉尔、鲁梭，英之洛克、达尔文等，皆非有位者也。而以化民之功效广远言之，虽华盛顿、弼德何以加焉？”[③] 总之，严复强调学问与政治必须一分为二："国愈开化，则分开愈密，学问政治，至大之工，奈何其不分哉！”[④] 严复批评中国传统学教不分，学以从政为目的，的确抓住了中国学术的弊病。他要求建立学术的独立价值，诚为学术近代化的一个重要目标。但这个目标并不容易实现。只要官本位主义存在，只要人们的价值观不能多元化，学术和知识的独立价值目标就只能是一种愿望。

（二）名数质力的高度强调：科学主义

名数质力是严复的用语，即现在所说的逻辑学、数学、化学和物理学等科学。严复崇尚科学，常以名数质力四门举之，尤推名数，表现出科学主义的特点。

---

① 《〈法意〉按语》，《严复集》第 4 册，第 1000 页。

② 同上。

③ 《〈原富〉按语》，《严复集》第 4 册，第 908 页。

④ 《论治学治事宜分二途》，《严复集》，第 89 页。

严复说，在中国传统社会，所谓学主要是义理辞章、经传考据之类。它们占据着统治地位，是显学，是正统之学，人们竞相趋之，唯此为大。科学是被人遗忘的角落，不被重视。严复对中国学术的这种风尚痛加批评，斥之为"无用""无实"。他说："自有制科来，士之舍干进梯荣，则不知焉所事学者，不足道矣。超俗之士，厌制艺则治古文词，恶试律则为古今体；鄙折卷者，则争碑版篆隶之上游；薄讲章者，则标汉学考据之赤帜。于是此追秦汉，彼尚八家，归、方、刘、姚，恽、魏、方、龚；唐祖李、杜，宋祢苏、黄；七子优孟，六家鼓吹。魏碑晋帖，南北派分，东汉刻石，北齐写经。戴、阮、秦、王，直闯许、郑，深衣几幅，明堂两个。钟鼎校铭，珪琮著考，秦权汉日，穰穰满家。诸如此伦，不可殚述。然吾得一言以蔽之，曰：无用……侈陈礼乐，广说性理。周、程、张、朱，关、闽、濂、洛。学案几部，语录百篇。《学蔀通辩》《晚年定论》。关学刻苦，永嘉经制。深宁、东发，继者顾、黄，《明夷待访》《日知》著录。褒衣大袖，尧行舜趋。訑訑声颜，距人千里。灶上驱虏，折箠笞羌。经营八表，牢笼天地。夫如是，吾又得一言以蔽之，曰：无实。"①

近代西方自然科学传入中国后，一些自居的名流对此学并未深究，仅得唾余，便在古书中猎取只言片语，"谓西学皆中土所已有，羌无新奇"，一味附会穿凿，说什么"星气始于臾区，勾股始于隶首；浑天昉于玑衡，机器创于班墨；方诸阳燧，格物所宗；烁金腐水，化学所自；重学则以均发均悬为滥觞，光学则以临镜成影为嚆矢；蜕水蜕气，气学出于亢仓；击石生光，电学原于关尹"②，如此等等，不胜枚举。严复认识到即便中国古代有近代科学因素的萌芽，也不能任意地与近代科学进行附会攀缘，"第即使其说诚然，而举划木以傲龙骧，指椎轮以

① 《救亡决论》,《严复集》第 1 册，第 43 ～ 44 页。

② 同上书，第 52 页。

訾大辂，亦何足以助人张目，所谓诟弥甚耳！”[①]但不学无术者不究事实，无中生有，以慰虚骄之心，麻木自我，强充好汉，动辄曰“吾已有之”，塞人耳目，误事害国。严复意欲委婉劝告，恐不足以使人觉悟，宁愿受世毁贬而大声疾呼，以惊世俗之非：“吾欲与之为微词，则恐不足发聋而振聩；吾欲大声疾呼，又恐骇俗而惊人。虽然，时局到今，吾宁负发狂之名，决不能喔咿嚅唲，更蹈作伪无耻之故辙。今日请明目张胆为诸公一言道破可乎？四千年文物，九万里中原，所以至于斯极者，其教化学术非也。”[②]严复认为学术之非，其故在不本诸科学，不立科学为之基。严复推崇科学，用心十分良苦。

弗兰西斯·培根对科学充满了热情与信心，发出了“知识就是力量”的时代强音。他满怀激情地赞颂科学：“科学的真正的与合理的目的在于造福于人类生活，用新的发明和财宝丰富人类生活。……自然科学只有一个目的，这就是更加巩固地建立和扩大人对自然界的统治。人对自然界的这种统治只有依靠技术和科学才能实现。因为，人有多少知识，就有多少力量，他的知识和他的能力是相等的，只有倾听自然界的呼声（使自己的理智服从于自然界）的人，才能统治自然界。”[③]又说：“科学的本质在于它是存在的反映……科学是真理的反映……世界上最伟大的力量，最高的、最可敬的统治，就是科学的统治。”[④]

培根在这里强调了两点：一是科学是人类最伟大的力量，只有它才能使人类摆脱自然的统治，并造福人类；二是要使自然服务于人的目的，听从人的吩咐，人首先必须认识自然，倾听自然的呼声，把握

---

① 《救亡决论》，《严复集》第1册，第52页。

② 同上书，第53页。

③〔德〕费尔巴哈：《费尔巴哈哲学史著作选》第1卷，涂纪亮译，商务印书馆1978年版，第56～57页。

④ 同上书，第57～59页。

自然的奥秘与规律。受到近代科学刺激的严复与培根一样，推崇知识，讴歌科学，宣扬科学即力量，宣扬认识自然的崭新世界观。他说近代的工业文明、技术革命无一不本于科学："制器之备，可求其本于奈端；舟车之神，可推其原于瓦德；用电之利，则法拉第之功也；民生之寿，则哈尔斐之业也。而二百年学运昌明，则又不得不以柏庚氏之摧陷廓清之功为称首。学问之士，倡其新理，事功之士，窃之为术，而大有功焉。"①

政法家认为，财富日丰，商贾日通，乃由政法改良所促成。宗教学家说，欧美之所以有今日，是由于奉教的清真。严复则指出，更根本的原因是"格致之功胜耳"。"何者？交通之用必资舟车，而轮船铁路，非汽不行，汽则力学之事也。地不爱宝，必由农矿之学，有地质，有动植，有化学，有力学，缺一则其事不成。他若织染冶酿，事事皆资化学。故人谓各国制造盛衰，以所销强水之多寡为比例。"②因此，严复强调，中国要富强，要兴盛，就必须掌握科学："继今以往，将皆视物理之明昧，为人事之废兴。各国皆知此理，故民不读书，罪其父母。"③要控制自然，要利用、改造自然，就要认识自然，懂得自然法则，按自然规律行事："自然规则，昧而犯之，必得至严之罚；知而顺之，亦有至优之赏以之保已，则老寿康强；以之为国，则文明富庶。欲识此自然规则，于以驾驭风雷，箫与水火，舍勤治物理科学，其道又奚由乎？"④科学不仅是富强之基，而且是政教之本。科学的革命既引起了生产力的突飞猛进，也使政治观念、学术思想焕然一变。哥白尼的"太阳中心说"使严复惊叹地说："伟哉科学！五洲政治之变，基于此矣。盖自古人群之为制，其始莫不法于自然。故《易》曰：'天尊

① 《〈原强〉修订稿》，《严复集》第1册，第29页。

② 《论今日教育应以物理科学为当务之急》，《严复集》第2册，第283页。

③ 《救亡决论》，《严复集》第1册，第48～49页。

④ 《论今日教育应以物理科学为当务之急》，《严复集》第2册，第283页。

地卑，乾坤定矣。’有其至高者在上以为吾覆，有其至卑者居下以为吾践。此贵贱之所由分，而天泽之所以位也。乃自歌白尼之说确然不诬，民知向所对举而严分者，其于物为无所属也。苍苍然高者，绝远而已，积虚而已，无所谓上下也。无所谓上下，故向之名天者亡。名天者亡，故随地皆可以为极高，高下存乎人心，而彼自然，断断乎无此别也。此贵贱之所以不分，而天泽之所以无取也。三百数十年之间，欧之事变，平等自由之说，所以日张而不可遏者，溯起发端，非由此乎？”①

哥白尼的发现岂止是天文学革命，它也是政治革命和思想革命。它摧毁了上千年来占统治地位的观念，解放了人们被禁锢的精神。严复看到了科学的伟大，为科学的胜利而欢欣鼓舞。他对哥白尼的评价毫不过分，爱因斯坦对哥白尼也给予了极高的赞扬："他②对于西方摆脱教权统治和学术统治枷锁的精神解放所作的贡献几乎比谁都要大。"③达尔文的生物进化论是生物学上的革命，但也推动了学术政教的巨大变革，严复对此同样抱有十分大的热情，并加以称颂，说达尔文“穷精眇虑，垂数十年而著一书，名曰《物类宗衍》。自其书出，欧美二洲几于无人不读，而泰西之学术政教，为之一斐变焉。论者谓达氏之学，其彰人耳目，改易思理，甚于奈端氏之天算格致，殆非溢美之言也。其为书证阐明确，厘然有当于人心”④。

科学为政教之本，诚为严复坚信的观点。⑤当时有人提出“政本

---

① 《政治讲义》,《严复集》第5册，第1241页。

② 指哥白尼。

③ 〔美〕爱因斯坦:《爱因斯坦文集》第1卷，许良英、范岱年编译，商务印书馆1976年版，第601页。

④ 《原强》,《严复集》第1册，第5页。

⑤ 严复提出了科学与政治的关系问题，他相信科学能够解决政治问题，这是他科学观的一个突出表现。20世纪20年代科学与人生观的论战，其中一方坚持科学能够解决人生观问题，这是科学主义的表现。

艺末”的观点，严复毫不留情地加以斥责：“愈所谓颠倒错乱者矣。”[①]他说，假如所说的艺是指科学，名数质力皆为科学，那么它们非但不是末，反而是本：“其通理公例，经纬万端，而西政之善者，即本斯而立。”[②]如果说艺非指科学，那么政艺则共出于科学。西方之政较善，乃由于“以科学为艺，则西艺实西政之本”[③]。中国政治腐败不堪，“亦坐不本科学，而与通理公例违行故耳”[④]。

按照严复的见解，治国平天下，只要以名数质力为基，进而再治生物学、心理学，最后攻群学，就一定能达到极盛之世。他为这一图式所鼓舞：“呜呼！美矣！备矣！自生民以来，未有若斯之懿也。虽文、周生今，未能舍其道而言治也。”[⑤]严复自以为得到了治国的法宝。严复言学次第的思想受到了斯宾塞的影响。欧洲中世纪宗教神学的为学阶梯以名学为第一，次为元学，再次为神理学、德行之学，最后为物理学。严复认为，把名学列为第一诚当，但把物理学排到最后实谬。斯宾塞言学以名数为始基，次为物理学诸科，最后乃为群学和德行之学。严复说：“生今之日，为学而自褆其躬若此，庶几可谓纯备者矣。”[⑥]但斯宾塞治学的次第说并没有科学性，虽然他自以为是科学的。斯氏追求统一的知识理想，试图使自然科学与人文社会科学打成一片，但他庞大的思想体系充满了混乱。处在知识饥渴中的严复还来不及全面分析、批判斯氏的学说，他是以传播、吸取为主。不过，严复认为，斯氏重视科学，试图以科学为基础建构知识体系大厦的自觉意识对改变中国传统学术轻视科学的倾向是有积极意义的。

---

① 《与〈外交报〉主人书》,《严复集》第 3 册，第 559 页。
② 同上。
③ 同上。
④ 同上。
⑤ 《原强》,《严复集》第 1 册，第 7 页。
⑥ 《〈原富〉按语》,《严复集》第 4 册，第 905 页。

（三）科学方法论的弘扬

在谈到中国为什么没有近代科学的问题时，爱因斯坦曾指出，西方科学的发展以两个伟大的发明为根据：一是古希腊哲学家所发明的“形式逻辑”（在欧几里得几何内），二是（在文艺复兴以后）用系统的实验找出因果关系的可能之发现。[①]而由于中国的圣人没有采用以上两种步骤或没有这些发现，所以中国没有科学。爱因斯坦所说的两个发现，即科学方法或逻辑中的演绎法与归纳法。演绎法是亚里士多德建立的，归纳法是培根创始的。两者对西方科学的发展起到了很大的作用。在中国，科学方法和逻辑意识，虽在先秦有某种程度的自觉，但其后并没有得到应有的发展，这影响到了中国科学的进步。到了近代，严复第一次把它提高到最重要的位置，大力弘扬在西方得到了高度发展的科学方法和逻辑，为改变中国科学方法和逻辑的不发达状况做出了重要贡献。

在严复翻译出版的八部书中，有两部是关于科学方法和逻辑学的书:《穆勒名学》（上半部）与耶方斯的《名学浅说》。在严复看来，逻辑学“是学为一切法之法，一切学之学；明其为体之尊，为用之广”[②]。严复指出，“西学之所以翔实，天函日启，民智滋开，而一切皆归于有用者，正以此耳”[③]。按照严复的逻辑，富强之本在科学，科学

---

① 关于中国古代有没有科学的问题，一直有两种截然不同的观点。这里引述的爱因斯坦的说法代表了其中的一种观点。冯友兰早年则认为中国缺乏科学，并为它寻找了原因。（冯友兰:《中国为什么没有科学——对中国哲学的历史及其后果的一种解释》，《冯友兰全集》第 11 卷，河南人民出版社 2000 年版，第 31 ～ 53 页）与这种观点不同，李约瑟认为中国古代有科学（〔美〕默逊:《中国的文化和科学》，第 3 ～ 82 页），即便到了近代，中国的科学仍呈上升发展的趋势，只是与西方对比，它落后了（华谷月:《李约瑟博士访谈录》，《哲学与文化》，1977 年第 1 期）。

② 《〈穆勒名学〉按语》，《严复集》第 4 册，第 1028 页。

③ 同上书，第 1047 页。

之基在方法。因此，严复强调科学，尤其注重科学中的逻辑学——科学方法论。然而，如此重要的科学方法论，严复认为在中国没有得到重视。他引述司马迁说的“《春秋》推见至隐，《易》本隐之以显”，并加以发挥：“迁所谓本隐之显者，外籀也；所谓推见至隐者，内籀也，其言若诏之矣。二者即物穷理之最要途术也，而后人不知广而用之者，未尝事其事，则亦未尝咨其术而已矣。”[①] 按照严复的这种说法，虽然中国古人早就意识到了归纳法与演绎法，但它们却没有得到后人的系统发展，故而被埋没以至于匿迹。严复感叹道：“夫古人发其端，而后人莫能竟其绪；古人拟其大，而后人未能议其精，则犹之不学无术未化之民而已。祖父虽圣，何救子孙之童昏也哉！”[②]

严复受自培根以来英国经验主义哲学的影响，在科学方法中强调归纳法的作用，认为归纳法提供了科学的前提。只有从这一前提出发进行推论，才能得出正确的结论。在中国传统社会，演绎法并不是不曾加以运用，但由于缺乏归纳为演绎提供可靠的前提，所以推论的结果都是谬见：“常智之证，恒在原而不在委；原之既非，虽不畔外籀之术无益也。”[③] 这就造成了中国学术的弊端，并导致了国弱民穷。严复指出：“旧学之所以多无补者，其外籀非不为也，为之又未尝不如法也，第其所本者大抵心成之说，持之似有故，言之似成理，媛姝者以古训而严之，初何尝取其公例而一考其所推概者之诚妄乎？此学术之所以多诬，而国计民生之所以病也。中国九流之学，如堪舆、如医药、如星卜，若从其绪而观之，莫不顺序；第若穷其最初之所据，若五行支干之所分配，若九星吉凶之各有主，则虽极思，有不能言其所以然者矣。无他，其例之立根于臆造，而非实测之所会通故。”[④]

① ［清］严复：《译〈天演论〉自序》，《天演论》，第ix页。
② 同上。
③ 《〈穆勒名学〉按语》，《严复集》第4册，第1048页。
④ 同上书，第1047页。

在西方，培根倡导新工具，对亚里士多德以来流行的三段论做了著名的批评："现在流行的逻辑与其说是帮助人们寻求真理，不如说是把植根于一般人接受的观念中的错误固定下来。所以它的坏作用多于好作用。"[①] 又说："三段论不是应用于科学的基本原理，而是徒劳无益地应用于中间的公理；它是不足于穷自然之奥秘的。所以它只是强人同意一个命题，但没有把握事物。"[②] 可以说，严复批评中国传统的演绎方法，是继培根之后东方人对三段论的典型批评。[③] 在严复看来，中国所要做的最为急迫的事情是提倡和推行归纳法，以使中国的学术建立在牢固的科学基础之上，同时要广泛运用这一方法使科学飞速发展，改变落后的局面。这是严复的真情实感。

关于归纳法，严复说："内籀云者，察其曲而知其全者也，执其微以会其通者也。"[④] 又说："内导者，合异事而观其同，而得其公例。"[⑤] 严复指出，归纳这种方法毫无高深玄妙之处，人人皆可用之："内籀，言其浅近，虽三尺童子能之。今日持火而烫，明日持火又烫，不出三次，而火能烫之公例立矣。"[⑥] 这就是说，归纳是由个别的事物或现象推出该类事物或现象的普遍性规律的推理，它是由个别、特殊上升到一般、普遍的方法。显然，严复抓住了归纳法最基本的方面。关于归纳的具体步骤，严复指出，它有三个层次：一是考订或观察，二是贯通，三是试验。归纳必须依据事实，即"内籀必先考求事实"[⑦]；要得

---

① 金岳霖：《形式逻辑》，人民出版社 1979 年版，第 326 页。

② 同上。

③ 耶方斯对演绎法也有批评，他说："夫外籀之术，自是思辨范围。但若纯向思辨中讨生活，便是将古人所已得之理，如一桶水倾向这桶，倾来倾去，总是这水，何处有新智识来？"（〔英〕耶方斯：《名学浅说》，严复译，商务印书馆 1981 年版，第 65 页）

④ ［清］严复：《译〈天演论〉自序》，《天演论》，第ⅷ～ⅸ页。

⑤ 《西学门径功用》，《严复集》第 1 册，第 94 页。

⑥ 《政治讲义》，《严复集》第 5 册，第 1244 页。

⑦ 同上书，第 1249 页。

到事实，就要靠观察，通过观察，发现事实或现象；在此基础上，进行融会贯通，“类异观同，普通为一”①，“考订既详，乃会通之以求其所以然之理。于是大法公例生焉”②。通过归纳得出的普遍性结论，究竟靠得住还是靠不住，还应该再求之于试验的检查，“试验愈周，理愈靠实矣”③。由此可见，严复已经注意到了观察与试验在科学方法中的重要作用。

同归纳相对的是演绎。严复解释演绎说：“外籀云者，据公理以断众事者也，设定数以逆未然者也。”④“外籀者，本诸一例而推散见之事者也。”⑤演绎是从一般、普遍到个别、特殊的方法。穆勒认为，演绎法包括三种活动：首先是直接归纳，然后用归纳得出的结论作为前提进行推论，最后是证实。严复接受了这一看法，但他强调印证之功能。他指出，穆勒所说“第三候之印证，浅人骛高远者往往视为固然，意或惮于烦重而忽之。不知古人所标之例所以见破于后人者，正坐阙于印证之故。而三百年来科学公例，所由在在见极，不可复摇者，非必理想之妙过古人也，亦以严于印证之故。是以明诚三候，阙一不可。阙其前二，则理无由立；而阙其后一者，尤可惧也”⑥。

归纳与演绎的关系是一个重要问题，在这一问题上，严复的态度与英国经验主义哲学重视归纳的倾向密切相关。培根在科学方法论上的革命，就是以归纳法为突破口的。承继培根的路径，在归纳理论研究上做出伟大贡献的穆勒也推崇归纳原则。他为了论证三段论不是循环，甚至提出三段论实质上不是演绎，而是归纳。他针对归纳是演绎

---

① 《西学门径功用》，《严复集》第 1 册，第 93 页。
② 同上。
③ 同上。
④ ［清］严复：《译〈天演论〉自序》，《天演论》，第 ix 页。
⑤ 《论今日教育应以物理科学为当务之急》，《严复集》第 2 册，第 280 页。
⑥ 《〈穆勒名学〉按语》，《严复集》第 4 册，第 1053 页。

的一种特殊情形的说法走到了另一个极端："并非归纳可还原为演绎，我们认为演绎可还原为归纳。"[①] 严复在一定程度上接受了穆勒的说法，认为一切普遍的知识都来自归纳，"公例无往不由内籀"[②]。严复认为演绎离不开归纳，既说"内外籀之相为表里，绝非二途"[③]，又说"不独见形、数二科为同物，且与力、质诸科但有深浅、生熟之殊，而无性情本原之异，而民智又归一本矣"[④]。严复这里说的"一本"即归纳。他认为，即便进行演绎也仍与归纳有关系："穆勒言成学程途虽由实测而趋外籀，然不得以既成外籀，遂与内籀无涉；特例之所苞者广，可执一以御其余。此言可谓见极。"[⑤] 可以看出，严复确实有推崇归纳的倾向。这一点已为大家所共认。

但是，严复并没有以完全牺牲演绎为代价来抬高归纳。他推崇归纳但不轻视演绎，他肯定两者是科学方法中的两个方面，他说："格物穷理之用，其涂术不过二端。一曰内导，一曰外导。"[⑥] 又说："观西人名学，则见其于格物致知之事，有内籀之术焉，有外籀之术焉。"[⑦] 严复只是在归纳为知识之基础的意义上注重归纳，在知识的进一步发展与高一阶段上，他认为演绎就显得更为重要："学至外导，则可据已然已知以推未然未知者，此民智最深时也。"[⑧] 在名数质力科学中，名数诸学则多演绎而少归纳，质力等学反之。由此来看，严复是力求全面地把握科学的方法。当然，严复在科学方法和逻辑学的理论上并没有自己的建树，他所做的基本是介绍与宣扬的工作。处在改变中国科学

① 金岳霖：《形式逻辑》，第 340 页。
② 《〈穆勒名学〉按语》，《严复集》第 4 册，第 1050 页。
③ 同上。
④ 同上书，第 1050 ～ 1051 页。
⑤ 《〈穆勒名学〉按语》，《严复集》第 4 册，第 1047 页。
⑥ 《西学门径功用》，《严复集》第 1 册，第 94 页。
⑦ ［清］严复：《译〈天演论〉自序》，《天演论》，第ⅷ页。
⑧ 《西学门径功用》，《严复集》第 1 册，第 94 页。

方法和逻辑学不发达状况第一阶段的严复，他所做的也许已经不少了。

（四）认识论的展开

如果说中国传统哲学的一个缺点是科学方法和逻辑学不受重视，那么与此相关，它的另一个缺点则是认识论不发达，显得薄弱。如果说严复为中国哲学近代化所做的一个重要贡献是大力弘扬科学方法和逻辑，那么他所做的另一个重要贡献则是展开认识论的研究。在严复的著作中，他虽没有建构起认识论的体系，但在他的整个思想中，他已经触及了认识论中的一些重要问题。在对严复认识论的研究中，人们大都停留在经验论与不可知论这种笼统的、简单的说法上，而对其丰富的重要内容缺乏深入挖掘与具体分析，这是应该改变的。

接触严复的认识论，我们首先会看到，严复在认识上所倡导的变革，主要是以敏锐的批判理性来排除中国传统哲学中关于认识的种种不恰当观念，以走向近代科学意义上的认识论。具体来说，严复做了以下几个方面的重要工作：一是批判"唯书"主义，高唱以自然为认识的主要对象；二是批判良知良能的主观主义，坚持以感性经验为认识的出发点；三是批判心习成见的因循被动主义，强调自用思想和认知主体的能动性。

在欧洲中世纪，自然与宗教神学中的上帝连接在一起并隶属于它，因而不能成为独立的科学认识对象。自然观念摆脱宗教神学，是在文艺复兴以后逐渐实现的。近代科学和认识论的革命与此不可分割。面向自然，认识自然，解释自然之谜，成为哲学的座右铭。在中国传统哲学中，"自然"概念在先秦已受到注目，与道家哲学紧密相关，但其意义主要不是指我们现在所说的客观外界和作为认识对象的自然，主要由"天""物"等概念来指示这一意义。荀子哲学中的"天"最能体现这点。与"天"相对的是"人"。天人关系是中国哲学的基本问题，众多哲学家为解决这一问题所走的路子，整体上说是重合不主分[①]，倾于统一远于区分，“天人合一”就是这种趋向的准确概括。“人”主要是伦理道德意义上的人，“天”则是作为伦理道德的直接根源与内在根据及最高法则的天。在这种意义上，天人难舍难分，永远处于连续的状态中，宋明理学对此的阐发最为典型。

“格物致知”在宋明哲学中得到了充分的讨论，其所说的“物”当然有时是指“自然之物”，如朱熹说的格一草一木，但总体上宋明哲学家所关心的不是自然之物本身，而是人的道德境界的提高。特别是，他们把“物”归结为事。胡适指出：“朱熹和王阳明都同意把‘物’作‘事’解释。这一个字的人文主义的解释，决定了近代中国哲学的全部性质与范围。它把哲学限制于人的‘事务’和关系的领域。王阳明主张‘格物’只能在身心上做。即使宋学探求事事物物之理，也只是研究‘诚意’以‘正心’。他们对自然客体的研究提不出科学的方法，也把自己局限于伦理与政治哲学的问题之中。因此，在近代中国哲学的这两个伟大时期中，都没有对科学的发展作出任何贡献。”[②]明清之际的哲学家提倡“实学”，但仍没有真正关心对自然的认识；他们立足于经世致用，一反王学束书不观的态度，开始向书本讨生活，形成了注疏考据的学风。虽然当时有科学家出现，但他们主要关心的是具体科学本身，而对科学之为科学、对作为科学之对象的自然还不够自觉。

严复要把人从经籍中解放出来，使之面向自然、认识自然。他毫不留情地批评说，中国学人沉溺于语言文学及伦理道德中，不关心大自然的奥秘：“盖吾国所谓学，自晚周秦汉以来，大经不离言词文字而

---

① 当然，在中国主张“天人相分”的哲学家也是有的，最突出的当推先秦的荀子和唐代的刘禹锡。荀子提出了“明天人之分”“制天命而用之”的著名命题，刘禹锡提出了“天人交相胜”的深刻学说。

② 胡适：《先秦名学史》，学林出版社 1983 年版，第 6 页。

已。求其仰观俯察，近取诸身，远取诸物，如西人所谓学于自然者，不多遘也。夫言词文字者，古人之言词文字也，乃专以是为学，故极其弊，为支离，为逐末，既拘于墟而束于教矣。而课其所得，或求诸吾心而不必安，或放诸四海而不必准。如是者，转不若屏除耳目之用，收视返听，归而求诸方寸之中，辄恍然而有遇。此达摩所以有廓然无圣之言，朱子晚年所以恨盲废之不早，而阳明居夷之后，亦专以先立乎其大者教人也。”[①] 严复引用赫胥黎的话并评论说：“‘天下之最为哀而令人悲愤者，无过于见一国之民舍故纸所传而外，一无所知。既无所信向，亦无所持守。徒向修辞，以此为天下之至美；以虫鸟之鸣，为九天之乐。’嗟乎！赫氏此言，无异专为吾国发也。”[②]

因此，严复大声呼唤，中国学术研究在认识对象上的弊端必须排除，人们必须转向自然，去读自然这部无字之书，去研究、探索大自然的符号：“吾人为学穷理，志求登峰造极，第一要知读无字之书。倍根言：‘凡其事其物为两间之所有者，其理即为学者之所宜穷。所以无大小，无贵贱，无秽净，知穷其理，皆资妙道。’此佛所谓墙壁瓦砾，皆说无上乘法也。赫胥黎言：‘能观物观心者，读大地原本书；徒向书册记载中求者，为读第二手书矣。’”[③] 严复再次引用赫胥黎的话，强调认识自然才是真学，对朱熹即物穷理加以肯定，批评他的读书穷理：“故赫胥黎曰：‘读书得智，是第二手事，唯能以宇宙为我简编，民物为我文字者，斯真学耳。’此西洋教民要术也。而回观中国则何如？夫朱子以即物穷理释格物致知，是也；至以读书穷理言之，风斯在下矣。”[④] 严复进一步认为，人们只有求学于自然，超出言词文字之外，思想才能发展，新知才会无穷，人类文明由此才能进化无疆。他说，

---

① 《〈阳明先生集要三种〉序》，《严复集》第 2 册，第 237 ～ 238 页。

② 《论今日教育应以物理科学为当务之急》，《严复集》第 2 册，第 282 页。

③ 《西学门径功用》，《严复集》第 1 册，第 93 页。

④ 《〈原强〉修订稿》，《严复集》第 1 册，第 29 页。

善为学者"学于言词文字，以收前人之所已得者矣，乃学于自然。自然何？内之身心，外之事变，精察微验，而所得或超于向者言词文字外也。则思想日精，而人群相为生养之乐利，乃由吾之新知而益备焉。此天演之所以进化，而世所以无退转之文明也"①。严复把"自然"确立为研究对象，要求人们摆脱经院哲学的束缚，打破玩弄文字的陋习，这充分显示了他勇于探索自然事物的进取向上精神。

在认识的出发点上，严复认为中国传统哲学中有主观主义、先验主义的倾向。孟子开其先河，说"万物皆备于我"，说人人都有"良知""良能"。宋明陆王心学扩而充之，推而广之，集主观主义之大成，使人们沉醉于"良知""良能"的封闭自我中。严复指出，认识不能从空洞的心出发，不能在同外界隔离的主观自我中生长，而只能从感性经验开始，只能以接触、感知现实事物为基础。为此，严复倡导对以陆王心学为主的良知良能主观主义进行批判，他说："夫陆王之学，质而言之，则直师心自用而已。自以为不出户可以知天下，而天下事与其所谓知者，果相合否？不径庭否？不复问也。自以为闭门造车，出而合辙，而门外之辙与其所造之车，果相合否？不龃龉否？又不察也。向壁虚造，顺非而泽，持之似有故，言之若成理。其甚也，如骊山博士说瓜，不问瓜之有无，议论先行蜂起，秦皇坑之，未为过也。盖陆氏于孟子，独取良知不学、万物皆备之言，而忘言性求故、既竭目力之事，惟其自视太高，所以强物就我。后世学者，乐其径易，便于惰窳敖慢之情，遂群然趋之，莫之自返。其为祸也，始于学术，终于国家。"②

在严复看来，主观主义是师心自用，他举了一个有趣的例子："英群学家鲁拨约翰为余言：南非洲新闻，欧人驱牛运致装物入境，黑人

① 《〈阳明先生集要三种〉序》，《严复集》第2册，第238页。
② 《救亡决论》，《严复集》第1册，第44～45页。

见之则大骇，私相议曰：'是庞然大形而行于于者，非鬼物耶？白人力能使物，必遣此怪来残吾类；观其头各戴二利钩，可以知矣。'已而侦之，觉无他异，且牛甚驯伏，行稍迟，御者辄鞭之，或用利镊刺其股，则大悟曰：'前说非也。是特白人之妻耳，故为之负装；不力，虽遭鞭刺，不敢叛怨。是特白人之妻耳。'盖彼俗以妇人任重也，遂相说以解。……嗟乎！智各囿于耳目之所及，彼黑人者，何尝不据其已明之理，相传之说以为推乎？不实验于事物，而师心自用，抑笃信其古人之说者，可惧也夫！"[①]

严复指出，主观主义的特点是扼杀客观原则，取消感性，以神秘的主观之心来衡量一切、评判一切。"师心自用"就是对它的真实刻画。严复说："牵涉傅会，强物性之自然，以就吾心之臆造，此所以为言理之大蔀，而吾国数千年格物穷理之学，所以无可言也。"[②]严复接受了洛克、穆勒的经验主义原则，认为不存在良知。[③]他说："智慧之生于一本，心体为白甘，而阅历为采和，无所谓良知者矣。"[④]在严复看来，西学之所以胜于我学，在很大程度上取决于它的见多识广，取决于它以感性为基础。他说："夫西学之言物理，其所以胜吾学者，亦正以见闻多异，而能尽事物之变者，多于我耳。"[⑤]严复对良知、良能的批评，可以说是对主观主义的一般批评。

严复强调认识主体是积极的不是消极的，是能动的不是被动的。但在中国传统哲学的认识论中，这却没有得到良好的发挥，相反，因循被动的消极一面占着上风，严复讥之为"心习之成"的痼疾："中国人士，经三千年之文教，其心习之成至多，习矣而未尝一考其理之诚

① 《〈穆勒名学〉按语》,《严复集》第4册，第1031～1032页。
② 《孙译〈化学导源〉序》,《严复集》第2册，第290页。
③ 《〈穆勒名学〉按语》,《严复集》第4册，第1049，1051页。
④ 同上书，第1050页。
⑤ 同上。

妄；乃今者洞牖开关，而以与群伦相见，所谓变革心习之事理纷至沓来，于是相与骇愕而以为不可思议。”[①] 严复说“心习之成”的要害是因袭守成，是人云亦云，是以他人之见为见而乏独见，是以他人之得为得而少独得：“一切皆资于耳食，但服膺于古人之成训，或同时流俗所传言，而未尝亲为观察调查，使自得也。”[②] 这样的学只能“成奴隶之才，徒事稗贩耳食，而置裁判是非，推籀因果之心能于无所用之地乎！”[③] 训诂注疏之学最利于它的养成：“中土之学，必求古训。古人之非，既不能明，即古人之是，亦不知其所以是。记诵词章既已误，训诂注疏又甚拘，江河日下，以致于今日之经义八股，则适足以破坏人材，复何民智之开之与有耶？”[④]

比较西学与中学的认识论，严复认为两者有一个很大的差别，这就是“西人之于学也，贵独获创知，而述古循辙者不甚重”[⑤]，“中国夸多识，而西人尊新知”[⑥]。“欧洲十八十九两稘之中，其世事之变动，而日进于光明者，不知凡几。盖自物理格致之微，以至治化文明之大，高而远之，至于天运律历，切而近之，至于德行性灵之学，无事不日标新理，而古说渐衰……聪明之用，日月俱新。……故吾中国之处今日，其常忧于无救，而卒为棕黑二种之续者，病在自黜聪明，不察理实已耳。”[⑦] 在严复看来，主体的能动性在于判断是非，这必须通过自己的深入研究方可做出，不能以圣人之是非为是非标准，经典之言亦不是最后的根据。他说：“欲辨其理之是非，不得如前者之则古称先，但云某圣人云然，某经曰尔，以较其离合也；亦不得以公言私言为断，

① 《〈穆勒名学〉按语》，《严复集》第 4 册，第 1050 页。
② 《论今日教育应以物理科学为当务之急》，《严复集》第 2 册，第 281 页。
③ 同上书，第 282 页。
④ 《〈原强〉修订稿》，《严复集》第 1 册，第 29 页。
⑤ ［清］严复：《译〈天演论〉自序》，《天演论》，第 57 页。
⑥ 《论世变之亟》，《严复集》第 1 册，第 3 页。
⑦ 《〈原富〉按语》，《严复集》第 4 册，第 886 页。

必将即其理而推其究竟，使其终有益而无害于人群，斯其理必是。”[①]人们如果缺乏这种能动性，把认识的主体拱手让给古人、古经，即便有时合于是非之准，这也只能是偶然的巧合而已：“呜呼！不自其用思想，而徒则古称先。而以同于古人者为是非。抑异于古人者为是非，则不幸往往而妄。即有时偶合而不妄，亦不足贵也。”[②]严复最后概括说，认识“必使自竭其耳目，自致其心思，贵自得而贱因人，喜善疑而慎信古”[③]。

一般来说，主体的能动性在认识中至关重要。科学的发现、理论的创立都依赖它的高度发挥。惰性思维、因循守常，永远与真理无缘。严复重视认识主体的能动性作用，这是颇有积极意义的。在以上思想的基础上，严复进而讨论了感性认识与理性认识的关系问题。把感性看成认识的基础，看成一切知识的发源地，这是经验主义的共同立场，对此严复深信执着，自始至终，立场一贯，这已如上述。至于感性的基础和对象问题，严复亦提出了自己的看法。他认为感觉的产生依赖于外物。外物是因，感觉是果，无因不成果。他说：“盖我虽意主，而物为意因，不即因而言果，则其意必不诚。此庄周所以云心止于符，而英儒贝根亦标以心亲物之义也。”[④]王阳明主说“吾心即理”，说“心外无物”，抽掉了感性的基础。严复指出：“是言也，盖用孟子万物皆备之说而过，不自知其言之有蔽也。……使六合旷然，无一物以接于吾心，当此之时，心且不可见，安得所谓理者哉？”[⑤]严复批评王学主要集中于这一点，因此他更倾向于朱熹“即物穷理”“格物致知”的命题。

---

① 《〈法意〉按语》，《严复集》第4册，第988页。

② 同上。

③ 《〈原强〉修订稿》，《严复集》第1册，第29页。

④ 《〈穆勒名学〉按语》，《严复集》第4册，第1037页。

⑤ 《〈阳明先生集要三种〉序》，《严复集》第2册，第238页。

但是，严复夸大了感觉与外物的差别。他想融笛卡尔“我思故我在”与洛克“第二性质的质”为一体，并接受赫胥黎“物觉不同”的看法，认为“惟意无幻”。他说：“原始要终，是实非幻者，惟意而已。何言乎惟意为实乎？盖意有是非而无真妄，疑意为妄者，疑复是意，若曰无意，则亦无疑，故曰惟意无幻。无幻故常住，吾生终始，一意境耳，积意成我，意自在，故我自在，非我可妄，我不可妄，此所谓真我者也。”①以“意”为真实的存在，继之严复指出感觉只是意，而不是物的摹写或反映。他转述赫胥黎的话说：“世间两物曰我非我，非我名物，我者此心，心物之接，由官觉相，而所觉相，是意非物。意物之际，常隔一尘，物因意果，不得径同，故此一生，纯为意境。”②其论证所依据的理论是洛克的“第二性质的质”，他把正常的感觉机能与非正常的感觉状态混淆在一起③，并以“圆赤石子”为例加以说明。④通过这一说明，严复最终把连接外物与认知的桥梁感觉当成了屏障，割裂了感觉与外物的统一关系。这可以说是严复认识论中的一个曲折性插曲。

离开这里，我们又会注意到严复对于理性认识的看法。严复认为，认识不能停留在感知阶段，而应进入理性阶段，以形成知识或达到真理。依据严复的说法，认识的目标是求“公例”，是获得真实。“公例”成了他的口头禅，他也提出了不少公例。“公例”何以如此重要？因为它掌握的是自然的齐一性，是事物的普遍性和共相。认识达到了公例，就可以执一以御繁、守常以备变，就可以应付自然，从自然中获

① ［清］严复:《译〈天演论〉自序》,《天演论》，第 69 ～ 70 页。

② 同上书，第 70 页。

③ 严复当然亦对感觉的误导性已有注意，指出了非正觉容易产生假象。参阅《〈穆勒名学〉按语》,《严复集》第 4 册，第 1028 ～ 1029 页。

④ ［清］严复:《译〈天演论〉自序》,《天演论》，第 70 页。

得自由："格致之事，一公例既立，必无往而不融涣消释。"① "夫公例者，无往而不信者也。"② "科学所明者公例，公例必无时而不诚。"③ 人类求得了公理、公例，就犹如日月经天、江河行地："一理既明之后，若揭日月而行。"④ 严复认为学术的本质是求真实、真理："于学术则黜伪而崇真。"⑤ "吾党日求为文明人，舍宝贵真实，别无安身立命处也。"⑥

为了求得公例，为了得到普遍性的认识，人应何为？严复强调需要知"会通"。所谓"会通"，就是在大量感性材料与客观事实的基础上进行反复研究和比较分析，精粗、表里、内外无不兼顾，灵感降临，豁然贯通，从而理明、公例立。严复说："吾闻凡擅一技、知一物而口不能言其故者，此在智识谓之浑而不晰。今如知一友之面庞，虽猝遇于百人之中犹能辨之，独至捉笔含豪欲写其貌，则废然而止。此无他，得之以浑，而未为其晰故也。使工传神者见之，则一晤之余可以背写。盖知之晰者始于能析，能析则知其分，知其分则全无所类者，曲有所类。此犹化学之分物质而列之原行也。曲而得类，而后有以行其会通，或取大同而遗其小异，常、寓之德既判，而公例立矣。此亦观物而审者所必由之涂术也。"⑦ 在这里，严复已注意到"分析"在理性认识中的作用，他指出："天下惟知曲之为全者，乃可以得。故西人重分析之学，朱晦庵亦言大处不行，终由小处不理也。"⑧

在理性认识中，严复很重视客观性原则，反对主观成见渗入其中。

① 《〈原富〉按语》,《严复集》第4册，第871页。
② 《〈老子〉评语》,《严复集》第4册，第1093页。
③ 《译斯氏〈计学〉例言》,《严复集》第1册，第100页。
④ 同上书，第99页。
⑤ 《论世变之亟》,《严复集》第1册，第2页。
⑥ 《〈法意〉按语》,《严复集》第4册，第1017页。
⑦ 《〈穆勒名学〉按语》,《严复集》第4册，第1046页。
⑧ 《〈老子〉评语》,《严复集》第4册，第1083页。

他说："方其治之也，成见必不可居，饰词必不可用，不敢丝毫主张，不得稍行武断，必勤必耐，必公必虚，而后有以造其至精之域，践其至实之途。"① "彼之于所学也，初不设成心于其间，但实事求是，考其变相因果相生而谨记之……无所谓利害，无所谓功过。"② 同时，严复也反对处于一时一地的特殊考虑，批评对事物做出轻率的结论，严复称之为"缘物之论"。他说："缘物之论，所持之理，恒非大公，世异情迁，则其言常过，学者守而不化，害亦从之。故缘物之论，为一时之奏札可，为一时之报章可，而以为科学所明之理必不可。"③ 显然，严复奉行客观的立场。

认识到公例或概念，仍不能说万事大吉，还要对它进行反复的检验、验证，这就是严复所说的"即物实测"。严复的实证主义认识论在此表现得尤为突出。严复肯定，公例的确证与验证的次数成正比，理的真实无误也因屡次的检验而变得更为明确。他说："一理之明，一法之立，必验之物物事事而皆然，而后定之为不易。其所验也贵多，故博大；其收效也必恒，故悠久；其究极也，必道通为一，左右逢原，故高明。"④ "印证愈多，理愈坚确也。"⑤ 西方科学的惊人发展也与验证的严格落实有关，"三百年来科学公例，所由在在见极，不可复摇者，非必理想之妙过古人也，亦以严于印证之故"⑥。严复把实际检验视为认识的重要一环，这说明他重视对理论和学说的检验、验证。

说到这里，还有一个问题需要澄清，这就是对严复认识论的一个归结：不可知论。对此，我们应该如何看待？经过仔细分析之后，我

---

① 《救亡决论》,《严复集》第 1 册，第 45 页。
② 《政治讲义》,《严复集》第 5 册，第 1248 页。
③ 《译斯氏〈计学〉例言》,《严复集》第 1 册，第 100 页。
④ 《救亡决论》,《严复集》第 1 册，第 45 页。
⑤ 《西学门径功用》,《严复集》第 1 册，第 94 页。
⑥ 《〈穆勒名学〉按语》,《严复集》第 4 册，第 1053 页。

觉得这一结论有可能之处。严复的认识论可以说是可知论与不可知论的二重结合，但前者是主要的。[①]这已如上所述。严复认识论中的不可知论因素主要表现在他对本体的看法上。严复所说的本体即形而上学或玄学的对象，它追究的是宇宙的究竟根本："如天地元始，造化真宰，万物本体是已。"[②]这种本体，"老谓之道，《周易》谓之太易，佛谓之自在，西哲谓之第一因，佛又谓之不二法门"[③]。凡此种种，在严复看来都是"不可思议"的："大抵宇宙究竟与其元始，同于不可思议。"[④]"是以不二之门，文字言语道断，而为不可思议之起点也。"[⑤]所谓"不可思议"，即是"不可以名理论证也"[⑥]。"谈理见极时，乃必至'不可思议'之一境，既不可谓谬，而理又难知……'不可思议'一言，专为此设者也。"[⑦]因为它超出了对待之域，是无对和绝对，"诸理会归最上之一理，孤立无对，既无不冒，自无与通"[⑧]，"不生灭，无增减，万物皆对待，而此独立；万物皆迁流，而此不改"[⑨]，"常道，常名，无对待故"[⑩]。

对于这种不可思议的形而上学本体，严复并不像法国与英国的实证主义和经验主义哲学家那样，采取剧烈的排斥态度，他更多是敬而

---

① 李泽厚言不可知论与唯心论是严复哲学的主导，不符合严复哲学的实际。参阅李泽厚：《论严复》，商务印书馆编辑部编：《论严复与严译名著》，商务印书馆1982年版，第137～146页。

② ［清］严复：《译〈天演论〉自序》，《天演论》，第73页。

③ 《〈老子〉评语》，《严复集》第4册，第1084页。金岳霖的哲学也涉及"不可思议"的问题，但他把不可思议限制在矛盾（如圆形之方）上，认为不可思议的限制是矛盾，除此之外，皆可思议，包括形而上学的本体。

④ ［清］严复：《译〈天演论〉自序》，《天演论》，第47页。

⑤ 《〈穆勒名学〉按语》，《严复集》第4册，第1033页。

⑥ ［清］严复：《译〈天演论〉自序》，《天演论》，第73页。

⑦ 同上。

⑧ 同上书，第75页。

⑨ 《〈老子〉评语》，《严复集》第4册，第1085页。

⑩ 同上书，第1075页。

远之，他所关心的主要是实证科学的知识。他说，在客观事物中，“皆有其井然不纷、秩然不紊者以为理，以为自然之律令。自然律令者，不同地而皆然，不同时而皆合。此吾生学问之所以大可恃，而学明者术立，理得者功成也。无他，亦尽于对待之域而已。是域而外固无从学，即学之亦于人事殆无涉也”①。“人之知识，止于意验相符。如是所为，已足生事，更骛高远，真无当也。夫只此意验之符，则形气之学贵矣。此所以自特嘉尔以来，格物致知之事兴，而古所云心性之学微也。”②

由此可知，严复的不可知论因素集中体现在对本体的看法上。准确地说，如果严复有不可知论，那么也是斯宾塞式的不可知论，即实证知识的可知论与玄学对象的不可知论。严复的认识论主要限于经验科学，这使他的可知论成为其认识论的主导方面。总而言之，严复在科学观与哲学观上的变革是他在启蒙理论上所做出的重要贡献。

二、福泽谕吉的科学观与哲学观

福泽谕吉作为日本最著名的启蒙思想家，他所传播的启蒙思想是崭新的世界观和理论形态，扮演了使日本思想近代化的重要角色，他的科学观与哲学观是其中最重要的方面。

（一）学问独立于政治

“独立”是福泽谕吉思想中最重要的观念之一，在他的一生中，无论是行事活动，还是著书立说，他都始终坚持“独立”的观念和价值，并身体力行。他逝世后的法名为“大观院独立自尊居士”，可为福泽谕

---

① ［清］严复:《译〈天演论〉自序》,《天演论》，第1036页。

② 同上书，第71页。

吉一生的写照。

福泽谕吉的“独立观”有丰富的内容[①]，从国家独立、物质生活独立，到精神生活独立和人格独立等，包含的东西非常广。这里所要谈的学问独立于政治，只是其中的一个方面。学问独立于政治，福泽谕吉深为关切，有专文讨论，如《学问的独立》《学者安心论》等。在其他的重要著作如《劝学篇》《文明论概略》《福泽谕吉自传》等中，他也有论述。

福泽谕吉认为，在日本封建社会，学问是统治阶级的御用工具和附属品，完全受统治者的支配和控制，没有独立性。他说：“我国的学术，却是属于所谓统治者社会的学术，仿佛是政府的一部分。”[②]“在日本国内，从未听说过有学者的学术团体和议论、新闻等的出版，也未见过有传授技术的场所和群众集会讨论的举动。总之，一切有关学术的事情，没有一件是私人办的。……教学的内容也完全符合秉承统治者的要求，专门讲授统治人民的道理。……这种情况就如同日本的学者被关在叫作政府的牢笼里，他们把这个牢笼当做自己的天地，而在这个小天地里苦闷折腾。”[③]由于政治的价值取代了学问的价值，学者们就把学问视作敲门砖，读书以做官为目的：“即使读破万卷书，如果不能做官，也是毫无用处。”[④]于是乎，“这些人根本不知道笼外还有人间世界，也不懂得怎样来提高自己的地位，只知道依附当代的权贵，甚至唾面自干而不以为耻”[⑤]。非但如此，学者们迎合政治，以当官为务，这既损害了学术的发展，同时又助长了政治专制的行为。福泽谕吉说：“政府的专制是怎样来的呢？即使在政府的本质里本来就存在着

---

① 对于福泽谕吉所强调的“独立观”，我将另行撰文专门讨论。

② 〔日〕福泽谕吉：《文明论概略》，第146页。

③ 同上。

④ 同上。

⑤ 同上书，第147页。

专制的因素，但促进这个因素的发展，并加以粉饰的，难道不是儒者的学术吗？自古以来，日本的儒者中，最有才智和最能干的人物，就是最巧于玩弄权柄和最为政府所重用的人。”①福泽谕吉最后总结说，在日本传统社会，“学术不但无权，反而助长了专制”②。

这种学问从属于政治、学者以当官为务的传统风气，在日本即使到了近代仍有相当大的影响：“洋学家们全都出入宦途，自己举办事业的屈指可数。其目的不仅在于贪利，又因生来所受教育先入为主，只着眼于政府，认为不是政府的事就决不可做。有了这样的成见，就只想达到他们平生所抱‘青云直上’的志愿；就是社会上有名望的大人先生们也不能例外。他们的行为虽似乎卑贱，而其用意却也不必深咎，因为他们的用意本来不坏，只是不知不觉地沉溺于社会风气罢了。有名望的士君子尚且这样，天下人哪能不效法他们这种风气呢？”③对于这种现象，福泽谕吉深感痛心。

为了改变政治权力的绝对价值，清除学问隶属于政治这个弊病，福泽谕吉身体力行，终生不仕，以感召世人，同时他从思想和理论上分析学问独立的重要性，号召学者以学术为己任，在学问的天地里安身立命。在福泽谕吉看来，虽然学问与政治最后所达到的目的有一致性，但两者有不同的特点，所从事的工作、要完成的使命也是不同的。他说：“追寻学问、政治的目的，虽都是为了增进一国的幸福，但学问不是政治。学者与政治家也不同。学者之事远离社会一时的实际，而政治家的作用正好就是要处理日常人事的问题。”④福泽谕吉比喻说，学者与政治家的任务，就如同对病人教养生与主治疗一样，学者只教

① 〔日〕福泽谕吉：《文明论概略》，第147页。

② 同上。

③ 〔日〕福泽谕吉：《劝学篇》，第22页。

④ 福沢諭吉（1984）「民情一新」，『福沢諭吉』〈日本の名著〉33. 東京：中央公論社，p. 449.

授养生法，防病于未然，而政治家则临病加以诊治。政治家与学者既然有不同的职责，就应当各行其是，各操其业。但实际上人们往往把两者的角色混淆起来，政治家干涉学问，轻视学问，视学问为“缺乏实用，是迂腐的空论”，而学者有的不自重自爱，“爱管闲事，到处奔走呼号，而忘却自己的本分，甚至有的受官方利用，想插手处理当前的事务，结果，不但一无所成，反而贬低了学者的身价。真是愚昧已极”①。也有学者，虽尊重学问，但对政治有偏见，说“政事如同儿戏，不足挂齿”，凡此种种。福泽谕吉说这些都是不正确的观念。

福泽谕吉认为，政治与学问混淆不分，有许多弊害。政治是动的，且易变；学问是静的，需要人多沉潜。如果使学问从属于政治或服务于政治，那么学问就只能跟着政治的变化而变化。学术没有稳定的目标和方位，对于学术人们没有长期的努力，学术就发展不起来。尤其是，政治与学问不分，势必会使得到政治家青睐的学派借助政治的力量打击其他学派，从而造成学术上的垄断。福泽谕吉举例说：“看一看维新之际，神道信徒对于日本社会的所作所为吧。其功德尚未表现，首先就发出废佛的议论，其结果禁止神佛同居，困苦僧侣的生活，伤害信者的心灵，并破坏全国神社、佛殿的胜景美观，真可谓杀风景。”② 要说神道也是学问，它与其他派别只可竞争，而不可相互敌对，可神道却忘记了这一点。它之所以能做到打击同类，就是因为同政治力量结合起来了：“因靠近政府，依赖其政权，肆意妄为，导致了与神道这一学问不相称的大变动，波及到了日本全国，这可以说是学问与政治相附着的弊害。”③

既然如此，学问与政治分离，学问独立于政治，就势在必行。学

---

① 〔日〕福泽谕吉：《文明论概略》，第58页。

② 福沢諭吉（1984）「民情一新」，『福沢諭吉』〈日本の名著〉33. 東京：中央公論社，p. 456.

③ 同上书，第456页。

问之事由学界定夺，只有学者才有发言权，政治家不得干涉。福泽谕吉说日本古代也有这方面的佳话，德川时期政府的某一部门与一大学者围绕“米”字的写法有一场官司，这位大学者申辩说，日本国的文字也有他的一份功劳，最后官方输了。福泽谕吉的做法也是一个典型的例子。有一次开学术会议，举办者邀请他参加，但把他的名字排在了伊藤博文的后面，他因此而拒绝出席。在他看来，召开的是学术会议而不是政治会议，举办者不应该把官员的名字排在他的名字前面。显然，福泽谕吉是要维护学者的荣誉和地位。

社会价值应是多元的，社会需要也是多方面的。政治不能代替一切，也不是唯一的价值。人的作用也有种种分别，可以适用于不同的方面。福泽谕吉指出，社会的各个不同领域都有自己的擅长者，他们应是本领域的领袖人物，理应受到尊重，不应是政治家单独享有殊荣。政事与学事也一样，政事不应独重、独尊，学事亦不应偏轻、偏卑，两者各有自己的地位，各有自己的尊严。

福泽谕吉反对政治干涉学问，也反对学问干涉政治，反对学者越位、不守本业。政治与学问最终要互不妨碍、协调并进。他说：“政府的作用，譬如外科手术，学者的理论，譬如养生方法，其效果虽有缓急迟速之不同，但对人的身体健康都是同样也不可缺少的。现在论政府和学者的作用虽然说一个是为现在，一个是为未来，但是都有其重大功用，对于国家同样是不可缺少的。最重要的是，政府和学者的作用切不可丝毫互相抵触，必须互助合作，互相鼓励，共同为文明进步而努力。”[①] 为了使学问独立于政治，使学者安心于治学，福泽谕吉建议在学界设立勋章，增强人们对学问的荣誉感；他还建议提高学者的报酬，建议解决他们的种种生活困难，以使他们集中精力于研究，最终大大推进日本学术的发展。总之，福泽谕吉为改变传统社会“举世

① 〔日〕福泽谕吉：《文明论概略》，第 58 页。

人心风靡，羡慕官，依赖官，害怕官，谄媚官”的官本位主义习气，为打破学问从属于政治的劣根性，做了重要的启蒙工作。

（二）物理学主义：科学信仰

大体来说，同欧洲封建社会类似，在日本的封建社会，科学和科学精神比较缺乏。在日本的中世，佛教是占统治地位的意识形态，它与科学和科学精神无缘。它缺乏对人作为认知主体的自觉，也没有对现实自然的真正兴趣，它沉浸于对非现实性的冥想中，希望超脱现实的人与自然。在日本的近世，随着朱子“理学”的输入，佛教的地位开始衰落。在吸取的朱子学中，“格物致知”和“即物穷理”的观念有某种科学精神。日本当时处于锁国的背景之下，不能受到西方发展起来的科学的影响，同时，朱子学中的人、社会与自然尚处于无分化的状态。汤浅光朝描述说：“在这一时代的日本，‘自然’与‘人’仍处于浑沌状态……从而解释‘格物’‘穷理’的朱子学有它理性主义的进步性的一面，但另一方面，它不能区别人类社会的规律和自然规律，把它们全部归结为‘天理’，这是非科学的经院主义。”[①] 因此，朱子学中“格物穷理”的科学思想因素在日本也不受重视。

只是，后来伴随着洋学在日本的发展，“穷理”这一科学精神的萌芽才成长起来。许多洋学家开始关注科学和科学精神并加以倡导，如山片蟠桃认为，依据实验的经验科学是唯一正确的。他非常推崇西方的自然科学，特别是西方近代的天文学，对哥白尼的“地动说”赞叹不止。他说：“奇哉，西洋之说[②]，天地之大论尽于此，非梵、汉、和之管见所能及，应拳拳服膺而善思之。”[③] 永田广志评论山片蟠桃说：

---

① 〔日〕汤浅光朝：《解说科学文化史年表》，张利华译，科学普及出版社 1984 年版，第 179 页。

② 地动说。——作者按

③ 〔日〕永田广志：《日本哲学思想史》，第 222 页。

“他的思想是从朱子学的‘穷理’精神出发，承认欧洲自然科学的优越性，把这个精神贯彻到科学中，从而达到了唯物主义和对宗教的否定。”①与山片蟠桃同时代的司马江汉亦大力赞美西方的自然科学，指出了东洋之学在这一方面的缺乏。他说：“我日本开化甚近，故人智肤浅，思虑尤其不深，是神武以后的国家，年代不久，故技术不及欧罗巴人也。”②“予江汉认为，中国及我日本无究理之学，古时人智犹浅。”③“我日本人不好究理，虚构文章以为风雅，不述信实，如妇女之情。”④永田广志亦肯定司马江汉的科学精神，说：“司马江汉的世界观和山片蟠桃的世界观一样是日本近代自然科学萌芽时期的科学精神——一部分来自朱子学的合理主义和徂徕学的经验论因素，通过同洋学的接触得到进一步高涨的科学精神——的产物。”⑤日本到了幕末，洋学进一步发展，涌现出更多的洋学家，如佐久间象山、横井小楠等，他们对科学更为关注。但是，他们的局限性也暴露出来，即与关心科学相比，他们虽然格外地关心技术，但又把它视为形而下的艺。

启蒙思想家在此大有作为，福泽谕吉走了出来。他继承了前期日本思想家提倡科学的遗产，并把它向前推进了一大步。明治初年日本流行“穷理热”，福泽谕吉大为有功。他最早的著作之一《启蒙穷理图解》就是一部介绍物理学的书。他还写作了《物理学》《物理学的作用》等论文，大力倡导科学和科学精神。福泽谕吉高度评价科学和科学知识的作用，对人类的智慧充满信心。他说：“太平洋的波涛虽险恶，利用水火制造的汽船可以横渡；阿尔卑斯山虽高，劈山开路可以行车；避雷针出现以后，雷霆再也不能逞凶；化学研究逐渐奏效，

---

① 〔日〕永田广志：《日本哲学思想史》，第222页。

② 同上书，第227页。

③ 同上。

④ 同上。

⑤ 同上。

饥馑亦不能饿死人了；电力虽然可怕，而利用电力可以代替驿马信差；光线的性质虽然微妙，而可以摄影传真；如有风浪为害，可筑港湾以护船只；遇有传染病患流行，则可设法预防或将其隔离。总而言之，人类的智慧已经战胜自然，逐渐冲进了自然领域，揭开了造化的奥密，控制它的活动，而使其就范，为人类服务。"[①] 在福泽谕吉看来，科学不仅使人类从自然的必然性中获得自由，而且为解决人和社会的问题提供了根本原则。他说："人类万事都存在于这个道理之中，假如不包括或者好像不包括于其中，应该看作是人们还没有研究到这种程度。"[②] 可以说，福泽谕吉是一位科学主义者。

福泽谕吉对科学的信仰集中表现在他对物理学的高度评价上。他认为欧洲文明的惊人进步同物理学的高度发达密切相关，故而说："欧洲近代文明无不出自物理学。他们发明的蒸汽船、蒸汽车、枪炮军械，还有电信、瓦斯，成就很大，但其初都是探求、分析具体的道理，遂施用于社会。"[③] 福泽谕吉指出，欧洲各个国家有形的物理学早就发达起来了，其结果是人类各种事务都基于实物的原则，并使之不断进步。如从物产制造到交通运输到农工商一切事业，乃至家庭日常琐事，都根据物理学原则来进行。福泽谕吉认为，日本的新文明亦是从发展物理学入手的。他说："值得庆幸的是，我国新文明开始发展的道路，就正是从物理学入门的。"[④]

福泽谕吉为何如此推崇物理学？他认为，最根本的一点在于，物理学是经验实证科学，它从客观事物出发考察事物、探求实在之理，它完全依据自然来解释自然。福泽谕吉的惯用语是，物理学是基于"天然""自然"的原则。他说："物理学基于天然的原则，查明事物

---

① 〔日〕福泽谕吉:《文明论概略》，第 108 ～ 109 页。

② 慶応義塾编（1960）『福沢諭吉全集（第 8 卷）』. 東京：岩波書店，p. 49.

③ 同上书，第 51 页。

④ 慶応義塾编（1960）『福沢諭吉全集（第 6 卷）』. 東京：岩波書店，p. 426.

的性质，掌握其作用，采之以供人事之用。其学与其它学问有不同之处。”① 在他看来，物理学与天地共永存，包罗万物，至大至广，最贵、最重要，人生须臾不可离开。物理学详察事物之数、形体之质，了解其变动，并把它运用到社会中。这就是说，物理学所揭示的是事物的内在本质，是客观的真理。正是因为这样，物理学的理论是普遍的、必然的，是不同地而皆当，是不同时而皆准，它在千万年前与千万年后，始终贯通世界，遍施宇宙，没有变换。② 福泽谕吉说，神代的水达到华氏二百一十二度就沸腾，明治年间的水亦一样；西洋的蒸汽与东洋的蒸汽的膨胀力并无不同；如果美国人服用砒霜就要死，那日本人也是这样。这些都是物理学原则。③

正是由于物理学的这种特性，它与其他许多学科如经济学、贸易学等不同。在经济学、贸易学中，有人主张自由主义，有人主张保护主义，他们似乎都持之有故，言之成理，于是争论不休，莫衷一是。但物理学却不是这样。在福泽谕吉看来，把今之文明学与古汉学加以比较，两者的主要差异就在于是否依据物理学。因此，福泽谕吉说，物理学是一切学科之母，是近代文明的象征，它探寻政治、法律、经济所由来，它们的进步发达莫不是数理所赐予的。虽然福泽谕吉有时把数学与物理学并称，合说为“数理”原则，但他基本上是一位物理学主义者。

福泽谕吉推崇物理学并非偶然。自然和科学摆脱中世纪神学的束缚、瓦解经院哲学，就是由物理学的革命来完成的。它同开普勒、伽利略、哥白尼、牛顿这几位巨人的名字联系在一起。他们是伟大的科学家，他们的名字已成为科学知识和科学思想的象征与里程碑。他们

---

① 慶応義塾编（1960）『福沢諭吉全集（第 6 巻）』. 東京：岩波書店，p. 49.

② 同上书，第 425 ～ 426 页。

③ 慶応義塾编（1960）『福沢諭吉全集（第 8 巻）』. 東京：岩波書店，p. 49.

不只是掌握了自然的密码，把握了自然的规律，更重要的是提供了物理学等普遍的科学方法，这可以运用到一切经验科学领域。物理学为人类的近代文明带来了飞速发展，也带动了其他学科的惊人进步。在谈到牛顿的伟大作用时，德国哲学家卡西尔说："在牛顿学说中，不是只有某种特殊的自然现象，也不仅仅是有限领域中的现象服从于规则和秩序；相反，牛顿确立了并且清楚地表述了一条——或者不如说真正的——宇宙规律。牛顿的万有引力说似乎确立了这一规律。这就宣告了人类知识的胜利，人们发现，虽然自然力是一种基本的力量，但知识的力量也是一种同样基本的力量。……牛顿不仅为自然，还为哲学建立了坚实、牢固的准则。牛顿的所谓'哲学准则'（regulae philosophandi），其重要性堪与他的研究成果相媲美，他发现，这些准则也适用于自然科学，并且在这一知识领域[①]永久地确立了这些准则。"[②]福泽谕吉把西方近代文明与物理学相提并论，高度强调物理学的作用，也是基于对物理学内在本质的深刻把握。

（三）实学思想

在福泽谕吉的思想中，学问被提到了很高的位置，被认为是整个社会文明的基础，从个人建功立业、立身处世，到国家独立自强、繁荣昌盛，都离不开学问。如果人人追求学问，以学问为务，掌握了学问，"则个人可以独立，一家可以独立，国家也就可以独立了"[③]。福泽谕吉否定人天生有贵贱的封建等级观念，断言人的贵贱是后天产生的，其根据在于学问的有无。他说："如追根溯源，就可以知道这只是其人有无学问所造成的差别，并不是天命注定的。俗语说'天不给人富贵，

① 指自然科学。
② 〔德〕E. 卡西尔：《启蒙哲学》，第41～42页。
③ 〔日〕福泽谕吉：《劝学篇》，第3～4页。

人们须凭勤劳来获得富贵’。所以……人们生来并无富贵贫贱之别，唯有勤于学问、知识丰富的人才能富贵，没有学问的人就成为贫贱。”[①]人的贤愚也是这样，不是先天的，而以学与不学为分界。他说：“《实语教》说：‘人不学无智，无智者愚人。’所以贤愚之别是由于学与不学所造成的。”[②]

仅仅从强调学问来看，这大概不是福泽谕吉所特有的立场（虽然他非常强调），古往今来重视学问的大有人在。要明白福泽谕吉的独到之处，须追问他所说的学问是指什么。这样，我们就要进入福泽谕吉的实学思想。

说起来，“实学”这一概念绝非福泽谕吉所首用，宁可说其由来已久。在中国，宋代已有不少人使用“实学”概念，据日本学者冈田武彦的研究，程伊川用得最早。程氏言：“治经，实学也。”[③]又言：“道之在经，大小远近、高下精粗，森列于其中。……如《中庸》一卷书，自至理便推之于事，如国家有九经，及历代圣人之迹，莫非实学也。”[④]之后，胡致堂（胡寅）、张南轩（栻）、吕东莱（祖谦）等都使用了“实学”概念。朱熹在《中庸章句·序》中也谈到了“实学”。总之，“实学”概念在宋代诸儒中多被使用，差不多成了流行语。“实学”用语的广泛使用，则是明清之际的经世致用哲学家们的事，顾炎武、黄宗羲、王夫之、颜元等皆是代表。在日本，“实学”概念是随着近世接受中国儒学而发生的。日本的儒学家大都涉及了这一概念。到了近代明治维新前后，日本启蒙思想家也接受了这一概念，以此建立了启蒙实学思潮，福泽谕吉为其殿军。

仅就概念的形式而言，还体现不出福泽谕吉的实学的特征，我们

---

① 〔日〕福泽谕吉：《劝学篇》，第 2 ～ 3 页。

② 同上书，第 2 页。

③ ［宋］程颢、程颐：《二程集》上册，中华书局 2004 年版，第 2 页。

④ 同上。

应该深入具体的内容。然而，“实学”的统一内涵，殊难把握。在中国的不同时期，不同的人对“实学”的规定各不相同，这个概念完全是多义的。就日本来说，也是这样。详细考察这一问题，已超出了本书论述的范围。[①]简单地说，我们把日本的实学分为两大阶段：日本近世阶段的儒学实学，其中心内容为道德实践的实学；日本近世阶段的启蒙实学，则转变为实证主义和经验合理主义的实学。[②]福泽谕吉的实学典型地反映了后者的特质。两者的一个共同点是，强调学问的有用性、有效性和实际效果，有某种功利主义的倾向。[③]

日本近代启蒙实学，是把近代洋学作为它的可靠后方，或者干脆说在很大程度上它就是近代洋学，与此同时，它同传统的儒学、文学（虚学）相对立。这样，启蒙思想家“不仅仅是把中世对近代、东洋文化对西洋文化作为单纯的互相补充的关系来看待，而是作为‘从虚学到实学’的转化来掌握”[④]。福泽谕吉的“实学”更是如此。他竭力倡导实学，而他所说的实学即指洋学。他说，与实学或洋学相对立的是汉学，“我们多年来所倡导的是实学，不是带有古风的汉学”[⑤]。“洋学、汉学虽都有学问之名，但当论述到人的居家处世及至文明的立国富强的时候，古来我国流行的汉学不可视之为学问。我多年倡导的是文明的实学，而不是支那的虚文空论。”[⑥]概括起来，福泽谕吉所说的与汉学相反的实学，其根本精神何在?

---

① 日本学者源了圆对此有详细的讨论。（源了円（1980）『近世初期実学思想の研究』. 東京：創文社）

② 当然，日本近世个别思想家如获生徂徕接触到了实证问题，但总的来说这方面的内容还很少，且没有同自然科学联系在一起，而这在启蒙思想家中却得到了改变。

③ 如果具体分析功利的指向，它是什么样的有用与有效，自然仍可以看到差别。

④ 近代日本思想史研究会:《近代日本思想史》第 1 卷，第 151 页。

⑤ 慶応義塾编（1960）『福沢諭吉全集（第 6 巻）』. 東京：岩波書店，p. 259.

⑥ 同上书，第 260 页。

第一，它具有以自然科学方法为基础的实证主义品格。[①] 上文谈到福泽谕吉的物理学主义就是一个很好的注脚。福泽谕吉认为，西洋的实学建立在客观研究和实证的基础上，它不是虚谈空论，亦不是主观臆测。其实学所说的都是基于自然的真理原则。他在比较东西学之根本差异时指出："把东洋学说与西洋学说加以比较，看一看其旨趣所在，就会知道二者发生的根源迥然相异：一是空谈阴阳五行之说，套在万物之上，一是征之数理之实，解剖分析大小事物；一是慕古不求自立，一是排古人之妄立其正；一是盲信现存的一切，不知修改，一是多疑究其本；一是多言乏实证，一是依有形之数不空言；等等。东西学说的根本差异大凡如是，发于文明事实的即为实学。"[②] 由此可见，福泽谕吉的实学是对传统东方之学的一次变革，它的根本是把学问从闭门冥想、空谈妄论转变为以客观事实为根据的研究，是将学问转到求实、求证的轨道上来，是破除一切成见和迷妄，是敢于怀疑、敢于重新审定已有的各种观念和方法。

第二，它具有强烈的实践性品格，它要求学问必须运用到实际中，必须结出现实的果实。福泽谕吉从不把理论与实践分为两截，他认为理论应施之于事，掌握理论的人要见之于行。他常说到学问的运用和活用，认为不会活用学问或者不能把学问运用到实际中，就等于无学。他曾说："学问的要诀，在于活用，不能活用的学问，便等于无学"[③]，一些人"眼里看着经济书，却不会经管自己的家产；口讲修身，却不知提高个人的道德修养。把他们的言行比较一下，完全和两个人一样，更看不到他们有一定的见识"[④]。福泽谕吉进而认为，只会读书而不会

---

① 丸山真男很强调这一点，认为它是福泽谕吉"实学"的根本特征。(〔日〕丸山真男:《福泽的"实学"的转回——福泽谕吉哲学研究绪论》,《日本近代思想家福泽谕吉》, 区建英译，世界知识出版社 1997 年版，第 29 ～ 33 页)

② 慶応義塾编 (1960)『福沢諭吉全集 (第 6 巻)』. 東京: 岩波書店, p. 259.

③ 〔日〕福泽谕吉:《劝学篇》, 第 66 页。

④ 同上书，第 68 页。

做事的人就不能说有学问，“这等人只能称之为文字批发店，他的功能和会吃饭的字典一模一样，对于国家也是无用的长物，可以称之为妨害经济的食客。可见过日子也是学问，理财也是学问，能够洞察时务也是学问，哪里只有凭念诵日本、中国和西洋的书籍就等于有学问的道理？”[①]

由于福泽谕吉特别关切现实活动，以至于在学问上他只注重能产生实际效果的学问，而对玄远之学、文学很淡薄，说学问“不能追求记诵词章之末，陷入虚谈空理之途”[②]。又说：“所谓学问，并不限于能识难字，能读难懂的古文，能咏和歌和做诗等不切人世实际的学问。这类学问虽然也能给人们以精神安慰，并且也有些益处，但是并不像古来世上儒学家和日本国学家们所说的那样可贵。……我们应当把不切实际的学问视为次要，而专心致力于接近世间一般日用的实学，如学习伊吕波四十七个字母，练习写信记账，学会打算盘和使用天秤等等。”[③] 福泽谕吉提出的要求可谓具体，可谓实际，他真算是一位务实主义者。正是由于具有这一特点，他自称是不知风雅的人。这使我们觉得福泽谕吉过于强调学问的实际运用与切实之学，功利性太强。说物理学家必须会修电灯，建筑学家必须会临场作业，否则他们就不是真正的学者，这恐怕不太对。但福泽谕吉主张的正是这样的观念。而且，社会需要是多方面的，与实际距离较远的学问也不能忽略。但当时国家、人民正在追求富强，正在追求打破空谈性理的学术传统，福泽谕吉特别注重学问的实际效用，其迫切心情是可以理解的。

（四）认识论观点

福泽谕吉的思想中也包含着认识论方面的内容和问题，我们在此

---

① 〔日〕福泽谕吉：《劝学篇》，第 8 页。

② 〔日〕鹿野政直：《福泽谕吉》，第 100 页。

③ 〔日〕福泽谕吉：《劝学篇》，第 3 页。

稍加讨论。

在日本传统思想中，认识的对象集中于人，而对人的把握又往往只注重人的道德伦理问题。人们多讲仁义礼智，而不论自然。福泽谕吉一反这种倾向，提倡格物穷理。他指出，人具有感觉器官与认识能力，如果只是消极地对待外物，就只能知其然而不知其所以然，这是不应当的。他曾说："人生在世上，要善于用其心，无论什么事，不管大小轻重，首先要识物穷理，一事一物也不放过。"① 只有通过认识自然和事物的规律，人类才能得到控制自然的方法，使自然规律与社会规律为人类所用。福泽谕吉说这在西方已蔚然成风："试看目前西洋各国的情况，由于人民智慧不断进步，气魄也越来越大，好像天地之间，不论是自然界或社会上，没有任何东西足以限制人的思想，人可以自由地研究事物的规律，从而得出处理它的办法。对自然界方面，已经探索了它的性质，了解它的作用，并且还发现了很多根据其性质而控制它的规律。对社会方面，也是如此，由于研究了人类的性质和作用，已经逐渐发现它的规律，从而根据其性质和活动，将要逐步地获得控制的办法。"②

在认识论中，福泽谕吉把追求真理视为认识的根本目的，说："各项科学都实事求是，就每一事物深切追求真理，以满足当前的需要。"③ 他坚持可知论的立场，对把握自然规律与事物的法则充满信心，主张"宇宙万物凡五官所能感觉到的，都要研究它的性质，查明其作用，然后进一步探索其作用的根源"④。为了获得真理，他认为人要有勇气向旧的观念发起挑战，要敢于标新立异。他说："必须博闻古今的学说，广泛了解世界大事，平心静气地认清真理，排除万难，突

---

① 慶応義塾编（1959）『福沢諭吉全集（第 2 卷）』. 東京：岩波書店，p. 235.

② 〔日〕福泽谕吉：《文明论概略》，第 120 页。

③ 〔日〕福泽谕吉：《劝学篇》，第 3 页。

④ 〔日〕福泽谕吉：《文明论概略》，第 108 页。

破舆论的束缚，站在超然的地位回顾过去，放大眼光展望将来。"[①] 福泽谕吉肯定所谓的"异端邪说"，认为这正是科学探讨和发展真理所必需的。他说："自古以来一切文明的进步，最初无一不是从所谓异端邪说开始的。亚当·斯密最初讲述经济学时，世人不是也曾把它看做是邪说而驳斥过吗？伽里略提出地动说时，不是也被称为异端而获罪了吗……到了如今这样的文明时代，即使小学生也没有认为经济学和地动说是奇怪的了。"[②] 这就是说，被视为"异端邪说"的东西将成为公论，被看成"奇谈怪论"的东西也可变为人们习以为常的当然。"昔日的所谓异端邪说已成现代的通论，昨日的怪论已成今日的常谈。那末，今天的异端邪说，一定会成为后日的通论常谈。"[③] 据此，福泽谕吉说，学者们且莫怕被视为离经叛道而无所作为，也勿嫌"异端邪说"的恶名而墨守成规，而应"无须顾虑舆论的喧嚷和被指斥为异端邪说，尽可鼓起勇气畅所欲言"[④]。这就是说，只要是真理，早晚会得到承认。

真理与方法有密切关系。为了得到正确的认识，必须使用科学的方法。福泽谕吉对作为科学方法的演绎和归纳还缺乏注意[⑤]，但对实验、统计学方法则有阐释，并推崇怀疑原则。他说，文明在实验中发展，人们的思想亦在实验中进步，"为了达到文明的目的，不能不采取种种措施，因而边试边改，经过千万次试验，才能得到一些进步。所以人的思想不可偏执，必须气量宽宏。世上一切事物，若不经过试验，就没有进步"[⑥]。事物和现象是错综复杂的，为了减少主观臆断和片面性，人们要广泛地考察事物，要分析比较，以得出精确可靠的结论，这就

---

① 〔日〕福泽谕吉：《文明论概略》，第7页。

② 同上书，第6～7页。

③ 同上书，第7页。

④ 同上。

⑤ 他在文章《老壮论》中提到了归纳与演绎，并略有阐释，但没有把它们作为一般方法加以对待。

⑥ 〔日〕福泽谕吉：《文明论概略》，第40页。

是统计学方法。福泽谕吉说："天下的形势，不可只就一事一物加以臆断。必须广泛地观察事物的动态并考察实际上所表现的全般情况，然后彼此加以比较，否则不能明了真实的情况。这种广泛地研究实际情况的方法，西洋人叫作统计学。这个方法，对研究人类的事业和衡量其利害得失，是不可缺少的。据说，近来西洋学者，专用这个方法研究事物，收获很多。"[①] 福泽谕吉主张用统计学方法去找到事物的原因，认为"按照这个原则研究事物，对于寻求事物动态的原因，将有很大帮助"[②]。统计学是分析由计量得到的数据，从而对大量现象做出估计的方法，它与归纳法有直接关系，且带有专门的性质。福泽谕吉对此缺乏深入了解，只是点到即止。

关于怀疑方法，福泽谕吉把它同真理联系起来，指出"怀疑可致真理"。在他看来，世界文明的进步源于真理的不断发现，而真理的发现无不从怀疑出发，伽利略、牛顿、瓦特等科学家可以说都是由怀疑而引发研究，由怀疑而得到真理。因此，福泽谕吉断定："要使社会进步，达到真理，只有通过不同学说争论的方式。而各种异说之所由产生，其根源即在于怀疑。所以我说：怀疑可致真理。"[③] 同怀疑相对立的是轻信，"轻信易受欺骗"，流行在民间的种种迷信最突出地反映了这一点。福泽谕吉说："流行民间的风习，并没有什么真理，真理少则欺骗必多，但因一般人易于轻信，故受其迷惑，所以我说，轻信易受欺骗。"[④] 比较东西文化，福泽谕吉说，西方对怀疑原则多有运用，东方的轻信不疑之风过于浓厚，在西方"一种议论产生，就有另一种学说来驳倒它，异说纷纭，不知其极。较之亚洲人民轻信虚妄之说，为巫蛊神鬼所迷惑，一闻所谓圣贤之言即随声附和，万世之后还不敢逾

---

① 〔日〕福泽谕吉:《文明论概略》，第 47 页。
② 同上书，第 48 页。
③ 〔日〕福泽谕吉:《劝学篇》，第 85 页。
④ 同上书，第 83 ～ 84 页。

越，与之相比，其品行之优劣，意志之勇怯，实不可同日而语”[①]。福泽谕吉主疑、黜轻信，但也不主怀疑主义，认为对于事实，要慎疑，要善于取舍。他说：“虽说我们对于事物不可轻信，但如确系事实，亦不可轻加怀疑，即在怀疑之间，不可不善于辨别取舍，而学问要旨就在明辨此理。”[②]至此，我们知道，福泽谕吉的怀疑观是可取的，与轻信一切、不辨是非的服从主义不同，同时又不是怀疑一切的怀疑主义，是一种合理的怀疑论。

（五）智的优位

在福泽谕吉的启蒙哲学思想中，智慧与道德的关系问题占有重要位置，透视他的基本识见，我们会得出这样的结论：他把“智”放在优先的地位，主张主智主义，但不是主张非道德主义。

在日本传统思想中，伦理道德是人们关注的中心，人们特别强调道德的作用，智慧则完全处于次要地位，即使偶有识者给予关心，也不过是轻描淡写，并不能改变道德中心主义的特质以及智的从属性。对此，福泽谕吉批评说：“试看古来学者的言论，十之八九违背了事实，错误地只提倡道德的一面，甚至有人竟极端错误地认为智慧是完全无用的东西。为社会着想这是最令人忧虑的弊端。”[③]福泽谕吉指出，一些道德学家把一切社会问题的解决都归之于道德，道德成了文明的唯一标准，唯道德是从是务，认为智慧无关宏旨，其他社会殊多领域如法律的功能亦远比不上道德。他们说道德是一切的根本，社会上的任何事业，若不依靠道德，就不会成功，如果有了道德修养，则将无往而不利。社会上的一切事业都可以暂时放下，应该首先修养道德，然后再谈其他问题。世上如无德教，就犹如暗夜无灯，无从辨别事物

---

① 〔日〕福泽谕吉：《劝学篇》，第 85 页。

② 同上。

③ 〔日〕福泽谕吉：《文明论概略》，第 77 页。

和方向。对于这种议论，福泽谕吉否定说：“如果仅以道德为幌子，企图笼络天下人心，甚至在德教之中别立门户，企图排斥异己独霸世界教权，并且还侵犯智慧的领域，把人类的神圣天职局限于德教一事，而且在德教中‘只此一家并无分店’，企图以此束缚人们的思想，限制人们的自由，把人们置于无为无智的境地，而扼杀真正的文明，这是我所最反对的。”①

福泽谕吉反对道德中心主义和道德一元论，把智慧与文明紧密结合起来，认为日本当时最迫切需要的不是德教。他说：“道德纵然不足，但显然不是燃眉之急。”②“因为西洋的德教不见得就如牛和力士，日本的德教也不见得就像猫和小孩，并证明了东西双方的德教是正处在不相上下的地位。”③日本刻不容缓的需要是智慧，恰恰在智慧这一方面，日本与西方相比望尘莫及。福泽谕吉说：“以日本人的智慧与西洋人两相比较，从文学、技术、商业、工业等最大的事物到最小的事物，从一数到百或数到千，没有一样能高于西洋，没有一样能和西洋相比拟的，并且也没有人敢和西洋较量一番的。……我们还在流行阴阳五行之说的时候，他们已经发现了六十个元素。我们还在以天文卜吉凶，他们已经制造了彗星历，并进而研究了太阳太阴的实质。我们认为人是居住在不动的平地上，他们已经知道地圆而且是转动的。我们认为我国是至尊的神州，他们已经足迹遍于全世界，到处开辟疆土，建立了殖民地，政令商法之齐备，远比我们优越的东西很多。所有这些问题，按目前日本的情况来看，没有一件可向西洋夸口的。……由此看来，目前我国所迫切需要的不是智慧是什么呢？这是学者应该深刻考虑的。”④

---

① 〔日〕福泽谕吉：《文明论概略》，第 102 页。

② 同上书，第 96 页。

③ 同上书，第 95 ～ 96 页。

④ 同上书，第 96 页。

智慧为什么会在文明发展中起巨大作用，为什么在近代应强调智的优位？福泽谕吉认为，这是由历史发展不同阶段的特征以及智慧具有不同于道德的特点决定的。对此，他做了详细的论述。他认为，在古代社会，由于人类的智力低下，支配人类思想和行为的主要是神力与统治阶级的恩威，对此大家一般不产生怀疑，社会得以维护和生存。他说："在野蛮时代，人与人的关系，只是恩威两方面而已。不是恩德就是暴虐，不是仁慈就是掠夺，在这两者之间，根本看不出智慧的影子。"[①] 随着人类智力的发展，人心有了怀疑，对很多事物都要追求其根源。这样，不论在自然方面还是在社会方面，人们的精神就得到了解放，道德的地盘缩小了，并逐渐丧失其主导性的地位："私德是随着文明的进步而逐渐丧失其权威的。"[②] 与此同时，智慧则扩大了基地，并开始占据上风，在社会发展中扮演起主要角色。

智慧有不同于道德的一些特点，从以下这些特点来看，智慧比道德更重要：（1）智慧的发生必须同外界事物接触，而道德主要存在于人的内心。"道德是存在于人们内心的东西，不是外在的行为。所谓修身与慎独，都是和外界无关的"[③]；智慧则不是这样，"它是和外物相接触，而考虑其利弊……像这样智慧和外界事物接触，适应情况灵活运用，和道德完全相反，是一种外在的作用。有德的君子独自默坐家中，也不能说他是坏人，可是，智者如果毫无作为不与外物接触，也就可以叫作愚人了"[④]。（2）智慧和道德影响的范围与作用的大小不同，智慧影响的范围与作用广且大，远非道德所能比。"道德只是个人行为，其功能涉及的范围是狭窄的，而智慧则传播迅速，涉及的范围广

---

① 〔日〕福泽谕吉：《文明论概略》，第 107 ～ 108 页。

② 同上书，第 111 页。

③ 同上书，第 78 页。

④ 同上书，第 79 页。

泛。”[①] 道德发挥作用最好的地方似乎是家庭，对外面的影响力是不大的，但“智慧则不然，如果发明了物理，一旦公之于世，立刻就会轰动全国的人心，如果是更大的发明，则一个人的力量，往往可以改变全世界的面貌”[②]。(3) 智慧的进步和发展日新月异，没有止境，而道德规范一经产生就会固定下来，不再有明显的进步。“关于道德的问题，好像是古人独占了专利权，后人只能为承销商，除此之外是没有别的办法。这就是为什么在耶稣孔子以后没出圣人的原故。所以道德后来一直没有改进，上古的道德和今天的道德，在性质上并没有变化。智慧就不然了，古人知其一，今人则知其百，古人所恐惧的，今人则轻蔑它，古人所感觉奇怪的，今人则认为可笑，智慧的领域日益广阔，自古至今创造发明多不可胜举，今后的进步仍然是无法估量的。”[③] 近代科学技术的突飞猛进，如蒸汽机、电报、造纸、印刷“全是后人的智慧发明的，而这些发明创造，并不是由于听到圣人所讲的道德而实现的，这些事情是古代圣人作梦也未想到的。因此，如果单就智慧来说，古代圣贤不过等于今天的三岁儿童而已”[④]。(4) 学习智慧和道德的方法与效果很不相同，“道德，不能用有形的方法教诲人，能否有德，在于个人的努力。智慧，则与此相反，有各种试验方法可以识别人的智愚”[⑤]。正是这样，社会上的伪君子较多，而伪智者较少，且在检验上也有可行与不可行之分：“在道德的问题上，缺少可以检验理论和实践脱节的准绳”，但“在智慧的领域内，纵然会出现这种伪智者，但仍然有查明其真伪的方法”[⑥]。

---

① 〔日〕福泽谕吉：《文明论概略》，第 101 页。

② 同上书，第 79 页。

③ 同上书，第 82 页。

④ 同上。

⑤ 同上书，第 101 页。

⑥ 同上书，第 85 页。

由于智慧和道德的上述不同特点，智慧在近代社会的作用就显得突出，传统观念中的道德中心主义就应被打破。当然，福泽谕吉绝不是非道德主义者，他只是非道德中心主义者，对于道德的应有作用他并不否定。他说："我的见解，并不是轻视私德，把它当作生活小节，而是不同意我国人民一向所认为的那样，过分强调私德的作用，把它当作议论事物的标准。我的意思不是说私德无用而把它摒弃，而是主张在提倡私德的同时，必须强调更重要的智德的作用。"① 全面考察福泽谕吉一生的思想，他的不少文章都提倡新的道德观，但始终没有忘却道德的旧有功能，这是要注意的。

三、比较分析

我们已经较为仔细地展现了严复与福泽谕吉的哲学观和科学观，现在就按上述问题分别做一比较。

（一）学术与政治的关系

无论在中国传统思想中还是在日本传统思想中，学术作为意识形态，都与政治紧密地结合在一起。在这种结合中，学术一般处于从属地位。为学的人，在传统体制下，大都以当官出仕为主要目标，社会价值往往集中于政治一途，这不仅影响了学术的发展，而且影响了社会价值的多元发展。严复与福泽谕吉都深深认识和感受到了这一点，因而都不遗余力地加以批判，要求实现社会价值的多元化，尤其强调学术与政治的分离。严复与福泽谕吉的一个共同的且很重要的观点是，社会文明的发展是由简单到复杂，是由合到分、由一到多的过程（虽然严复是从进化的观点来看的，福泽谕吉则是以文明为出发点）。这

① 〔日〕福泽谕吉：《文明论概略》，第77页。

样，随着社会价值的多元发展，学术对于政治的相对独立就成了不可避免的趋势。福泽谕吉的主张在日本经过一定的时期实现了，而严复的主张在中国的实现则比较曲折。20 世纪 70 年代末中国改革开放之后，中国又有了多元化的呼声，又批评官本位，学术界也重新要求确立学术相对独立的价值。

严复与福泽谕吉都主张学术与政治的分离，反对官本位。从实践上看，福泽谕吉努力不做官，而且要在政治之外确立学术和教育的价值，而严复则仍要进入政界，且有三进科场之举，当然他有进入政界的理由。从事情本身来看，福泽谕吉可以说是典型的近代知识分子，而严复则还没有摆脱中国传统士大夫的行为方式。比较严复与福泽谕吉的实际活动，我们总觉得在严复身上一些传统的痕迹仍相当浓。下面一段史华兹的话颇有道理："事实上，不管他对一般政治、社会问题的看法偏离传统有多远，从个人生活来看，他仍然是一个传统的士大夫，社会传统观念的转变并没有深入他的骨髓。据我们所知，他的个人及家庭生活，并未太偏离儒家的行为规范。"① 从这个意义上看，严复是否与胡适较为相像？

（二）科学主义

在科学问题上，严复推崇名数质力，福泽谕吉强调数理，两位都表现出对科学的极大热情，是不同程度上的科学主义者。西方自近代始，科学和科学思想得到了长足的发展，既成了生产力发展的强大推动力，又成了学术思想的基础，取代了宗教神学的主导地位。但在中国和日本，传统社会一直延续，科学革命没有发生。虽然从 17 世纪开始，中国和日本都介绍了西方的科学，但科学的思想和科学的意识一直比较微弱，再加上中日的长期锁国，这种介绍后来也停止了。19 世

---

① 〔美〕史华兹：《寻求富强：严复与西方》，第 22 页。

纪中叶之后，中日两国被迫开国，近代科学和技术才被推到了历史的前沿。面对西洋文明，严复与福泽谕吉不约而同地注目到了西方近代达到了高度发展的科学，并给科学以高度的评价，视之为学术之基和富强文明之本。为了推进科学在自己国家的发展，他们都展开了科学思想的启蒙。他们的科学观念不仅在中日历史上是空前的，而且在中日启蒙思想家中是卓著的。因此，如果说到科学主义在中日的生长，那么就必须说是严复与福泽谕吉率先播下的火种。

严复非常关注名数质力，福泽谕吉大力倡导数理，从中可以看到，他们都指出了科学的两种形态，即实验科学和推理科学，并主张将两者统一起来。在欧洲启蒙思想家中，有的强调实验科学，如培根；有的推崇推理科学，如笛卡尔；有的则试图把它们统一起来，如康德。严复与福泽谕吉虽然基本倾向是侧重于实验科学，高度赞扬物理学，但他们也重视数学，不忽视数学。严复常把名数质力一起列举，福泽谕吉有数理连用的说法，这些是很值得注意的事实。物理学离不开数学，实验科学和推理科学应该结合，不能轻视任何一方。正如罗素所指出的那样，天文学和物理学都需要数学的处理，很有可能一切科学在最后都要成为数学。但在不同的历史时代以及不同的地区，物理学与数学的发展并不是并行的。古希腊人理智上最伟大的功绩就是几何学。他们相信这是从一些自明的前提出发而进行的先验的学问，不需要实验的考证。古希腊的天才是演绎的，而非归纳的，所以他们与数学最为亲近。到了近代，物理学在英国发生了革命，而数学在法、德两国得到了惊人的发展。出现这种情况，从思维方式上讲，分别反映了英国经验主义与欧洲大陆理性主义的特性。但在中日，近代科学是在开国条件下输入的。严复与福泽谕吉侧重强调实验科学——物理学，而又注意到推理科学——数学，这说明他们的科学思想受到了欧洲近代科学发展的整体影响。当然，在对实验科学和推理科学的认识上，严复阐释得比较充分，意识明确，而福泽谕吉则主要是提出了一般原则，分析不够，在意识上似乎也没有严复明确。

最后，我想指出的是，对于严复与福泽谕吉的科学观应给予肯定。科学在近代欧洲诸国赢得了广泛的胜利，而中日两国近代的科学是在它们之后才发展的，严复与福泽谕吉在这一过程中发挥了巨大的启蒙作用。经过了第一次世界大战的欧洲，人们对科学的信仰产生了怀疑与动摇，批评科学的声音随之产生。这一思潮当然也影响到了中日。在我看来：（1）中日近代的科学整体上还比较薄弱，未获得像在欧洲那样的大进步，科学思想也是如此。中日还需要充分发展科学，而不是批评科学。（2）就人类社会发展来说，解决人类的生存问题，关键仍在科学，应该把科学的发现与发明本身同它被非正当性地运用区别开来。

（三）认识与方法

在中国与日本的传统哲学中，认识论与方法论（逻辑学）是两个十分不发达的部门。为什么会这样？这样造成了什么样的影响？在此我们不能展开讨论。一个基本事实是，古代中日认识论和方法论的不发达状况在中日近代被认识到，并逐步得到改变。中日启蒙思想家中的梁启超、西周注意到了这一点。说到严复与福泽谕吉，通过前文的阐述我们可以清楚地看到，前者对认识与方法达到了高度自觉，后者则自觉不够。严复虽没有提出系统的认识论体系，但对认识论的很多问题都有比较多的说明，开辟了中国认识论近代化的道路。福泽谕吉在认识论上只有只言片语，或者说，他对认识论的意识是很薄弱的。科学方法论和逻辑意识，在严复的启蒙思想中是十分突出的，但在福泽谕吉那里则比较缺乏。由此，我们就能理解严复与福泽谕吉作为启蒙思想者和启蒙传播者的差别。

值得注意的是，中日的哲学认识论与科学方法论还没有得到充分发展，这是今天职业哲学家的艰巨任务。中日的哲学要走向世界，就必须在这两个部门进行充分的建设。

（四）实学

对中日两国而言，“实学”这一观念在近代之前都已得到了较多的使用。中国明清之际形成了一个很有力的实学思潮，日本江户时代的许多思想都与实学有关联。无论在中国还是在日本，当时实学观念的主要意义都是经世致用，强调学问的实践功能或有效性。到了近代，中国的启蒙思想家整体上没有同传统的实学观念发生密切的关系，但日本的启蒙思想家则接受并改造了传统的实学观念，形成了注目实学的共同倾向。所以，就整体来说，中日近代在实学观念上不好进行对比。不过，如果限于严复与福泽谕吉，还是可以进行对比的。因为福泽谕吉无疑是强调实学的，严复虽不如福泽谕吉突出，但在中国启蒙思想家中却是与实学发生了重要关系的一员。

严复在《救亡决论》中提到了“实学”：“率天下而祸实学者，岂非王氏之言欤？”[①] 这是他对阳明心学的批评之语。严复还指出了传统学术是无实、无用之学。与“实学”相通，严复使用了“实证”一词。在《与〈外交报〉主人书》中，严复说：“中国此后教育，在在宜著意科学，使学者之心虑沈潜，浸渍于因果实证之间。”[②] 把严复与福泽谕吉的实学思想加以比较，能看出两个共同性，即实践的有效性和实证的真实性。严复与福泽谕吉的实学观念包含了这两种含义。但他们也有差别。在严复那里，他强调实践的有效性或功利性，但更强调学术的真实性或实证性；在福泽谕吉那里，顺序则被颠倒了过来。同时，严复多次很明确地指出了功利性与真实性的统一性，而福泽谕吉则没有注意到这一点。这是我们比较严复与福泽谕吉二人的实学所得出的

---

① 《救亡决论》，《严复集》第 1 册，第 46 页。

② 《与〈外交报〉主人书》，《严复集》第 3 册，第 565 页。

一个结论。

（五）道德与智慧

中日传统思想有一个共同特性，即有道德中心主义的倾向。许多思想家都在它上面花费了大量心血，不厌其烦地加以讨论。在很大程度上可以说，中日思想史实际上是一部伦理道德学说史，人们关心善，追求善成了最根本的目标。与此相对，关注自然知识的智慧则受到轻视，追求事物的真理被置于从属地位。

一般来说，在社会发展中，智慧或者求真至少应与道德或者为善处于同等地位。因此，中日传统思想中的道德中心主义的崇德抑智倾向需要改变，这是中日思想近代化的一个重要方面。严复与福泽谕吉都注意到了这一点，并表现出主智主义的特点。严复“三民说”中的一条就是“开民智”，而且他把中国一切问题的解决都归到“民智”一途上。他也批评中国传统教育重视德教、轻视智育的弊病，把智的方面提高到教育的首位。福泽谕吉更是如此，他的主要著作《文明论概略》以将近一半的篇幅讨论智德问题，其根本思想就在于批评日本传统的道德中心主义，把智提高到优先地位，高度肯定智慧的作用。

但应该清楚，严复与福泽谕吉只是提高智的地位，强调智的优位，他们并不否认道德的作用，并不是非道德主义者，而只是非道德中心主义者，他们的观点至今也不过时。社会固然可以把智慧放在优先地位来考虑，但一个社会绝不能没有伦理道德观念及其秩序，非道德主义是有害的。比较严复与福泽谕吉的智德观，从理论上看，福泽谕吉的探讨比较深入，也很充分，严复的探讨则显得薄弱，缺乏对智德关系的具体分析，这是严复思想的一个不足之处。

第七章
政治诸范畴

严复与福泽谕吉的启蒙思想中有很丰富的政治思想，涉及了一些政治观念。在此，我不打算进行全面的分析说明，只就他们对几个主要政治范畴的看法加以比较。

一、严复与福泽谕吉论自由

自由是欧洲启蒙思想的中心观念之一，严复与福泽谕吉是如何看待的呢？

（一）自由——东西文化的差异

关于这一点，前面我们已有所涉及，在此再稍做引述。

欧洲启蒙思想家，如孟德斯鸠、黑格尔，均视东方为专制主义国家，认为这里唯有权威和服从，没有自由可言。孟德斯鸠说："一种奴隶的思想统治着亚洲，而且从来没有离开过亚洲。在那个地方的一切历史里，是连一段表现自由精神的记录都不可能找到的。那里，除了极端的奴役而外，我们将永远看不见任何其他东西。"① 黑格尔亦说：

① 〔法〕孟德斯鸠：《论法的精神》上册，第 278 ～ 279 页。

“东方人还不知道，‘精神’——人之所以为人的本质——是自由的；因为他们不知道，所以他们不自由。他们只知道一个人是自由的。唯其如此，这一个人的自由只是放纵、粗野，热情的兽性冲动，或者是热情的一种柔和驯服，而且这种柔和驯服自身，只是自然界的一种偶然现象或者一种放纵恣肆。所以这一个人只是一个专制君主，不是一个自由人。”[①] 孟德斯鸠与黑格尔的话，不亦甚乎！但在一定意义上可以说，他们的看法不是完全没有道理。

严复与福泽谕吉也通过他们自己对东西文化的比较认识，认为两者有一个明显的差异：自由与不自由。他们的结论也许过于简单，但不能说完全没有根据。西方现代学者一般认为，自由是欧洲近代文明的根本精神之一，它使每个人的智慧和力量得以发挥尽致，为西方近代文明的发展提供了无穷的张力和可能。意大利哲学家、史学家贝奈戴托·克罗齐（Benedetto Croce）指出，欧洲的历史发展与自由不可分割，“自由不仅在人们中间存在着，不仅在许多大国的组织体制中，在法规制度和习俗惯例中顽强地存在着，而且在事物本身中间起着作用，克服重重困难，为自己开辟着道路”[②]。西班牙作家萨尔瓦多·德·马达里亚加（Salvador de Madariaga）认为，在欧洲文明中，自由不仅是政治和社会的原则，而且是人们生活的本质，“欧洲珍惜自由，珍惜自由的品质，它懂得看上去无用的自由具有至高无上的价值。……对于我们欧洲人来说，由于每个人对于可能发生的事情的组合方式都有决定选择的自由，因此生活就是一个随着每个人的每次抉择冲动而不断进行创造的过程……个人通过自由决定而塑造自己的生活，或者如柏拉

① 周辅成编：《从文艺复兴到十九世纪资产阶级哲学家政治思想家有关人道主义人性论言论选辑》，第 674 页。

② 〔法〕克洛德·德尔马：《欧洲文明》，郑鹿年译，上海人民出版社 1988 年版，第 116 页。

图所说，选择自己的灵魂”[①]。

自由对于东方文明难道是异己力量吗？大概不是。但我们应该承认，近代的自由精神或理性没有从东方的传统中发展出来。中日近代启蒙思想家是把西方的近代自由传播到东方，并努力把它树立起来。但在近代中日，自由观念都比较薄弱和脆弱。日本畸形的近代化留下了政治上民主主义和自由主义的课题。在近代中国，自由与秩序、自由与权威容易被对立起来。就是在现代东方，也不能说自由精神或理性已经健全地成长起来了。在亚洲经济最发达的国家和地区，自由也尚待深化。

（二）自由——自然法与功利主义

欧洲近代自由主义的潮流主要有两个系统：一是18世纪法国的自由主义，倡导它的主将是伏尔泰、卢梭和孟德斯鸠等；一是19世纪英国的自由主义，其代表人物有边沁、穆勒和斯宾塞。这两个系统的自由主义，虽都坚持自由的原则，但为自由提供的理论根据却大不相同。法国的自由主义以自然法和社会契约的理论为前提，坚持天赋人权，坚持天生自由、平等的观念。而英国的自由主义则以功利主义为基盘，把自由看作追求最大多数人的最大幸福这一原则所要求的。这两种自由主义分别反映了法、英社会的历史特点。

中日启蒙自由思想运动发生于19世纪下半叶，不仅与法国自由主义有关，同时也受到了英国自由主义的影响。就严复来说，他接受的主要是英国自由主义学说，而对法国自由主义采取排斥态度。福泽谕吉则吸取了法国自由主义理论，同时也受到英国自由主义的影响。

严复基本上只承认功利主义原则，而不承认自然法和社会契约论。在严复的整个思想中，大概有一处留下了他受到自然法观念影响

① 〔法〕克洛德·德尔马：《欧洲文明》，第116页。

的痕迹。他说："唯天生民，各具赋界，得自由者乃为全受……侵人自由者，斯为逆天理，贼人道。"[①] 据此，严复认为，自由是人的天赋权利，侵犯这一权利乃是破坏宇宙大法，破坏人道天理。这显然是法国自由主义的观念。但严复的整个倾向是批评依据自然法和社会契约论的法国自由观。在《〈民约〉平议》一文中，他说："天然之自由平等，诚无此物。"[②] 严复援引生物学家赫胥黎的话诘难卢梭："民生自由，其于群为平等，则赫胥黎尝亦驳之矣。其言曰：吾为医，所见新生之孩为不少矣，累然块肉，非有保赤之勤，为之时其寒饥，历十二时，寡不死者。是呱呱者，尚安得自由之能力乎？其于社会，尤无平等之可言。……儿之言语自由而成之欤？儿之饮食自由欤？穿著自由欤？所据以为是非宜忌之标准者自由欤？先生休矣，吾与汝皆奴隶也！"[③] 对卢梭的社会契约论，严复亦批评说："家得自由，人皆平等，则尤为往古之所未尝，且恐为后来之所无有。盖草昧之民，其神明既为迷信之所深拘，其形骸又为阴阳之所困厄，忧疑好杀，家相为仇。是故初民，号为最苦。然则统前后而观之，卢梭之所谓民约者，吾不知其约于何世也。"[④]

严复反对自然法和社会契约论，接受了亚当·斯密、穆勒、斯宾塞的功利主义原则。斯密认为，个人利益与他人利益必须兼顾，损人利己、损己利人都不可取，试图把利己主义与利他主义结合在一起，指出自我牺牲与自我保全是自古就存在的。穆勒不接受边沁的幸福以自私为基础，倡导在个人幸福与他人幸福之间必须不偏不倚。正是在这种功利主义的基础上，严复说"人得自由，而以他人之自由为界"

① 《论世变之亟》，《严复集》第 1 册，第 3 页。

② 《〈民约〉平议》，《严复集》第 2 册，第 337 页。

③ 同上书，第 336 页。

④ 同上书，第 340 页。

是“太平最大公例”，说“斯宾塞《群谊》一篇，为释是例而作也”[①]。特别是，严复受斯宾塞进化论的影响，把自由竞争看作社会发展的重要手段。他引用斯氏的话说：“人道所以必得自繇者，盖不自繇则善恶功罪，皆非己出，而仅有幸不幸可言，而民德亦无由演进。故惟与以自繇，而天择为用，斯郅治有必成之一日。”[②]在《〈老子〉评语》中，严复说：“故今日之治，莫贵乎崇尚自由。自由，则物各得其所自致，而天择之用存其最宜，太平之盛可不期而自至。”[③]同时，严复还把自由与存在和厚生联系在一起，他在《〈庄子〉评语》中亦言：“自夫物竞之烈，各求自存以厚生。以鸟鼠之微，尚知高飞深穴，以避矰弋熏凿之患。人类之智，过鸟鼠也远矣！岂可束缚驰骤于经式仪度之中，令其不得自由、自化？”[④]

在自由与幸福的关系上，边沁说每一个人判断和追求自己利益的自由是物质幸福的主要条件。斯宾塞也认为：“对每一个人来说，平等的自由法则为存在于能力的能量之中的幸福提供了主要手段。”[⑤]受其影响，严复也认为自由是一种手段，它本身无所谓幸福和灾难。作为手段，严复更强调对自由运用的合理性。因为用之当、用之合时则为幸福，用之不当、用之失时则为灾难。显然，严复的自由观比英国自由主义更谨慎。

与严复有所不同，福泽谕吉宣扬法国以自然法和社会契约论为基础的自由观，信奉人天生自由、平等的“天赋人权论”。他的“‘天不生人上之人，也不生人下之人’，这就是说天生的人一律平等，不是生

---

① ［清］严复：《〈天演论〉按语》，《天演论》，第 34 页。

② 《〈群己权界论〉译凡例》，《严复集》第 1 册，第 133 页。

③ 《〈老子〉评语》，《严复集》第 4 册，第 1082 页。

④ 《〈庄子〉评语》，《严复集》第 4 册，第 1118 页。

⑤ ［英］欧内斯特·巴克：《英国政治思想——从赫伯特·斯宾塞到现代》，第 57 页。

来就有贵贱上下之别的"[①]这一话语，风靡明治初期日本社会的各个角落。他具体分析道："人生来就是一律平等、自由自在和没有上下之别的。今再引申其意，加以阐述：人的出生是天之使然，而非由于人力。他们之所以能够互相敬爱，各尽其责和互不妨害，是由于根本上都是同一人类，共戴一天，并同为天地间的造物。"[②]

福泽谕吉所说的人天生自由、平等，绝不是就现象形态而言，因为在这一点上人们是有差别的。人生而自由、平等，乃是指人的基本权利上的自由、平等。他说："这种平等并不是现实情况上的平等，而是指基本权利上的平等。"[③]虽在现象形态上，人的自由、平等有所谓天壤之别，但从另一角度即就人的基本权利而言，人的自由、平等则是完全相同、毫无区别的。福泽谕吉的这一自由观与卢梭的思想是一致的。卢梭的口号是"人是生而自由的"[④]，"每个人都生而自由、平等"[⑤]。这都是指人在权利上的自由、平等："人们尽可以在力量上和才智上不平等，但是由于约定并且根据权利，他们却是人人平等的。"[⑥]

严复与福泽谕吉为什么会表现出这种差别？这是难以解释和说明的。但有一点可以肯定，严复主要受英国自由主义的影响，他以英国的自由思想为标准，不承认法国的自由主义。而福泽谕吉大概是先接受了法国的自由观念，再加上他只是广泛传播，进行理论探讨的兴趣不浓，因而他没有追究自由观念运用的正当根据问题。从这一点上讲，梁启超与福泽谕吉更为接近。总之，严复与福泽谕吉在理论上都没有

① 〔日〕福泽谕吉：《劝学篇》，第2页。
② 同上书，第9页。
③ 同上书，第7页。
④ 〔法〕卢梭：《社会契约论》，第8页。
⑤ 同上书，第9页。
⑥ 同上书，第34页。

做出创造性的工作，尽管严复的自由思想比福泽谕吉的自由思想深入一些。

（三）自由——个体与群体

在个体自由、个人权利与群体自由、国家权力的关系上，法英两国学者并不否认后者，但由于法英近代思想是在民族与国家的统一前提之下展开的，所以群体自由、国家权力并不是法英学者注意的中心，他们更关心的是个体自由与个人权利。伏尔泰说："自由实际上意味着什么呢？意味着认识人权，因为认识人权就是捍卫人权。"① 他为个人自由意志辩护，认为自由即是"试着去做你的意志绝对必然要求的事情的那种权力"②。卢梭指出："要寻找一种结合的形式，使它能以全部共同的力量来卫护和保障每个结合者的人身和财富，并且由于这一结合而使每一个与全体相联合的个人又只不过是在服从自己本人，并且仍然像以往一样地自由。"③ 这是社会契约所要达到的目标。人们一旦结成契约，并遵守它，"他们就不是在服从任何别人，而只是在服从他们自己的意志"④。穆勒也把个体自由与个人权利放在优先地位来考虑。他说："唯一实称其名的自由，乃是按照我们自己的道路去追求我们自己的好处的自由。"⑤ 又说："国家的价值，从长远看来，归根结蒂还在组成它的全体个人的价值。"⑥ 斯宾塞从国家有机体的观念出发，强调国家的权力与干预，但同时又宣扬个人的最大权利与自由，把放任主义推到了顶点（反映了斯氏思想中的内在矛盾）。侧重于个体的自由与权利可以说是法英近代自由思想的特征。

---

① 〔德〕E. 卡西尔：《启蒙哲学》，第 245 页。
② 北京大学哲学系外国哲学史教研室编译：《十八世纪法国哲学》，第 95 页。
③ 〔法〕卢梭：《社会契约论》，第 23 页。
④ 同上书，第 44 页。
⑤ 〔英〕约翰·密尔：《论自由》，许宝骙译，商务印书馆 1986 年版，第 13 页。
⑥ 同上书，第 125 页。

19世纪下半叶，对于处在民族、国家危机中的中国和日本而言，实现国家的统一和独立，救亡图存，最为迫切。这种情势反映在启蒙思想上，就是对群体自由与国权的特别强调。当然这并不是说，中日启蒙思想家完全把个体的自由与权利置之度外。严复在某种程度上也肯定个体的自由与权利，如他说："夫所谓富强云者，质而言之，不外利民云尔。然政欲利民，必自民各能自利始；民各能自利，又必自皆得自由始。"[①] 严复把个体自由与群体自由、国家自由视为相辅相成、并行不悖的关系，说"人人各得自由，国国各得自由"[②]，"身贵自由，国贵自主。生之与群，相似如此"[③]。严复甚至把个体自由看作群体自由、国家自由的前提："吾未见其民之不自由者，其国可以自由也；其民之无权者，其国之可以有权也。"[④] 但严复整体上是把群体自由与国权视为优先，有时又把个体自由与群体自由、把人权与国权对立起来，认为为了后者有必要放弃前者（严复思想中的非一贯性）。他说："特观吾国今处之形，则小己自由，尚非所急，而所以祛异族之侵横，求有立于天地之间，斯真刻不容缓之事。故所急者，乃国群自由，非小己自由也。"[⑤] 穆勒《论自由》一书的主旨是以个体的自由与权利为基调，严复把它定名为《群己权界论》，说："穆勒此书，即为人分别何者必宜自繇，何者不可自繇也。"[⑥] 此书第三章的标题应译为"论个体为人类福祉的因素之一"，而严复则把它改译成"释行己自繇明特操为民德之本"，其旨趣很不相同。另外，严复译孟德斯鸠之《论法的精神》，也有改变原义的情形。孟德斯鸠言："如果一个公民能够做法律所禁止

① 《〈原强〉修订稿》，《严复集》第1册，第27页。

② 《论世变之亟》，《严复集》第1册，第3页。

③ 《〈原强〉修订稿》，《严复集》第1册，第17页。

④ 《〈原富〉按语》，《严复集》第4册，第917页。

⑤ 《〈法意〉按语》，《严复集》第4册，第981页。

⑥ 《〈群己权界论〉译凡例》，《严复集》第1册，第132页。

的事情，他就不再自由了。”严复译“他”为“群”：“假使有国民焉，得取法所禁者而为之，将其群所常享之自由立失。”[①]显然严复侧重于群体，更关心群体的自由。严复视群体自由高于个体自由，这与他的哲学基础有关。在他看来，“天演之事，将使能群者存，不群者灭；善群者存，不善群者灭”[②]。由此出发，严复把群体放在第一位，把个体放在第二位，认为当个体与群体发生矛盾时，当舍个体以从群体，“群己并重，则舍己为群”[③]，“两害相权：己轻，群重”[④]。

福泽谕吉早期强调个人的自由、独立和权利，并把其作为国家自由、独立之先决条件。他说：“个人可以独立，一家可以独立，国家也就可以独立了。”[⑤]又说：“基于天理，个人和国家都是应当自由和不受拘束的。假如一国的自由遭到妨害，就是与全世界为敌也不足惧，假如个人的自由遭到妨害，则政府官吏亦不足惧。”[⑥]这就是说，他认为国家的自由、独立依赖于个人的自由、独立。在福泽谕吉看来，没有独立精神的人，就不会深切地关心国事；在国内得不到独立地位的人，也不能在接触外国人时保持独立；没有独立精神的人会仗势做坏事。在个人之自由、独立受到侵害时，福泽谕吉主张人们要理直气壮地、勇敢地进行斗争。这些都反映了他早期思想中优先考虑个人自由与权利的特色。但是，福泽谕吉没有把这一立场贯彻下去。在他后来的思想发展中，他又表现出把人权与国权、把个体自由与群体自由对立起来的倾向。他说：“我曾经多次倡导民权论，但却忘记了重大之处……忘记了什么？这就是没有论及国权问题。”[⑦]其实，他从未忘记国权，

---

① 〔法〕孟德斯鸠：《孟德斯鸠法意》上册，第 219 页。
② 〔清〕严复：《译〈天演论〉自序》，《天演论》，第 32 页。
③ 同上书，第 90 页。
④ 严璩：《侯官严先生年谱》，《严复集》第 5 册，第 1552 页。
⑤ 〔日〕福泽谕吉：《劝学篇》，第 3～4 页。
⑥ 同上书，第 6 页。
⑦ 〔日〕鹿野政直：《福泽谕吉》，第 116 页。引文有改动。

只是他现在要把国权置于民权之上。他在《时事小言》中更表现出为了强化国权而必须停止民权的逻辑，他说这是因为强调民权会导致国内斗争激化。在自由民权运动达到高潮的时候，福泽谕吉提倡官民调和，声称既不站在民权论一边，也不站在政府一边，但他最后更多是替政府说话，抑制民权。福泽谕吉以国权而牺牲民权的做法，在他的自由观上有现实要求的必然性。他一开始就没有把自由视为目的，而是看作加强国权的手段或工具，认为整个文明都是为此服务的。在他看来，“国家的独立就是目的，国民的文明就是达到这个目的的手段”[①]。

在个体自由、权利与群体自由、国权之关系的立场上，严复与福泽谕吉的自由观集中体现了中日作为后进国家之启蒙思想的特点。这与德国的启蒙自由观有相似之处，黑格尔就把民族和国家的自由、独立放在第一位。

（四）自由——权利与义务

自由是人的权利，但生活在社会中的人不能只享受权利，同时还要承担义务。这就是人的自由权利与义务的二重性。法国与英国启蒙思想家都指出了这一点。在卢梭看来，自由不排除服从，也不意味着为所欲为，它意味着行动的严格必然性，意味着每个人为自己制定不可违背的法律。斯宾塞认为，人具有正义感和同情心，这不仅促使人为自己提出要求，同时还促使人尊重他人的自由。人不应当提出任何妨碍他人权利的要求，人必须承担不侵犯他人权利的义务。在这一点上，中日启蒙思想家基本上接受了法国与英国启蒙思想家的观点，要求自由权利与义务的统一和协调。

严复反对把自由与放诞、恣睢、肆无忌惮混淆起来，说自由的原义是“自主而内心牵挂。人有自由就有限制”。柳宗元有一诗云：“破

---

① 〔日〕福泽谕吉:《文明论概略》，第 190 页。

额山前碧玉流，骚人遥驻木兰舟。东风无限潇湘意，欲采蘋花不自由。”(《酬曹侍御过象县见寄》)严复引用这首诗并说：“所谓自由，正此义也。”[①]在社会生活中，显然不存在无限制的自由，“我自繇者人亦自繇，使无限制约束，便入强权世界，而相冲突。故曰人得自繇，而必以他人之自繇为界”[②]。这就是说，自己的自由必须以尊重他人的自由为前提。如前所述，严复认为在个体自由与群体自由不能两立之时，个人有牺牲个体自由以服从群体自由的义务。但他也反对人只尽义务而不享有权利。因为如果这样，人就不是在尽义务，而是在做奴隶。他说：“义务者，与权利相对待而有之词也。故民有可据之权利，而后应尽之义务生焉。无权利，而责民以义务者，非义务也，直奴分耳。”[③]

关于人的自由权利与义务的关系，福泽谕吉的观点与严复的观点接近，但论之更详。本分、职责、义务，在福泽谕吉那里具有大致相同的意义。福泽谕吉认为自由是人的基本权利：“所谓基本权利，就是人人重视其生命、维护其财产和珍视名誉。因为天生人类，就赋与了身心的活动，使人们能够实现上述权利。这是无论如何不能用人力来妨害的。”[④]但要使每一个人的权利都能得到实现，人还要尽一定的本分或义务，“如仅仅高唱自由自在，而不懂得守本分，则易陷于恣情放荡。所以本分就意味着基于天理，顺乎人情，不妨害他人而发挥自己的自由。自由与恣情放荡的界限也就在于妨害他人与否”[⑤]。国家的自由、独立高于个人的自由、独立，在国家的自由、独立受到侵害时，个人有牺牲自己的自由、独立去服务于国家的义务。福泽谕吉主张：“人人不分贵贱上下都应该把国家兴亡的责任承担在自己肩上，也不分

---

① 《〈群己权界论〉译凡例》，《严复集》第1册，第133页。

② 同上书，第132页。

③ 《〈法意〉按语》，《严复集》第4册，第1006页。

④ 〔日〕福泽谕吉：《劝学篇》，第9～10页。

⑤ 同上书，第4页。

智愚明昧，都应该尽国民应尽的义务。……为了国家，不仅要牺牲财产，就是牺牲性命，也在所不惜，这就是报国的大义。”①

（五）自由——民主与专制

自由与政治制度密不可分，真正的自由只有在法治和民主制度下才能得到保障。在专制制度下，虽然说人也不是完全没有自由，但这种自由具有偶然性，得不到客观上的保证。正如美国政治学家科恩（Carl Cohen）所说：“专制者虽可保护自由，但他无需这样做。对专制者来说，限制或取缔任何自由，毫无不合理之处。专制者所赐与的这种自由，系出于专制者的高兴，他也可随兴之所至加以限制或者取消。”② 近代的共和制与君主立宪制取代专制制度，是民主制度的两种形式。美国政体与法国政体是前者的代表，英国政体是后者的典型。民主制度的确立就为自由打下了基础。法英启蒙思想家是民主制度的理论代言人，他们把自由与民主政治结合在了一起。卢梭的社会契约论要求建立起保障人民主权的民主制度，以使自由的权利得到保障。洛克的社会契约论和三权分立说特别强调通过政治制度的建立以保全人的自由的权利，认为人结合成为国家的最大而主要的目的是彼此保全生命、自由和财产。中日启蒙思想家受到了这方面的影响。

严复虽说过“以自由为体，以民主为用”③，把自由看作更为根本的东西，但仍然关心自由同民主制度的关系。严复认为，在专制制度下可以有仁政，也可以有某种自由，但这只是开明君主的个人品性使然，要使仁政恒存，自由常在，国家就必须建立仁政的机制。严复说：“虽有至仁之国，必不能为所胜亡国之民立仁制也。夫制之所以仁者，必其民自为之。使其民而不自为，徒坐待他人之仁我，不心蕲之而不

① 〔日〕福泽谕吉：《劝学篇》，第 15 ～ 16 页。
② 〔美〕科恩：《论民主》，聂崇信、朱秀贤译，商务印书馆 1988 年版，第 123 页。
③ 《原强》，《严复集》第 1 册，第 11 页。

可得也。就令得之，顾其君则诚仁矣，而制则犹未仁也。使暴者得而用之，向之所以为吾慈母者，乃今为之豺狼可也。呜呼！国之所以常处于安，民之所以常免于暴者，亦恃制而已，非恃其人之仁也。恃其欲为不仁而不可得也，权在我者也。使彼而能吾仁，即亦可以吾不仁，权在彼者也。在我者，自由之民也；在彼者，所胜之民也。必在我，无在彼，此之谓民权。彼所胜者，尚安得有权也哉！"[①] 严复这段话，可以说道出了自由权利与民主政治制度之关系的真谛。

福泽谕吉在这一点上阐述得没有严复明确，但也在一定程度上把自由权利与政治制度联系在一起。福泽谕吉指出，在德川封建专制制度下，权力完全偏于统治阶级一边，人们没有自由权利可言。明治维新后，为了改变这种情况，他倡导社会契约论，要求政府与人民互相订立契约，使政府成为民约的民主政府，同时人民也要遵守约定，在民主政体下享受自由权利。当然，福泽谕吉对各种政体采取了相对的态度，不承认有绝对好或绝对坏的政体。这一思想受到了基佐《欧洲文明史》的影响。

（六）自由——理想与信念

自由是人类的理想，这一理想在法英启蒙思想家那里是作为信念而被坚持和追求的，他们没有因自由的理想在现实实践中遇到困难而放弃，他们整体上坚持追求自由的信念。中日启蒙思想家在这一方面整体上显得不连贯，对自由理想没有形成一种牢固的信念。

严复把自由与不自由看作东西文化的一个主要差异，但又认为中国的现实不具备实现自由的条件。他主张先开发民智，等到民智既开之后，国民才能享受自由权利。他不把自由视为民智的一个方面，反而把自由与民智割裂开来。严复显得太保守了，一切都主张渐进，比

① 《〈法意〉按语》，《严复集》第 4 册，第 972 页。

康梁的渐进还要渐进。尤其是后来，他对自由的坚持动摇了，怀疑自由的价值。他说："一切学说法理，今日视为玉律金科，转眼已为蘧庐刍狗，成不可重陈之物。譬如平等、自由、民主诸主义，百年已往，真如第二福音；乃至于今，其弊日见，不变计者，且有乱亡之祸。"[①]这是很不幸的。

日本自由民权运动兴起时，明治初期的启蒙思想家大都持反对态度。对民选议院，他们以时机尚早为借口推迟它的实施。福泽谕吉虽没有提出"时机尚早"，但他的观点比较特别，即主张"官民调和"，要求国民向政府妥协，停止争取自由权利的斗争，把自由的理想推到以后来实现。而且，到了晚年，他与严复一样，对自由已没有早期的那种热情，并成为国权论的传播者。

由此可见，中日启蒙思想家作为本国近代化的代言人，思想具有不连贯性。他们宣扬理想，但对理想的现实化无能为力，甚至感到失望，到头来连这一理想亦不复存在了。

二、严复与福泽谕吉论法

严复对"法"的自觉和重视是他启蒙思想的一个重要部分，他第一次把孟德斯鸠的法学名著《论法的精神》(严译为《法意》)译成中文，并在译文中附加了大量按语，表述了他关于"法"的观念。在这一方面，福泽谕吉比不上严复，不过他对"法"也有所论述，强调了"法"的作用。

(一)法之根源

法根源于什么，人类何以有法？这是一个复杂的问题。严复与福

① 《与熊纯如书》,《严复集》第3册，第667页。

泽谕吉论法，都谈到了这一点。严复肯定人有群德，人有在社会共同体中合作的倾向，但个人与个人之间的利益、个人与社会之间的利益会有冲突，不免发生争夺现象，这就需要有规范人们的言行的制度，而“法”正是根源于人类社会中存在争夺现象，为了避免争夺而演化出来的。严复说：“而其实则法典之事，即起于争。使其无争，又安事法？”[①] 争夺的存在造成了社会的混乱和不安，人们期待秩序和安定，希望保护自己的利益不受侵犯，于是制定了法：“国之与国，人之与人，皆待法而后有一日之安者也。”[②]

福泽谕吉从“恶”的观念出发，对“法”的产生做出了解释。在他看来，人类社会中既有善人，也有恶人，而善人和恶人是混在一起难以分别的。为了保护好人，惩治坏人，人类制定了法。他说法“是为了防止作恶而制定的，但并不是因为天下都是恶人才制定的。因为善恶混淆不清，才制定法律以保护好人。在一万人之中难保没有一个坏人，所以在一万人之中所施行的法律，也不能不按照制服坏人的目的来制定”[③]。人类为了对付坏人而制定的法律，并不妨碍好人为善，“在法律繁多的社会里，好人依然可以毫无限制地为善”[④]。很明显，严复与福泽谕吉对法之根源的解释有相通之处，即都以人类行为的负面性为出发点。

（二）法之作用

严复与福泽谕吉都肯定“法”在社会文明中的作用，主张法制和法治。在严复看来，传统文明与近代文明的区别，并不在于有没有法制，而在于法制是如何确立的，在于所确立的法制是否变为法治。无

① 《〈法意〉按语》，《严复集》第 4 册，第 936 页。
② 同上。
③ 〔日〕福泽谕吉：《文明论概略》，第 117 ～ 118 页。
④ 同上。

疑，中国传统社会是有法制的，但这种法制源于个别人的意志，特别是君主的意志。立法者为民立法，使人民接受法的约束，但立法者自己却容易凌驾于法律之上，不受法的限制。严复说："专制非无法度也，虽有法度，其君超于法外，民由而已不必由也。"[①]又说："治国之法，为民而立者也，故其行也，求便于民；乱国之法，为上而立者也，故其行也，求利于上。夫求利于上，而不求便其民，斯法因人立，其不悖于天理人性者寡矣！虽然，既不便民矣，将法虽立，而其国必不安。"[②]严复认为，法治的意义是所立之法反映了人民的利益，它具有神圣性和不为任何人超越的尊严。严复说："今日所谓立宪，不止有恒久之法度已也，将必有其民权与君权，分立并用焉。有民权之用，故法之既立，虽天子不可以不循也。"[③]欧洲近代的"法治"精神在于此"法令始于下院，是民各奉其所自主之约，而非率上之制也；宰相以下，皆由一国所推择。是官者，民之所设以厘百工，而非徒以尊奉仰戴者也，抚我虐我，皆非所论者矣"[④]。严复指出，要真正实行法治，就必须一国上下皆具有实行法治的素质，"顾欲为立宪之国，必先有立宪之君，又必有立宪之民而后可"[⑤]。反过来说，"法可因民而日修，而民亦因法而日化；夫而后法与民交进，上理之治，庶几可成"[⑥]，法治能够对提高国民的素质产生积极的影响。

福泽谕吉首先区分了道德与法的不同。他说："道德只能行于人情所在的地方，而不能行之于法制的领域。法制的效能虽然也能达到人情的目的，但是从它所表现的形态来看，法律和道德似乎是完全相反，

① 《宪法大义》,《严复集》第 2 册，第 240 页。
② 《〈法意〉按语》,《严复集》第 4 册，第 1022 页。
③ 同上书，第 940 页。
④ 《〈原强〉修订稿》,《严复集》第 1 册，第 31 页。
⑤ 《宪法大义》,《严复集》第 2 册，第 240 页。
⑥ 《〈日本宪法义解〉序》,《严复集》第 1 册，第 96 页。

互不相容的东西。”[①] 同道德不同，“法”是通过强制手段惩治犯罪，以维持社会的秩序和人们的利益。法治的惩罚看起来似乎是无情的，但这种无情只针对作恶的人。福泽谕吉指出，如果说在遥远的古代，治理社会主要依赖于道德和人情，而不是依赖于法，那么随着社会的发展，法的作用就愈来愈大了。西方近代文明的发展与法治的建立具有不可分割的关系：“法律严密，减少了国内的冤狱；商法明确，使人民感到方便；公司法合理，因而举办大企业者日多；租税法妥恰，减少了私产的损失；兵法精湛（虽是杀人之术）因而减少了战争之祸患；国际公法虽然还不周密，但是多少也起了减少杀戮的作用；……这些都是法制的日益周密和实施范围日益扩大的具体表现，也可以说是通过法制以实现大德的事业。”[②] 日本要发展近代文明，也必须高度重视法的作用：“在如今的世界里，要想发展国家文明，保持国家独立，这是唯一的方法。”[③] 福泽谕吉要求每个国民都要尊重国法，维护法的神圣性，他自己更是身体力行。[④]

法治是近代文明的主要特征之一，严复与福泽谕吉都重视法和法治，要求中日在近代化过程中推行法治，这有非常重要的意义。

三、严复与福泽谕吉论政体

所谓政体，即国家政权的构成形式。对此，严复与福泽谕吉也有所考察，他们关于政体的思想既有同又有异。

---

① 〔日〕福泽谕吉：《文明论概略》，第 115 页。

② 同上书，第 120 页。

③ 同上书，第 118 页。

④ 〔日〕福泽谕吉：《劝学篇》，第 26 ～ 31 页。

（一）政体的类型

严复研究古今已存在的各种政体类型，根据西方的一种分法，认为有两种基本的政治制度：一是民主（或共和）制，一是君主制。他说："五洲治制，不出二端：君主、民主是已。君主之国权，由一而散于万；民主之国权，由万而汇于一。"① 进一步，严复又将民主制与君主制分别分为两种形式：前者有庶建（democracy）和贤政（aristocracy），后者有君主专制和君主立宪。他说："民主有二别：用其平等，则为庶建，真民主也；用其贵贵贤贤，则曰贤政。"② 严复有时也直接依照孟德斯鸠的民主制、君主制和专制的三分法来讲政治制度的类型。他指出，在实际的政治生活中，一个国家可能不是单一的政治制度类型，而有混杂的情形。他说："世间之物，原行少而杂质多，历史五洲之治制，大抵皆其杂者。而所杂三制之多寡，则天时人事为之，不可执一以为论也。必指某之治为民主，某之治为专制，则未有不谬且误者，且制亦在所宜而已。"③

与严复稍异，福泽谕吉认为，有史以来，世界各国的政治制度可分为君主制（monarchy）、贵族政治（aristocracy）和共和制（republic）。福泽谕吉说，君主制的特性是礼乐征伐出自君主一人，贵族政治是集合国内的大家族来行使国政，而共和制则是不问门第高低贵贱，推举德高望重者为领导，与国民协商实行政治运作。福泽谕吉也区分君主专制与君主立宪，认为两者的区别是：君主专制是君主一人大权在握，比较随心所欲地进行统治；君主立宪虽也是君主一人进行统治，但君主的权力受到法律的限制，是有限的而不是无限的，因此君主不能随

---

① 《〈法意〉按语》，《严复集》第 4 册，第 937 页。

② 同上。

③ 同上书，第 942 页。

心所欲、滥施淫威。从不同的政治制度出发，福泽谕吉指出，三种政治制度虽各异其趣，但在某一国家的政治制度中也有兼而有之的情形，如英国就是如此，它是混合三种制度为一体。而且，一种政治制度在一国的实行，虽有名副其实的表现，如共和制在美国，但也有名不副实的表现，如1848年的法国共和政治。[①]

严复与福泽谕吉对政体类型的区分都采用了西方思想家的观点，虽形式上有些不同，但实质上是一致的。

（二）政体的相对性

政体的相对性是指政体本身价值的非绝对性以及它的实现受时空限制的特性。严复与福泽谕吉在这一点上都有所强调。

严复从进化论的观点出发，认为政体是进化发展的，民主制优于君主专制，但他又特别指出政体的实现有时空的条件，一个国家是否具有建设某种政体的条件，或一个国家是否适应某种政体，一种政体对一个国家来说是为时尚早还是合乎时宜，都取决于这个国家的现实情况。如果不注意这一点，即便是一种好的政体，它在一个国家也可能难以发挥出它的优势，甚至会事与愿违。严复反复申述说："西洋至美之制，以富以强之机，而迁地弗良，若亡若存，辄有淮橘为枳之叹。"[②] 又说："善政如草木，置其地而能发生滋大者，必其天地人三者与之合也，否则立槁而已。"[③] "民主者，天下至精之制也。然欲其制之有立而长久，必其时上下之民德，足以副之。"[④] "同一法也，施之于彼时而利生，出之于此时而害著，其见于历史者众矣。一曰形势之不同，

① 福沢諭吉（1984）「通俗国権論」，『福沢諭吉』〈日本の名著〉33. 東京：中央公論社，p. 357.

② 《原强》，《严复集》第1册，第15页。

③ 同上书，第13页。

④ 《〈法意〉按语》，《严复集》第4册，第965页。

二曰用人之各异，三曰用意之有殊。”[①]“一善制之立，一美俗之成，动千百年而后有。”[②]“制无美恶，期于适时；变无迟速，要在当可。”[③]严复在说这些的时候，所关心的主要是中国政治上的变革应当采取何种政体的问题。由于他特别强调政体实现的条件，所以他考察中国社会的现实，最后得出结论说，中国还不具备实现民主制的条件，即使实行君主立宪制也为时尚早。他认为中国的政治仍应继续保持君主专制，先在社会的其他方面进行改造，特别是提高民智、民德和民力，使其达到与实行君主立宪制或民主制相适应的水平。辛亥革命后，中国在政治上推翻了清朝的封建君主专制制度，但在推行共和制的过程中遇到了极大的挫折，这使严复更坚定了他的观点。他说：“立宪则立宪矣，共和则共和矣。而此十余年来，果效何若……嗟夫！由今之道，无变今之俗，其必假而不复为真，盖无待蓍察而可决也。”[④]虽然严复的见解有合理之处，但不能不承认他在政治上的保守性。而且，严复的见解也有缺陷，社会改造和政治上的改革不能截然分开，它们是相互依赖的，应该同步进行，不可能在政治上不进行改革而又能完成社会改造，使社会走向合理化。

在很大程度上，福泽谕吉关于政体的识见与严复的识见相一致。福泽谕吉从文明发展的理论出发来观照政治制度。他认为，不同的文明阶段对应于一定的政体，适合于某一阶段文明的政体就是好的政体，不存在超越文明阶段的绝对好或绝对坏的政体。基佐在《欧洲文明史》中写道：“君主政治，既可以在国民等级之区分极其严格的印度施行；又可以在人民权利平等，完全没有上下等级之分的国家施行，同时还

---

① 《〈法意〉按语》，《严复集》第 4 册，第 1024 页。

② 《宪法大义》，《严复集》第 2 册，第 246 页。

③ 同上书，第 240 页。

④ 《与熊纯如书》，《严复集》第 3 册，第 715 页。

可以在专制压迫的国家施行，而且也可以在开化自由的国家施行。”[①] 福泽谕吉接受了基佐的看法，并加以发挥说：“政府的体制只要对国家的文明有利，君主也好，共和也好，不应拘泥名义如何，而应求其实际。有史以来，世界各国的政府体制，虽然有君主专制、君主立宪、贵族专制、民主制等不同的体制，但是不能单从体制来判断哪种好，哪种不好，最重要的是不使偏于极端。君主未必不好，共和政治也未必都好。”[②] 福泽谕吉还通过比较当时的一些国家政体来证明自己的上述观点。总之，他所强调的是，政体应与文明相协调，评论政体应从实际出发，不能只以形式来判断政体的好坏。在这种思想指导下，对日本近代的政治改革，福泽谕吉提出了应缓慢进行的见解。他认为日本当时的自由主义者在政治上是激进的，是急于求成。这也反映了福泽谕吉在政治上的保守性。他这种保守性与严复很相似，反映了中日启蒙思想家的软弱之处。

---

① 〔日〕福泽谕吉：《文明论概略》，第 34 页。

② 同上。

第八章

经济思想

严复与福泽谕吉的启蒙思想也表现出对经济的关切，表达了一些经济观点，严复尤其如此。

一、严复的经济观

严复启蒙思想追求的目标是国家的富强，与此有直接关系的是什么？严复毫不含糊地说是经济学，其代表则是亚当·斯密的《原富》。他说："自有此书，而后世知食货为专科之学。此所以见推宗匠，而为新学之开山也。"[①]严复指出，西方近代的惊人发展、惊人的富强之效皆为此书之功："晚近欧洲富强之效，识者皆归功于计学，计学者，首于亚丹·斯密氏者也。"[②]中国的社会愈来愈穷，积弱不堪，正是由于不知理财之法："今日之中国，患不知理财而已，贫非所患。"[③]要改变此种状况，中国就必须要有新的经济学，它至关重要："夫计学者，切而言之，则关于中国之贫富；远而论之，则系乎黄种之盛衰。"[④]在中国，

① 《译斯氏〈计学〉例言》,《严复集》第1册，第98页。

② ［清］严复:《〈天演论〉按语》,《天演论》，第34页。

③ 《〈原富〉按语》,《严复集》第4册，第902页。

④ 《译斯氏〈计学〉例言》,《严复集》第1册，第101页。

严复第一个把近代经济学作为专门学科大力提倡，译出了古典经济学名著《原富》，他自己的经济观点则主要体现在此书所加的按语中。

斯密经济学的主旨是经济自由主义，他反对国家对经济活动的干涉，强调自由竞争，这也就是一般所说的放任主义。严复接受了这一思想[①]，认为国家要富强，要使财力层出不穷，就必须使民自由，任其追求经济利益，国家不得干涉。他说："盖财者民力之所出。欲其力所出之至多，必使廓然自由，悉绝束缚拘滞而后可。……民力之自由既侵，其收成自狭。"[②]严复说英国的富强之效实为佐证："其宜贫弱而反富强者，夫非掊锁廓门，任民自由之效欤！"[③]自由是国家富强的前提，是利民之道，因而"凡可以听民自为者，其道莫善于无扰"[④]。严复说这是人们的共识："佥谓民之生计，只宜听民自谋，上惟无扰，为裨已多。"[⑤]严复还引用中国古代思想家的话强调这一点："史迁、申、老之言曰，善者因之，其次利导之，其次教诲之，其次整齐之，最下与之争。又曰，此岂有政教发征期会哉！各劝其业，乐其事，若水之趋下，日夜无休时，不召而自来，不求而民出之。岂非道之所符，而自然之验耶？其丁宁反复之意，可谓至明切矣！"[⑥]严复注意到经济活动中的某些方面存在官办的必要性："顾国家开物成务，所以前民用者，又有时而不可诿。诿之，则其职溺矣！"[⑦]怎么把握官办的范围和限度呢？

---

① 赵靖、易梦虹认为，严复实际上倾向于庸俗经济学，称其说"勃窣理窟，洁净精微"，胜过亚当·斯密之说。（赵靖、易梦虹：《中国近代经济思想史》（修订本）下册，中华书局 1980 年版，第 348 页）实际上，严复的话仅仅指出了他与斯密在经济学方法上的不同，参阅《译斯氏〈计学〉例言》，《严复集》第 1 册，中华书局 1986 年版，第 98 页。

② 《〈原富〉按语》，《严复集》第 4 册，第 888 页。

③ 《斯密亚丹传》，《严复集》第 1 册，第 103 页。

④ 《〈原富〉按语》，《严复集》第 4 册，第 902 页。

⑤ 同上书，第 879 页。

⑥ 同上。

⑦ 同上书，第 902 页。

严复提出了三条原则:“约而言之，其事有三：一，其事以民为之而费，以官为之则廉，此如邮政电报是已；二，所利于群者大，而民以顾私而莫为，此如学校之廪田、制造之奖励是已；三，民不知合群而群力犹弱，非在上者为之先导，则相顾趑趄。”[①]

由于第三条不好掌握，所以严复说为政者应谨慎行之，如果“攘臂奋臆，常以官督商办为要图者，于此国财未有不病者也”[②]。在经济活动中，严复与斯密一样，特别反对贸易保护主义，竭力主张打破贸易壁垒，实行自由贸易。他说:“自由贸易非他，尽其国地利民力二者出货之能，恣贾商之公平为竞，以使物产极于至廉而已。凡日用资生怡情浚智之物，民之得之，其易皆若水火。夫如是，而其君不富，其治不隆者，殆无有也。故凡贸易相养之中，意有所偏私，立之禁制，如辜较沮抑之为，使民举手触禁，移足犯科者，皆使物产腾贵而反乎前效者也。”[③] 严复举例说，英国原来也是实行贸易保护，但越保护经济越不景气。他说自斯密出，英国始改之，遂使经济大振，受益无穷，成为最富之国，斯密之自由贸易论不可易。

对于工商与农业的关系，严复是如何看待的呢？中国传统观念一直是重农抑商，以农为本，以商为末。斯密不分本末，谓农为野业，商为邑业，认为两者没有轻重之分。对此，严复一方面批评中国重农抑商，提倡斯密所说的农商并举；另一方面肯定斯密主张的农商不分轻重，但又认为两者确有本末之别。总的倾向是认为农商虽有本末之别，然无轻重、贵贱之分，故不可抑商。严复说:“农桑树畜之事，中国谓之本业，而斯密氏谓之野业；百工商贾之事，中国谓之末业，而斯密氏谓为邑业。谓之本末者，意有所轻重；谓之野邑者，意未必有所轻重也。或谓区二者为本末，乃中土之私论，非天下之公言。故不

---

① 《〈原富〉按语》,《严复集》第 4 册，第 902 页。

② 同上。

③ 同上书，第 895 页。

如用野邑之中理。虽然，农工商贾，固皆相养所必资，而于国为并重。然二者之事，理实有本末之分。古人之言，未尝误也。特后人于本末有轩轾之思，必贵本而贱末者，斯失之耳。物有本末，而后成体。而于生均不可废。夫啖蔗者取根，煮笋者择梢。本固有时而粗，末亦有时而美，安见本之皆贵乎？必本之贵者，不达于理者之言也。故此译于农工二业，野邑本末杂出并用，取于人意习而易达，不斤斤也。”①严复对农、工、商的看法，总体上超出了中国传统观念，但他仍有以农为本业的见解，则表现出他还受到了中国传统观念中农本主义的影响，这与 18 世纪法国的重农主义思想有关。

不管是主张自由经济，还是强调农、工、商并重，都是对利益的追求。对此应如何看待？具体来说，要回答三个问题：一是追求个人利益是否为人之本性的问题，二是个人利益与他人利益之关系的问题，三是利益与道义之关系的问题。对这三个问题，严复都有回答，他的答案同斯密、斯宾塞和赫胥黎的看法有关。斯密认为，社会之成立，根于人之先天的善心。赫胥黎受此影响，加以宣扬。严复提出了这一点：“《德性论》言风俗之所以成。其与同时哲学家异者，诸家言群道起于自营，《德性论》谓起于人心之相感。”②赫胥黎“谓群道由人心善相感而立……且以感通为人道之本，其说发于计学家亚丹·斯密，亦非赫胥黎氏所独标之新理也”③。严复不同意他们的说法，认为社会由人心相感而立，有倒果为因之病，实际上是：“盖人之由散入群，原为安利，其始正与禽兽下生等耳，初非由感通而立也。”④当然，人并非没有善相感通之德，但它只是在天择之后才存在，不是一开始就有的。严复这种以利为社会起点的说法来自斯宾塞，因而他说：“赫胥黎执其

---

① 《〈原富〉按语》，《严复集》第 4 册，第 865 ～ 866 页。

② 《斯密亚丹传》，《严复集》第 1 册，第 103 页。

③ ［清］严复：《〈天演论〉按语》，《天演论》，第 32 页。

④ 同上。

末以齐其本，此其言群理，所以不若斯宾塞氏之密也。”[①]

利己是人的本性之一，追求个人利益无可非议，但如果为了自己的利益而不顾他人的利益，或者损害他人的利益，这能被允许吗？斯宾塞的回答是：“既然个人最高的完善和幸福是理想，利己主义必然先于利他主义：每一生物将因其遗传下来或后天获得的本性而得到好处或遭受祸害。但是利他主义对生活的发展和幸福的增进都是必要的，而且自我牺牲和自我保全同样是亘古就有的……纯粹的利己主义和纯粹的利他主义都是不合理的。”[②] 也就是说，虽然人的本性是利己主义强烈，利己主义先于利他主义，但利己主义必须与利他主义相结合。斯宾塞的这种开明利己主义源于斯密。严复接受的也正是斯密的开明利己主义（“开明自营”）。他说，斯密的计学“有最大公例焉，曰大利所存，必其两益：损人利己，非也，损己利人亦非；损下益上，非也，损上益下亦非。其书五卷数十篇，大抵反复明此义耳。……嗟乎！今然后知道若大路然，斤斤于彼己盈绌之间者之真无当也”[③]。严复可谓是执两用中，既不是单纯的利己主义，亦不是单纯的利他主义。

对严复来说，单方面的“利”不叫利，互利才为利；“损”不仅是损人，同时也是损己，这是损的真义。严复说：“盖未有不自损而能损人者，亦未有徒益人而无益于己者，此人道绝大公例也……使公而后利之例不行，则人类灭久，而天演终于至治之说，举无当矣。”[④] 又说：“复所以谓理财计学，为近世最有功生民之学者，以其明两利为利，独利必不利故耳。”[⑤] 追求利益或功利还涉及一个问题，即利益与道义之关系。东西旧的观念是将两者分开看，严复说：“泰东西之旧教，莫不

① ［清］严复：《〈天演论〉按语》，《天演论》，第 32 页。
② 〔英〕梯利：《西方哲学史》下册，葛力译，商务印书馆 1979 年版，第 317 页。
③ ［清］严复：《译〈天演论〉自序》，《天演论》，第 34 页。
④ 《〈原富〉按语》，《严复集》第 4 册，第 892 ～ 893 页。
⑤ ［清］严复：《译〈天演论〉自序》，《天演论》，第 92 页。

分义利为二涂。"[①] 在中国尤其如此，虽也有智者如先秦的墨子，宋的陈亮、叶适，颇言利益、功利，但更多的贤人是重道义轻功利，如孔子"罕言利"[②]，又云"君子喻于义，小人喻于利"[③]，孟子亦曰"王何必曰利？亦有仁义而已矣！"[④]。这种义利之辨，往往分义利为二，渊远流长，影响深远，在中国传统思想中具有主导性。

严复接受斯密、斯宾塞的开明自利之说，合义利为一，倡道功不二，主张扫除义利对立不容之旧观念。他说："自天演学兴，而后非谊不利，非道无功之理，洞若观火。而计学之论，为之先声焉。斯密之言，其一事耳。尝谓天下有浅夫，有昏子，而无真小人。何则？小人之见，不出乎利。然使其规长久真实之利，则不与君子同术焉，固不可矣。人品之下，至于穿窬极矣。朝攫金而夕败露，取后此凡所可得应享之利而易之，此而为利，则何者为害耶？故天演之道，不以浅夫昏子之利为利矣，亦不以溪刻自敦滥施妄与者之义为义，以其无所利也。庶几义利合，民乐以善，而治化之进远欤！呜呼！此计学家最伟之功也。"[⑤] 又说："呜呼！惟公乃有以存私，惟义乃可以为利。事征之明，孰逾此者？"[⑥]"大抵东西古人之说，皆以功利为与道义相反，若薰莸之必不可同器。而今人则谓生学之理，舍自营无以为存。但民智既开之后，则知非明道，则无以计功，非正谊，则无以谋利，功利何足病？问所以致之之道何如耳。故西人谓此为开明自营，开明自营，于道义必不背也。"[⑦] 严复举例说："一人窃取财物，招摇撞骗，其必害无

---

① 《〈原富〉按语》，《严复集》第 4 册，第 858 页。
② 《论语 · 子罕》。
③ 《论语 · 里仁》。
④ 《孟子 · 梁惠王上》。
⑤ 《〈原富〉按语》，《严复集》第 4 册，第 858 ～ 859 页。
⑥ 同上书，第 897 页。
⑦ ［清］严复：《译〈天演论〉自序》，《天演论》，第 92 页。

利，与投身水火同科，必溺必焚，盖无疑义。”[①]“今之为教，则明不义之必无利，其见利而忘义者，正坐其人脑力不强而眼光短耳。”[②]这样，开明自利就成了严复的信念，也许他比斯密、斯宾塞对之更为笃信不疑。当时有人疑虑斯密的计学纯为功利之说，将会使人唯利是图，大有天理亡、人道灭之险。严复不以为然，为斯密正名。他说：“此其为言厉矣。独不知科学之事，主于所明之诚妄而已。其合于仁义与否，非所容心也。且其所言者计也，固将非计不言，抑非曰人道止于为计，乃已足也。从而尤之，此何异读兵谋之书，而訾其伐国，睹针砭之伦，而怪其伤人乎！”[③]

严复的经济观还有一点值得注目，这就是他对开源与节流、积累与消费的看法。严复多次点明了中国传统的经济观念重节流、轻开源以及极力抑制消费的缺点：“其言理财也，则崇本而抑末，务节流而不急开源，戒进取，敦止足，要在使民无冻饥，而有以剂丰歉、供租税而已。”[④]严复并非一般地反对节俭：“道家以俭为宝，岂不然哉！”[⑤]但严复认为节俭本身并不是目的，节俭是为了扩大再生产，否则节俭就是浪费：“所贵乎俭者，俭将以有所养，俭将以有所生也。”[⑥]当然，严复反对一味积累而不增加消费：“今使一国之民，举孜孜于求富。既富矣，又不愿为享用之隆，则亦敝民而已。况无享用则物产丰盈之后，民将缦然止足。而所以励其求益之情者，不其废乎？”[⑦]严复的这些看法都是正确的。

最后，我们讨论一下严复追求富裕与斯密追求富裕所指向的目

---

① 《论今日教育应以物理科学为当务之急》，《严复集》第 2 册，第 285 页。
② 同上。
③ 《译斯氏〈计学〉例言》，《严复集》第 1 册，第 100 页。
④ 《拟上皇帝书》，《严复集》第 1 册，第 66 页。
⑤ 《〈原富〉按语》，《严复集》第 4 册，第 878 页。
⑥ 同上。
⑦ 同上书，第 880 页。

标有什么差别。按照史华兹的说法，他们两人在此的不同是，严复真正关心的是国家之富裕，而斯密则主要注目构成全体国民的个人之富裕。他说："假如对于斯密来说，'国民财富'首先是指构成民族–社会全体个人的财富，那么，对于严复来说，'国'的财富，则首先是指民族–国家的财富，从而也指其实力而言。"① 一般来说，严复所讲的富强是指国家的富强，他把斯密的 *An Inquiry into the Nature and Causes of the Wealth of Nations* 译成《国富论》就表明了这一倾向，但进一步考察的话，就可知在严复那里国家之富裕与构成国民全体的个人之富裕的总和是等值的，且前者以后者为前提。他说得很明确："今夫国者非他，合亿兆之民以为之也。国何以富？合亿兆之财以为之也。国何以强？合亿兆之力以为之也。"② 又说："天下之物，未有不本单之形法性情以为其聚之形法性者也。是故贫民无富国，弱民无强国，乱民无治国。"③ 可以说，史华兹的看法不够严密。

二、福泽谕吉的经济观

福泽谕吉的启蒙思想对于经济的论述不多，我们就他所谈到的问题做一阐述。对于日本传统文化重义轻利的观念，福泽谕吉在《通俗民权论》中做了批评。在他看来，儒学轻视功利，只重道义，日本的轻财之风、清高者耻于言财物等，都是错误的观念和不好的现象。他说财富、利益在社会中至关重要，是一切发展的基础。人的礼让之心、信用都与财富有关系，把它们对立起来是不应该的。他说西方国家是文明的国家，日本是半文明的国家，一个重要尺度就是西方国家经济

① 〔美〕史华兹：《寻求富强：严复与西方》，第 109 页。
② 《〈原富〉按语》，《严复集》第 4 册，第 917 页。
③ 《〈原强〉修订稿》，《严复集》第 1 册，第 25 页。

发达、财富丰裕，而日本经济相当落后，国家、人民都很贫穷。因此，要使日本也成为文明的国家，就必须富国利民。

在经济问题上，福泽谕吉认为有两个关系：一个是生产与消费的关系，另一个是理财的能力与习惯的关系。他说，处理好这两个关系的原则，在任何国家、在任何时期都普遍适用："第一个原则就是关于财富的生产和消费的问题。生产和消费的关系是密切相联而不可分的。生产就是为了消费，消费又是为生产提供条件。"[①]"第二个原则是，在积累或消费财富时，必须有相应的智力和处理财务的习惯，即所谓理财的能力和理财的习惯。"[②]福泽谕吉强调，必须处理好生产与消费的关系，不能只顾一头而忽略另一头。只生产不消费不行，只消费不生产也不行，关键在于使两者协调发展："经济家的目的，在于如何能使所得超过消费，从而逐渐积累和有计划地消费，以达到全国富裕起来。"[③]福泽谕吉反对把生产与消费这两者中的任何一方作为目的或手段，也不赞成两者有先后、轻重、缓急之分，认为对它们应同样对待、等量齐观。因为"只知积累而不善于消费的人，最后不会获得大量的积累；只知消费而不善生产积累的人，最后也一定不能有大量的消费。富国的根本问题就在于不断扩大积累和消费，积累和消费大的国家就叫作富国"[④]。与积累和消费有关，福泽谕吉认为人们还要有理财、管理经济的知识，要学会积累和消费，并善于处理积累和消费的关系。他说："对于财富的积累或消费必须有相应的知识和管理的习惯。本来，理财之道在于活泼果敢和节俭克制。两者必须适应配合，互相制约，保持平衡，才能使积累和消费扩大起来。如果偏于一方，缺乏果敢的做法而只知节约，就会陷于贪婪吝啬；如果忘掉节俭，一味果敢

---

① 〔日〕福泽谕吉：《文明论概略》，第158页。
② 同上书，第159页。
③ 同上书，第158页。
④ 同上书，第159页。

做去，就会造成浪费挥霍；这都是与理财的原则背道而驰的。”[①] 福泽谕吉解释的两个经济原则对于发展经济无疑非常重要。

但福泽谕吉认为，在日本传统社会上述两个原则是不起作用的。这是由于社会分裂成统治者与被统治者，随之生产者与消费者也被割裂，一方是生产者阶层，另一方是消费者阶层。他说：“在人的关系上有统治者与被统治者之分，而在经济上则有生产者和不生产者之别。这就是说，农工商以下的被统治者是生产者，士族以上的统治者是不生产者。或者借用上段的名词，一种可以叫作积累的阶层，另一种可以叫消费的阶层。”[②] 结果人民的作用在于积累而不在于消费或不能消费，政府的角色则在于消费而不在于积累或无意于积累。这是极不合理的现象。积累与消费的二元化使理财受到阻碍：“被统治阶层的节俭克制变成了贪婪吝啬，而统治者阶层的活泼果敢变成了浪费挥霍，两者都不利于理财，所以才造成今天这种情况。”[③] 因此，要使日本国民富裕起来，就必须改变上述状况。福泽谕吉说，按照日本人的智力，只要努力就能做到。

三、比较分析

由上述可知，严复与福泽谕吉对经济都有论及，而且都谈到了经济学中的几个比较重要的问题。首先，他们指出，道功、义利在中日传统社会中往往被对立起来，严复与福泽谕吉对此都做了批评，不过严复比福泽谕吉讨论得多，并且道功与义利之关系的观念在严复的思想中占有很重要的位置。其次，严复与福泽谕吉都强调了理财的重要性。中国与日本的古代虽不是没有理财之术，但整体上轻视理财之道，

① 〔日〕福泽谕吉：《文明论概略》，第 164 ～ 165 页。

② 同上书，第 161 页。

③ 同上书，第 167 页。

思想家们论道德可谓连篇累牍，但希言理财。人们不会理财、不关心理财，造成了中日的落后、贫穷。最后，严复与福泽谕吉对积累和消费都做了正确的分析，批评了社会中统治阶层只是消费而让人民高积累的缺陷。他们主张积累和消费的统一发展，克服偏重现象，以使经济获得持久的发展。

在经济思想上比较严复与福泽谕吉难免不平衡，因为福泽谕吉讨论得不多。严复除了翻译《原富》，对西方近代经济学的一些问题都有所涉及，这是福泽谕吉所不及的。当然，严复的经济思想也不系统。

第九章

历史意识

同欧洲启蒙思想相比，中日启蒙思想中的历史观念很有特点，进化论和文明论得到了有力的倡导，就严复与福泽谕吉来说更是如此。

一、严复的进化史观

在具体分析严复的进化史观之前，我们先就严复所传播的进化论做一概述。在中国，谈到进化思想或进化论，都要与严复的名字联系起来。这是很自然的，因为正是通过他翻译介绍的《天演论》，进化论才在中国扎下根来并产生了深远的影响。[①] 深入严复所传播的进化论，情形就有些复杂，过去我们对此注意不够，已有的观点也需进一步推敲。简单地说，严复传播的进化论实在是一个复合物，其基本来源为达尔文的进化论、赫胥黎的进化论（主要宣扬达尔文的观点）以及斯

---

① 严复是不是在中国最早传播了进化论，郭正昭的《达尔文主义与中国》一文提出了疑问。他认为在严复传播进化论之前，已有人在介绍进化论，并指出了三条线索：一是西方传教士和商人，二是梁启超的《新民丛报》中讲除了严复还有别人，三是香港作为桥梁的可能性。（姜义华、吴根梁、马学新:《港台及海外学者论近代中国文化》，上海人民出版社 1987 年版）零星的介绍肯定是有的，但作为一种整体性进化世界观，严复无疑是最早的传播者。

宾塞的进化论。从严复对三者的选择取舍来看，他推崇斯宾塞的进化论远远超过了推崇赫胥黎的立场。他翻译的是赫胥黎的书，但书中的按语更多是肯定斯宾塞的说法而不赞成赫胥黎的看法。对于达尔文，严复是做了一般性的表彰。

斯宾塞的进化论肯定普遍的进化，称它为进化的规律。在他看来，作为一名哲学家，他的任务是发现一切现象所共有的特性，或者发现事物的普遍规律。进化规律就是这种规律。斯宾塞的这种看法在达尔文介绍自己的学说之前业已完成，而且他也不是借助生物学来讨论进化论的。他是先确立普遍进化观念，然后把它运用于各个领域。[①] 梯利指出："斯宾塞把在《第一原理》中所得到的一般原理应用于存在的各种形式上，诸如生命、精神、社会和行为。这种一般原理被认为是真理，并用以证明生物学、心理学、社会学和伦理学的特殊真理：后者是一般真理的例证，一般真理是特殊真理的解说。因此，进化的规律适用于一切现象。"[②] 英国欧内斯特·巴克亦说："斯宾塞既不是从生物学着手，在一定意义上生物学就是生命的实证学；也未从生物学中借进化的观念普遍应用于各个领域。他是从普遍进化论着手，后来又将生物进化论纳入其中。"[③] 斯宾塞对普遍进化的阐述先是用"生命有机体"观念，后又用"力"的机械论。[④] 巴克说："这类见解在达尔文阐明他的学说之前就已经提出，因此斯宾塞并非从生物学的态度，也不是运用任何生物学的类推法提出'社会进化论'，而是从据物理学所

① 郭正昭指出，达尔文的《物种起源》出版于 1859 年，是一部讲自然科学的生物进化论的著作。斯宾塞将这种演化学说应用于人类社会现象，扩充到科学、哲学、宗教等领域，撰写了《综合哲学》，其后推演成"社会达尔文主义"。此说不符合斯宾塞进化哲学形成的实际。

② 〔英〕梯利：《西方哲学史》下册，第 312 ～ 313 页。

③ 〔英〕欧内斯特·巴克：《英国政治思想——从赫伯特·斯宾塞到现代》，第 60 页。

④ 斯宾塞的生命有机体不仅仅包含生物的有机体，自然和社会都被他看成有机体。

阐述的普遍进化的总见解的角度提出这一学说的。”[①] 达尔文生物进化论著作《物种起源》出版后，斯宾塞虽受到了达尔文“自然选择”和“适者生存”观念的影响，但他并未成为达尔文主义者。达尔文与赫胥黎都是生物学家，他们的进化论是生物进化论，而不是斯宾塞式的“普遍进化论”。不管是达尔文还是传播达尔文进化论的赫胥黎，他们都不是社会哲学家。他们严格区分自然科学与社会科学，几乎并未把生物进化论运用于社会并以此来解释社会现象。

但严复传播的进化论要比他们单个人的立场复杂得多。他看到斯宾塞的进化论是主张普遍进化，且在达尔文的生物进化论之前已经确立。严复接受斯宾塞的进化论也就是接受他的普遍进化学说。“进化”这个词首先是由斯宾塞使用的，严复译为“天演”：“斯宾塞尔之天演界说曰：‘天演者，翕以聚质，辟以散力。方其用事也，物由纯而之杂，由流而之凝，由浑而之画，质力杂糅，相剂为变者也’……天演之义，所苞如此，斯宾塞氏至推之农商工兵语言文学之间，皆可以天演明其消息所以然之故，苟善悟者深思而自得之，亦一乐也。”[②]

对于斯宾塞的《综合哲学》，严复佩服至极，他说：“呜呼！欧洲自有生民以来，无此作也。”[③] 除了进化观念，严复还完全折服于斯宾塞的“社会学”和“社会有机体”的说法，并大加宣扬。对于达尔文的生物进化论，严复最推崇的是他的“物竞天择，适者生存”的理论。他说，《物种起源》“书所称述，独二篇为尤著，西洋缀闻之士，皆能言之。其一篇曰《争自存》，其一篇曰《遗宜种》”[④]。除此之外，严复就基本上没有再传播达尔文生物进化论更多的东西。赫胥黎是达尔文

---

① 〔英〕欧内斯特·巴克：《英国政治思想——从赫伯特·斯宾塞到现代》，第62页。

② ［清］严复：《译〈天演论〉自序》，《天演论》，第6～8页。

③ 同上书，第5页。

④ 《原强》，《严复集》第1册，第5页。

生物进化论的信奉者，他《天演论》的主要旨趣在于解明自然进化对社会伦理的不适用。严复对此大为不满，这是他非难赫胥黎的主要理由。这样一来，我们就知道严复是如何在斯宾塞与赫胥黎的进化论之间做出选择的了：严复大力传播斯宾塞的普遍进化学说，而对赫胥黎《进化论和伦理学》的主旨——自然进化不适合于社会伦理的立场加以否定。斯宾塞认为进化过程是日趋于善而不是走向恶，并相信人类进化最终将走向最完善、最圆满的状态。严复接受了斯宾塞的立场，反对赫胥黎的“以物竞为乱源”“善恶俱演”的观点。严复说，赫胥黎“以物竞为乱源，而人治终穷于过庶。此其持论所以与斯宾塞氏大相径庭，而谓太平为无是物也。斯宾塞则谓事迟速不可知，而人道必成于郅治”[①]。严复得出结论说：“斯宾氏之说，岂不然哉？”[②]对《演恶》一篇，严复又说：“通观前后论十七篇，此为最下。盖意求胜斯宾塞，遂未尝深考斯宾氏之所据耳。夫斯宾塞所谓民群任天演之自然，则必日进善不日趋恶，而郅治必有时而臻者，其竖义至坚，殆难破也。”[③]严复认同斯宾塞的立场，不赞成赫胥黎的地方还有其他，这里就不一一列举了。当然，严复也有赞扬赫胥黎的说法而不接受斯宾塞的说法的地方，这就是他接受赫胥黎的“与天争胜”的观点，不赞成斯宾塞的“任天为治”的看法。他在《译〈天演论〉自序》中说：“赫胥黎氏此书之旨，本以救斯宾塞任天为治之末流……且于自强保种之事，反复三致意焉。”[④]

通过上面的讨论，我们可以澄清一个问题：严复是社会达尔文主义的传播者吗？在达尔文、赫胥黎和斯宾塞三人中，达尔文和赫胥黎

---

① ［清］严复：《译〈天演论〉自序》，《天演论》，第 35 ～ 36 页。

② 同上书，第 38 页。

③ 同上书，第 89 页。

④ 〔英〕赫胥黎：《天演论》，严复译，第 x 页。

不是社会达尔文主义者，只有斯宾塞有社会达尔文主义的观点。[①]现在的问题是，通观严复对斯宾塞的介绍，却看不到这一点。但是，在严复的思想中，他的（广义的）社会达尔文主义还是很明显的。他介绍了达尔文“物竞天择，适者生存”的观点：“所谓争自存者，谓民物之于世也，樊然并生，同享天地自然之利。与接为构，民民物物，各争有以自存。其始也，种与种争，及其成群成国，则群与群争，国与国争。而弱者当为强肉，愚者当为智役焉。迨夫有以自存而克遗种也，必强忍魁桀，趫捷巧慧，与一时之天时地利洎一切事势之最相宜者也。且其争之事，不必爪牙用而杀伐行也。习于安者，使之处劳，狃于山者，使之居泽，不再传而其种尽矣。争存之事，如是而已。是故每有太古最繁之种，风气渐革，越数百年，或千余年，消磨歇绝，至于靡有孑遗，如卵学家所见之古禽古兽是已。此微禽兽为然，草木亦犹是也；微动植二物为然，而人民亦犹是也。人民者，固动物之一类也。达尔文氏总有生之物，而标其宗旨，论其大凡。”[②]“达尔文曰：‘物各竞存，最宜者立。’动植如是，政教亦如是也。”[③]

可以看出，严复不只是传播达尔文的生物进化论，同时也具有某种社会达尔文主义的立场。严复主张社会达尔文主义，对于当时惨遭列强蹂躏的中国来说，是否不合时宜，是否在替帝国主义的征服辩护？大概不是。严复肯定进化规律是人类无法逃脱的。对于老子“天地不仁，以万物为刍狗”的说法，严复的批语曰：“天演开宗语。”[④]如果要摆脱被人宰割的局面，那么唯一的办法就是自强，中国的出路也只在

---

① 冯友兰说赫胥黎是社会达尔文主义者，严复宣扬的正是如此。（冯友兰：《从赫胥黎到严复》，商务印书馆编辑部编：《论严复与严译名著》，第 93 ～ 97 页）这一说法不能成立。

② 《原强》，《严复集》第 1 册，第 5 ～ 6 页。

③ 《〈原强〉修订稿》，《严复集》第 1 册，第 26 ～ 27 页。

④ 《〈老子〉评语》，《严复集》第 4 册，第 1077 页。

这里。就这样，严复一方面从理论上道明了处在竞争场中的中国危机的严重性，“世法不变，将有灭种之祸，不仅亡国而已”[①]；另一方面又向国人呼吁、呐喊，追求国家自强、自立。这正是严复主张社会进化论的用心和目的。通过以上对进化论以及严复的倾向的总体解说，我们再看他的进化史观，就比较容易把握了。

严复的进化史观也是进步发展观。进化与进步发展观念在严复那里是统一的。如上所述，斯宾塞相信人类社会不断走向进步，最终将达到完善状态。受此影响，严复坚信人类历史是朝着美好的方向发展的，并用斯宾塞的群学观来诘难赫胥黎。在斯宾塞看来，“不论视进化为生命趋于个体化的倾向抑或力趋于均衡的倾向，都可视之为最终达到了绝对均衡。这个在将来可能达到因而可视之为遥远的乌托邦的目标，便成为一种绝对标准或模式。进化将要达到的绝对均衡（倘若用拉马克的说法来解释，即绝对适应性）体现了社会理想。这种理想必然是静止的，因为当达到这一理想时，进步便停止不前，运动也就停止了”[②]。而且，斯宾塞还对社会的理想状态做了细致的描述，如说到了人类的理想状态，人们想做什么就做什么。不过，这只能是无政府状态的乌托邦：“它越是制定得详细周密，就越是要陷于纯粹的幻想。”[③]对此，即使是斯宾塞的信奉者严复，对此也不知其可，他只好说：“然则郅治极休，如斯宾塞所云云者，固无有乎？曰：难言也。”[④]严复把它推之为形而上学不可以名理论证的问题，只承认历史是发展的和未来超过现在的一般观念：“吾党生于今日，所可知者，世道必

---

① 《有如三保》，《严复集》第1册，第79页。

② 〔英〕欧内斯特·巴克：《英国政治思想——从赫伯特·斯宾塞到现代》，第64页。

③ 《马克思恩格斯选集》第3卷，人民出版社2012年版，第645页。

④ ［清］严复：《译〈天演论〉自序》，《天演论》，第47页。

进，后胜于今而已。”① 至于未来究竟是什么样的景象和理想状态，就只能留给后来的智者描述了：“至极盛之秋，当见何象，千世之后，有能言者，犹旦暮遇之也。”②

从这种进步历史观出发，严复批评了中国传统历史观中的两个倾向：一是“一治一乱”的循环史观，另一是退化历史观。他说：“尝谓中西事理，其最不同而断乎不可合者，莫大于中之人好古而忽今，西之人力今以胜古；中之人以一治一乱、一盛一衰为天行人事之自然，西之人以日进无疆，既盛不可复衰，既治不可复乱，为学术政化之极则。”③ 在中国历史上，一些人认为历史是退化的，有的推崇三代盛世，也有人向往原始状态，主张历史向美好的过去复归。严复批评道：“今夫法之行也，必有其所以行；而政之废也，亦有其所以废。自三代之衰，学者慨慕古初，其贤者莫不以复古为己任，然而卒不能者，非必俗之不善也。民生降繁，世事日新，虽欲守其初，其势有必不可得故也。当此之时，脱有圣人，固当随时以为之今，不当逆流而反之古为得。其道将以日新。惟其不然，使宜进者反以日退，而暴乱从之矣。此真吾国学者之大蔽也。”④

老子非薄人类文明向复杂化方向发展，主张返璞归真，“使民复结绳而用之”⑤。严复则指出：“今夫质之趋文，纯之入杂，由乾坤而驯至于未济，亦自然之势也。老氏还淳返朴之义，独驱江河之水而使之在山，必不逮矣。”⑥ 庄子描绘了远古盛世，向往“至德之世”的美好，主张向那里复归。严复认为，这纯粹是一种空想和虚构：“此说与卢梭

---

① ［清］严复：《译〈天演论〉自序》，《天演论》，第 47 页。

② 同上。

③ 《论世变之亟》，《严复集》第 1 册，第 1 页。

④ 《〈古文辞类纂〉评语》，《严复集》第 4 册，第 1234 页。

⑤ 《老子》第八十章。

⑥ 《〈老子〉评语》，《严复集》第 4 册，第 1082 页。

正同，然而大谬。所谓至德之世，世间固无此物。而今日非、澳诸洲，内地未开化之民，其所当乃至苦，如是而曰至治，何足慕乎？”[①]严复说即便确乎有那样的世界，历史也不会倒退回去：“且无论乎所言之离乎事实也，就令果然，其所谓绝圣弃智者，亦做不到。世运之降，如岷峨之水，已下三峡，滔滔而流入荆扬之江，乃欲逆而挽之，使之在山，虽有神禹，亦不能至。”[②]严复这种历史不可逆的观点，反映了他对人类历史向前发展的信心。

历史进化发展的规律性问题，严复还没有什么讨论，但历史的必然性过程已在他的视野内。他用“运会”“世运”来规定：“夫世之变也，莫知其所由然，强而名之曰运会。运会既成，虽圣人无所为力，盖圣人亦运会中之一物。既为其中之一物，谓能取运会而转移之，无是理也。”[③]

赫胥黎认为学术与宗教有其历史演变的过程，严复认同这一点，并用有关的历史事实进行了说明。他说：“呜呼，岂偶然哉”[④]，“世运之说，岂不然哉”[⑤]。显然，严复认为学术与宗教的历史演变是沿着必然的轨道进行的，历史必然性是存在的。对于这种必然性，严复认为只能服从，正所谓“顺天者昌，逆天者亡”[⑥]。但这种服从不是被动地被历史牵着鼻子走，而是积极地顺应历史，自觉地参与到历史的潮流中。而要做到这一点，就必须认识历史发展中的必然性。他说：“积数千年历史之阅历，通其常然，立之公例。故例虽至玄，而事变能违之者寡。呜呼！人之所以为万物之灵，而世之所以有进化之实者，以能不忘前

---

① 《〈庄子〉评语》，《严复集》第4册，第1123页。

② 同上书，第1124页。

③ 《论世变之亟》，《严复集》第1册，第1页。

④ [清]严复：《译〈天演论〉自序》，《天演论》，第57页。

⑤ 同上书，第55页。

⑥ 《〈如后患何〉按语》，《严复集》第1册，第79页。

事，而自得后事之师也。不然，必至之而后知，必履之而后艰，将如环然，常循其覆辙而已，乌由进乎？”[①] 伟人和智者之所以能在历史中起到巨大的作用，就在于他们对于历史必然性的把握。他说：“彼圣人者，特知运会之所由趋，而逆睹其流极。唯知其所由趋，故后天而奉天时；唯逆睹其流极，故先天而天不违。于是裁成辅相，而置天下于至安。”[②] 个人与群众、领袖与人民在历史进化发展中的作用问题，严复也涉及了。他并不否定个人特别是领袖人物在历史上的重要作用[③]，但他更强调群体、人民整体的力量。他说：“则天演之事，将使能群者存，不群者灭；善群者存，不善群者灭。”[④] 严复一生坚持要提高民智、民德、民力，就是基于人民是历史发展的基础这一认识。

关于人类社会发展的过程，严复承接甄克思（Edward Jenks）的说法，把自古以来的社会依次划分为图腾、宗法、国家，认为它们分别反映了“社会”发展不同阶段的特征。严复说：“夫天下之群众矣，夷考进化之阶级，莫不始于图腾，继以宗法，而成于国家。方其为图腾也，其民渔猎，至于宗法，其民耕稼，而二者之间，其相嬗而转变者以游牧。最后由宗法以进于国家，而二者之间，其相受而蜕化者以封建。方其封建，民业大抵犹耕稼也。独至国家，而后兵、农、工、商四者之民备具，而其群相生相养之事乃极盛而大和，强立蕃衍而不可以克灭。”[⑤] 严复认为历史的发展顺序是不能打乱的，任何社会或国家都要沿着这种顺序发展：“此其为序之信，若天之四时，若人身之童少壮老，期有迟速，而不可或少紊者也。”[⑥] 图腾、宗法、国家这种划分

① 《〈法意〉按语》，《严复集》第 4 册，第 963 页。
② 《论世变之亟》，《严复集》第 1 册，第 1 页。
③ 与严复同时代的梁启超则宣传英雄史观。
④ ［清］严复：《译〈天演论〉自序》，《天演论》，第 32 页。
⑤ 《译〈社会通诠〉自序》，《严复集》第 1 册，第 135 页。
⑥ 同上。

法是否科学，我们暂且不管。严复肯定历史是进步发展的过程，进一步具体化了他的进化史观。

严复依据这种历史阶段的划分，分析了中国所处的历史阶段。他认为中国与欧洲相比早就进入了宗法社会。欧洲的封建强盛期略相当于中国的唐宋间，但它却很快步入了国家社会，而中国仍徘徊于宗法社会之中："此一期之天演，其延缘不去，存于此土者，盖四千数百载而有余也。"[①]这必有其故，中西"世变之迁流，在彼则始迟而终骤，在此则始骤而终迟。固知天演之事，以万期为须臾，然而二者相差之致，又不能为无因之果，而又不能不为吾群今日之利害，亦已明矣"[②]。这种"因"是什么，严复没有给我们提供答案。这是一个谜，至今还困惑着人们。金观涛、刘青峰的《兴盛与危机：论中国社会超稳定结构》解开了吗？不敢说。[③]但他们的探讨方法具有开创性，我们希望再用更多其他的方法继续去解这一诱人之谜。话说回来，严复虽肯定历史是发展进化的，历史的不同阶段体现了这一过程，但他只承认历史发展是渐进的，没有飞跃，没有革命转变。他说："其演进也，有迟速之异，而无超跃之时。故公例曰：万化有渐而无顿。"[④]"宇宙有至大公例，曰'万化皆渐而无顿'。"[⑤]

严复的渐进历史观源于斯宾塞的进化论，同时也代表了中国启蒙思想家在历史观上的一个整体倾向。如康有为也只看到渐进，说："进化有渐进，仁民有渐进，爱物亦有渐进，此皆圣人所无可如何，欲骤进而未能者。"[⑥]这种渐变论的逻辑，到了后来在政治上要求革命的激

---

① 《译〈社会通诠〉自序》，《严复集》第1册，第136页。

② 同上。

③ 金观涛、刘青峰：《兴盛与危机：论中国社会超稳定结构》，法律出版社2011年版。

④ 《政治讲义》，《严复集》第5册，第1265页。

⑤ 同上书，第1245页。

⑥ [清] 康有为：《论语注》，楼宇烈整理，中华书局1984年版，第100页。

进派人士手里就被翻转过去了，他们把“革命”作为进化的根本。邹容说得最直截了当：“革命者，天演之公例也。革命者，世界之公理也。革命者，争存争亡过渡时代之要义也。革命者，去腐败而存良善者也。革命者，由野蛮而进文明者也。”① 陈天华也慷慨激昂地说：“终古无革命，则终古成长夜矣。”② 孙中山驳难渐变论说，照万物只有渐进的观点来看，“则中国今日为火车萌芽之时代，当用英美数十年前之旧物，然后渐渐更新换物，至最终之结果乃可用今日之新式火车，方合进化之次序也。世上有如是之理乎？人间有如是之愚乎？”③ 革命派人士道出了“渐变论”的缺陷，但如果一味吹喊“革命”“革命”，那么到头来也会陷入困境。一句话，在历史发展观上，必须是渐变与突变、量的积累与质的飞跃这二重逻辑的结合，这才是无弊合理的观点。

总之，严复的进化史观，虽有“渐进论”的弱质和其他方面的局限，但是与科学结合在一起的，这就要比主观构造的历史观可靠（如邵雍的“元会运世”、康有为的“公羊三世说”），也高明切实些。

二、福泽谕吉的文明史观

在日本，进化观念是在明治初期开始推进的。据日本生物学史学者上野益三博士的考察，日本的“生物进化”概念最早出现在松森胤保的《求理私言》一书中。在日本系统介绍生物进化学说的则是美国动物学家爱德华·S. 莫斯（Edward S. Morse）。从此，进化论开始在日本的学术界流行。正像三宅雪岭所描述的那样：“进化这个名词好像长上

---

① 邹容：《革命军》，华夏出版社 2002 年版，第 8 页。

② 石峻：《中国近代思想史参考资料简编》，生活·读书·新知三联书店 1957 年版，第 739 页。

③ 孙中山：《驳〈保皇报〉书》，《孙中山全集》第 1 卷，中华书局 1981 年版，第 236 页。

了翅膀，飞遍整个日本，留心新知识的人常常开口进化，闭口进化，好像只要谈进化，任何问题都可以解决似的。”[①] 学院哲学家井上哲次郎后来也说，当时他们热心研究进化论，而且很喜欢它。把进化论运用到社会政治问题上的主要人物是加藤弘之，其主要著作为《人权新说》。加藤依据进化论的“优胜劣败”这一原理，反驳当时的自由民权运动，为明治绝对主义辩护。在输入、介绍达尔文进化论的同时，斯宾塞与赫胥黎的进化学说也开始在日本传播。通观进化论在日本明治前期所产生的影响，虽然必须承认它的正面作用，但它被反面利用的一面却非常突出。当时，它还没有与历史进步观念结合在一起的主要表现。只是在明治后期至大正年代，经过日本社会主义者如幸德秋水、大杉荣、堺利彦、山川均等人的有力宣扬，日本的进化论才与进步观念结合在一起。[②]

福泽谕吉站在当时思想阵地的前沿，他当然受到了进化论的一定影响。[③] 不过从他整个思想的形成以及整体构造来看，进化论观念在他那里非常微弱，但有一个观念在他那里是举足轻重的，这就是“文明”。说起来，在明治初期，“文明”观念在日本的影响更加广泛，像“文明开化”这个词不胫而走，达到了家喻户晓的程度。这除了与明治政府大力推行“文明开化”政策有关之外，启蒙思想家的传播也大为有功，且首推福泽谕吉。福泽谕吉的“文明”观念直接来自英国巴克尔的《英国文明史》和法国基佐的《欧洲文明史》。他的主要著作《文

① 三宅雪嶺（1971）「明治思想小史」、『陸羯南 三宅雪嶺』〈日本の名著〉37. 東京：中央公論社，p. 432.

② 关于进化论在日本的影响，参阅八杉竜一（1969）『進化論の歴史』. 東京：岩波書店，pp. 168 ～ 171。

③ 丸山真男指出，一般认为福泽谕吉读过斯宾塞的书，这是在他的主要著作《文明论概略》刚脱稿之后。但实际上此前他的书中已使用竞争、斗争的概念，并将之视为进步的动力。参阅丸山真男（1986）『「文明論之概略」を読む：（下）』. 東京：岩波書店，pp. 101 ～ 102。

明论概略》就主要是在二书的影响下写成的，他的文明史观则主要是在《文明论概略》中充分讨论的。“文明”是什么？这是他首先要回答的问题。福泽谕吉认为，文明从范围上讲，真可谓无所不包：“文明是至大至重，而且是包罗人间一切事物，其范围之广是无边无际。”[①] 因此，文明究竟是什么是极难回答的：“文明之为物，是极难形容的。”[②] 这自然会发生种种争论，但如果从狭义与广义两方面着手，问题也许就易于把握了。狭义、广义的文明分别指什么？福泽谕吉说：“若按狭义来说，就是单纯地以人力增加人类的物质需要或增多衣食住的外表装饰。若按广义解释，那就不仅在于追求衣食住的享受，而且要砺智修德，把人类提高到高尚的境界。”[③] 这就是说，狭义的文明是指物质文明，广义的文明则统摄物质文明与精神文明这两个方面。福泽谕吉则主要使用广义的文明。

广义的文明是指“人的身体安乐，道德高尚；或者指衣食富足，品质高贵而说的”[④]。但是，人的安乐、道德品质是没有止境的。只从静态上看人的安乐就很难把握它，所以必须把它理解成一个动态过程——进步发展的过程：“所谓安乐，所谓高尚，是指正在发展变动中的情况而言，所以，文明就是指人的安乐和精神的进步。”[⑤] 福泽谕吉把这种进步与智慧和道德联结起来，于是概括说：“归根结蒂，文明可以说是人类智德的进步。”[⑥] “文明就是人类智德进步的状态。”[⑦] 这样，福泽谕吉就围绕智德发展和进步的观念展开了他的文明史观。

福泽谕吉所说的智和德，即英语中的“intellect”和“morality”。正

---

① 〔日〕福泽谕吉：《文明论概略》，第 33 页。
② 同上书，第 30 页。
③ 同上。
④ 同上书，第 32 页。
⑤ 同上书，第 33 页。
⑥ 同上。
⑦ 同上书，第 42 页。

如文明的定义所显示的那样，进步过程中的智、德不是指某个人的智、德，而必须被归结为人类整体的智、德。文明论“是探讨人类精神发展的理论”[①]，“是讨论广大群众的总的精神发展”[②]。具体到一个国家、一个社会来说，则是整个国家、整个社会的总体智、德：“称为国家的智德，是由于指全国人民的智德的总量而言。”[③]这就是福泽谕吉文明史观的方法——整体观察法。他说：“文明不能从个人来论定，应当从全国情况来考察。”[④]又说：“如果要了解全国人民的风气，进而探讨其智德的情况时，必须从其全体活动所表现于社会上的全般情况进行研究。”[⑤]要言之，文明史观“这个方法究竟是什么呢？这就是把广大群众的思想当作一个整体，长期地广泛地加以比较，然后再去论证它在各种事迹上所表现出来的情况”[⑥]。

运用整体观察法，福泽谕吉分析了历史中英雄豪杰与时势的关系问题。在福泽谕吉看来，时势是历史发展的必然趋势，是一个时代人民整体的“风气”或人民普遍具有的智德水平，正是它决定了历史发展的方向。英雄豪杰的活动要顺应这个时势，即一般所说的时代潮流。福泽谕吉指出：“在日本和中国的历史中，自古以来英雄豪杰，得志的极少，多数是以唏嘘叹息，牢骚不平了此一生。”[⑦]为什么？就是因为违背了时势，不能顺应人心：“所谓英雄豪杰的不遇，只是没能适应当时的一般风气，以致未能实现自己的愿望而已。”[⑧]中国的孔子、孟子，日本的楠木正成，都是如此。在中国的周朝末期，礼崩乐坏，诸侯四

① 〔日〕福泽谕吉：《文明论概略》，序言第 1 页。
② 同上。
③ 同上书，第 43 页。
④ 同上书，第 42 页。
⑤ 同上书，第 42 ～ 43 页。
⑥ 同上书，第 45 页。
⑦ 同上书，第 50 页。
⑧ 同上书，第 56 页。

起，互相争霸，没有人仰慕唐虞禅让之风，天下只知有贵族、诸侯而不知有庶民。此时，谁能顺应这一潮流，谁就能适应天下人心，建立霸业。但独有孔子不识时务，主张尧舜的治风，提倡以抽象道德来教化天下的学说。孟子步其后尘，仍试图用仁政说服天下，结果都无济于事："所以说，孔孟之未被重用，并不是诸侯之过，而是那个时代的趋势所使然。"[①] 楠木正成的死也是"趋势所使然"。楠本正成是靠"勤王"起家的，但日本自从保元、平治开始，就出现了王室衰微、大权旁落的局面，而且愈演愈烈。虽然不少武士、将军都以勤王的名义举兵起事，但这只是借口和名义。福泽谕吉说："自从镰仓以来，举事于天下者，没有一人不是打着勤王旗帜的，但在成功之后，又没有一人是实行勤王的。所以勤王，只是作为举事时的一种借口，成功以后并没有成为事实。"[②] 这就是说，实际上勤王的声势是很微弱的。在这种情况下，再加上楠木正成的势力单薄，虽然他真心勤王，但醍醐天皇也不能把他列在功臣之列。历史书中写道："后醍醐天皇在灭北条氏以后，首赏足利尊氏之功，并使其位列诸将之上，新田义贞次之，楠木正成等真正勤王的功臣，则置之不顾。致使足利野心得逞，王室再度衰微。"[③] 不少人读到这段历史，都切齿痛恨足利的凶恶，叹息天皇的不明智，但福泽谕吉却不以为然，他提出了惊人之论。他说，上述看法和议论是"不知时势的论调"[④]。因为"在当时，天下大权，掌握在武人之手，而武人的根据地又在关东，消灭北条的又是关东的武士……足利氏是关东的名门，威望一向很高，当时关西的各族虽起义勤王，但是足利氏若不改变态度，天子怎能复辟呢？事成之后，把足利尊氏列为首功，原非天皇有意奖赏足利尊氏的汗马功劳，而是顺应

① 〔日〕福泽谕吉:《文明论概略》，第53页。

② 同上书，第54页。

③ 同上。

④ 同上。

时势不得不敷衍足利氏的威名”[①]。总之，福泽谕吉说：“足利氏的成功不是偶然的，楠氏的战死也不是偶然的，都是有其必然的道理。所以说，正成的死，不是由于后醍醐天皇的不明智，而是时势所造成。正成不是败于尊氏而死，而是由于违逆时势为敌而败亡了。”[②]与孔、孟、楠木违背时势而失败不同，顺应时势的就一定能建功立业。中国春秋时期的齐桓、晋文、管仲是这样，近代美国的华盛顿也是这样。就这样，福泽谕吉以他对历史的深刻认识对英雄与时势的关系做了清楚的说明。

文明是人类整体的智、德，它是一个不断发展的过程，不会停留在某一阶段而寿终正寝。这就是福泽谕吉的文明发展史观：“文明并不是死的东西，而是不断变化发展着的。”[③]“文明的发展是无止境的。”[④]如果把人类文明的历程按阶段进行划分，福泽谕吉说它先是由野蛮进入半开化，然后再由半开化进入文明：“变化发展着的东西就必然要经过一定的顺序和阶段，即从野蛮进入半开化，从半开化进入文明。”[⑤]但他又指出这种划分是相对的，是相比较而言的。他说：“在未达到文明的时期，也不妨以半开化为最高阶段。这种文明对半开化来说固然是文明，而半开化对野蛮来说，也不能不谓之文明。”[⑥]现在的文明虽然高于以前的文明，但它仍要发展，“现在的文明也正在不断发展进步中”[⑦]。按照这种逻辑，未来的文明会高于现在的文明，但不会是文明的终点。福泽谕吉也设想了未来“太平盛世”的美景：“到那时，君臣

---

① 〔日〕福泽谕吉:《文明论概略》，第 54 页。

② 同上书，第 55 页。

③ 同上书，第 11 页。

④ 同上。

⑤ 同上。

⑥ 〔日〕福泽谕吉:《文明论概略》，第 10 页。福泽谕吉不承认事物的绝对性，认为它们都是相对的，如善恶、轻重等。（同上书，第 3 页）

⑦ 〔日〕福泽谕吉:《文明论概略》，第 11 页。

的名义这类东西早已被人遗忘，就连儿童在游戏中也不会提到它。战争消灭了，刑法也废除了。政府已经不再是惩治坏人的工具，而是为了管理事务，研究如何节省时间、劳力而设置的。社会上没有违约背信的人，借据只不过是为了备忘，并不是拿它作为日后诉讼的证据。社会上没有盗贼，门窗并不需要锁钥，只是为遮避风雨和防止猫狗的进入。由于路不拾遗，警察只是忙于捡拾遗物和寻找失主。不制造大炮而制造望远镜，不建筑监狱而建筑学校，士兵和罪人的形象，如果不是从古画或戏剧上看到，简直是不可想象的。家庭内彬彬有礼，不需要听传教士的说教。全国如同一家，家庭如同教堂，父母如同教主，子女如同教徒，全世界的人民恰如被礼让的风气所抱拥，又如同沐浴在道德的海洋。这就是'文明的太平'。"[①] 这可谓是一个美好的乌托邦。但未来世界能不能实现它，福泽谕吉也不敢断言，认为它是一个梦想。对于这个梦想，生活在现代文明中的人大概会向往吧！

福泽谕吉传播的文明进步史观，对当时的日本来说，具有重要的实践意义。一方面，文明发展是有阶段的，把世界各国放在阶段上来衡量，福泽谕吉认为，无疑，西方国家是最文明的国家，而土耳其、中国、日本等亚洲国家为半开化国家，非洲和澳洲的国家只能算是野蛮国家。那么，处在半开化中的日本应该怎么办呢？福泽谕吉的回答是，应该朝着文明的方向迈进。他说："在今天这个时代，是应该前进呢，还是应该后退？是进而追求文明呢，还是退而回到野蛮？问题只在'进退'二字。"[②] 既然欧洲国家是进入文明的国家，那么，"如果想使本国文明进步，就必须以欧洲文明为目标"[③]。这样，福泽谕吉就从理论上为日本社会确立了面向西方、向西方学习的方位，从而为日本人指明了前进的目标。另外，既然文明是相对的，那么，西方文明

---

① 〔日〕福泽谕吉:《文明论概略》，第 111 ～ 112 页。

② 同上书，第 8 页。

③ 同上书，第 11 页。

虽称得上文明，但绝非十全十美，“而决不可认为目前已经尽善尽美了”[①]。因此，他指出在向西方学习时应保持主体性和赶超的信心，不能一味赞扬，不能倾倒在西方脚下，以至于到头来影响本国文明的正常发展。可以说，福泽谕吉的这种文明进步史观适合日本近代发展资本主义的实际要求。

三、比较分析

欧洲近代历史观念的主导思想是进步史观，它是一个演变过程，先是有18世纪的启蒙进步史观，之后有19世纪的发展史观和进化史观。18世纪是理性的时代，在这一时代所形成的进步观就是狭隘意义上的“进步的思想”，持这一观点的代表人物是法国资产阶级革命时期的理论家孔多塞，他的思想集中体现在他的著作《人类精神进步史纲要》中。在这部书中，孔多塞坚信，人类理性是向前发展的，并能达到至善至美的境地。相信理性、相信社会的进步，是启蒙思想的特色，这是从蒙昧到文明的图式。历史发展的观念，在19世纪主要表现为历史发展阶段说，黑格尔、马克思等人的观点都属于这种。历史发展观念的中心思想是，内在于一定历史阶段中的契机加以发展，就能产生历史的新一阶段。达尔文的《物种起源》赢得了科学上的胜利，并促进了人类历史进步观念的发展。进化论成了包括历史的进步和自然的进步这两者的一个普遍术语。

以上所说在欧洲历史过程中形成的三种历史进步的观念，虽然在肯定历史是进步的这一点上是共同的，但也存在着差异：“19世纪中叶以后的进化论形而上学认为，一切时间过程其本身在性质上都是进步的，而且认为历史是一场进步仅仅因为它是在时间中的序列事件；因

① 〔日〕福泽谕吉:《文明论概略》，第11页。

而，按照这些思想家的见解，历史的进步性就只是进化的或自然进步性的一个事例。但是 18 世纪把自然看作是非进步性的，而且认为历史的进步性是一种使历史区别于自然的东西。”①

现在回到中日近代启蒙思想的历史观上来。中日近代启蒙思想的历史观也主要是受到了上述欧洲近代历史观的影响。严复显然是进化史观的拥护者，而福泽谕吉则是 18 世纪启蒙进步史观的信奉者。严复与福泽谕吉所传播的历史观有一个重要的共同因素，那就是坚信历史是进步的和发展的。他们都严厉地批评中日传统观念中的历史退化论和历史循环论。他们虽然都认为历史的进步、发展是相对的，未来的历史不会达到一个终点而完结，但也都肯定进化、文明化是必然趋势，今胜昔、来胜往是不可逆转的。同时，严复与福泽谕吉还看到，世界各国历史的发展是不平衡的，有先进与落后的差别，有强与弱的不同，先进的要压迫落后的，强的要欺凌弱的。严复用进化论来说明这一点，福泽谕吉则用文明阶段来看待它。他们都要求处在低一级历史阶段的中国和日本必须进入高一级历史阶段，而这种要求恰恰适合了中日近代化的需要。

严复传播进化论，福泽谕吉传播文明论，都能满足中日的需要，这说明了什么？说明了任何一种理论，只要能与现实结合起来，并为解决现实问题提供为人所接受的答案，就会受到普遍的关切与认同。进化论与文明论在理论形态上是有差别的，但在中日两国能发挥类似的作用，这说明这两种理论中都有与中日两国近代现实结合起来的因素，而严复与福泽谕吉正是最关心这一因素。狭义社会达尔文主义这一为帝国主义辩护的学说，严复竟能把它提炼成一种精神力量，即号召人们自强、自立，改变中国落后挨打的局面。野蛮与文明的划分，

---

①〔英〕柯林武德:《历史的观念》，张文杰、何兆武译，商务印书馆 1986 年版，第 113 页。

在西方只不过是一个普通观念，而福泽谕吉却使它成为维护日本独立的伟大武器。理论有如此的弹性和伸缩性，是很令人吃惊的。

严复与福泽谕吉的历史观还涉及了历史规律性、英雄与时势、人民与历史等问题，他们的观点大都表现出类似的倾向性，但都语焉不详，故不做进一步的比较。

第十章

宗教态度

一般来说，在欧洲启蒙思想中，对于宗教的态度，英国是温和式的，法国是激进式的，德国则是思辨式的。中日启蒙思想在这方面如何呢？也许可以说，它们超过了英国的温和，比不上法国的激进，不存在德国的思辨论证。我们看看严复与福泽谕吉是怎样处理的。

一、严复与宗教

严复关注宗教问题，首先是因为晚清中国的社会事件——教案蜂起——使他困惑。严复最早翻译的一本书是英国人宓克（A.Michie）的《支那教案论》（*Missionaries in China*）。书前有提要言："方今时势艰难，外侮日逼，小民逞血气于前，而国家偿金币、割土地于后。民愚吾不之责，而读书明理之士，独不当思患豫防而谋所以纾君父之忧耶？"[①] 后又刊出《论南昌教案》《续论教案及耶稣军天主教之历史》两文。前文言："呜呼！西人传教一事，若不早为之所，终将为吾国之大灾。"[②] 后文亦曰："呜呼！中国教案之祸日亟如此。"[③]"使中国而求自存，是不可

① ［清］严复：《严复全集》第5卷，福建教育出版社2014年版，第509～510页。
② ［清］严复：《论南昌教案》，《严复集》第1册，第190页。
③ 《续论教案及耶稣军天主教之历史》，《严复集》第1册，第199页。

不急求所以处置之者。”[①] 由此可知，严复对晚清国民与教会之间的冲突给整个国家带来的灾难深感不安，殷切希望此类事情不再发生。为此，他说国人所应做的是“必于诸教会之异同，详考其本末”[②]，以示国人，晓谕大家，使之体谅国家之苦衷，停止与教会的冲突。严复关心教案，由此使他关心宗教的一般问题。

如前所述，严复具有一定的科学主义立场。对于科学的功能，他给予了极高的评价。为使科学在中国繁荣发展，他不能不为科学争取地盘，划分科学与宗教的领地，并对宗教的本质做出诠释。此外，宗教作为文化的重要组成部分，同整个人类文明的发展有着复杂的关系。严复学贯东西，宗教文化自然会进入他的视野。这样，严复关心宗教问题就不难理解了。

严复认为，信教是人类的普遍现象。虽然各个民族的文化深浅不一，信教的精粗也不同，但信教必有共奉之教宗。教宗者何？严复说：“合一群之人，建国于地球之面。人身，有形之物也，凡百器用与其规制，均有形之事也。然莫不共奉一空理，以为之宗主。此空理者，视之而不见，听之而不闻，思之而不测。而一群之人，政刑之大，起居之细，乃无一事不依此空理而行。其渐且至举念之间，梦寐之际，亦无心不据此空理而起也。此空理则教宗是也。”[③] 宗教的发生或由来，是一个极为复杂的问题。人们的解释各种各样，至今尚未有定案。在这一点上，严复没有深入研究，故无新说。他介绍了孔德与斯宾塞的说法，并倾向于后者的立场。他说：“宗教起点，其存于今有二说焉。其一发于法人恭特，其一发于斯宾塞。二家之说皆有真理，而后说尤胜。”[④]

---

① 《续论教案及耶稣军天主教之历史》，《严复集》第 1 册，第 191 页。

② 同上书，第 199 页。

③ 《保教余义》，《严复集》第 1 册，第 83 页。

④ 《天演进化论》，《严复集》第 2 册，第 317 页。

孔德揭示了人类知识发展的三个阶段：先是神学阶段，次为形而上学阶段，后就是科学阶段。最早阶段的神学是如何产生的？孔德认为，人希望对不知道的现象有所解释，其解释的过程则是以人自己的情形推之于万物。这就是说，人的活动和行为是受人的心智支配的，因此其他万物也必有其主宰。推论到最后，世界就应有一最高的主宰，于是宗教产生了。对此，严复评论："此其说固然。然以谓一切宗教之兴皆由是道，则吾人又未敢以其义为无漏而其说为至信也。"[①] 为什么？严复说，一般的人只知事物其然，而并不追求知其所以然。如果问他们事物何以如此，他们便以为是鬼神所为。由此可知，是鬼神观念先成之于心，而后举以推物。鬼神观念何以起呢？严复接受了斯宾塞的解释："彼谓初民之信鬼始于人身，身死而游魂为变实，而尚与人间之事，如是名曰精气观念 animism。乃从而奉事之，亲媚之，以析人事之福利。惟先位此而后推之为彨，为天神，而宗教之说乃兴。故宗教者，以人鬼为起点者也。然而人鬼之信又何从昉乎？曰始于以人身为有魂魄也，信人身之有魂魄，又由于生人之有梦。浅化之民以梦为非幻，视梦中阅历无异觉时之阅历也。以梦为非幻，于是人有二身，其一可死，其一不可死。又因于生理学浅，由是于迷罔失觉、诸暴疾无由区别，而不知似死真死之分。谓似死则暂死而魂返，真死则长往而魂不返，于是有臯〔来〕复招魂之事，以灵魂为不死而长存。"[②]

宗教之产生如是，宗教的历史趋势如何，它会永远存在，抑或逐渐走向消亡？严复认为，宗教在近代有明显的衰退，这是科学发展的结果，但这种衰退只是对宗教中虚妄迷信的洗刷，而宗教本身则变得更为纯真，真宗教俨然独存。他说："学日进，则教日休。何则？伪者渐去，而真者独存也。"[③] 宗教"乃三百年以还，其中无实虚诬之言，

---

① 《天演进化论》，《严复集》第 2 册，第 318 页。

② 同上。

③ 《〈法意〉按语》，《严复集》第 4 册，第 1016 页。

在为科学之所发覆”[①]。又说：“科学日明，而后宗教日精，宗教日精由迷信之日寡也，宗教、迷信二者之不可混如此也。”[②]“学术日隆，所必日消者特迷信耳，而真宗教则俨然不动。”[③]很显然，严复肯定宗教中有“真”，而这又正是真宗教的支柱。但他没有对这种真做具体的阐释，只是以它的存在来断言：“宗教必与人道相终始者也。”[④]当严复进一步对宗教的持续存在做解释时，他又把宗教推入了不可知领域。他认为不管人类科学如何发展，总有不可知者存在，宗教是对不可知者的解释，故而常在不废。严复说：“盖学术任何进步，而世间必有不可知者存。不可知长存，则宗教终不废。学术之所以穷，即宗教之所由起，宗教可以日玄而无由废。”[⑤]

但严复没有说宗教对不可知者的解释是不是真的。对严复来说，宗教已超出了科学的现象领域，超出了科学意义上的真假概念，它是不可求证的对象。严复也确实是这样说的：“‘教’者所以事天神，致民以不可知者也。致民以不可知，故无是非之可争，亦无异同之足验，信斯奉之而已矣。”[⑥]这就有了严复思想中的混乱。我们在分析他对教与学的区别时，也会发现其中的矛盾。划分科学与宗教的地盘，以促进科学的发展，是严复的启蒙主题之一。在严复那里，教与学的不同，前文已有说明，概而言之：教只求信奉，学则求明理；教不离化神，学则不舍形气；教超验，学求证实。总之，宗教是非实证的，科学是实证的，宗教与科学的基点不同。但严复又接受斯宾塞的说法，认为宗教与科学皆以不可思议为起点。他说：“斯宾塞尔著天演公例，谓教

---

① 《〈法意〉按语》,《严复集》第4册，第1021页。

② 《天演进化论》,《严复集》第2册，第318页。

③ 同上书，第319页。

④ 同上。

⑤ 同上。

⑥ 《救亡决论》,《严复集》第1册，第52页。

学二宗，皆以不可思议为起点，即竺乾所谓不二法门者也。其言至为奥博。”① 可以看出，严复又使宗教与科学一起同形而上学打成了一片。

宗教的社会功能为何，严复论述不多，但他承认宗教有积极的一面。如他认为，对于维持社会的秩序，对于提高人的道德，宗教都有作用：“言教者期于维世。”②“五洲宗教，一涉于神灵默示之说，固无所谓其独真。而其道犹绵延不坠者，正在与人为善一言而已。”③“宗教为物，其关于陶铸风俗者，常至深远。”④“教者随群演之浅深为高下，而常有以扶民性之偏。”⑤ 但他强调，宗教的积极作用乃宗教中的真实部分所致，宗教中的虚妄部分则有害无利。他批评孟德斯鸠利害不关真伪的观点说：“古今宗教所常有利者，以其中之莫不有真也。而亦未尝不害者，惟其中之尚有伪也……彼谓宗教之利行，不关真伪，独视其与政俗相得与否，其所见既甚肤，而信道尤不笃。自以谓功利主义之言，而不知其实误也。”⑥ 这表明了严复把功利与真统一起来的倾向。

严复不仅分析了一般性的宗教问题，而且讨论了孔教或儒教、基督教、佛教以及它们与中国的关系。严复基本上肯定了孔教的存在，并认为孔教作为一种国教，自古以来屡有变化，但人们各以为得了孔教之真迹。他说：“中国孔子以前之古教，不可考矣。自秦以后，乃有信史。据史以观，则知历代同奉孔教以为国教。然二千年来，改变极多。西汉之孔教，异于周季之孔教；东汉后之孔教，异于西汉之孔教；宋后之孔教，异于宋前之孔教。国朝之孔教，则又各人异议，而大要皆不出于前数家。故古今以来，虽支派不同，异若黑白，而家家自以

---

① ［清］严复：《〈天演论〉按语》，《天演论》，第 61 页。

② 同上书，第 92 页。

③ 《〈法意〉按语》，《严复集》第 4 册，第 1021 页。

④ 同上书，第 1014 页。

⑤ 同上书，第 993 页。

⑥ 同上书，第 1016 页。

为得孔子之真也。”[①] 严复认为，孔教中的“礼”和“孝”最具宗教性质。有关基督教与孔教或儒教的区别，严复强调，基督教讲博爱、爱仇人、主宥人之罪，而儒教主张爱有差等、以直报怨、复九世之仇。[②] 他倾向于前者之说，批评孟子、程朱，赞赏墨子、张载：“呜呼！使人道必以仁为善长，则兼爱之说，必不可攻。兼爱者不二本。孟轲氏之说，乃真二本耳！”“夫横渠《西铭》之道，兼爱也，墨道也。而程朱党，与孟子之说背驰，则必以为非墨。夫孟子固圣贤人，而以云其学说，则未安者众矣。程朱又安能尽护之？”[③]

关于基督教与孔教的不同，严复先是认为后者不设鬼神，专明人事：“孔教之高处，在于不设鬼神，不谈格致，专明人事，平实易行。”[④] 但后来他又驳斥孟德斯鸠的孔教不主灵魂之说：“且孔教亦何尝以身后为无物乎？孔子之赞《易》也，曰精气为物，游魂为变。《礼》有皋复，《诗》曰陟降，季札之葬子也，曰：体魂则归于地，魂气则无不之，未闻仲尼以其言为妄诞也。且使无灵魂矣，则庙享尸祭，所焄蒿凄怆，与一切之礼乐，胡为者乎？”[⑤] 严复的论证较为牵强，殊不知《论语》载“子不言乱力怪神”乎？孔教（如礼、如孝等纲常名教）对中国的影响，严复肯定之，但又认为中国人民智未开，孔教的高明处与其不合，故中国人实未归化：“孔子虽正，而支那民智未开，与此教不合。虽国家奉此以为国教，而庶民实未归此教也。”[⑥] 未归于孔教那归于何教？严复说归于佛教：“既不用孔教，则人之原性，必须用一教，始能慰藉其心魂。于是适值佛法东来，其小乘阿食一部，所说三

---

① 《保教余义》,《严复集》第 1 册，第 83 ～ 84 页。
② 儒家也主张以德报怨和忠恕之道。
③ 《〈法意〉按语》,《严复集》第 4 册，第 1003 页。
④ 《保教余义》,《严复集》第 1 册，第 85 页。
⑤ 《〈法意〉按语》,《严复集》第 4 册，第 1016 页。
⑥ 《保教余义》,《严复集》第 1 册，第 85 页。

涂六道，实为多鬼神之说，与不开化人之脑气最合，遂不觉用之甚多，而成为风俗。”[①]严复证明说，中国的妇女孺子皆知天堂、地狱、菩萨、阎王之说，但如问他们颜渊、子路、子游、子张为何人，大都一概不知。在穷乡僻壤之处，只要人迹所至，就必有佛寺、尼庵，时有人拜，但却无祈祷孔子之习惯。

对于基督教，严复并不排斥，认为基督教如能在中国推行，则会是有益的。他说："今假景教大行于此土，其能取吾人之缺点而补苴之，殆无疑义。且吾国小民之众，往往自有生以来，未受一言之德育。一旦有人焉，临以帝天之神，时为耳提而面命，使知人理之要，存于相爱而不欺。此于教化，岂曰小补？”[②]由上述可知，严复对宗教的态度是多元的，对宗教的社会作用——功利给予肯定，并把它与真结合起来，破除了道功、义利的二元模式。

二、福泽谕吉与宗教

明治日本启蒙思想家大都与宗教有接触，如中村敬宇、西周、西村茂树、森有礼、加藤弘之、津田真道等，福泽谕吉也不例外。他一生发表了若干文章，讨论与宗教相关的问题。

福泽谕吉对宗教的看法，主要是表明态度，并论及宗教哲学。他认为，宗教的产生同人的智力低下有关，同人对自然现象不能做出正确解释、对自然力感到恐惧有直接关系。他说："在开天辟地刚脱离野蛮未久的时代，人类的智力尚未发达，其情况恰如婴儿，内心存在的，只有恐惧和喜悦的感情……天灾天幸的来去，对人民来说都是莫名其妙的，所以一概归之于偶然，从来没有运用过人为的努力加以克服。

---

① 《保教余义》,《严复集》第1册，第85页。

② 《〈法意〉按语》,《严复集》第4册，第993页。

既然不尽人力，一旦遇到祸福，就自然要把其原因推到人类范围以外。这就是鬼神思想所以产生的根据。因此，便把祸的根源称做恶神，把福的根源称做善神，认为天地间的一切事物，莫不有鬼神在主宰。”[①] 正如宗教是人类未开化的产物一样，随着人类文明的发展，宗教必然会改变其原初形态，以适应人的需要。福泽谕吉说：“宗教是随着文明进步的程度而不断变化的。”[②] 如耶稣教经过几百年的发展，到16世纪发生了危机，于是发生了宗教改革，产生了新教，排斥罗马天主教，并取得了优势。为什么会这样？福泽谕吉解释说：“新教之所以兴盛，是因为简化了宗教的仪式，废除了历来的虚妄之说，顺应了近世的人心，符合了知识进步的要求。”[③] 日本的天台真言宗等被后来的一向宗所取代，亦是此故。

福泽谕吉对宗教的态度主要表现为肯定宗教的积极作用，这就是日本学者所说的“功利主义宗教观”。福泽谕吉确实认为，宗教对人的道德提高很有帮助。他虽然对儒教的成见甚深，但也不完全否定其教化作用。在谈到佛教的积极性时，他指出，日本自古以来很多下层人士信仰佛教，日本的民间道德就是从信仰佛法中产生的，日本只要保持这种情况，民间就不会缺乏道德教育和道德。尽管佛教不能直接向上层人士进行道德教育，但是“要知道，下层人民养成道德以后，如果集其德心而形成公议舆论，就会具有无限的力量”[④]。基督教当然也有这方面的作用。福泽谕吉实际上肯定了几种宗教共同的社会功能，并主张它们可以共存。福泽谕吉一生想要做的三件事情之一是坚持：

---

① 〔日〕福泽谕吉：《文明论概略》，第105页。

② 同上书，第98页。

③ 同上。

④ 〔日〕福泽谕吉：《德育余论》，近代日本思想史研究会：《近代日本思想史》第1卷，第122页。

“不论佛法也好，耶稣教也好，都可提倡，以缓和多数民心。”[①] 福泽谕吉的这种功利主义宗教观是日本启蒙思想家的共同倾向。

三、比较分析

与欧洲启蒙思想家相同，严复与福泽谕吉对具有宗教性质的儒教都进行了较为尖锐的批判，特别是在他们思想的前期。但同时他们对儒教以及佛教、基督教又采取了宽容的态度，从未主张废除它们，相反，他们认为这些宗教的存在是有益的，在教化人民、提高大众的道德水准上尤其如此。这是一种功利主义宗教观。严复非常明确地肯定，宗教能发挥积极作用，不过他认为，这是通过其真实性表现出来的作用；福泽谕吉也不认为宗教是对大众精神的麻醉。这是严复与福泽谕吉论宗教很有特色的地方。

究竟应如何看待宗教的作用，是一个颇有争论的问题。我认为，不能把宗教等同于鸦片。人是有感情的动物，在人的一生中，困难、挫折、痛苦是不可避免的，于是就需要支柱和安慰，而宗教就是提供这种支柱和安慰的部分世界。维持社会秩序、人际关系，道德是一种重要的力量，宗教也有作用。

严复与福泽谕吉论述宗教的产生侧重于认识根源，即认为它与人类智力低下有关，同人类无法解释异己力量和现象有关。宗教果真是如此产生的吗？我不以为然。我想强调的是，宗教是人类认识世界、解决人与自然关系问题的最初尝试。人类对外部世界的惊奇与希求、把握，正好促使他们对此有所说明和解释，并以此指导自己的行为。因此，宗教也是基于求知心，是从必然中获得自由的一种表现，而科学也不过是其中的一种表现罢了。

---

① 〔日〕福泽谕吉:《福泽谕吉自传》，第 278 页。

关于宗教的归宿问题，严复的观点是宗教不会消亡，它将与人类共始终。他的理由是，人类总有不可解决的问题和困难。福泽谕吉对这一点的态度似不明确，他没有断定宗教将永存或将消亡。也许，他不想回答这种超越的问题。宗教是非常复杂的文化领域，必须进行深入的研究。作为启蒙思想家，严复与福泽谕吉对宗教的认识和了解是不够的。

实践篇——革新论与教育观及实践

如何使国家摆脱近代危机，如何使国家迅速富强，从而实现近代化，这是中日近代的根本课题。对此，严复与福泽谕吉表现出极大的关切。他们各自提出了一套方案与措施，并对其实现的基础教育做了阐述，他们也都有具体的教育实践。

第十一章

变法论与开化论

一、严复的变法自强论

近代中国处在深深的危机之中，大有亡国灭种之险，有识者无不心存忧患。要救亡图存，就必须变法，智者一致呐喊。启蒙思想家则觉醒最早，忧患最深，变法救亡最切，康有为、谭嗣同、梁启超是这样，严复也是这样。他坚决要求变法，说："世法不变，将有灭种之祸，不仅亡国而已。"[①] 他认为，中国积弱多弊以至于形成眼下之局面，盖是由于死守一定的成法而不知变通："法既敝而不知变也。"[②] 他指出，西洋之国由于善知变通，所以强大不衰："外国穷而知变，故能与世推移，而有以长存。"[③] 严复认同《周易·系辞下》中说的"穷则变，变则通，通则久"的观点，强调"穷变通久，使民不倦"[④]。

如何变法？严复持非常慎重的态度，是典型的稳健派。他说："方今我国以旧法之疲弛，处交通之时期，道在变革，谁曰不宜？顾东西二化，绝然悬殊，而人心习俗，不可卒变。窃愿当国者，知利害

① 《有如三保》,《严复集》第 1 册，第 79 页。

② 《拟上皇帝书》,《严复集》第 1 册，第 63 页。

③ 同上。

④ 同上。

之无常，拘墟之说，固不可行，而纷更之为，亦不可以轻掉也。”[①]又说：“呜呼！法固不可以不变，而变法岂易言哉！岂易言哉！”[②]为了使变法卓有成效，而不至于流产，严复考虑到了变法中的各种问题或因素，指出了应注意的多个方面。首先是“法”的适用时空问题。严复认为，法的优良是相对的，法都有其弊的因素：“自古无无弊之法。”[③]特别是，法必须与时间、地点相适合才能产生有益的效果；否则，用之不当，就会出现弊害：“同一法也，施之于彼时而利生，出之于此时而害著，其见于历史者众矣。”[④]在此，严复更加关注的是法与民智的关系。他认为，善政、善法依赖与此相应的民智。民智开，其效不期而至；民智未开，即有善政、善法，亦行不通。严复说：“泰西言治之家，皆谓善治如草木，而民智如土田。民智既开，则下令如流水之源，善政不期举而自举，且一举而莫能废。不然，则虽有善政，迁地弗良，淮橘成枳一也；人存政举，人亡政息，极其能事，不过成一治一乱之局二也，此皆各国所历试历验者。”[⑤]严复举王安石变法的例子，说青苗、均输、市易、保马、免役等法，可谓法良意美，其之所以失败，正因为风俗、人心与其不合。要之，“善政如草木，置其地而能发生滋大者，必其天地人三者与之合也。否则立槁而已”[⑥]。

其次是变法要处理好新旧之关系。当变则变，当因则因。如一味破坏，否定之前的，没有不致乱的；但如亦步亦趋，过于据守，不敢大刀阔斧，则难显变法之效。严复说：“改革之顷，破坏非难也，号召新力亦非难也，难在乎平亭古法旧俗，知何者之当革，不革则进步难

---

① 《〈法意〉按语》，《严复集》第4册，第1025页。
② 同上书，第943页。
③ 《〈原富〉按语》，《严复集》第4册，第883页。
④ 《〈法意〉按语》，《严复集》第4册，第1024页。
⑤ [清]严复：《〈天演论〉按语》，《天演论》，第22页。
⑥ 《原强》，《严复集》第1册，第13页。

图；又知何者之当因，不因则由变得乱。一善制之立，一美俗之成，动千百年而后有，奈之何弃其所故有，而昧昧于来者之不可知耶！”[①] 严复指出，在变法中，更多的情形是，去旧而连累善者俱去。我们借用马克思的比喻，就像倒洗澡水连同婴儿一起倒掉一样。因此，严复强调去旧而使善者存。他说：“‘变法之难，在去其旧染矣，而能择其所善者而存之。’……必将阔视远想，统新故而视其通，苞中外而计其全，而后得之。”[②]

最后是变法之快慢速度的掌握问题。严复主张渐变，反对走直线或毕其功于一役。他认为，如果这样，就很可能“弄巧成拙”或“欲速不达”。当然，变法不可能完全允执其中，即有过中亦不必大惊小怪。严复说：“进步之境，以翻变为先驱而变矣，又安得以无过如钟摆然，其一动而即协于中点者，宇内绝无之事。今日欲求其进，固当耐得过中。”[③]

上述诸点，是严复变法的指导思想。关于变法的具体步骤，则是他提出的为大家所熟知的“治本”和“治标”说。严复坚持的一个成见是“今之道”与“今之俗”的不相容。“今之道”即新法，“今之俗”即中国国民的现状——民智、民德、民力三者如何。由于三者已衰，过于低下，所以根本不能适应新法的成长：“民智已下矣，民德已衰矣，民力已困矣。”[④]“由今之道，无变今之俗，虽百易人，不能治也。”[⑤] 这样，作为根本问题的“治本”就应该是如何“开民智”“新民德”和“鼓民力”。但由于国家形势急迫，所以除了追求民智、民德、民力这种长久之计，严复认为还必须实行速有成效的变革，即“治

---

① 《宪法大义》，《严复集》第2册，第246页。

② 《与〈外交报〉主人书》，《严复集》第3册，第560页。

③ 《与曾典球书》，《严复集》第3册，第570页。

④ 《原强》，《严复集》第1册，第13页。

⑤ 《与熊纯如书》，《严复集》第3册，第668页。

标”。这是应急措施。严复谈了治本、治标及其关系。他说:“及今而图自强，非标本并治焉，固不可也。不为其标，则无以救目前之溃败;不为其本，则虽治其标，而不久亦将自废。标者何?收大权、练军实，如俄国所为是已。至于其本，则亦于民智、民力、民德三者加之意而已。”[①]严复的整体倾向是把变革完全寄托在“三民”上。他说:“今日要政，统于三端:一曰鼓民力，二曰开民智，三曰新民德。夫为一弱于群强之间，政之所施，固常有标本缓急之可论。唯是使三者诚进，则其治标而标立;三者不进，则其标虽治，终亦无功;此舍本言标者之所以为无当也。”[②]

把一切变革都奠定在“三民”的基础上，这一点在很大程度上使严复变得保守。在伦敦时，严复与孙中山的一次见面及谈话颇能见严复的指向。按照严复的逻辑，“三民”是政治变革的前提，“三民”的能量未被解放出来之前，政治上的任何变革都是危险的。因而，严复一生都主张君主制，认为共和制当时在中国行不通，那是必须经过长期演变才能达到的目标。史华兹对严复的这种立场做了透辟的分析:“严复仍然是一个君主主义者，他的进化论在某种程度上又使他变得保守。当时的中国人怎么可能做那些后来或现在中国所能做的事呢?必须懂得，中国那时是落后的，许多人期待着它更快地发展壮大。而严复却把帝国的君主政体看作是实现现代化的中枢，以为它最终可能导致共和主义。严复虽是一个君主主义者，不过他是一个立足于西方理论基础上的君主主义者，而不是立足于中国的传统思想上的君主主义者。”[③]

但中国近代变革的历程并没有按严复的设计来进行，以孙中山为首的革命派超越了严复的渐进变法论，颠覆了清朝的统治，结束了中国几千年的君主政体。但革命派的共和政体理想却发生了巨大的危机，

---

① 《原强》,《严复集》第1册，第14页。

② 《〈原强〉修订稿》,《严复集》第1册，第27页。

③ 〔美〕默逊:《中国的文化和科学》，第76页。

中国的问题变得更加复杂，复辟反复辟的恶性循环使中国的政治处于大混乱状态，外患未除，内忧再起。严复目睹了这一事实，不禁感叹，正如黄庭坚的诗《同元明过洪福寺戏题》中所写的那样，“春残已是风和雨，更著游人撼落花”，他更坚定了自己的“三民说”，同时也加深了对中国前途的忧虑。如何使当时的中国摆脱政治危机，变得强大起来，严复在晚年提出了强人政治，欲效法德国富国强兵路线，对中国的法家思想及人物表示赞赏，而批评儒家的贤人政治。他说：“居今而言救亡，学惟申韩，庶几可用，除却综名核实，岂有他途可行。贤者试观历史，无论中外古今，其稍获强效，何一非任法者耶？管商尚矣；他若赵奢、吴起、王猛、诸葛、汉宣、唐太，皆略知法意而效亦随之；至其他亡弱之君，大抵皆良懦者。”[①] 又说：“自吾观之，则今日中国须有秦政、魏武、管仲、商君，及类乎此之政治家，庶几有济。不然，虽季札、子臧，吾辈亦相率为虏。”[②]“德之学说治术，与英法绝殊，其学者如叔本华、尼采、特来斯基，皆原本性恶，而不以民主共和为然，与吾国之荀卿、商鞅、李斯最为相似，其异者，特以时世进化之不同，使申、商、始皇等生于今日，将其所为，与德无二致也。”[③]

严复的主张是完全可以理解的。他看到，在欧洲较落后的德国迅速成为强国，又注意到中国的近邻日本由于学习德国也突然崛起。对此，中国是可以效法的。然而，中国仍没有强人出现：“中国之将亡，坐无强行者耳。”[④] 严复在忧患中离开了他的时代。具有讽刺意味的是，20 世纪 80 年代的中国又出现了“新权威主义”的调子，希望有强人来定中国的乾坤，以谋求奇迹的出现。九泉之下的严复如果有知，该有何种感想呢？

---

① 《与熊纯如书》，《严复集》第 3 册，第 620 页。

② 同上书，第 646 页。

③ 同上书，第 675 页。

④ 《〈老子〉评语》，《严复集》第 4 册，第 1089 页。

二、福泽谕吉的文明开化论

明治维新后，日本开始向近代化迈进。文明开化作为政府政策得到广泛的推行，如殖产兴业、废藩置县、教育改革、废除身份制等。同时，文明开化作为精神观念，也在日本国民中得到广泛的认同和接受。可以说，文明开化包括了日本走向近代化的重要方面。它虽然在幕末就已有所表现，但全面成为国民的意志大概是明治四年（1871年）左右的事。冈部启五郎辑的《文明开化评林》中记录了明治四年作的一首歌——《近日俚俗之歌》，歌词有："半发头，因循姑息音；全发头，王政复古音；短发头，文明开化音。"[①] 这首歌形象地反映了日本当时正处于文明开化的进程中。

福泽谕吉作为启蒙的旗手，为日本文明开化的实践做出了重大贡献。首先，"文明开化"一词的流行就与福泽谕吉的提倡有关。他的《西洋事情》《劝学篇》等著作广泛地传播文明开化观，使之深入人心。其次，福泽谕吉对文明开化的内容及实践都有很多论述。从科学技术到政治经济，从教育到宗教，从有形的物质文明到无形的精神文明，从国家到一身一家，都有说明，可以说是包罗万象。正如福泽谕吉认为文明无所不包一样，日本的文明开化也应是广大无边的。

福泽谕吉提出，日本在全面推进文明开化的过程中应该分轻重缓急和先后次序。因为文明是有阶段的，每一阶段都有根本的任务和中心。当时日本的根本问题是什么？福泽谕吉认为是国家的独立。他说："现在我国人心正在忧虑国家的独立问题，这就说明我们的文明目前正处于使人忧虑我国独立问题的水平，同时也证明了人民都在关心这

---

① 明治文化研究会（1993）『开化篇』〈明注文化全集〉21. 東京：日本評論社，p. 234.

一问题，而无暇顾及其他。”[①] 又说：“现阶段我国的文明，并不是文明的终极目的，而仅仅是作为事物发展过程的第一步，首先求得本国的独立，其他问题留待第二步，将来再去解决。”[②] 由于“国家独立”是当时的根本问题，所以当时的文明也就是国家的独立。福泽谕吉还提出了国家独立是目的的说法，并把其他文明视为实现此一目的的手段：“国家的独立就是目的，国民的文明就是达到这个目的的手段。”[③]

福泽谕吉何以把国家的独立提到如此高的位置？这不仅与当时日本的处境有关，而且基于福泽谕吉对国家生存之重要性的认识。他说：“也许有人认为，人类不应该仅仅以本国的独立为目的，而要看到更远大而高尚的境界。不错，人类智德所要达到的最高境界，当然应该是崇高的，不应计较国家的独立这样的事；不应仅仅以免于受外国的侵凌称为文明。但在目前世界的情况下，在国际关系上，还谈不到这样高远的问题。如果有人谈这个问题，就不免陷于迂阔和不切实际。尤其俯察日本目前的景况，就越发感到事态的严重，更无暇顾及其他。首先要确保日本的国家和人民的生存，然后才能谈到文明的问题；没有国家，没有人民，就谈不到日本的文明。这就是……只以本国的独立作为文明的目的的缘故。”[④] 显然，福泽谕吉是以现实为出发点的，这就使他后来成了日本的国家主义者或民族主义者，而不是世界主义者。他对国体或民族主义有高度的自觉，说西文 nationality 的意思“就是指同一种族的人民在一起同安乐共患难，而与外国人形成彼此的区别；本国人的互相照顾，比对待外国人要笃厚；本国人互相帮助比对外国人尽力；在一个政府之下，自己支配自己的命运，不受外国政府

---

① 〔日〕福泽谕吉：《文明论概略》，第 168 页。

② 同上书，第 192 页。

③ 同上书，第 190 页。

④ 同上书，第 190 ～ 191 页。

的干涉，祸福都由自己承担而能独立自主”[①]。福泽谕吉始终认为，世界主义只是一种良好愿望。现实世界的事实证明，每个国家都要谋取自己国家的利益，有的强国还会欺凌弱国。在这种思想指导下，福泽谕吉把国家独立放在文明的第一位自然就不难理解了。

三、比较分析

由上述可知，严复的变法自强论与福泽谕吉的文明开化论既有共同点，也有不同点。严复主张变法，福泽谕吉倡导文明开化，都是要排除传统社会的一些旧的东西，而代之以资本主义的新文明。他们要求学习西方的技术文明，同时强调必须改变国民的旧的风气，以适应新体制、新秩序的需要。

但是严复与福泽谕吉的救国治国方案有一个很明显的差别，这就是严复的“开民智”与福泽谕吉的“保持日本国的独立”的差别。严复把富国自强的一切希望都置于“开民智”“新民德”和“鼓民力”这一基础上。在他的意识中，中国国民的素质太低，在对此没有较大的改进之前，任何新法、良法都不会起到好的作用。他甚至得出了非常奇怪的结论，即民智不变，就连已有的旧法也难以维持。他似乎忘记了中国的旧法已行了几千年的事实。严复思想的出发点与终点都是“开民智”“新民德”和“鼓民力”。虽然在亡国灭种的紧迫形势之下，他提出了治标的应急措施，但他认为“民智”“民德”和“民力”如不改变，这些措施都难以久奏其效。晚年，他又提出强人政治，以作为救国的法宝。这又与他提出的由下而上的“开民智”路线对立。但他所希望的强人最终并没有出现，于是他绝望了。

福泽谕吉是把国家的独立放在第一位来考虑。他解释说，文明应

---

① 〔日〕福泽谕吉:《文明论概略》，第 19 页。

分阶段进行，每一阶段都有中心任务，当时日本的中心任务正是国家的独立，一切都要围绕它而展开。国家的独立就是文明，一切其他文明都是国家独立的手段。福泽谕吉认为，只有围绕国家独立才能把国民凝聚起来，使大家为国出力、献身；而且，他认为，近代化的建设也只有在国家独立的条件下才能进行，帝国主义列强如果控制日本，就不会希望日本走向近代化，而只想使日本成为它们剥削和压迫的对象。福泽谕吉的要求达到了，但他又有了侵略别国的要求，他的局限性也充分暴露了出来。

第十二章

教育观与教育实践

作为启蒙思想家的严复与福泽谕吉的一个共同的突出特点是，他们都对教育问题格外关心，并进行了教育实践。

一、严复与福泽谕吉论教育

近代化与教育密不可分，有的学者甚至干脆把教育列为近代化的一项重要指标。没有发达的教育，近代化是不可能实现的。严复与福泽谕吉在中日启蒙思想家中是对教育问题非常关心的人，他们都把教育放在重要的战略地位来考虑。大家知道，严复是在中国第一个倡导教育救国的人。他的社会改造论或变法自强论都奠定在提高“三民”（民智、民德、民力）的基础上，而提高“三民”则完全依赖于教育的作用。因此，归根到底，他认为教育是全部基础的基础：“根本救济，端在教育。”[①]“以中国民品之劣，民智之卑，即有改革，害之除于甲者将见于乙，泯于丙者将发之于丁。为今之计，惟急从教育上著手，庶几逐渐更新乎！”[②]严复的这一主见自始至终贯穿于他的整个思想。

---

① 《与熊纯如书》，《严复集》第3册，第674页。

② 严璩：《侯官严先生年谱》，《严复集》第5册，第1550页。

福泽谕吉也极为重视教育。他与严复有点类似，把国民的智力如何看作文明高低的象征，而他所主张的文明开化论也主要是开发国民的智力。为此，他认为应该大力发展教育。福泽谕吉身体力行，一生不从政，致力于培养人才的教育事业，为日本的“教育立国”做了开创性的工作。

严复与福泽谕吉在教育方针上提出了相似的看法。他们都把科学作为教育的指导思想，并批判旧的教育制度和教育观念。严复极力抨击八股制，在《救亡决论》一文中列举了八股文的三大害，即锢智慧、坏心术、滋游手，主张废除八股制。对传统教育所重视的辞章义理之学，他也给予尖锐的批评，视之为无用的“虚学”。他写了《论今日教育应以物理科学为当务之急》一文，在此文中他接受了赫胥黎的看法，说：“教育有二大事：一，以陶练天赋之能力，使毕生为有用可乐之身；一，与之以人类所阅历而得之积智，使无背于自然之规则。是二者，约而言之，则开瀹心灵，增广知识是已。”[①] 为达到此目标，他认为唯有物理学当之（“但言物理，则兼化学、动植、天文、地质、生理、心理而言”[②]）。物理学既可以变化人的心习（“欲变吾人心习，则一事最宜勤治：物理科学是已”[③]），又是知识、智慧的源泉。因此，严复说物理学作为教育的指针应大力提倡。福泽谕吉把数理作为教育的方针加以贯彻。他说：“我的教育主张是着重于自然原则，而以数、理两方面为其根本。”[④] 他指出，如此重要的东西在日本却得不到重视。福泽谕吉把它归结为汉学教育之过，对汉学大加批评。

在教育中，如何处理德、智、体三者的关系，是一个重要的问题。严复与福泽谕吉对此都有论述。严复指出，在中国的旧教育体制

---

① 《论今日教育应以物理科学为当务之急》，《严复集》第 2 册，第 280 页。

② 同上书，第 283 页。

③ 同上书，第 282 页。

④ 〔日〕福泽谕吉：《福泽谕吉自传》，第 179 页。

中，德、智、体三者是很不协调的，一般过分强调德的方面，而忽略智、体的方面："盖吾国教育，自三育言，则偏于德育，而体智二育皆太少。"[①]这是应当改变的。严复说："百年来生理学大明，乃知心虽神明，其权操诸形气，则大讲体育之事。故洛克谓：'教育目的，在能以康强之体，贮精湛之心。'斯宾塞亦云：'不讲体育而徒事娉心，无异一气机然，其筭缄关键极精，而气箱薄弱不任事也。'"[②]体育需要发展，智育更是如此，因为"中国前此智育之事，未得其方，是以民智不蒸，而国亦因之贫弱"[③]。严复认为，"尚实"是智育的特点，只要做到这一点，中国之富强亦无疑义。他说："尚实则惟智育当之。……呜呼！使神州黄人而但知尚实，则其种之荣华，其国之盛大，虽聚五洲之压力以沮吾之进步，亦不能矣。"[④]严复并不否认德育的作用，认为："盖教育要义，当使心德不偏。"[⑤]

德、智的失调，在日本传统教育中也很突出。福泽谕吉反对重德轻智的做法，这在本书第三章已有所叙述。在这里，我们仅就福泽谕吉论德、智的教授法与效果稍作阐释。福泽谕吉认为，德不能用有形的事物进行教授，学到学不到在于学者的内心努力如何，而且结果也不可检验。如教授"克己复礼"，"教师所能做的工作，就止于如此反复仔细说明这个道理，再没有其他传道的方法。以后就在于各人的修养，或阅读古人的书籍，或学习今人的言行而效仿其德行而已。这就是所谓以心传心，即所谓道德的教化。教化本来是无形的，究竟教化的效果如何，是无法测验的"[⑥]。但智育就不一样了，它可以通过有形

① 《论今日教育应以物理科学为当务之急》，《严复集》第2册，第281页。
② 同上书，第279页。
③ 同上书，第285页。
④ 同上书，第282页。
⑤ 同上书，第284页。
⑥ 〔日〕福泽谕吉：《文明论概略》，第82～83页。

的事物进行学习，而且可以检验其结果如何，在学习中进步也迅速，一旦掌握了知识就不会出现倒退。福泽谕吉提出德、智的这种区分，其用意在于反对把德育作为教育的中心，试图通过教育来解决“德行”的做法。他强调，德的提高主要在于个人的修养，单纯依赖人为的教诲是无能为力的。福泽谕吉与严复一样，并不要求废除德教，只是反对偏重德教。对于体育，福泽谕吉也很重视。在谈到孩子的教育时，他认为体育应放在第一位。他说：“谈到对孩子的教育方法，我认为最重要的是注意身体，我不同意从幼小时候就强令孩子们读书，我的主张是所谓‘先成兽身，后养人心’。”① 对于当时有些大学只讲学习成绩而不注意学生身体的倾向，福泽谕吉大为不满，视这种学校为“少年健康屠宰场”。他强调说：“我的看法至今仍无改变，我认为无论如何身体是最重要的。”② 其执着心情，由此可见一斑。

由上述可知，严复与福泽谕吉在教育上的基本立场或见解大致相同，所提倡的是近代教育思想。严复与福泽谕吉不仅是新教育思想的传播者，而且是新教育体制的实践者。

二、严复与福泽谕吉的教育实践

教育是立国之基，这是严复与福泽谕吉的共识；进行教育活动，这又是严复与福泽谕吉的共同实践。如前所述，严复从英国留学归国后，在福州的母校教书一年，后到李鸿章创办的北洋水师学堂任职，先后担任了总教习（教务长）、会办（副校长）和总办（校长）等职务，管理学堂达二十年之久。后来（1905 年），严复还帮助马相伯创办了复旦公学（复旦大学的前身），1906 年担任校长，但数月后辞职。

---

① 〔日〕福泽谕吉：《福泽谕吉自传》，第 249 页。

② 同上书，第 251 页。

1920年，严复又受袁世凯之命担任北京大学校长。不过，他也只在北京大学待了一年便辞职离去。总体来说，教育活动在严复一生中留下了不少印记。

福泽谕吉的教育实践与庆应义塾的创办和发展有着直接的关系。福泽谕吉与其他许多洋学家不同，他坚决不当官而致力于教育事业。在当时非常困难的条件下，他创办了庆应义塾（1858年），之后虽遇到了种种考验，但在他的极大努力下，义塾由小到大，发展得愈来愈完善，成为全国有名的第一所私立学校，至今的庆应义塾是东京著名的六所大学之一。[①] 总之，福泽谕吉为日本的近代教育事业做出了开创性的、建设性的贡献。

但我们如果把严复与福泽谕吉的教育活动具体对照一下，就能发现两者有不小的差别。

首先，从专心程度来看，严复显然比不上福泽谕吉。严复在北洋水师学堂任职二十年之久，但他不得志，不安心，始有三进科场之举，仍希望通过仕途来实现自己的政治理想。后来，他虽又任复旦公学与北京大学的校长，但都很快辞去了职务，没有专心于教育事业。这是一个很有趣的现象。严复一生的主见是开民智和新民德等，并认为其基础是教育，那他为什么反而对教育不安心呢？国家虽然内忧外患，但按照他的理论，他仍应集中精力好好办教育，遗憾的是他却放弃了教育事业。

与严复不同，福泽谕吉对教育事业特别是他创办的庆应义塾投入了巨大的心血，专心不二。尽管起初办义塾时困难很多，国内局势混乱，但福泽谕吉始终坚守在教育阵地上。他在自传中回忆说："环顾当时的社会情况，德川幕府的学校当然早已解散，就连其教师也都去向不明，何况维新政府当时又不重视学校，所以日本国内论读书所在只

---

① 即东京大学、早稻田大学、明治大学、法政大学、一桥大学、庆应义塾大学。

有庆应义塾了。那时我曾对学生这样说过：‘从前拿破仑作乱之际，荷兰的命运已经完结，该国本土固不待言，即连印度地方也被掠去，最后已无升挂国旗的处所。但它在世界上仍留有一处据点，那就是日本长崎的出岛。几年以来，出岛已成为荷兰人的租界，欧洲兵祸的影响也未波及此地。出岛的荷兰国旗经常飘扬在百尺竿头，至今荷兰人还在夸耀着说：‘荷兰王国从来没有灭亡过。’由此看来，这个庆应义塾为了日本的洋学与荷兰在出岛一样，尽管社会上发生任何暴动和变乱，也未使洋学的命脉中断，庆应义塾没有停过一天课。只要这个学塾存在，日本就是世界上的一个文明国家。你们心里不必牵挂着社会！’我就是这样地鼓励过很多青少年。”[①] 其用心由此可知。

其次，从教育活动的结果来看，严复的教育成绩也没有福泽谕吉的教育成绩显著。严复对自己的教育活动不自信，觉得不满意，自认为一生没有培养出得意的人才。他晚年回忆说：“吾国大患，自坐人才消乏。盖旧式人才既不相合，而新者坐培养太迟，不成气候，即有一二，而孤弦独张，亦为无补。复管理十余年北洋学堂，质实言之，其中弟子无得意者。”[②] 他虽然进行了批判旧教育体制的启蒙，但在实施新教育方针上似乎不够突出。但福泽谕吉就不一样了。福泽谕吉对自己的教育实践颇为自负。确实，他一手创办了近代化的私立学校，并为日本培养了大批人才。他作为教育家，得到了社会的公认，当时社会上流行这样的评论：“文部省在竹桥，文部卿在三田。”[③]

严复与福泽谕吉在教育活动中所以表现出这样的差别，可能仍然同中国的官本位主义意识有关。

---

① 〔日〕福泽谕吉：《福泽谕吉自传》，第 176 ～ 177 页。

② 《与熊纯如书》，《严复集》第 3 册，第 687 页。

③ 庆应义塾在三田。

结　语

意义与课题

严复与福泽谕吉的启蒙思想，至此我们已做了全面的描述和讨论。依据这种描述和讨论，现在讨论严复与福泽谕吉的历史意义问题就完全可能了。

通观严复与福泽谕吉一生的思想和社会政治态度，可以看出，他们思想的发展过程中出现了一个类似的现象：前后的非连续性或某种转变。不少人指出了这一点，并进行了分析与评价。但是，严复与福泽谕吉思想的另一面，即前后的连续性或始终一贯性，却没有得到应有的注意。这也许是过分夸大了非连续性的方面，赋予了他们一生巨大的断裂形象，使人感觉到没有可能再提出相反的一面。然而，事实上这是存在的。完整地了解严复与福泽谕吉的启蒙思想，一定会得出这样的结论。我们在此只是提出来，不做具体的分析，因为我们的问题是严复与福泽谕吉的历史意义。

严复与福泽谕吉作为中日最著名的启蒙思想家，他们的根本意义何在？我们撇开那种进步与保守、革命与反动的老生常谈，提出两点加以说明。

第一，严复与福泽谕吉全面推进了中日思想的近代化，促使传统的理论形态和价值观念发生了改变。不管是严复还是福泽谕吉，他们都肯定近代西学的进步性与优越性，指出了中日学问的落后性与陈腐性。为了改变中日思想的弊端和旧形态，他们广泛地传播西方近代思想，从科学到哲学，从经济到政治，从历史到法律，从教育到宗教，涉及了众多领域。他们虽然没有创立多少，但却开辟了一切。严复通过译书和写按语，向中国人展现了近代西学的广阔世界；福泽谕吉则把译书与论著结合起来，向日本人传播了一个新的知识天地。他们都为自己国家的学术增添了全新的血液和营养，促使自己国家旧的理论形态发生了变化。

严复与福泽谕吉都对自己国家的传统价值观念做了反思和批评，提出和倡导一套新的价值观念。关于福泽谕吉，可以按丸山真男在《福泽谕吉的哲学——对其时事评论的考察》一文中所做的总结加以说明[①]：

> 精神世界：
>
> 对事物的“惑溺”→主体的独立价值判断的固定性→价值判断的流动性
>
> 判断的绝对化→通过判断的相对化来超越自己基于单一逻辑的极端主义→基于多种逻辑的宽容
>
> 以习惯道德为中心→以理智为中心
>
> 同种行为样式的再生产→依靠反复摸索不断前进
>
> 权力的偏重→自由
>
> 社会领域：
>
> 社会关系的固定单一→社会关系的复杂化
>
> 价值向中央权力的集中（国家主义）→价值向各社会领域的分散（市民社会）
>
> 制度的虚饰性（手段目的化）→制度的实用性（工具化）

---

① 〔日〕丸山真男：《日本近代思想家福泽谕吉》，第 46 ～ 79 页。

单一意识形态的统治→多种意识形态的并存

整齐划一的统御→以对立为基础的统一

丸山氏的概括反映了福泽谕吉思想的真实。此外，我再补充两点：一是“精神世界”栏，要加上“缺乏独立的自卑（‘依据外在事物而胀缩的无定性’）→独立自尊”。这是福泽谕吉启蒙思想的根本精神之一，它贯穿在他一生的活动与启蒙传播中。再一个是“社会领域”栏，要添上“德治（人治主义）→规则（法治主义）”。福泽谕吉不仅要在道德与知性的关系上打破道德中心主义，促进智的优位，而且要在社会政治上反对德治，反对对人治的信赖，认为那只是未开化社会的产物，在文明社会，它不仅不起作用，而且有害。文明社会必须推行法治，奉行规则主义，把事物都纳入秩序中，使社会政治有条不紊地运转。

关于严复的思想价值观念，我们列举如下：

社会价值一元化→社会价值多元化

大一统主义→分治主义

相安相养（个人能量的压抑）→竞争（个人能量的释放）

一种利益指向→各种利益兼顾

道功、义利的对立→道功、义利的统一

不自由、不平等→自由、平等

以书本为研究对象→以自然为研究对象

主观唯心主义→客观实证主义

演绎方法→归纳方法

民智、民德和民力低下→民智、民德和民力提高

历史循环复古的观念→历史进步发展的观念

严复在思想文化和价值观念上推动的变革，包含丰富的内容，这里只

是指出了基本的方面。

第二，严复与福泽谕吉的启蒙思想产生了很大的影响，使一代人或几代人都受到了新思想的洗礼。严复所传播的思想，在当时就给康有为、梁启超和谭嗣同以积极的影响。特别是他翻译的《天演论》一出版，很快就在知识分子群体中流行开来。日本人稻叶君山指出："此时（指清革新时代）重要之著书，如康有为之《礼教论》，严复所译之《天演论》，当首屈一指。……至此二书出而思想界一变。《天演论》发挥这种生存弱肉强食之说，四方读书之子，争购此新著。却当一八九六年中东战争之后，人人胸中，抱一眇者不忘视跛者不忘履之观念。若以近代中国之革新，为起端于一八九五年之候，则《天演论》者，正溯此思潮之源头而注以活水者也。"[①] 王栻也叙述了当时的情景："小学教师往往拿这本书做课堂教本，中学教师往往拿'物竞天择，适者生存'做作文题目，青年们也往往不顾长辈的反对，偷偷地看《天演论》。"[②] 大家都熟悉鲁迅如饥似渴读《天演论》的情形，而胡适则更具体地谈论进化论所引起的回应："《天演论》出版之后，不上几年，便风行到全国，竟做了中学生的读物了。读这书的人，很少能了解赫胥黎在科学史和思想史上的贡献。他们能了解的只是那'优胜劣败'的公式在国际政治上的意义。在中国屡次战败之后，在庚子辛丑大耻辱之后，这个'优胜劣败，适者生存'的公式确是一种当头棒喝，给了无数人一种绝大的刺激。几年之中，这种思想像野火一样，延烧着许多少年人的心和血。'天演''物竞''淘汰''天择'等等术语都渐渐成了报纸文章的熟语，渐渐成了一班爱国志士的'口头禅'。还有许多人爱用这种名词做自己或儿女的名字。陈炯明不是号竞存吗？我有

① 〔日〕稻叶君山：《清朝全史》第4册，但焘译订，中华书局1920年版，第30页。

② 王栻：《严复与严译名著》，商务印书馆编辑部编：《论严复与严译名著》，商务印书馆1982年版，第7页。

两个同学，一个叫做孙竞存，一个叫做杨天择。我自己的名字也是这种风气底下的纪念品。我在学堂里的名字是胡洪骍。有一天的早晨，我请我二哥代我想一个表字，二哥一面洗脸，一面说：就用‘物竞天择，适者生存’的‘适’字，好不好？我很高兴，就用‘适之’两字。”[①] 毛泽东青年时代也喜欢读严复的书。1912 年，他在湖南省立图书馆读了严复的大部分译著，而对他影响最大的则为《天演论》。[②] 总之，我们无法否定严复给中国近代思想界带来的震撼，他被称为“西学第一”是名副其实。

福泽谕吉由于其论著的通俗性以及适应范围的广大性，所产生的影响就更广泛、更普遍。日本著名政治家井上毅在一份文件中谈到了福泽谕吉的著作为人竞相购阅的情形。福泽谕吉的著作每出版一部，大家都去购买和阅读，影响深入人心。福泽谕吉的传记作者鹿野政直收集材料，具体说明了福泽谕吉在国民中所产生的巨大影响。如当时的武藏国多摩郡上石原村的中村重右卫门读福泽谕吉的著作之后，就投入了自由民权运动中。他虽未能进入庆应义塾学习，但让自己的儿子进了庆应义塾，把自己的理想寄托在儿子身上。尾张国[③] 海部即锅田村村长佐久间国太郎读了福泽谕吉的《西洋事情》，激动不已，树立起了自由民权思想，奔走于开设国会的活动中。他也让儿子上了庆应义塾。下野国[④] 小中村的田中正造看了福泽谕吉的《记账法》，马上在自

---

① 胡适:《四十自述》，安徽教育出版社 1999 年版，第 46 ～ 47 页。

② 按照斯诺在《西行漫记》中的记述，毛泽东在 1912 年读了达尔文的《物种原始》、亚当·斯密的《原富》、约翰·穆勒关于伦理学的书，还有孟德斯鸠写的一本关于法律的书和斯宾塞的《逻辑》。龚育之说：穆勒“伦理学”的书是《穆勒名学》的误记，斯宾塞的《逻辑》是《群学肄言》的误记，推测《物种原始》也很可能是《天演论》的误记，我倾向于龚的说法。参阅龚育之、逄先知、石仲泉:《毛泽东的读书生活》，生活·读书·新知三联书店 1996 年版，第 89 页。

③ 尾张国，旧国名，今爱知县的西部。

④ 下野国，旧国名，即现在的栃木县。

己的酒店里实行起来，希望经营近代化。土佐国[①]的少年植木枝盛，后来成为自由民权运动的首领之一，更是深受福泽谕吉的熏染。他常去听三田演说会，喜欢阅读福泽谕吉的《劝学篇》《文明论概略》，他的思想形成中打下了福泽谕吉的深刻烙印。肥后国[②]的德富猪一郎（后改为德富苏峰），奉福泽谕吉为师。[③]德富芦花在《富士》一书中记述道："福泽是为人师表。苏峰在同志社读书时，《劝学篇》每出一册，他都购买，批圈划点地精读。这时他才十五六岁，竟在一般书店里卖的福泽照片背面写上'您才是我的畏友'，他家私塾的课外读物中也有福泽的著作。"[④]总而言之，福泽谕吉所传播的文明事物与新的思想观念吹遍了日本社会的各个角落，感化着各个阶层的人："他的思想以远远超过其他思想家的规模直接浸入到国民的心中，起到了使自由、独立的观念与日本实际相结合，灵活移植近代文明的功能。"[⑤]

正是由于福泽谕吉当时被公认为最受尊敬的教育家、学者、著述家，被公认为国民的精神导师，所以，他逝世后，众议院以全票通过了给这位巨人致哀的决议（虽他不是议员）："惊悉倡导开国、致力于教育的福泽谕吉君的讣音，众议院深表哀悼之情。"全国各地无数不知姓名的妇女也纷纷寄来悼词，以表悲哀。宇都宫市一位商妇的悼词说："惊悉您与世长辞，我悲痛万分……。作为对您的最好纪念，我将诚心诚意地宣传您的遗教，竭力为社会服务。"[⑥]一位家庭主妇也在信中说："众人悲切之情是笔和言语所难以表述的……。但是我还是情不自禁地拿起拙笔，写下这哀悼之词。"[⑦]在举行葬礼的那天，从福泽谕吉家到

① 土佐国，旧国名，即现在的高知县。

② 肥后国，旧国名，即现在的熊本县。

③ 〔日〕鹿野政直：《福泽谕吉》，第 102 ～ 105 页。

④ 同上书，第 104 ～ 105 页。

⑤ 同上书，第 108 页。

⑥ 同上书，第 179 页。

⑦ 同上。

麻布的善福寺不足两公里，而前来送葬的人竟有一万五千之多，形成了长长的人流，由此可知，福泽谕吉受到了日本国民的深深爱戴，他被赋予“日本的伏尔泰”称号当之无愧。

当然，严复与福泽谕吉仍有不少时代的局限性，留下了自己无法完成的课题，而这正是需要后人去超越和完成的。这个课题是什么呢？19世纪末20世纪初，在西方的强大压力下，中国和日本开始被动接受挑战，谋求变法维新与自强文明运动，成为运动先导或伴随着运动的思想启蒙业已展开。在第一章，我们概述了它的整体态势，在此后的诸章我们又微观地展示了启蒙思想家严复与启蒙传播者福泽谕吉的整体思想内涵和表现，对其历史意义也做了分析。话到此也许该结束了，但言似尽而意犹未尽，故有进一步的问题——中日启蒙思想的课题。

通观中日启蒙思想的表现，尤其是通观严复与福泽谕吉启蒙思想的表现，可以看出两个有着内在联系的侧面或层次：一是近代中日启蒙思想的发生与终极目标都受到外在力量的强大制约，二是中日启蒙思想整体上是输入性的。如前所述，中日启蒙思想源于西方列强的强烈刺激，是一种自然反应，同时又以追求国家的独立、富强为根本目标，直接服务于国家的救亡图存、变法维新和文明开化的价值。中日启蒙思想本身从外部世界接受过来，采取了输入的形式。启蒙思想的这种表现形式，也就是中日启蒙思想家或近代知识分子的活动方式。他们是启蒙思想的传播者、宣扬者和鼓吹者，并要求他们的启蒙思想服务于自己国家近代化的方向，使之与富强对应起来。启蒙思想家的这种活动方式和启蒙思想的这种表现形式，在中日近代风云激荡的历史背景下是自然的流露，是应有的选择。然而，这种选择却留下了中日启蒙思想过程中所不可回避的一个至关重要的思想课题，这就是中日思想的“自主创造”问题。

这里所说的思想“自主创造”包括两层含义：(1) 从思想方面来

说，思想以自身的价值为最高价值，它本身就是目的，始终是自由的、独立的。简言之，思想肯定自我。（2）从思想者方面来说，思想者敢于思想而且能够思想，敢于批判而且能够批判，敢于创造建构而且能够创造建构，一句话，是敢于和能够，是发挥主体的创造性。以这两层含义为尺度，我们来看一看，中日思想启蒙之后两国的思想发展是否解决了思想的主体性建构问题。

中日启蒙思想运动发生于19世纪末和20世纪初，从开始到结束，经过了复杂的道路，从整体上说，思想主体性这一近代启蒙思想留下的课题并未得到较好的解决。说到中国，从20世纪初到70年代末，它的历史可划分为两个时期，即民国时期和中华人民共和国时期。从政治上分析，两者的根本不同在于前者并没有建立起统一的民族国家。从军阀混战到第一次国共合作破裂，到全民族抗战和解放战争，这一连串事件都表明，中国处于民族危亡和政治混乱的危机中。在这种历史背景下，思想文化界表现出思想对现实的极大关切和拯救，知识分子活跃在借思想文化寻找中国出路的阵地上，甚至有知识分子直接投入到变革中国的洪流中，用微拉·史瓦支（中文名“舒衡哲”）的说法就是启蒙与救亡的紧张。[①] 在这种紧张中，新文化运动发出的最强音就是批判中国传统文化，它解构了儒家在中国传统社会中占有的正统思想地位[②]，大大地解放了人们的思想。同时，新文化运动广泛地把西方各种派别的思想（还比较零碎）输入中国，思想界出现了多元化形

① 李泽厚指出：“启蒙的目标，文化的改造，传统的扬弃，仍是为了国家、民族，仍是为了改变中国的政局和社会的面貌。它仍然既没有脱离中国士大夫‘以天下为己任’的固有传统，也没有脱离中国近代的反抗外侮、追求富强的救亡主线。”（李泽厚：《启蒙与救亡的双重变奏》，《中国现代思想史论》，人民出版社1987年版，第12页）“以专注于文化批判始，仍然复归到政治斗争终。启蒙的主题、科学民主的主题又一次与救亡、爱国的主题相碰撞、纠缠、同步。中国近现代历史总是这样。”（同上书，第15页）

② 张岱年先生认为这是五四新文化运动的伟大功绩。

势。[①] 从敢于批判、敢于思想这一点来看，新文化运动超出了之前的思想启蒙，表现出某种程度上的思想主体性和自主性，但它还不善于批判，尤其是破坏形成的真空反而使中国文化的危机加剧了。新文化运动的主将们没有进行重建，而且也不能实现重建（形势的急迫，理论上准备不够），因而没有使破坏了的思想领域得到补偿。还有就是，思想仍服从于救亡目标，而没有转换成对自身的专注。所以，新文化运动没有完成思想主体性建立的任务。

新文化运动之后，由于思想多元化的存在，又由于为了填补新文化运动批判性和否定性带来的思想真空，一些知识分子迸发出思想建构的冲力和张力，使中国思想界呈现出蔚为大观的景象。这在哲学领域最为突出。哲人们在国家动乱之秋似乎是躲进了象牙之塔，在精神世界中遨游，他们敢于建构，也确实进行了建构，使中国的哲学得到了新生。冯友兰先生在描述此一时期中国文化与哲学的繁荣气象时说："本世纪初以来，中国的社会、政治局面尽管看来混乱，可是中国的精神生活，特别是哲学思维，却有了伟大的进步。这并不出人意外。中国的混乱，是中国社会性质由中世纪向现代转变的一个方面。在这场转变中，造成了新旧生活方式之间的真空，传统的生活方式已经古老废弃，新的生活方式仍然有待于接受。这样的真空，十分不便于实际日常生活，但是很有利于哲学。哲学总是繁荣于没有教条或成规约束的人类精神自由运动的时代……在中国现在进行的转变中，哲学家们特别幸运，因为自本世纪初以来，他们重新审查、估价的对象，不仅有他们自己的过去的观念、理想，而且有西方的过去和现在的观念、理想。欧洲、亚洲各个伟大的心灵所曾提出的体系，现在都从新的角度、在新的光辉照耀下，加以观察和理解。随着哲学中新兴趣的兴起，

① 自发的、偶然的多元化是因政治上的不干涉而形成的空隙，故而是侥幸的多元化。这就是说仍存在文化专制与思想统御的力量。

老兴趣也复兴了。在这种形势下，如果当代中国思想竟无伟大的变革，倒是非常可怪了。”[①] 这可以说是思想家为实现思想主体性所迈开的重要一步，如能继续发展下去，也许就能达到建立思想主体性的目标。

从中华人民共和国的成立开始，中国的形势发生了新的变化，民族实现了独立，国家达到了统一。政治在这种条件下，如能使中国的社会生活，依据法治，沿着自由与民主的轨道前进，以现代化为目标并真正去实现它，那么中国就会大有作为。遗憾的是，中国学术和思想文化在转变中走了许多弯路。如果说 20 世纪 50 年代以前中国的思想发展受着救亡图存的强大制约，那么，从 50 年代开始，中国的思想文化被纳入政治中，思想文化与政治之间没有保持一定的界限，学术问题、理论观点常常被当作政治问题来看。在这种情况下，学术和思想文化本身的价值就不能得到肯定。一切都要求与政治协调一致，不能游离于政治之外：“正像美国当代学者怀特教授（Arthur Wright）观察到的，中国的现状和它的过去的一个显著不同特点，古代社会中那些与当政者持有不同人生理想或政治态度的人，可以隐退，即使在儒学独尊的局面下，也可独善其身，或践行禅风，或效法老庄，自乐于山水之间。但现时的中国，已经失去了这种环境，已没有能真正脱离国家的个人。政治意识形态和行政组织已渗入到每个人的生活中，个人的安身立命问题，变成意识形态问题，个人无法独立解决这个问题。”[②]

在 20 世纪 70 年代末，随着改革开放新时期的到来，学术和思想文化领域开始活跃起来，表现出多元化的气氛。这是政治上的开放带来的，它无疑成了建立思想文化主体性的契机。思想者跃跃欲试，创造思想的冲动正在寻求突破口。作为思想的营养，人们重新对传统文

---

① 冯友兰:《中国哲学与未来世界哲学》,《新华文摘》，1987 年第 6 期，第 39 页。

② 殷鼎:《中国文化与解释意识的双重危机》，梁从诚:《现代社会与知识分子》，辽宁人民出版社 1989 年版，第 41 页。

化进行认识、评价，以使它通过整合再现活力；外来文化尤其是西方文化的传播又达到了新的高潮，这都为思想的创造提供了条件。使这种条件保持下去，并把当前的文化反思转到文化重建的轨道上，是应该牢牢把握住的关节点。

日本的情况如何呢？日本从 19 世纪 60、70 年代开始的明治启蒙，很明显也是在外在力量的刺激下为了国家的独立而发展起来的，启蒙思想则直接服务于文明开化的需要。所传播的启蒙思想总体上也是输入的，即来源于西方的近代思想，因而它顾及不到思想的主体性问题。从这时的思想启蒙到现在，正如日本社会政治的曲折发展一样，日本的思想发展也经过了坎坷的道路。以第二次世界大战为界，大致可分两个阶段：战前与战后。这两个阶段既有联系，如始终谋求经济、技术的发展，但又有很大的不同。战前，日本发展的是一条腿的或畸形的近代化，即以牺牲民主主义为代价，片面地追求富国强兵，迅速地发展成帝国主义国家，向外扩张侵略，导致了战争的悲剧。战后，日本开始反省近代化的道路，民主主义被重新提上政治的议事日程，并完成了由天皇绝对主义政体到天皇只是象征的民主主义政体的转变。这两个过程的发生都与外在力量施加的压力有关。前者是由于西方势力的征服促使了明治维新，后者是由于战败在美国占领军的强制下接受的民主改革。但在具体发展中，日本人发挥了一定的主动性和积极性。

由于战前与战后国家社会政治性质上的差别，所以思想上的表现前后也不相同。战前，日本思想整体上是不自由的，它受到政治上的统御，思想家不能进行批判和独立思想。思想领域所宣扬的要么是输入的，要么是复活的。思想的价值不在于自身，而在于为政治价值服务，因而没有思想的主体性。战后，日本的思想自由、多元化条件逐渐形成，思想独立于政治的价值得到确立，思想家的活动不再受到政治的强制，这都为思想主体性的建立打下了一定的基础。但直到现在，日本建立思想的主体性目标仍未完成，人民仍处于模仿、吸收外来思想的过程中，尽管创新、建构的目的意识已比较明确。要使日本成为与经济大国相应的思想文化大国，产生世界级的一流思想家，实现思想的主体性，应当怎么办，这是日本人的课题。

通过以上的简要分析，我们知道了中日在近代乃至后来都没有完成建立思想主体性的目标。在实现这一目标中，中日各有有利条件，也各有困难。日本的“无构造传统”、模仿和拿来主义的心理将内在地影响其思想创造的实现。古代主要接受中国和印度的思想，以中国和印度的思想为思想的来源；近代以后则归入西方思想的洪流中，接受和模仿西方思想。以哲学为例，日本的无创造力也许正如永田广志所说的那样：“以往在日本，哲学思想的发展总的看来无疑是侏儒式的。我国古代没有出现过像希腊从泰勒斯到亚里士多德的时代和古代中国的诸子百家时代以及印度从《奥义书》哲学经过‘六师’时期，直到佛教及各学派昌盛时代那样的思想上的蓬勃高涨。中世纪也未能创造出像以托马斯·阿奎那的名字为标志的基督教神学和宋、明时代发展起来的成体系的哲学以及由龙树、世亲、马鸣等代表的大乘佛教那样的思想体系。资本主义时期的日本不得不通过移植欧洲思想开始自已的思想生活。”①

在自然科学尤其是技术科学方面，日本在很大程度上已经赶上或正在超过西方，但在思想领域，日本基本上还亦步亦趋在西方之后。日本学者南博指出：“在人文科学方面，时至今日学院派里仍保留着浓厚的外来学问的性格，并能看到把西欧的学说尊为标准科学，对其日语版也大加赞扬的倾向。”② 难道日本人在思想上就不能独立走路，永远要拄着拐杖吗？这是日本实现建立思想主体性目标的一个困难。而

① 〔日〕永田广志：《日本哲学思想史》，第9页。

② 〔日〕南博：《文化的多元性》，王中江译，寒水校，《文摘》，1989年第2期，第7页。

它比中国有利的条件在于，它善于学习外来文化，保守性不强。

中国在思想文化创造方面的有利条件是历史上不乏创造、建立思想体系的传统，主要的困难是悠久传统又使中国具有很强的保守性，思想家缺乏有力的批判精神。

总之，如果 21 世纪是东方的世纪，那么，它就不能只是经济的和技术的，它必须有与此相称的东方的伟大思想和精神的兴起。

附录一

严复思想世界中的“超验领域”预设：“非对待”及其宗教

严复曾被刻画为科学主义者、实证主义者，或被刻画为百科全书式的启蒙思想家，这种刻画突出了严复思想的某些基本性质。史华兹把严复的整体目标和不懈追求概括为“寻求富强”，以此力求揭示严复对国家前途的强烈渴望。如同我们所强调的那样，“自强”“富强”是晚清中国最强有力的观念形态，甚至可以说是一种“神话”。但是，把严复追求的“富强”狭隘地理解为财富的增长和物质力量的强大是不合乎严复的精神志向的。在严复的“精神世界”结构中，富强只能从广义上理解，广义的富强包括仁义道德和精神价值，如严复信赖的以自由竞争和适者生存为核心的进化主义，其竞争方式和“适者”（“优者”）不仅意味着物质力量的强大，而且意味着道德的追求和奉行。[①]科学和实证精神在严复的思想中确实是重要的，但它只是严复精神世界中有关经验的一个领域，与之相对的还有一个严复始终不能忘怀的超验领域。在这个领域，严复津津乐道的“绝对者”来自形而上学的信念和宗教的信仰，是结合了哲学和宗教的神秘性、终极性、神圣性

① 李强：《严复与中国近代思想的转型——兼评史华兹的〈寻求富强：严复与西方〉》，邓正来编：《〈中国书评〉选集（一九九四——一九九六）》，辽宁大学出版社 1998 年版，第 381 ～ 424 页。

为一体的超越性存在，这是严复信念伦理和价值理性的源头。

一、“非对待”领域

在严复确立的最重要的自强三项目标（“开民智”“新民德”和“鼓民力”）中，严复认为革新道德（“新民德”）是最为困难的一项目标。[①]《〈原强〉修订稿》是严复早期解释“开民智”“新民德”和“鼓民力”最具体的文本，根据他对“新民德”的说明，他是把这一问题放在中西教化和宗教的背景下讨论的。宗教常常被认为是道德的重要来源，它为道德提供了合理的基础和根据，又是道德行为的原动力，严复在教化和中西宗教的背景下看待“新民德”也是自然的。宗教一般以信仰神圣的存在为主要特征，据此严复又把宗教与形而上学一起视为超验的、不可思议的领域。从严复的一些说法来看，他确实为诞生在西方的近代科学和学问赋予了不可替代的独特意义。在严复那里，以经验与理性为基础的科学和学问，对于我们可感知、可求证的世界是普遍的和有效的。特别是，在追求人间事务的成功和成就方面，经验科学和实证学问无与伦比，追求富强的严复对科学为人类带来的变化惊叹不已，以至于有时他要求人们安于经验世界和经验知识，反对人们好高骛远和胡思乱想。如他说：“人之知识，止于意验相符。如是所为，已足生事，更骛高远，真无当也。”[②]又说：“呜呼！宇宙广漠，事理难周，存而不论可耳。”[③]

但是，从整体上说，严复没有以科学和经验知识为根据来否定超验领域与神秘现象的存在。具体例证之一是，严复生前对佛教表现出

① 如他说：“至于新民德之事，尤为三者之最难。”（《〈原强〉修订稿》，《严复集》第1册，第30页）

② ［清］严复：《〈天演论〉按语》，《天演论》，第71页。

③ 《〈法意〉按语》，《严复集》第4册，第1021页。

极大的热情和认同，他把自己的儿女都冠以佛学之名。其孙女严停云曾回忆说:“老人家笃信佛理，但从来没有排斥其他宗教。他把父亲的小名叫普贤，幼殇的二伯则有个名儿是文殊，四叔是基督门徒的约翰，五叔叫做佛烈。我的二姑母璆笃信天主，年纪轻轻的当了修女。但先时祖父给他的小名是华严。后来我用华严为笔名，二姑母对我说：你可知道华严是你祖父替我起的名字吗？现在华严两个字就归你用吧。人家要是问起，就说有大华严和小华严两个人好了。”[①]1921 年，严复在去世（10 月 27 日）的一个多月前还带病在避暑的鼓山抄写《金刚经》，并说:“老病之夫，固无地可期舒适耳。然尚勉强写得《金刚经》一部，以资汝亡过嫡母冥福。每至佛言‘应无所住而生其心’，又如言‘法尚应舍，何况非法’等语，辄叹佛氏象教，宗旨超绝恒识，谤者辟者，徒尔为耳。”[②] 具体例证之二是，严复批评他小儿子的科学独断论。1921 年，严复给他的几个儿子写了一封信，主要是批评他尚幼的儿子严璿对宗教和鬼神的态度。严璿受科学和数理的影响，把数理之外的东西特别是宗教信仰都看成迷信加以排斥，这使严复深感不安。他告诉他的儿子们，即使相信科学，也没有理由一概拒绝科学之外的东西，因为科学无法否定一个超验的世界。他说:“若一概不信，则立地成 Materialism，最下乘法，此其不可一也。又人生阅历，实有许多不可纯以科学通者，更不敢将幽冥之端，一概抹杀。迷信者言其必如是，固差，不迷信者言其必不如是，亦无证据。故哲学大师，如赫胥黎、斯宾塞诸公，皆于此事谓之 Unknowable，而自称为 Agnostic。”[③] 知识由于自身的限制，不能判断知识之外的存在，所以对此可以悬置不论。正是在这种意义上，严复又说:“盖人生智识，至此而穷，不得不置其

① 华严:《吾祖严复》，作家笔下的海峡二十七城丛书编委会编:《作家笔下的福州》，海峡文艺出版社 2010 年版，第 64 ～ 65 页。

② 《与诸儿书》，《严复集》第 3 册，第 824 页。

③ 同上书，第 825 页。

事于不论不议之列，而各行心之所安而已。”[①]具体例证之三是，严复对“灵学会”和《灵学丛志》采取了包容甚至支持的立场。1918 年 1 月，通过严复的学生侯疑始的介绍，严复收到了“上海灵学会”主持人俞复（字仲还）寄来的《灵学丛志》(应该是第一卷第一期)。严复致信俞复，表达了自己对灵学研究的看法，指出科学虽然排除了一些迷信，但仍然有许多神秘现象是科学所不能解释和排除的，对这些神秘现象的研究已经发展为专科。他说:“神秘一事，是自有人类未行解决问题。往者宗教兴盛，常俗视听，以为固然。然而诞妄迷信，亦与俱深，惑世诬民，遂为诟病。三百年科学肇开，事严左证；又知主观多妄，耳目难凭；由是历史所传都归神话。则摧陷廓清之功，不可诬也。然而世间之大、现象之多，实有发生非科学公例所能作解者。何得以不合吾例，惘然遂指为虚？此数十年来神秘所以渐成专科。”[②]严复特意在这封信的附记里详细讲述了一件“扶乩”之事。光绪甲申年（1884 年，光绪十年)，他的同乡陈弢庵（陈宝琛）在“丁内艰归里”期间，在鼓山喝水岩构筑了一个听水斋。丁亥年（1887 年，光绪十三年）六月中旬，陈宝琛和他的一些朋友晚间聚会，请净名（本名吴泰来）道士扶乩，对光绪帝和国家时局进行了预测，后来发生的事情似乎都应验了。严复感叹:“呜呼！孰谓冥冥中无鬼神哉！”[③]“扶乩”一般被认为是迷信，严复通过扶乩来证明鬼神的存在，说明他不认为“扶乩”是迷信，这样我们就很难判断他所说的被科学淘汰的迷信是什么。1918 年 2 月，严复又收到了《灵学丛志》(第一卷第二期)，他致

---

① 《与诸儿书》,《严复集》第 3 册，第 825 页。又如:“人之知识，止于意验相符。如是所为，已足生事，更骛高远，真无当也。”([清] 严复:《译〈天演论〉自序》,《天演论》，第 71 页)“呜呼！宇宙广漠，事理难周，存而不论可耳。”(《〈法意〉按语》,《严复集》第 4 册，第 1021 页)

② 《与俞复书》,《严复集》第 3 册，第 725 页。

③ 同上书，第 727 页。

信侯疑始，再次表明了他赞成灵学研究和肯定神秘现象存在的立场。

根据知识的有效性范围，对于宗教和超验领域之存在问题存而不论或不置可否，可以说是相当合理的“存疑论”（“不定论”）。但严复没有严守他的“存疑论”，科学实证的知识和学问无法代替严复对超验世界的浓厚兴趣。史华兹对严复在热心追求现实活力之外还投入到神秘主义中感到奇怪，虽然这是那个时代一些人都具有的一种倾向。严复的选择使史华兹似乎大惑不解，严复为什么还不能满足于他寻求的富强目标，为什么进化和活力还不能成为严复生命意义的整个所在？史华兹坦率地承认，他没有找到可靠的解释，他推测说，“道”和“绝对”提供了儒家理性主义所不能提供的无穷无尽的可能，“毫无疑问，无穷无尽的‘空’比企图使特定的社会和政治秩序绝对化、凝固化的儒教，更倾向于认为万物具有向异质性、复杂性和组织性的更高水平进化的可能性”[①]。

在有效地解释这个问题之前，我们需要具体地看看严复所投入的这个神秘世界究竟是一个什么样的世界，显然史华兹处理这一点的方式过于简单。事实上，严复的思想世界和心灵结构是双层的。一方面，他具有刚性和硬心肠的精神气质，对科学实证的知识和学问抱有热情；另一方面，他还保持着柔性和软心肠的心灵，为超验的形上本体和宗教至高神留下了地盘。对科学主义和实证主义来说，这是两个互相排斥和冲突的领域，但在严复那里它们恰恰又是彼此相对的、可以并存的世界，严复不以为在经验世界之外又承认超验世界的存在是矛盾的。培根反对这种预设，反对理由是，预设无可言、不可指的绝对、无对和太极而又“设言诠”，这本身就构成了矛盾；黑格尔怀疑“无对”，因为无对应该是脱离了感性的东西，但完全脱离了感性的东西就变成了“无物”，这是一个困境。严复指出，培根和黑格尔都有一个问题，

① 〔美〕史华慈：《寻求富强：严复与西方》，第 200 页。

就是他们割断了“对待”与“非对待”之间的关联。按照朱熹所说的“非言无极无以明体，非言太极无以达用”，“体用”是相即相待的，我们可以通过“对待”与“非对待”的相对性来推论本体的存在，培根和黑格尔以本体无形可感来否定其存在性，这是不能成立的。严复说：“太极、庇音之对待为无物，以无对有，政亦可觉，此亦人心之所有事者也，何以言其虚设而矛盾乎？又如自在一论，虽常可以因果、并著为言，然自在实与因果、并著有异。盖培因之意以自在为无可言，故遂以此伦为可废。然‘在’实与‘有’同义，既有矣，斯能为感致觉，既感既觉，斯有可言，何可废乎？昔者德儒希格尔亦以不知此义，遂谓太极、庇音既称统冒万物，自不应有一切形相德感，至使有著不浑；如无一切形相德感，则太极、庇音，理同无物。以统摄群有之名为等于无，文义违反至于如此，此其弊正与培因等耳。”[①]又如时间、空间观念，严复也把它们作为形上学领域的东西来处理，把两者设定为具体事物存在的前提但又与具体事物相对。在严复看来，庄子所说的“宇”和“宙”，就相当于西方的时间（time）和空间（space）。如《庄子·庚桑楚》载：“有实而无乎处者，宇也；有长而无本剽者，宙也。”对此，严复解析说：“宇宙，皆无形者也。宇之所以可言，以有形者列于其中，而后可以指似，使无一物，则所谓方向远近皆亡；宙之所以可言，以有形者变于其际，而后可以历数，使无一事，则所谓先后久暂亦亡。故庄生云尔。宇宙，即今西学所谓空间时间。空无尽处，但见其内容，故曰有实而无乎处；时不可以起讫言，故曰有长而无本剽。”[②]在超验世界，严复往往把形而上学领域的绝对者和宗教领域的神圣存在相提并论。为了弄清严复是如何通过宗教来建立他的意义和信仰世界的，我们需要从整体上考察严复是如何设定超验世界的存在的。

---

① 《〈穆勒名学〉按语》，《严复集》第 4 册，第 1039 页。

② 《〈庄子〉评语》，《严复集》第 4 册，第 1139 页。

正如我们所说，严复对超验世界的断定离不开它所相对的经验世界。如果说完整的世界只是一个，那么区分经验世界与超验世界就是把完整的世界二分化，被严复二分的世界用他的说法就是“对待”与“非对待”(“对待之域”与“非对待之域”)。[①]在严复那里，与“非对待”相对的“对待”，从客体的意义上说，是指具体的事物和现象及其法则；从主体的意义上说，是指人类可知、可证实和可言说的范围。严复说:“彼是对待之名词，一切世间所可言者，止于对待。”[②]超越于对待之域之外的非对待之域，是一个“绝对者”的领域，是最高存在的领域。超验世界的“绝对者”，既不是矛盾，也不是“相对”。从两个世界的划分来说，从“绝对者”相对于“非绝对”的具体事物来说，这个“绝对者”是有“相对性的”，但形而上学和宗教的“绝对”，是说“理”推到“极致”时，“此理”是唯一的、最高的、绝对的理，不存在相对于它的“另一个”绝对者，就像二元论所说的那样。承认一个绝对者，当然绝不意味着人们所说的“绝对者”都是一样的。在不同的宗教体系中，在不同的形而上学体系中，人们对“绝对者”有不同的说法和称谓，但就其都被作为“绝对者”而言，它们都属于“非对待之域”。严复正是这样说的:“老谓之道，《周易》谓之太极，佛谓之自在，西哲谓之第一因，佛又谓之不二法门。万化所由起讫，而学问之归墟也。”[③]严复相信中西形而上学是贯通的，贯通之处就是都断定超验世界的存在。老子有“同谓之玄，玄之又玄，众妙之门”之语，严复认为西方哲学所从事的不外乎就是这十二个字。他说:“其所称众

① 严复一直坚持二分法，使用的名词主要有对待与非对待、可知与不可知、对待之域与非对待之域、可思议与不可思议、学与教等。如他在《〈穆勒名学〉按语》中说:“世间一切可以对待论者，无往非实；但人心有域，于无对者不可思议已耳。”(《严复集》第4册，第1036页)他也在《〈老子〉评语》中说:“形气之物，无非对待。非对待，则不可思议。”(同上书，第1076页)

② 《〈庄子〉评语》,《严复集》第4册，第1106页。

③ 同上书，第1084页。

妙之门，即西人所谓 Summum Genus，《周易》道通为一，太极、无极诸语，盖与此同。”“西国哲学所从事者，不出此十二字。”[①]

近代认识论兴起而产生的一个结果是，如何认识事物的问题变成了如何认识人的认识能力及其限度的问题。休谟、康德和斯宾塞的“可知”与“不可知”的界限首先就是认识主体能力上的界限，当然它也是来自客体方面的界限。严复对相对于经验世界的超验世界的承认，也有类似的情况，在严复的划分中，与经验世界具有“可知性”不同，“超验世界”是“不可知”的。近代经验知识和科学之所以具有革命性进步，主要是因为人们把认知的兴趣和关心转向了“可知”的对待之域。严复说：“夫只此意验之符，则形气之学贵矣。此所以自特嘉尔以来，格物致知之事兴，而古所云心性之学微也。”[②]科学知识之所以能在工业文明中发挥巨大的实践功能，也是由于它来自对待之域，其运用也限于对待之域。严复说：“吾生学问之所以大可恃，而学明者术立，理得者功成也。无他，亦尽于对待之域而已。”[③]严复把超验的非对待之域看成一个“不可知”的世界。但正如我们前面所说，严复并不否认这个不可知的世界的存在，相反他恰恰肯定了这个世界的存在，而且用不同的方式描述了这个世界。因此，严复的“不可知论”是一种“弱不可知论”，或者说，是一种“温和的不可知论”。

相对于人的认识的“可思议”领域，严复常常用“不可思议”来解释不可知的非对待之域。在严复看来，“不可思议”不同于“不可名言”“不可言喻”和“不能思议”。从他举出的说明性例子来看，“不可名言”“不可言喻”和“不能思议”所描述的是经验世界的对象与事物。人们由于对诸如从未见过的奇异境地和怪异现象，对一种出神入

① 《〈庄子〉评语》，《严复集》第4册，第1075页。
② ［清］严复：《译〈天演论〉自序》，《天演论》，第71页。
③ 《〈穆勒名学〉按语》，《严复集》第4册，第1036页。

化的特别技能，对与自己的经验完全相反的东西感到陌生、惊奇和无知，往往就用“不可名言”“不可言喻”和“不能思议”来表示。但是，“不可思议”与此不同，它超出了人类的经验世界。如在经验世界，“圆的方”“有生而无死”“不质之力”和“一物同时在两地”等说法都是“不可思议”的，因为这些说法不符合经验世界的现象和常识，从逻辑上说就是违背了“矛盾律”。按照金岳霖的说法，理性思维（“思议”）的限制是矛盾，只要没有矛盾就可以思议，如果彼此有矛盾就是“不可思议”。根据严复举出的例子，他的“不可思议”也是指经验知识所不能理解的彼此矛盾，但这正是超验世界和“绝对者”的特性，形而上学和宗教领域的绝对都是“不可思议者”。严复说:“佛所称涅槃，即其不可思议之一。他如理学中不可思议之理，亦多有之，如天地元始，造化真宰，万物本体是已。至于物理之不可思议，则如宇如宙，宇者太虚也，宙者时也，他如万物质点，动静真殊，力之本始，神思起讫之伦，虽在圣智，皆不能言，此皆真实不可思议者。”[①]严复这里所说的“绝对者”从形式上看并没有“矛盾”，为什么也“不可思议”呢？严复解释说：

> 谈理见极时，乃必至“不可思议”之一境，既不可谓谬，而理又难知，此则真佛书所谓“不可思议”，而“不可思议”一言，专为此设者也。[②]
>
> 盖天下事理，如木之分条，水之分派，求解则追溯本源。故理之可解者，在通众异为一同，更进则此所谓同，又成为异，而与他异通于大同。当其可通，皆为可解，如是渐进，至于诸理会归最上之一理，孤立无对，既无不冒，自无与通，无与通则不可

① ［清］严复:《译〈天演论〉自序》,《天演论》，第 73 ～ 74 页。

② 同上书，第 73 页。

解，不可解者，不可思议也。[①]

严复的这两段话虽都是对"不可思议"的界定，但所强调的重点并不一样。照前一界说，所谓"不可思议"，就是不能以普通的名理或逻辑加以理解。按照普通的名理或逻辑，判断或命题具有明确的规定和界限。但在我们的认知进入最普遍的存在时，我们不能做出明确的非此即彼的规定，不可谓是，亦不可谓非，也可以说是似是而非，似非而是。譬如佛教所说的"涅槃"，说它是有，但它无形体、无方相，不异于无；说它是无，然而又非真无，用佛教的说法就是"寂不真寂，灭不真灭"。照后一界说，所谓"不可思议"，是说最普遍的、最高的理，虽无理可对，但又包含了一切之理，即佛教所言"一月遍摄一切月"。也是在这种意义上，严复解释《老子》的"道可道，非常道；名可名，非常名"说："常道，常名，无对待故，无有文字言说故，不可思议故。"[②]

从以上讨论可知，严复关于对待之域与非对待之域的划分，主要是基于主体的立场。他以可知论来确定对待之域的界限，与此同时用不可知论来定位非对待之域。在知识论中，看待认识与存在的关系，一般有两种处理方式：一是在认识之前直接肯定或预设事物和对象的存在，二是通过认识来确立事物和对象的存在。根据科学实证的立场，人所能相信或推知的外物一般是经验世界的事物和对象。但超越了具体事物或现象的普遍之理或本体，严复又是如何确定其存在的？照上述严复的说法，他也是以认识来推论的，即通过寻找事物的层次和同异关系，一步一步地推演，推演到最后不能再推演了，就是最高的实在和绝对者。按照经验论，既然人的认识能力只能限制在有形的具体

① ［清］严复：《译〈天演论〉自序》，《天演论》，第 75 页。

② 《〈老子〉评语》，《严复集》第 4 册，第 1075 页。

事物中，而事物背后的本体超出了具体事物，那么它当然就是不可知的。按照休谟之经验论和不可知论的立场，对于我们经验之外的不可知的东西，我们只能保持沉默。如同我们前文所说，严复没有坚持这种立场。他不知不觉地又把可知论引进到他所说的本体中。在他看来，所谓非对待之域，只是说它不像有形的事物那样，分别相对，而不是说它与对待之域不相对。它们既然是相对和相干的两个领域，就具有一种内在的联系。非对待之域是对待之域存在的根据，而对待之域则能彰显非对待之域。严复说:“窃尝谓万物本体虽不可知，而可知者止于感觉，但物德有本末之殊，而心知有先后之异。此如占位、历时二事，物舍此无以为有，吾心舍此无以为知。”①

严复承认形而上学和宗教的绝对者，与他所欣赏的穆勒和斯宾塞的经验论、不可知论有关。穆勒一方面受到了培根和休谟的经验主义的影响，把归纳和经验视为知识的根本来源；但另一方面，他又不像休谟那样，严守经验主义的立场，不回答经验之外的存在问题，而是像康德那样，预设现象背后的自在之物和本体，并认为它是不可知的。孔德的实证论同时肯定超自然性和终极原因，这很合乎穆勒的要求。索利（W. R. Sorley）指出:“他在其著作中始终持后人所谓不可知论的态度，而他却乐意用孔德的术语实证主义来称呼它。……他在接受事物的本质特性和终极原因不可理解这样一种观点的同时，还认为‘这种实证的思想方式并不必然地否认超自然的东西’。”② 斯宾塞的哲学是一种混合物，对他来说，科学和经验无疑是重要的，但又是相对的。虽然具体事物的存在要以绝对为根据，但绝对是不可知的。不可知的绝对何以是存在的？因为如果我们不把具体事物同绝对联系起来，那么具体事物本身的存在就是不可思议的。对斯宾塞调和经验与超验的立

---

① 《〈穆勒名学〉按语》，《严复集》第 4 册，第 1036 页。

② 〔英〕索利:《英国哲学史》，段德智译，陈修斋校，山东人民出版社 1992 年版，第 266 页。

场及方式，索利也有一个说明：“视哲学为进一步作了协调的科学的观点把斯宾塞的学说带进了实证主义的路线。然而，他并没有对终极实在的本性问题完全置之不理。……如同别人所发现的那样，他也发现必须承认有某种东西处于精确知识领域之外。汉密尔顿称之为信仰领域；斯宾塞说我们对他所谓不可知者具有一种不明确的意识。……他经常把这种不可知的东西作为一种能力，甚至宣称它有利于人类幸福。这些自身不一致处弱化了他下面这个悖论，即宗教和科学能够借把可知者领域指派给后者并限制前者于不可知者领域而加以调和。”① 严复的世界之二分，直接受到了穆勒和斯宾塞的知识论的影响。严复有一种“根源性”意识，即“绝对者”是具体世界的母体，万物必须由它孕育出来。理性不能停留在有限的地方，经验世界的根据不能从经验世界中寻找，必然有终极性的根据。形而上学和宗教的绝对者，就是其终极性的根据。就形而上学和宗教雄心勃勃地提供意义与价值的基础来说，它们是超越性的价值信念和信仰。现在我们就进入严复的“宗教观”。

二、超验与宗教

严复把“宗教”视为超验的领域，就是他对宗教的一种理解。在严复那里，与“学问”（科学）相对的就是“宗教”，严复用“学”与“教”来区分。像中国传统那样，严复喜欢使用单音节词来表达自己的思想。但单音节词不如双音节词，因为双音节词有一种互补性。严复使用的“教”就是指广义的“宗教”。他还使用过“教宗”一词。这是他接受和使用“宗教”之名之前使用的一个对应于“宗教”的词汇。“教宗”的说法也带有严复用语的特点，严复翻译词尾为 lism 的

---

① 〔英〕索利:《英国哲学史》，第 275 页。

词，喜欢把它们译为“某宗”。作为“学问”的“学”，主要是指科学，但不是狭隘的自然科学意义上的“科学”，而是包括了社会科学，如经济、法律和政治，特别是严复推崇的社会学。在严复那里，“学”还被称为“形气之学”（后称之为“科学”）。在严复看来，“学”与“教”的二元化，是社会进化和分化的产物，正是因为这种分化，分门别类的、专门化的学问世界才被系统地建立了起来，并与宗教有了明确的界限。在《救亡决论》中，严复第一次提出了“学”与“教”的区分：

> “教”者所以事天神，致民以不可知者也。致民以不可知，故无是非之可争，亦无异同之足验，信斯奉之而已矣。“学”者所以务民义，明民以所可知者也。明民以所可知，故求之吾心而有是非，考之外物而有离合，无所苟焉而已矣。“教”崇“学”卑，“教”幽“学”显；崇幽以存神，卑显以适道，盖若是其不可同也。[①]

在这里，严复主要从两个相互联系的方面对“学”与“教”做了区分。一方面，严复仍然立足于“可知”与“不可知”的立场。[②]“学”是“可知的”，所知有“是非之分”，并可以通过求证和验证排除虚假的东西而获得真实的知识（“黜伪而存真”）。与此不同，“教”不可知，也没有“是非之分”，是无法验证的信仰领域。照这个区分，“学”追求经验实证性的知识，“教”只是追求信仰。如严复又强调说：“今夫教

---

① 《救亡决论》，《严复集》第 1 册，第 52 页。

② 以可知与不可知论“学”与“教”之分，是严复的一个基本看法，他也曾在《〈原富〉按语》中说：“若夫人心神智之用，有可以知通者，有不可以知通者。可以知通者为学，不可以知通者为教，不知区此，将不徒其学谬悠无实也！而其教亦将以人例天，敢为妄诞之说，以自欺欺世。”（《严复集》第 4 册，第 911 页）

之为物，与学绝殊。学以理明，而教由信起，方其为信，又不必与理皆合也。”[①] 另一方面，严复对“学”与“教”所做的重要区分牵涉到“学”与“教”的不同社会功能。与谋求解决民众实际生活和利益问题的“学”不同，“教”是用来“事奉天神”的。这说明严复意识中的宗教也是以承认“天神”的存在为特征的。在严复那里，“学”与“教”的不同又是理解“理”的不同方式，他说:“大抵中外古今，言理者不出二家，一出于教，一出于学。教则以公理属天，私欲属人；学则以尚力为天行，尚德为人治。言学者期于征实，故其言天不能舍形气；言教者期于维世，故其言理不能外化神。”[②] 这与前文所说并没有根本上的不同，如同样强调“教”是为了维持人世而肯定神灵的存在，神灵是不能求证的人们信仰的对象。有所不同的是，这里严复是把“学”与“教”放在“天人关系”中来看待的。在他看来，“学”以天为自然的力量，人的力量根源于自然的力量，而道德则是社会人为（“人治”）的结果，这正是赫胥黎的天人观。但是，宗教则把公理、正义和道德归结为“天”，把自然的“私欲”归结为人，为了克服私欲，就需要信仰超越的正义之神。

严复认为宗教以承认神灵的存在及其崇奉为特征，并认为这是东西方宗教共同拥有的传统。他阐述说:“今西国所谓教者，其文曰：鲁黎礼整。考其故训，盖犹释氏皈依之义矣。故凡世间所立而称教者，则必有鬼神之事，祷祠之文，又必有所持受约束，而联之以为宗门徒党之众。异夫此者，则非今西人之所谓教也。……又其所谓师者，非止于授业解惑与夫以善教人已也。必求其似，则犹古者之巫祝，与夫汉世西域之桑门，唐史波斯火教、安息景教、大食回教所有之诸祆，其所业皆介于天人之际，通夫幽明之邮。《记》曰：‘礼之近人情

---

① 《〈法意〉按语》,《严复集》第4册，第1021页。

② ［清］严复:《译〈天演论〉自序》,《天演论》，第92页。

者，非其至也。’故教之精义，起于有所不可知。然而人处两间，日与化接，虽不得其朕，而知其必有宰制之者，于是教宗之事兴焉。教宗者，所以合天人之交，通幽明之故，以达于死生之变者也。……顾基督之流虽多，要皆以耶稣为帝子，皆信其降生杀身，以赎人类本生之罪孽者也。犹太、基督、摩哈穆，三教虽异，要皆以崇信一神为本旨，此其大较也。”[①]但严复有时又从绝对的“空理”及其对人的规范作用来看待宗教，这使他的宗教观具有“非人格性”终极实在的特点。前文说到，严复把“宗教”看成人类探索“理性”的两种方式之一，与此一致，严复曾以“空理”来界定宗教：“合一群之人，建国于地球之面。人身，有形之物也，凡百器用与其规制，均有形之事也。然莫不共奉一空理，以为之宗主。此空理者，视之而不见，听之而不闻，思之而不测。而一群之人，政刑之大，起居之细，乃无一事不依此空理而行。其渐且至举念之间，梦寐之际，亦无心不据此空理而起也。此空理则教宗是矣。”[②]严复这里所说的“空理”，是与可感的“有形”事物相对而又成为其最终根据的“最高实体”，它没有任何“拟人化”的“神格性”。从严复对作为佛教之终极实在和最高信仰的“涅槃”的理解也可以看出他的“理性”的“非人格神”宗教观。严复说：“一是涅槃为物，无形体，无方相，无一切有为法，举其大意言之，固与寂灭真无者无以异也。二是涅槃寂不真寂，灭不真灭，假其真无，则无上、正偏知之名乌从起乎？此释迦牟尼所以译为空寂而兼能仁也。三是涅槃湛然妙明，永脱苦趣，福慧两足，万累都捐，断非未证斯累者所及知，所得喻，正如方劳苦人，终无由悉息肩时情况。故世人不知，以谓佛道若究竟灭绝空无，则亦有何足慕！而智者则知，由无常以入长存，由烦恼而归极乐，所得至为不可言喻。……第其所以称不可思议

---

① 《〈原富〉按语》,《严复集》第 4 册，第 910 ～ 911 页。

② 《保教余义》,《严复集》第 1 册，第 83 页。

者，非必谓其理之幽渺难知也，其不可思议，即在‘寂不真寂，灭不真灭’二语。……此不徒佛道为然，理见极时，莫不如是。”[①]严复的宗教观同时包含着终极“人格神”与终极“理性”两种陈述，这似乎没有让他有任何不安。人类不同地域的宗教传统和信仰，它们本身当然不仅具有终极的“人格神”信仰，也具有终极的“非人格神”信仰，佛教的“涅槃”（还有“空”“真如”）、印度教的“梵”、儒家的“天理”等，都是“非人格神”的“理性”信仰。对一些论述者和信仰者来说，宗教信仰并不意味着要信仰一个最高的神灵，它可以是对宇宙理性和秩序的信仰。怀特海阐释说：“宗教是某种东西的异象。这种东西既处在常川不住的事物之流中，同时又处在事物的外面和后面。这种东西是真实的，但还有待于体现；它是一个渺茫的可能，但又是最伟大的当前事实；它使所有已发生的事情具有一定意义，同时又避开了人们的理解；它拥有的是终极的善，然而又可望而不可即；它是终极的理想，然而又是达不到［的］愿望探求。”[②]蒂利希把宗教界定为一种“终极关怀”，就是要超出终极“人格神”的面向，从更广的意义上理解宗教。对严复来说，人格神与非人格神并存于他的宗教观中，这与宗教和形而上学在他那里都属于超验的非对待之域相联。在非对待之域，不管是最高的人格神，还是最高的非人格神，它们都是终极性的实在。

但严复的这种终极性的“理性”宗教观又与他的“进化观”相联。科学主义者拒斥宗教的原因之一是，他们在以变化和进步的视角欣赏科学的魅力时，却在静态中判断宗教，从历史中剥夺了宗教变迁的特性而把它凝固化。守护自己地盘的宗教，在同近代兴起并逐渐扩大其地盘的科学的对抗和冲突中受到了更多的挑战。宗教不得不放弃

---

① ［清］严复：《译〈天演论〉自序》，《天演论》，第 74 ～ 75 页。

② 〔英〕怀特海：《科学与近代世界》，何钦译，商务印书馆 1959 年版，第 183 页。

自己解释事物的范围，把一些领地让出来交给科学处理。为科学与宗教划界的严复，当然不能无视近代以来科学与宗教彼此消长的客观情势，如上述他说的"'教'崇'学'卑，'教'幽'学'显"，就是描述在历史进化过程中从"教盛"到"学昌"的消长趋势，这也意味着科学对一些虚妄东西的否定，意味着人事重要性的提高。如严复说："乃三百年以还，其中无实虚诬之言，在在为科学之所发覆。"[①]"使宗教而不任天，则一切之宗教可以废，彼之为此言宜耳。顾自学术之能事日蒸，今乃知民智国力之高下，即在此任天任人之多寡，法令之所能为众矣，岂仅户口多寡间哉？是故弥纶造化，主宰诚不可谓无，而谓人功无取者，此亡国之民也。"[②]在严复那里，历史进化影响宗教的另一个重要表现是国家与宗教的分化。严复把国家形态分为"宗法国家""神权国家"和"真正国家"。他的这种区分不仅是分类，也是划分国家的高低等级。按照国家进化的程度，宗法国家和神权国家都是进化程度较低（"浅演"）的国家，是初级国家。"神权国家"是以宗教信仰为中心而建立起来的政教合一的国家，是通过宗教的凝聚力而维系的国家共同体。"神权国家"作为国家演进过程中的一个中间状态，它与以宗族、血统为中心而维系的国家共同体和以共同利益及其保护而维系的国家共同体形成了鲜明的对比。从进化程度来看，处在"神权国家"中的"宗教"虽然不是最低的宗教，但却是有待进化的宗教。在严复看来，政教的分离在使宗教的功能降低的同时，相应地也使政治的功能提高了，国家通过社会生活和人间事务为人类增进幸福与利益的机会增多了。

但是，在严复那里，进化为宗教带来的绝不只是退却和失落。宗教作为影响人类精神生活的最有力的因素之一，是不会被轻易击垮的。

---

① 《〈法意〉按语》,《严复集》第 4 册，第 1021 页。

② 同上书，第 1010 页。

曾经要求垄断一切解释权的宗教世界观，在科学兴起后确实被打破了。但科学试图代替宗教建立一种新的霸权和垄断一切解释权，这种狂妄的目标与科学的谦虚性是不相符的。宇宙和真理的无限性，仍然为宗教留下了广大的空间。怀特海提出要求说:“我们必须记住：宗教和科学所处理的事情性质各不相同。科学所从事的是观察某些控制物理现象的一般条件，而宗教则完全沉浸于道德与美学价值的玄思中。一方面拥有的是引力定律，另一方面拥有的则是神性的美的玄思。一方面看见的东西另一方面没有看见，而另一方面看见的东西这一方面又没有看见。”[①]严复从来没有科学能够代替宗教或者哲学和艺术能够代替宗教的想法，他相信宗教作为人类生活的普遍方式之一，是不可能被淘汰的。与怀特海类似，严复把宗教与科学区分为两个不同的领域，这就从根本上排除了科学对宗教的取代。科学主义者一般只看到科学的进化而看不到宗教的进化，但在经验领域信仰“科学”的严复则看到了超验领域宗教的进化，看到了科学对宗教的纯化和宗教自身的转化。[②]

“宗教”的进化意味着什么？在严复看来，从“多神教”到“一神教”的转变，就是宗教从低级到高级的进化。严复对民间宗教评价不高，因为民间宗教往往是多神信仰，而且夹杂着许多迷信的东西。宗教的进化过程，整体上是宗教不断自我纯化的过程，是不断过滤和淘汰虚伪与迷信的过程。宗教为什么能够成为人们信仰和崇拜的对象，宗教为什么会成为人们的精神力量，它的内在生命力何在？孟德斯鸠曾给出了一个解释，认为宗教对人类产生有利或有害的影响，主要不在于宗教教义的真和伪，而在于它是否“适用”。这是孟德斯鸠《论法

① 〔英〕怀特海:《科学与近代世界》，第 176 ～ 177 页。

② 怀特海说明了宗教在科学影响下的进化:“宗教是人类某种形式的基本经验的表现。同时宗教思想这种表现法也不断地在趋于精纯，不断地排除了芜杂的现象。宗教与科学的接触是促进宗教发展的一大因素。”(〔英〕怀特海:《科学与近代世界》，第 182 页)

的精神》第五卷第二十四章第十九节中讨论法律与宗教的关系而提出的观点之一。在孟德斯鸠那里，“适用”是与社会风俗习惯和社会原则的融洽程度，如果具有融洽性，即使是“虚伪”的教义也会产生适合人类需要的“有益性”。严复完全不赞成孟德斯鸠这种立足于“功利”和“实用”的宗教价值观。严复揭示说，难怪孟德斯鸠不能窥见宗教的奥秘，因为他是法律方面的权威。在严复看来，真假与善恶（或利害）一一对应，唯其为真实才会带来善和利，而虚假只会带来恶和害。严复相信这是宇宙中的一个普遍公理。他说：“夫宇宙有大例焉，曰必诚而后利，未有伪妄而不害者也。世有哲人，所以汲汲为学者，求理道之真耳。理道之真，所以为言行之是也。是非之判，所以为利害之分也。”[①] 在严复看来，“真”与“善”的统一同样适用于宗教，宗教之所以能够促进人类的福利和善，就是因为宗教教义中的真理；相反，宗教产生危害，则是因为它有虚伪的东西。严复毫不含糊地说：“彼古今宗教所常有利者，以其中之莫不有真也。而亦未尝不害者，惟其中之尚有伪也。是故学日进，则教日休。何则？伪者渐去，而真者独存也。彼谓宗教之利行，不关真伪，独视其与政俗相得与否，其所见既甚肤，而信道尤不笃。”[②] 需要注意的是，还是在《〈法意〉按语》中，严复又有把宗教“主要”与“善”而不是与“真”联系在一起的看法。如他说：“彼西人之于基督教也，事大类此。夫由是而言之，则五洲宗教，一涉于神灵默示之说，固无所谓其独真，而其道犹绵延不坠者，正在与人为善一言而已。”[③] 但从整体上说，严复的宗教进化观确实是相信宗教的进化是朝着“真实性”纯化自己的过程，相信宗教的持久存在和强大生命力，就是因为宗教能够淘汰虚伪的东西而变得越来越纯真。这种“真”，当然不是经验世界中的真，而是不可知的超验世界

① 《〈法意〉按语》，《严复集》第 4 册，第 1016 页。

② 同上。

③ 同上书，第 1021 页。

中的真，是科学无力过问的真，科学帮助宗教进化，是洗刷其低级性的迷信，而不动摇其实在的部分。严复辨析说：“前谓宗教、学术二者必相冲突。虽然，学术日隆，所必日消者特迷信耳，而真宗教则俨然不动。然宗教必与人道相终始者也。盖学术任何进步，而世间必有不可知者存。不可知长存，则宗教终不废。学术之所以穷，即宗教之所由起，宗教可以日玄而无由废。”[①] 严复这一思想来自孔德。严复不接受孔德对宗教起源的解释，但孔德区分宗教与迷信，认为科学的进步将使宗教脱离迷信而变得更加精致[②]，这一点非常合严复的口味。不过，同样需要指出的是，严复在区分宗教与学问时曾明确认为，“宗教”是把人们带到不可知的地方，在这里无法区分“是”与“非”。说宗教无“是非”之分而又认为宗教有“真伪”之别，这显然是不协调的，至少可以说是不够严密的。

严复相信宗教的“真实性”，并认为这种真实性是在人类进化过程中不断扩大的，这是进化史观的一种反映，也是他面对科学世界的大厦而为宗教寻找坚实基础的一种方式，这一点耐人寻味。因为不少历史进化论者和科学主义者，恰恰根据历史的进化和科学知识的增长而坚持认为宗教是要被淘汰的，但严复却反其道而行之。实用主义者用实用与效果来解释知识和真理，据此，宗教的真实性也只能据它的实用和效果来看，但严复坚持认为宗教之所以善和有效，正是取决于它的“真”，这是对“真善”一致的一种乐观主义信念。在严复那里，宗教的善主要就是它的教化和道德功能。事实上，宗教常常被作为道德的根源，宗教提供的道德动力对维系社会起到了不可替代的作用。要具体认识严复建构中国新道德理性的方式与宗教之间的关联，我们就需要看看严复对东西方宗教——基督教、佛教特别是孔教的看法。

---

① 《天演进化论》，《严复集》第 2 册，第 319 页。

② 严复介绍说：“科学日明，而后宗教日精，宗教日精由迷信之日寡也，宗教、迷信二者之不可混如此也。”（同上书，第 318 页）

附录二

福泽谕吉：独立精神的自觉与追求

1901年，日本近代思想史上两位著名思想家相继逝世：一位是启蒙思想家福泽谕吉，另一位是自由民主斗士中江兆民。就福泽谕吉来说，对于他的逝世，有两件事格外引人注目：一是日本国会众议院以全票通过向这位巨人致哀的决议；二是举行葬礼那天，前来送葬的人竟有一万五千之多。这两件事也许使人感到惊奇，因为福泽谕吉并不是什么政治领袖，他只是一位思想家，一位庆应义塾的教书先生。对此，要做出合理的理解和解释，无疑会触及福泽谕吉思想和行动的诸多层面，其中至少有一个层面必须特别注意。这就是他一生对独立精神的高度自觉和执着追求，就是他逝世后被授予的法名“大观院独立自尊居士”这一重要事实。

一、独立：日本传统与近代文明精神的反差

如果说日本的近代开国是在外部力量的迫使下被动完成的，那么日本近代知识分子走向世界的过程则可以说是以积极主动的精神来进行的，这一点在福泽谕吉那里我们能看到突出的表现。福泽谕吉在日

本开国之初，就非常积极地要求走向世界。[①]1860年，他随日本“咸临”号船访问了美国；紧接着，1861年，他又随日本的遣欧使节访问了欧洲。不言而喻，他是最早睁眼看西方并直接感受、体验西方近代文明的日本近代知识分子。在以西方近代文明为参照物来检视日本传统和现实的时候，福泽谕吉看到了日本在两个方面与西方有强烈的反差：一是有形的物质方面，二是无形的精神方面。而且，他认为后者比前者显得更为突出。换言之，就是日本不仅缺少像西方那样发达的物质技艺，而且缺乏像西方那样活活泼泼的文明精神。这个活活泼泼的文明精神（福泽谕吉也称之为人民的“风气”），虽然含有多方面的内容，但其根本之点则是国民的“独立精神”或“独立心”，而这正是日本传统所欠缺的。

福泽谕吉指出，在日本封建专制制度下，一切权力都集中在统治者手里（“权力偏重”），国民只有服从的义务而没有不可侵犯的权利，到处盛行的是统御、强迫、奴役、依附和虚骄，毫无“独立精神”可言。就人民来说，由于专制，几千年来，日本只有政府而没有人民，政府就是一切：“日本只有政府，没有国民。”[②]人民在政府面前只能唯唯诺诺，低三下四，不能伸张自己的权利，自我的价值和独立人格丧失殆尽。福泽谕吉说：“我国人民没有独立精神的原因，是由于数千年来国家的政权完全由政府一手掌握，从文事武备到工商各业，以至于民间的生活细节，都要归政府管辖。人民只知在政府指使下奔走效劳，国家好像是政府的私有物，人民不过是国家的食客。人民既成了流浪的食客，仅得寄食于国中，便把国家看成旅馆一般，从来没有加以深切的关怀，也得不到表现独立精神的机会，久之就酿成全国的风气，到了现在，更是变本加厉了。”[③]福泽谕吉指出，没有独立精神的人，

① 〔日〕福泽谕吉：《福泽谕吉自传》，第89～91页。

② 〔日〕福泽谕吉：《文明论概略》，第140页。

③ 〔日〕福泽谕吉：《劝学篇》，第28页。

不只是畏缩在政府的专制之下，一有机会还会仗势欺人。他说："日本人自古以来，就不重视自己的地位，只知趋炎附势，企图依靠别人谋求权势，否则，就取而代之，步前人的后尘，即所谓的'以暴易暴'，真是卑鄙已极，这与西洋人独立自主的精神相比，确有天壤之别。"①这种只有政府权力而没有人民独立的状况，经过了明治新政府的改革也没有真正改变，只不过形式上有所不同罢了："就是古时的政府使用威力，现在的政府力智兼用；古时的政府缺乏治民的方法，现在的政府富于智术；古时的政府是铿抑民力，现在的政府是收揽民心；古时的政府是从外面侵犯人民，现在的政府是从内部控制人民；古时的人民把政府看做是鬼，现在的人民却把政府看做是神；古时的人民畏惧政府，现在的人民则崇拜政府。"②

就社会价值来说，它应该是多元的，应该是各种价值和需要的协调发展，因为"人类社会的事业千端万绪，不是只靠政府就能加以组织的。人的作用也有种种分别，以适应于各个方面"③。但在日本传统中，社会价值是高度集中和一元化的，这就是人们对政治权力的迷恋和官本位主义的盛行。人们都把当官看作自己一生安身立命的唯一可能，除此之外别无他途，对社会其他方面的事业不屑一顾而任其冷落。"举世人心风靡，羡慕官，依赖官，害怕官，谄媚官，丝毫不能发挥一点独立的真精神，其丑态实在是不忍卒睹。"④这种情况就是在学问和学者的世界也不例外，甚至还很典型。一方面，在上的统治者力求使学术和学者成为服务于他们统治的工具，不容忍来自这一世界的任何逆端和反叛，正如福泽谕吉所说："我国的学术，却是属于所谓统治者

---

① 〔日〕福泽谕吉：《文明论概略》，第 141 ～ 142 页。

② 〔日〕福泽谕吉：《劝学篇》，第 29 页。

③ 福沢諭吉（1984）「民情一新」、『福沢諭吉』〈日本の名著〉33. 東京：中央公論社，p. 462.

④ 〔日〕福泽谕吉：《劝学篇》，第 23 页。

社会的学术，仿佛是政府的一部分。”[①]另一方面，学者们也不珍惜学问本身的崇高性和内在价值，丧失了自我的独立精神，甘愿把学问当作晋升官职的手段，为了政治的需要而屈折于统治者的脚下。在他们看来，“即使读破万卷书，如果不能做官，也是毫无用处”[②]。“这些人根本不知道笼外还有人间世界，也不懂得怎样来提高自己的地位，只知道依附当代的权贵，甚至唾面自干而不以为耻。”[③]这样，学术和学者就不但无权不能独立，反而增加了统治者的专制。

日本传统中缺乏独立精神，在宗教领域也是如此。福泽谕吉说：“宗教是支配人类心灵的东西，本来应该是最自由最独立丝毫不受他人控制丝毫不仰赖他人力量而超然独存的。但是，在我们日本则不然。”[④]虽然说起来日本有神、佛两种宗教，但真正称得上宗教的则只有佛教，而佛教依附于统治者是很明显的。日本的大寺院凭借统治者来建立，名僧希望得到当权者的恩宠，信徒违反了戒律要受到政府的处罚，教义随统治者的意志而转移等，这些都说明日本的宗教是统治者的附属品，根本没有独立的宗教权。“因此，日本自古以来虽有宗教，但没听说有过独立的教权。”[⑤]

说起来，传统的日本武士应该是很独立的，但实际上并非如此。不管武士表面上多么威武豪迈，多么目无一切、独往独来，都不能掩盖他们背后所依赖的力量，即为祖先、为门第、为君、为父或为自己的身份所驱使。日本武士就如同橡胶，随不同的东西而有不同的伸缩，对上收敛，对下膨胀，遇硬它软，遇软它硬。福泽谕吉说：“自有史以来，日本武人就遵循着本国人与人之间的规矩准则，生活在权力偏重

---

① 〔日〕福泽谕吉：《文明论概略》，第 146 页。
② 同上。
③ 同上书，第 147 页。
④ 同上书，第 142 页。
⑤ 同上书，第 143 页。

的环境中，从不以对人屈从为可耻，这和西洋人的爱惜自己的地位，尊重自己的身份，以及维护自己的权利相比，有着显著的区别。”[①]一句话，“日本武人没有个人独立的精神”[②]。

总之，在福泽谕吉看来，日本传统中的专制性和依附性，社会价值的一元化，个体被束缚、不能实现自我的状态，这些同日本的近代化格格不入，因而必须加以改变，代之以自由独立的近代文明精神。

二、独立：主体与主权的二重逻辑

福泽谕吉所说的“独立”精神具体言之是什么？正如福泽谕吉对文明概念的意义有复杂的理解一样，他对独立观念的内涵也有不同的规定。把他这些不同的规定加以归纳，我们就能看出福泽谕吉在独立观念上对两个方面特别强调：一是主体，一是主权。我们把这称为福泽谕吉独立观念上主体与主权的二重逻辑。

一般说来，福泽谕吉是从两个方面来规定“主体”的独立的：有形的物质独立和无形的精神独立：“独立分有形的和无形的两种，简略地说：一种是物质方面的独立，一种是精神方面的独立。”[③]就物质独立来看，它主要是指人在物质生活上的自食其力，是人通过自己的努力积累财富，并合理地使用它，既不依赖别人，同时也不为物所役。福泽谕吉指出：“所谓物质方面的独立，就是世人自有财产，各务家业，不依靠别人的照顾，而能维持个人和家庭的生活。一言以蔽之，就是不在物质上求人帮助。”[④]物质上的独立无疑是很重要的，它有利于人的精神保持独立。但与物质独立相比，福泽谕吉认为精神独立更

① 〔日〕福泽谕吉：《文明论概略》，第 151 页。

② 同上书，第 152 页。

③ 〔日〕福泽谕吉：《劝学篇》，第 90 页。

④ 同上。

重要。什么是精神独立？福泽谕吉说它比较复杂："至于无形的精神上的独立，则意味深长，牵涉广泛。"[①] 统而言之，主体独立所意味的首先是个人的自由、民主、平等权利的实现，是对自己地位、自我价值和人格的肯定，是对自己作为自己的主人、对任何外在力量保持自己立场的清醒自觉。福泽谕吉指出，通过契约关系而形成的政府已不再是异己于人民的、高高在上的统治者，集中人民意志而制定的法律政府也不能逾越。人民在政治上是完全自由的，拥有不可侵犯的权利。福泽谕吉说："就主人的身份来说，全国人民不能人人执政，故订立下述的约法，即设立政府，委以国政，代表人民处理办理一切事务。可见民为邦本，人民就是主人，政府只是代表或经理。"[②] 人民既然是国家的主人，那么当自己的自由、民主权利受到损害时就要勇于站出来加以维护，当政府违犯法律时就要与之斗争。独立既然是对自我价值和人格的肯定，那就意味着人在社会生活中要堂堂地做个人，不受他人的束缚，自己的事主要通过自己来决定，一言一行出自自己的本心，临大节而不可夺，左就是左，右就是右，不为一时的方便而屈就。视独立价值高于自己生命的价值，为保护它，可与天下之人为敌，亲友之交可以绝，骨肉之情可以断。[③]

同上述思想紧密相关，福泽谕吉认为，主体的独立还意味着人要尽自己应尽的义务，要好好地完成自己的职责（本分）。在专制社会，人民与政府的关系充满着对立和斗争，但在近代文明社会，人民与政府的关系则体现着一种最大的合作，两者都要履行自己的职责，而不互相妨害："如果双方都尽了自己的职责，又不违背约束，就不会发生

---

① 〔日〕福泽谕吉：《劝学篇》，第 90 页。

② 同上书，第 39 页。

③ 〔日〕福泽谕吉：《福翁百话》，唐沄、张新华、蔡院森等译，上海三联书店 1993 年版，第 108 ～ 110 页。

异议，而能各自行使权利，丝毫没有干涉对方的道理。”①

由于日本在走向近代文明的过程中伴随着西方势力的控制，因此它既要解决向西方开放、学习西方先进文明的问题，又要解决民族主义和国家主权的问题。在福泽谕吉看来，独立的意义，除了人的主体性（行使自由、民主权利等）之外，又意味着国家拥有主权，意味着建立独立的近代民族国家。福泽谕吉无疑是一位开国主义者，但同时又是一位民族主义者，他把国家、民族独立问题看得非常重要。他的《劝学篇》和《文明论概略》都反复讨论了它，特别是在《文明论概略》中有专门一章“论我国之独立”来集中阐述它。福泽谕吉所说的国家独立，是指一个国家在与其他国家的交往中有平等的互利，在保持本国权利的前提下同别国友好相处，既不凌弱，也不恃强。他说：“所谓万民平等的意义，不只是一国之内人民的彼此之间权利平等，而是这一国的人民和另一国的人民之间也是平等的，这一国与另一国之间也是平等的，也就是不分贫富强弱，应该一律平等的意思。”②面对西方国家的力量，福泽谕吉深深地忧虑日本的国家独立问题。他不仅把发展文明与国家独立联系在一起，认为国家独立是文明的目的，而且直接肯定国家独立就是“文明”。他说：“现阶段我国的文明，并不是文明的终极目的，而仅仅是作为事物发展过程的第一步，首先求得本国的独立，其他问题则留待第二步，将来再去解决。因为在这样限定讨论范围的情况下，国家的独立也就是文明。”③

在这一主旨下，福泽谕吉在很大程度上就把文明精神与爱国精神同视了。他说：“凡力图伸张本国的权利，使国富民强，提高本国人民的智德和发扬本国荣誉的人，称为爱国的人民，这种思想称为爱国精神。他们的目的在于同外国划清界限，纵无害他之意，也有厚我而薄

---

①〔日〕福泽谕吉：《劝学篇》，第 11 页。

②〔日〕福泽谕吉：《文明论概略》，第 179 ～ 180 页。

③ 同上书，第 192 页。

他之心，也就是愿意以自己的力量来保持国家的独立。”[①] 而且，在主体独立与主权独立的关系上，福泽谕吉虽然也注意到了它们的统一和并行发展，如他所说，如果大家都致力文明事物和学问，“则个人可以独立，一家可以独立，国家也就可以独立了”[②]。但他最终是强调国家、民族的独立价值高于主体的独立价值，要求主体的自由和独立服务于国家、民族的独立。他说：“为了抵御外侮，保卫国家，必须使全国充满自由独立的风气。……为了国家，不仅要牺牲财产，就是牺牲生命，也在所不惜，这就是报国的大义。”[③] 又说：“生当今世，只要有爱国心，则无论官民都应该首先谋求自身的独立，行有余力，再帮助他人独立。父兄教导子弟独立，老师勉励学生独立，士农工商全都应当独立起来，进而保卫国家。”[④] 可以看出，福泽谕吉具有强烈的一味强调国家主义和民族主义的立场，因而在他看到日本已经成为世界上的一个强大国家时，看到日本可以与西方国家平起平坐之后，他并不是到此为止，而是把日本往帝国主义的道路上推，鼓吹侵略和奴役弱国。这样，真正的国与国之间平等相处的要求就完全在他的视野中消失了。

三、独立：理想与现实

福泽谕吉强烈影响人的地方，不仅在于他一生都在提倡独立精神，把它作为日本近代文明的理想来看待，而且在于他通过实际行动不懈地追求这种精神和理想，使自己成为独立的榜样，希望把国人都带到独立的道路上。

如上所述，在日本传统中，官本位主义十分盛行，乃至明治维新

---

① 〔日〕福泽谕吉：《文明论概略》，第 175 页。

② 〔日〕福泽谕吉：《劝学篇》，第 3 ～ 4 页。

③ 同上书，第 15 ～ 16 页。

④ 同上书，第 18 页。

之后，它仍然存在："全国人民都认为不依赖政府就没有发迹的机会，因而毫无自身独立的想法。偶尔有些从外国回来的留学生，觉得自己有决心毕生保持独立……对这些人的话，我从开始就不相信，只是抱着马马虎虎的态度置若罔闻。那些'独立先生'是看不长的，后来一打听，有的一下子就当上政府某省的秘书了。"[①]福泽谕吉要改变这种倾向，首先他要从自己开始走一条个人自主和独立的道路。他回忆说："我认为：一个国家所以能够独立，那是由于国民具有独立之心。如果举国上下都是老一套的奴隶性，那么国家无论如何也不能维持。至于能否做到这一点我暂不去考虑，我想到的只是自己要做那样一个榜样。我已下定决心，对于人间一切事情都无须介意，只有坚持独立自主。"[②]

因此，无论做什么官，无论做官对他多么有利，他都不为之所动，一心一意致力于教育事业和学问。他创办了著名的私立教育机构——庆应义塾，培养出了一大批有独立精神的人才，并著书立说，影响了日本一代人的思想。他说："不论怎样我也不能投奔政府去做官。这种作风作为社会的榜样来说究竟是好是坏，我不管它。"[③]又说："我一向不好出头于政治舞台，而喜爱保持一个在野的身份。但我有嘴有笔，因此可以畅所欲言。"[④]福泽谕吉实践独立精神的表现，我们还可以通过一个具体例子来说明。明治初年横滨有一位富商办了一所学校，这所学校希望福泽谕吉监督校政，但福泽谕吉没有答应。此时福泽谕吉正在盘算着一笔钱，以用它把自己的孩子送去国外留学。这位富商听说福泽谕吉有这种心思，就去向福泽谕吉说他可以提供这笔钱，不过条件是福泽谕吉监督他学校的校政，但福泽谕吉仍拒绝了他。福泽谕

---

① 〔日〕福泽谕吉：《福泽谕吉自传》，第259页。

② 同上书，第260页。

③ 同上。

④ 同上书，第205页。

吉回忆道："若为金钱而改变己见，这就形成金钱万能了，所以我不能这样做。……如果做父母的为了子女而改变他们自己所确信的……那么他们就失去了所谓的独立心。"[1] 正是福泽谕吉的这种独立精神和行动，为他赢得了普遍的声誉，使他受到了全国上下的推崇。

总之，福泽谕吉所追求的独立理想，在他自己那里变成了现实，也在日本国民、日本国家中得到了认同。

---

① 〔日〕福泽谕吉：《福泽谕吉自传》，第 222 ～ 223 页。

附录三

福泽谕吉与张之洞的观念世界：两个《劝学篇》的比较

历史并不喜欢开玩笑，它总是毫不留情地摆出事实，令人们深思。在1880年和1898年，福泽谕吉（1834—1901）和张之洞（1837—1909）分别写出了《劝学篇》，苦口婆心地进行“劝学”。但是，两个《劝学篇》所“劝”的内容却十分不同。我认为，福泽谕吉的《劝学篇》突出体现了与近代化过程相适应的启蒙主义特质，而张之洞的《劝学篇》则主要是传达了与近代化格外紧张的传统主义倾向。

一、背景与动机

19世纪中叶，长期闭关锁国的中日两国先后被迫开国，开始了从传统向近代化的转进。令人沮丧的是，在这一过程中，中国大大落在了日本的后面。分析其原因，可以找出许多，有一点尤其可以强调，即中日两国对包含了近代化价值的西方采取了两种不同的态度。中国对西方世界极为冷漠。那些率先走向世界的人，在中国一开始就遭受到了孤独和被遗弃的命运，容闳和严复都是典型的例子。郭嵩焘由于被认为忽视了传统价值，要求走向西方而受到了这样的讥讽：“出乎其类，拔乎其萃，不见容尧舜之世；未能事人，焉能事鬼，何必去父母之邦。”[①] 但是，日本开国之后，对西方世界的兴趣极其强烈，开国不久，就有了驾船横渡太平洋访问美国的壮举。继之，许多人纷纷走向西方。他们回国后，不少人进入政治中心，成为日本近代化的设计者和推进者，伊藤博文是人们所熟知的人物之一。

福泽谕吉是日本开国后最早睁眼看西方的知识分子之一，他参加了横渡太平洋访问美国的壮举，并在此后又两次游访欧美。日西文明的极大反差使他认识到，日本除了学习西方，别无他途。他说：“当开国之初，我们这些洋学者们的本愿只是想把全国大多数人民无论如何要引导到真实的开国主义中去。宛如为输入西洋文明的东道主一样，希望一方面能够反对汉学的保守思想，同时另一方面能够阐明洋学的实际好处。”[②] 为此，他以自己的亲身经历及所掌握的外文材料编译出《西洋事情》一书，第一次向日本介绍了西方的近代化文明。书一出版，就立即产生了广泛的影响，“一人说万人应，不论朝野，凡谈西洋文明而主张开国之必要者都把《西洋事情》置于座右。《西洋事情》好像是无鸟乡村的蝙蝠，无知社会的指南，甚至维新政府的新政令，有的可能也是根据这本小册子制订的”[③]。福泽谕吉由此成了要求日本广泛学习西方文明的代表和象征。明治维新政府成立之后，日本自上而下实行了一系列改革，如宣布四民平等、废藩置县、殖产兴业等，开始朝着近代化文明国家的方向发展。对明治新政府，福泽谕吉起初并不抱希望，因为促成新政府的主导力量是“尊王攘夷派”，而此派人士之前是反对开国的排外主义者。但新政府进行的出乎福泽谕吉（包括倒幕的大部分当事者）预料的改革，使福泽谕吉看到了日本建立近代化文明国家的希望。为了配合和助成这一目标，福泽谕吉写成了《劝学篇》，批判日本传统的价值观和旧的封建社会政治秩序，倡导一套与

---

① 钟叔河：《走向世界——近代中国知识分子考察西方的历史》，第 213 页。

② 〔日〕福泽谕吉：《福泽谕吉自传》，第 294 页。

③ 同上书，第 293 页。

近代化相适应的新观念，集中反映了明治初期的启蒙思潮。[①]

与福泽谕吉不同，张之洞终生未出国门一步，是通过科举步入仕途并以早期颇受清廷赞赏的政绩而跻身高位的地主官僚。他同清政府的许多高级官僚（洋务派人士）一样，一开始就把对西方的学习限制在工具或实用方面，坚持认为中国在精神价值方面无与伦比。中日甲午之役，中国面临着亡国的危险，以康、梁、严为代表的先进知识分子奋勇而出。他们不满意洋务派对待西方近代化文明的态度，要求引入西方以自由、平等、民权为中心的政治观念和思想价值，呼唤进行政治上的改革。康梁变法活动之初，张之洞曾有所资助，但当他发现康梁所宣扬的自由民权启蒙思想远远超出了他的洋务观念并触及王朝的政治秩序时，他与顽固派一样，就绝不容忍。正是在这种背景下，张之洞撰写了《劝学篇》。张之洞的根本动机是要把对西方的学习限制在他的洋务观念中，抵制康梁所介绍的西方自由民权思想及政治改革要求，原封不动地维持传统的名教和王朝的政治秩序。[②]

二、塑造市民形象与强化臣民意识

有一件事曾给福泽谕吉留下了深刻印象。一次，他在路上行走，对面来了一位骑马的农民。这位农民一看到福泽谕吉就从马上跳下来，带着害怕的神色赶忙向福泽谕吉道歉。福泽谕吉制止说："别胡说！不要这样！这匹马是你自己的吧？！""是！是！""自己的马自己骑有什么关系？不要做那糊涂事！骑上走！"[③] 但那位农民仍不肯骑。福泽谕吉又说："你不准这个样子。现在政府的法律规定农民商人可以随便骑

① 福沢諭吉（1984）「学問のすすあ」『福沢諭吉』〈日本の名著〉33. 東京：中央公論社，p. 43 ～ 44.

② ［清］张之洞：《抱冰室弟子记》，《张文襄公全集》卷二二八。

③ 〔日〕福泽谕吉：《福泽谕吉自传》，第 202 页。

马。不论谁骑着马遇到谁都没关系，快骑着走吧！”[①] 这件事使福泽谕吉深感日本国民还没有摆脱传统名分观念的束缚，因而他的《劝学篇》首先对传统名分观念进行了批判。

在福泽谕吉看来，中日传统名分观念是为了把人约束在固定的框架中，使其听命于专制政治的统御。人民没有自由独立性，没有活泼的创发能力，只是被给予的产物，并且被非人格化了。福泽谕吉在《劝学篇》中说：“在亚洲各国，称国君为民之父母，称人民为臣子或赤子，称政府的工作为牧民之职，在中国有时称地方官为某州之牧。这个牧字，若照饲养兽类的意思解释，便是把一州的人民当作牛羊看待。把这个名称公然标榜出来，真是无礼已极。”[②] 福泽谕吉依据卢梭的社会契约思想，认为人民与政府完全是一种契约关系，在这种关系中人民为主体。把政府官吏比作父母官，主张所谓仁政，是把伦理观念泛化在政治上的结果，这在近代化文明中是行不通的。因为人民绝不是被动地接受恩赐，他们只是在尽义务的同时享受应有的权利。

福泽谕吉在批判传统名分观念的同时，在《劝学篇》中更为积极地提倡一种新的人的观念，即人的“独立自尊”。福泽谕吉认为它包含两个方面的内容：一是物质的独立，二是精神的独立。物质的独立是说人在物质生活上的自食其力，人通过自己的努力积累财富，并合理地使用它，既不依赖别人，同时也不为物所役。精神的独立主要是指人对自己的地位、价值和人格的肯定，对自己作为自己的主人及对任何外在力量保持自己立场的清醒自觉。当然它还指人必须尽自己应尽的义务，完成自己的职责，承担个人选择的责任。不言而喻，福泽谕吉在此表明的观念是要超越传统对人的束缚。

福泽谕吉懂得，人的独立自尊必须通过具体的活动来达到。为此，

---

① 〔日〕福泽谕吉：《福泽谕吉自传》，第 202 页。

② 〔日〕福泽谕吉：《劝学篇》，第 61 页。

他提倡与传统“虚学”相对立的“实学”，要求日本国民致力于实学，使自己既具有理性能力，又具有实际能力。福泽谕吉更大的影响力在于，他一生都在身体力行他所提倡的观念，为日本国民树立了独立自尊的榜样。福泽谕吉在他所创设的庆应义塾内建置了一座演说馆，经常举办演说会。为了打破日本的官本位主义，他一生坚持不做官，始终以一个独立市民的身份发展教育，宣扬启蒙思想。

反差是惊人的，张之洞毫不动摇地坚持传统的纲常名教。他声称他写《劝学篇》是为了“正人心”。启蒙思想家的说法在他看来是完全要不得的邪说。张之洞对名教价值合理性的论证也完全是传统的，即依靠时间的经久性和跳跃式径直提升为天道法则。张之洞维护名教，强化臣民意识，更重要的是为了维护王朝的政治秩序。他的《劝学篇》始终认为，人们一旦脱离忠的轨道，自觉到自己的地位，成为自由人，就意味着国家的崩溃和动乱。他根本想象不出国民的解放对国家的富强将提供专制之下所无法比拟的新保障。而福泽谕吉恰恰看到了这一点。在福泽谕吉看来，国民最大限度的解放，活活泼泼地进行活动，所汇成的能量对国家的富强是最有效的。

但是，人们怎么会承担没有权利的片面义务呢？这没有难住张之洞。他在《劝学篇·序》中指出：“陈述本朝德泽深厚，使薄海臣民咸怀忠良，以保国也。”在张之洞看来，要求臣民尽忠，并不是一种片面的强加，而只是对王朝“爱民”和“仁政”的报答或回敬。他告诉人们：“自汉唐以来，国家爱民之厚，未有过于我圣清者也。”① 他颇费苦心地列出了王朝“十五”项仁政之举，且补充道：“此举其最大者。此外良法善政，不可殚书。”② 正是由于“仁政”，臣民才有今日的幸福生活。张之洞还不满足于此，他要臣民相信，西方人正生活在痛苦中，

---

① ［清］张之洞：《劝学篇》，第 58 页。

② 同上书，第 62 页。

西政一团糟。正当国家内忧外患之际，张之洞竟还如此粉饰王朝，愚弄人民，他受到何启、胡礼垣的批驳就毫不奇怪了。

需要提及的是，启蒙派对愚民主义的批判使张之洞愤愤不平。张之洞在《劝学篇·益智》之后特附《愚民辨》，认为把中国人之智不若西方人归咎于中国历代帝王之愚民，“此大谬矣”，因为“朝廷欲破民之愚，望士之智，皇皇如恐不及”。但实际上张之洞正是代表王朝扮演了愚民主义者的角色。他试图用被福泽谕吉批评的“仁政”观念来重新整合人心，强化臣民意识，使其免受人的自觉新思想的“污染”。

三、面对自由民权

与上述不同取向相关，两个《劝学篇》对自由民权采取了两种截然相反的态度。福泽谕吉的《劝学篇》大力倡导自由民权，而张之洞的《劝学篇》则视自由民权为大敌，痛恨攻伐。

福泽谕吉与张之洞两人在写作各自的《劝学篇》之前都已显示了他们对自由民权的不同态度。福泽谕吉在他的《西洋事情》中就肯定了自由民权的合理性及现实价值，而张之洞在1896年就将严复抨击专制、要求自由权利的言论视为“洪水猛兽”，并对之进行攻击。不过，两个《劝学篇》更凸显了福泽谕吉与张之洞在自由民权问题上的差异。

福泽谕吉倡导的自由民权论，从学理上讲在很大程度上只是对卢梭自由平等观的通俗介绍。卢梭“人生而平等”的说法使福泽谕吉极其兴奋。他在年少时代就深深厌恶日本的专制和等级制，表现出叛逆的性格，而现在他终于找到了武器，并换了一个说法成为《劝学篇》的第一句话：“‘天不生人上之人，也不生人下之人’，这就是说天生的人一律平等，不是生来就有贵贱上下之别的。”这句话使饱尝等级制之苦的日本国民耳目一新，大受鼓舞。与卢梭一样，福泽谕吉不认为人自由平等是指现象形态上的，因为人们在这方面实际上有很大的差别。

所谓自由平等，只是意味着人人有权重视其生命、财产和名誉，意味着人在自己的权利受到侵害时有权维护它，为此，“则政府官吏亦不足惧”①。

若把自由看作毫无限制的为所欲为，认为民权只是享受权利而不尽义务，那么这是对民权的极大误解，而张之洞正是由此出发来攻击自由民权的。但福泽谕吉从一开始就在《劝学篇》中反复告诫日本国民，自由的真谛是不妨碍他人而发挥自己的自由，“我们做人的道理，就在于不妨害他人的权利，自由自在地运用自己的身体”②。“如仅仅高唱自由自在，而不懂得守本分，则易陷于恣情放荡。所以本分就意味着基于天理，顺乎人情，不妨害他人而发挥自己的自由。”③

福泽谕吉没有使自由仅仅停留在个人摆脱束缚、干涉和获得解放这种还带有消极性的层面，他力求使自由与个人的创造性结合起来，利用众多的机会去参与实践，以此达到自我价值的真正实现。

正如前面所说，张之洞毫无保留地反对自由民权。他承认民权提倡者的动机并不坏，即“以求合群而自振”，但民权之说本身实在太坏了，它简直是罪恶的渊薮。张之洞感叹说：“嗟乎！安得此召乱之言哉！民权之说无一益而有百害。”④首先，他认为民权对办洋务有害无益。因为在张之洞看来，办洋务必须有官权，而主张民权，就会尽弃官权；其次，他认为维持中国政治秩序的已有之法仍是有效的，主张民权就会引起大乱；再次，他认为中国与西方不同，西方走向民权，是由于“暴君虐政”，民不堪忍受，举国愤怒，是上下相攻的结果，但“我朝深仁厚泽，朝无苛政，何苦倡此乱阶以祸其身而并祸天

① 〔日〕福泽谕吉：《劝学篇》，第6页。

② 同上书，第45页。

③ 同上书，第4页。

④ 〔清〕张之洞：《劝学篇》，第85页。

下哉！”[1]最后，张之洞还从“纲常”的绝对性出发，认为坚持“纲常”就必须弃却民权，“知君臣之纲，则民权之说不可行也；……知夫妇之纲，则男女平权之说不可行也”[2]。颇有趣味的是，张之洞还通过语义考释，断定自由民权的说法是对西文语义的误导。他说：“考外洋民权之说所由来，其意不过曰国有议院民间可以发公论、达众情而已，但欲民申其情，非欲民揽其权。译者变其文曰‘民权’，误矣。”[3]他又说那些摭拾西说者谓“人人有自主之权”，此“益为怪妄”，因为“此语出于彼教之书，其意言上帝予人以性灵，人人各有智虑聪明，皆可有为耳”[4]，但“译者竟释为人人有自主之权，尤大误矣”[5]。关于自由，张之洞说：“西语实曰‘里勃而特’，犹言事事公道，于众有益，译为‘公论党’可也，译为‘自由’非也。”[6]

尽管张之洞对自由民权的责难费了一番苦心，但这仍不能掩盖他对自由民权的误解。他把民权与官权完全对立起来，认为民一旦有权，官权就不复存在，这说明他不知道民权只是分权，只是要打破权利尽于上、义务行乎下的权利与义务的分裂。他不理解自由民权也是有限制的，它也是一种政治秩序，而把它与无法无天同视。他从专制权的无限制来设想民权的无限制，从专制统治者的随心所欲来推测民权也是随心所欲的。他用纲常、仁政取消民权，完全是一厢情愿地假定了纲常的不变性和仁政的存在。

值得注意的是，张之洞反对自由民权的声音绝不是孤立的个案，它反映了与清王朝有着共同利益的强大权力集团及一批顽固文人的共

---

① ［清］张之洞：《劝学篇》，第86页。
② 同上书，第70页。
③ 同上书，第86页。
④ 同上。
⑤ 同上。
⑥ 同上书，第86～87页。

同要求。不管他们在其他问题上有什么差异，他们在攻伐自由民权上都完全是异口同声、齐心协力。与他们把在历史上一切不利于专制的言论及人物定为“异端”和“图谋不轨”，以图严惩不贷一样，他们把自由民权及其倡导者视为“邪说惑众”和“乱臣贼子”，欲置之死地。被称为“小张之洞”的梁鼎芬曾这样警告对自由民权抱有好感的汪康年：“周少璞御史要打民权一万板，民权屁股危矣哉！痛矣哉！”[①]可悲的是，这种反对自由民权的政治势力在中国政治秩序的转变中非常强大有力。

四、民族主义反应及歧异

很明显，中日近代开国都是在西方帝国主义列强的压迫下被动进行的，并伴随有丧失国家主权和独立的一系列不平等条约。在这种刺激下，中日两国要是没有民族主义反应，那将是奇怪的。事实上，这种反应正是中日两国从传统向近代化转进的关键因素之一。两个《劝学篇》所表现出的民族主义反应不仅强烈，而且在很大程度上体现了中日民族主义的不同类型。

福泽谕吉《劝学篇》中的民族主义无疑是强烈的。他号召所有日本国民承担起国家兴亡的责任，尽保国的义务，“为了国家，不仅要牺牲财产，就是牺牲性命，也在所不惜，这就是报国的大义”[②]。这种民族主义要求，在福泽谕吉紧接着《劝学篇》的另一本主要著作《文明论概略》中又被大大强化，保卫国家的主权和独立已被视为日本发展文明的根本目的。在福泽谕吉看来，没有独立的民族国家，近代化最终是不可设想的。于是，他迫切地要求日本国民“不仅应该在元旦作

① ［清］梁鼎芬：《致汪康年书》，《汪康年师友书札》第2册，上海古籍出版社1986年版，第1900页。

② 〔日〕福泽谕吉：《劝学篇》，第15～16页。

一次告诫，而应该每天早晨互相告诫”[①]，时刻不忘国家的独立目标。

福泽谕吉的《劝学篇》没有仅仅停留在爱国情绪上，它已接触到近代民族主义的基本意旨。在福泽谕吉看来，民族主义根本上只是政治性的，即只是追求国家的独立、主权及国与国的平等关系。那种以复兴或保护传统文化为中心的文化民族主义完全在他的关心之外，因为在福泽谕吉看来，这种民族主义与民族国家作为政治主权的实体没有对应关系。福泽谕吉使保卫国家主权的政治民族主义与保护传统文化的文化民族主义一刀两断，所产生的一个最积极的结果是，可以让那些有长久文化传统的国家避免为了固守传统而对近代文明产生各种形式的排拒或内在紧张，使民族主义毫无障碍地与开放主义并驾齐驱，得以全方位地吸取近代化文明。同时，福泽谕吉的《劝学篇》把民族主义与自由主义统一了起来。他不仅从个人的自由权利推演出国家之自由、独立的充分正当性，而且认为民族主义的根本动力只能来自在个人自由前提下才能有的能量释放（“人人自由独立，国家就可以自由独立”）。换言之，福泽谕吉把保国视为一种义务，而这种义务只有在这一国家的公民充分享受自由权利的条件下才能被强烈地认同。福泽谕吉的民族主义与自由主义相统一的观念，实际上反映了近代化过程中民族主义与自由主义发展的同步性。应提及的是，肯定福泽谕吉《劝学篇》中民族主义的合理性，并不包含为福泽谕吉后来把民族主义逼进帝国主义的死胡同进行任何辩护，也不意味着日本民族主义的实际过程是依照福泽谕吉早期的合理设计而进行的。

张之洞的《劝学篇》也具有浓厚的民族主义色彩。张之洞在《劝学篇》中不时流露出对民族危机、国家主权沦丧的忧患与不安，承认当时中国的变局为几千年所未有。《劝学篇》中的《同心》《教忠》《知类》等篇更是集中要求保国、爱国。应充分注意的是，张之洞借助了

---

① 〔日〕福泽谕吉:《文明论概略》，第188页。

传统中“君子以类族辨物”（《易经》）、“非我族类，其心必异”（《左传·成公四年》）、“有知之属，莫不知爱其类”（《礼记·三年问》）的“种族”认同观念，这样，他的民族主义就带上了“种族性”的格调。但张之洞的行为又给这种格调蒙上了一层阴影，他自己就往往利用帝国主义在华势力，毫不手软地残杀同胞。同时，张之洞的民族主义把“保国”视为优先（与“保教”“保种”相比），似乎是政治民族主义，但仔细分析，却有致命的限制。张之洞把清王朝原封不动地作为国家实体，从没有对它进行任何政治改革的意图，以使它转换成现代意义上的国家。他还不具有合理的国际政治秩序观念，不能把争取国家主权及国与国的平等权内化到民族主义中，以提供民族主义的合理结构。尤其是，归根到底他还没有从文化民族主义中走出来。他认为中国之所以为中国，完全是由中国的传统文化决定的，因此，他的“保国论”就落脚在认同传统文化即认同国家（“以教为政”）、“保教”即“保国”上。正如论者所言：“文襄之图富强，志不在富强也。盖欲借富强以保中国，保中国即所以保名教。”[①] 这种等同导致的后果极其严重，即它使民族主义与文化价值的排外主义结为一体。张之洞不允许“中学”之体中渗入任何西方价值就根源于此。而且，张之洞还把民族主义与自由主义完全对立起来。在他看来，保国御敌必须有国权，而有民权就没有国权。同时，自由民权一旦形成，就意味着国家的瓦解。由此出发，张之洞认为要保国就只能继续用“忠孝”来整合人心。

不幸的是，张之洞这种有着致命缺陷的民族主义并没有成为历史的陈迹。晚清以来的中国民族主义往往在五个误区中恶性循环。一是“‘宁－不’排外式”的民族主义。从“宁使中国之路不成，矿不开，不令外国赀财于吾国而得利”[②]（杨光先曾言“宁可使中夏无好历

---

① ［清］辜鸿铭：《张文襄幕府纪闻》，《辜鸿铭文集》上卷，第 419 页。

② 《〈法意〉按语》，《严复集》第 4 册，第 1005 页。

法，不可使中夏有西洋人”），到“宁要社会主义的苗，不要资本主义的草”，就是典型的写照。二是文化民族主义冲淡了政治民族主义。三是民族主义与自由主义相冲突。不管是晚清政治权力的中心人物，还是民族主义强有力的倡导者，他们往往都认为自由民权与民族主义是不兼容的，为了民族主义就必须放弃自由民权。四是像国民党那样，把一个党派的利益凌驾于国家之上，把党派利益混同为国家整体利益。五是内外关系混乱。各种政治力量纷纷利用帝国主义势力或与之勾结，既损害了民族利益与国家主权，同时又大大损伤了中国人的民族感情。

五、广义文明论与画地为牢的中体西用论

其他的分歧仍然存在着，当福泽谕吉的《劝学篇》要求日本全方位吸取西方近代化文明的时候，张之洞的《劝学篇》却力求将中国对西方近代化文明的学习限制在狭隘的范围内。

福泽谕吉对西方文明完全持一种开放心态。他拥有一种广义的文明论，认为文明不仅是有形的、物质的东西（“工具”），而且是无形的、精神的东西（“价值”）。在这两个方面，日本都不能与西方相比。因此，日本除了吸取西方的物质文明外，同时还必须借鉴西方的精神文明。福泽谕吉对日本传统文化采取批评的态度。在他那里，民族自尊心已不再寄托在对日本传统文化的维护上，而主要靠通过移植西方近代化文明使日本成为近代化国家来保证。事实上，日本正是由于以最快的速度引进了西方近代化文明，才成了亚洲第一个走上资本主义道路的独立的民族国家，并与西方各国平起平坐。福泽谕吉回忆说：“我们日本人开国接触外国事物是三十年前的事。最初十年之间，处于内外新旧的冲突之中，虽一时眩惑，不知所措，但维新一举，从根本上确立了人心的方向，社会的一切事物都从西洋近代文明中找到了根据。看看当时的情景，国人争先恐后，读西洋书，学西洋科学，用西

洋之物，行西洋之事。从蒸汽船、蒸汽车、电信、邮电、印刷技术，到著书报纸、炮和轮船的制作，无一不学，真是不胜枚举。不停地发展，在东方出现了一个新的文明国家。我们维新以来十余年的事业，其发展迅速使海外也感到震惊。”①

张之洞的“中体西用论”是人们极为熟悉的。本来，他要求变通，要求开风气，要求吸取西方的物质文明，这并没有什么不对，但问题在于，他把对西方的学习严格限定在物质文明方面，而坚决拒绝在精神文明上有所纳入。他想当然地断定，中国在这方面一定优越于西方，强烈主张把它照原样保持下去，反对吸取任何西方精神文明并使之转化。而且，他把“中学”“西学”视为体用关系的模式，除导致了理论上的混乱、僵硬和拒斥西学之外，还继续助长了中国人的自大心理和优越意识，使中国人不能认真反省自己的困境，并虚心学习西方文明。

福泽谕吉的《劝学篇》是汇集陆续单独发表的十七篇文章而成。据福泽谕吉说，每篇文章发行达二十万份左右。这样，十七篇共计就有三百四十万份流行于全国。②据说，在当时书籍还十分珍贵的情况下，一册书往往为几个人轮流阅读，它对国民思想的影响的确是惊人的。它洗礼了几代人，渗透到各个阶层。作为自由民权运动首领之一的植木枝盛，就深受福泽谕吉思想的熏染。他常去庆应义塾的演说馆听演说，喜欢阅读福泽谕吉的《劝学篇》。历史学家德富苏峰曾记下了他小时候读福泽谕吉的《劝学篇》、敬仰福泽谕吉的情景：“福泽是为人师表。苏峰在同志社读书时，《劝学篇》每出一册，他都购买，批圈划点地精读。这时他才十五六岁，竟在一般书店里卖的福泽照片背面写上‘您才是我的畏友’。”③对变革时期福泽谕吉《劝学篇》的意义，丸山真男这样描述：“正像旱地里下了一场及时雨一样，受到了面对旧

---

① 慶応義塾编（1960）『福沢諭吉全集（第8巻）』. 東京：岩波書店，pp. 559 ～ 600.

② 〔日〕福泽谕吉：《福泽谕吉自传》，第295页。

③ 〔日〕鹿野政直：《福泽谕吉》，第104 ～ 105页。

价值体系崩溃、精神上不知所措的广大国民的欢迎。今日看来很平常的《劝学篇》这一书名，当时恰如活蹦乱跳的生鱼使人心有一种极大的新鲜感。”①

正是由于福泽谕吉以《劝学篇》为中心的启蒙主义对日本近代化过程的极大促进作用，他被誉为“日本的伏尔泰”。1901年，当他逝世时，他虽然只是庆应义塾的一位教书先生，但日本国会众议院却以全票通过了向他致哀的决议。他也受到了日本国民的广泛敬仰。

张之洞的《劝学篇》是通过最高政治权威的肯定而颁布的，它无疑试图扮演官方意识形态的角色，是对康梁启蒙思想的反动，因而受到了保守势力的普遍肯定和赞赏。苏舆将其部分收入《翼教丛编》，并赞扬说：“疆臣佼佼，厥惟南皮，《劝学》数篇，挽澜作柱。”②张之洞死后，他的《劝学篇》被清室誉为“一大功绩”（宣统二年，1910年），朝廷的《谕祭文》颂曰：“诏荆楚之髦士，《劝学》成书；控江汉之上游，典兵有制。”不过，张之洞的《劝学篇》受到了启蒙思想家的批判。何启、胡礼垣指出，《劝学篇》“其论则非，不特无益于时，然且大累于世。……深恐似此之说出自大吏，不难如曾侯中国已醒之论，又害我中国十年也”③。严复从理论高度揭示了张之洞割裂体用的不当。梁启超则嘲笑说：“挟朝廷之力以行之，不胫而遍于海内。其声价视孟的斯鸠之《万法精理》、卢梭之《民约论》、弥勒约翰之《自由公理》初出世时，殆将过之。噫嘻！是嗫嗫嚅嚅者何足道？不三十年将化为灰烬，为尘埃野马，其灰其尘，偶因风扬起，闻者犹将掩鼻而

---

① 丸山真男（1986）『「文明論之概略」を読む（下）』. 東京：岩波書店，pp. 316～317.

② ［清］苏舆：《翼教丛编》，上海书店出版社2002年版，第3页。

③ ［清］何启、胡礼垣：《新政真诠——何启、胡礼垣集》，郑大华点校，辽宁人民出版社1994年版，第335～336页。

过之。”[①]

但何启、梁启超太乐观了，张之洞《劝学篇》中所传播的思想后来不断地以不同形式再现，国粹派、本位文化派采取的都是类似的逻辑。总体上可以这样说，在从传统向近代化的转进中，日本灵活适新，善于变通；但在中国，自晚清以来，对近代化各种形式的抵抗强大有力，中国近代化的脚步实在太沉重了。

① ［清］梁启超：《自由书》，《饮冰室合集》专集第2册，中华书局1936年版，第7页。

参考文献

（按出版年排序）

一、严复、福泽谕吉著作

〔日〕福泽谕吉:《文明论概略》，北京编译社译，商务印书馆1959年版。

慶応義塾编（1958-1964）『福沢諭吉全集』. 東京：岩波書店.

〔日〕福泽谕吉:《福泽谕吉自传》，马斌译，商务印书馆1980年版。

〔英〕赫胥黎:《天演论》，严复译，商务印书馆1981年版。

〔英〕亚当·斯密:《原富》，严复译，商务印书馆1981年版。

〔英〕斯宾塞:《群学肄言》，严复译，商务印书馆1981年版。

〔英〕约翰·穆勒:《群己权界论》，严复译，商务印书馆1981年版。

〔英〕甄克思:《社会通诠》，严复译，商务印书馆1981年版。

〔法〕孟德斯鸠:《孟德斯鸠法意》，严复译，商务印书馆1981年版。

〔英〕约翰·穆勒:《穆勒名学》，严复译，商务印书馆1981年版。

〔英〕耶芳斯:《名学浅说》，严复译，商务印书馆1981年版。

〔日〕福泽谕吉:《劝学篇》，群力译，东尔校，商务印书馆1984年版。

福沢諭吉（1984）『福沢諭吉』〈日本の名著〉33. 東京：中央公論社.

［清］严复:《严复集》，王栻主编，生活·读书·新知三联书店1986年版。

［清］严复:《严复全集》，汪征鲁、方宝川、马勇主编，福建教育出版社2014年版。

二、其他学术著译作

丸山真男（1952）『日本政治思想史研究』. 東京：東京大学出版会.

近代日本思想史研究会（1956-1957）『近代日本思想史』. 東京：青木書店.

丸山真男（1961）『日本の思想』. 東京：岩波書店.

日高六郎（1964）『近代主義』〈現代日本思想大系〉34. 東京：筑摩書房.

〔美〕约翰・杜威:《人的问题》，傅统先、邱椿译，上海人民出版社1965年版。

小泉信三（1966）『福沢諭吉』. 東京：岩波書店.

淡野安太郎（1967）『明治初期の思想：その特性と限界』. 東京：勁草書房.

八杉竜一（1969）『進化論の歴史』. 東京：岩波書店.

植手通有（1974）『日本近代思想の形成』. 東京：岩波書店.

比較思想史研究会（1975）『明治思想家の宗教観』. 東京：大蔵出版.

丸山真男（1976）『戦中と戦後の間（1936-1957）』. 東京：みすず書房.

〔日〕永田广志:《日本哲学思想史》，陈应年、姜晚成、尚永清等译，商务印书馆1978年版。

李泽厚:《中国近代思想史论》，人民出版社1979年版。

源了円（1980）『近世初期実学思想の研究』. 東京：創文社.

家永三郎（1980）『日本近代思想史研究』増訂新版. 東京：東京大学出版会.

王蘧常:《民国严幾道先生复年谱》，台湾商务印书馆1981年版。

和辻哲郎（1982）『鎖国：日本の悲劇』. 東京：岩波書店.

商务印书馆编辑部编:《论严复与严译名著》，商务印书馆1982年版。

孙广德:《晚清传统与西化的争论》，台湾商务印书馆1982年版。

张岱年:《中国哲学大纲》，中国社会科学出版社 1982 年版。

〔日〕近代日本思想史研究会:《近代日本思想史》第 1 卷，马采译，商务印书馆 1983 年版。

〔意〕利玛窦:《利玛窦中国札记》，何高济、王遵仲、李申译，中华书局 1983 年版。

胡适:《先秦名学史》,《先秦名学史》翻译组译，李匡武校订，学林出版社 1983 年版。

〔日〕汤浅光朝:《解说科学文化史年表》，张利华译，科学普及出版社 1984 年版。

冯友兰:《三松堂自序》，生活・读书・新知三联书店 1984 年版。

〔英〕A. J. 汤因比、〔日〕池田大作:《展望二十一世纪——汤因比与池田大作对话录》，荀春生、朱继征等译，国际文化出版公司 1985 年版。

〔美〕费正清、刘广京:《剑桥中国晚清史》，中国社会科学院历史研究所编译室译，中国社会科学出版社 1985 年版。

冯友兰:《中国哲学简史》，涂又光译，北京大学出版社 1985 年版。

钟叔河:《走向世界——近代中国知识分子考察西方的历史》，中华书局 1985 年版。

丸山真男（1986）『「文明論之概略」を読む』. 東京：岩波書店.

〔美〕乔治・霍兰・萨拜因:《政治学说史》上册，盛葵阳、崔妙因译，商务印书馆 1986 年版。

〔美〕乔治・霍兰・萨拜因:《政治学说史》下册，刘山等译，商务印书馆 1986 年版。

冯友兰:《三松堂全集》第 4 卷，河南人民出版社 1986 年版。

〔英〕欧内斯特・巴克:《英国政治思想——从赫伯特・斯宾塞到现代》，黄维新、胡待岗等译，南木校，商务印书馆 1987 年版。

〔美〕本尼迪克特:《菊花与刀——日本文化的诸模式》，孙志民、马小鹤、朱理胜译，浙江人民出版社 1987 年版。
庄锡昌等:《多维视野中的文化理论》，浙江人民出版社 1987 年版。
王晓秋:《近代中日启示录》，北京出版社 1987 年版。
“文化：中国与世界”编委会编:《文化：中国与世界》第 1 辑，生活·读书·新知三联书店 1987 年版。
〔美〕科恩:《论民主》，聂崇信、朱秀贤译，商务印书馆 1988 年版。
〔德〕E. 卡西尔:《启蒙哲学》，顾伟铭、杨光仲、郑楚宣译，山东人民出版社 1988 年版。
〔法〕克洛德·德尔马:《欧洲文明》，郑鹿年译，上海人民出版社 1988 年版。
〔美〕吉尔伯特·罗兹曼:《中国的现代化》，国家社会科学基金“比较现代化”课题组译，上海人民出版社 1989 年版。
〔日〕近代日本思想史研究会:《近代日本思想史》第 2 卷，李民、贾纯、华夏等译，商务印书馆 1991 年版。
丁伟志、陈崧:《中西体用之间》，中国社会科学出版社 1995 年版。
〔美〕史华兹:《寻求富强：严复与西方》，叶凤美译，江苏人民出版社 1996 年版。
〔美〕西里尔·E. 布莱克:《比较现代化》，杨豫、陈祖洲译，上海译文出版社 1996 年版。
〔美〕周策纵:《五四运动：现代中国的思想革命》，周子平等译，江苏人民出版社 1996 年版。
高瑞泉:《中国近代社会思潮》，华东师范大学出版社 1996 年版。
〔日〕丸山真男:《日本近代思想家福泽谕吉》，区建英译，世界知识出版社 1997 年版。
〔美〕贝拉:《德川宗教：现代日本的文化渊源》，王晓山、戴茸译，生活·读书·新知三联书店 1998 年版。
〔法〕基佐:《欧洲文明史——自罗马帝国败落起到法国革命》，程洪逵、沅芷译，商务印书馆1998年版。
孙应祥:《严复年谱》，福建人民出版社2003年版。
皮后锋:《严复大传》，福建人民出版社2003年版。
孙应祥、皮后锋:《〈严复集〉补编》，福建人民出版社2004年版。

三、学术论文

汉民:《述侯官严氏最近之政见》,《民报》1905年第2期。
贺麟:《严复的翻译》,《东方杂志》1925年第21期。
林耀华:《严复社会思想》,《社会学界》1933年第7卷。
周振甫:《严复的中西文化观》,《东方杂志》1937年第1期。
周振甫:《严复思想转变之剖析》,《学林》1941年第3期。
丸山真男「福沢に於ける秩序と人間」、『三田新聞』1943-11-25.
丸山真男（1947)「福沢に於ける「実学」の転回」、『東洋文化研究』(3).
伊藤秀一（1960)「進化論と中国の近代思想（1)」、『歴史評論』(123).
伊藤秀一（1960)「進化論と中国の近代思想（2)」、『歴史評論』(124).
冯友兰:《从赫胥黎到严复》,《光明日报》，1961年3月8、9日。
丸山真男（1964)「福沢諭吉の哲学」、日高六郎『近代主義』〈現代日本思想大系〉34. 東京：筑摩書房.
高田淳（1965)「厳復の「天演論」の思想——普遍主義への試み」、『東京女子大学附属比較文化研究所紀要』(20).
高田淳（1966)「シユウオーツの厳復論——一つの東西文明論」、『比較文化』(12).
高田淳「厳復と西欧思想—『天演論』の場合—」、東京大学文学部中国文学研究室（1967)『近代中国の思想と文学』. 大安.

李泽厚:《论严复》,《历史研究》1977 年第 2 期。
刘及辰:《论西周对近代日本哲学的贡献及其实证主义的立场》,《延边大学学报》1979 年 A1 期。
季甄馥:《论严复的哲学思想及其历史地位》,《江西大学学报》(社会科学版)1981 年第 3 期。
殷鼎:《严复在中西方思想史比较研究上的首出地位》,《南开学报》(哲学社会科学版)1981 年第 6 期。
赵乃章:《论福泽谕吉的文明史观》,《哲学研究》1982 年第 5 期。
永井道雄 (1984)「断絶の時代における飛躍」、『福沢諭吉』〈日本の名著〉33. 東京: 中央公論社.
緒形康 (1985)「厳復とミル論理学」、『中哲文学会報』(10).
吴德:《严复在〈天演论〉中宣扬了些什么?》,《中国哲学史研究》1985 年第 3 期。
田光辉:《严复的认识论与中国的社会现实》,《贵州大学学报》(社会科学版)1985 年第 3 期。
陈卫平:《确立近代科学的思维方式》,《华东师范大学学报》(哲学社会科学版)1985 年第 6 期。
崔新京:《福泽谕吉的"文明"历史观刍论》,《辽宁大学学报》(哲学社会科学版)1985 年第 6 期。
房德邻:《严复与西学》,《北京师范大学学报》(人文社会科学版)1985 年第 5 期。
卞崇道:《加藤弘之早期启蒙哲学思想述评——从〈邻草〉到〈国体新论〉》,《外国问题研究》1986 年第 1 期。
手代木有児 (1987)「厳復『天演論』におけるスペンサーとハックスリーの受容——中国近代における「天」の思想」、『集刊東洋学』(58).
方克立:《评"中体西用"和"西体中用"》,《哲学研究》1987 年第

9期。

毛丹:《严复思想轨迹的再认识》,《学术月刊》1987年第11期。

杨国荣:《从中西古今之争看中国近代方法论思想的演变》,《福建论坛》(文史哲版)1988年第1期。

緒形康（1989)「厳復の翻訳論」、『愛知大学文学論叢』(91).

手代木有児（1990)「厳復における尚古主義と世界像の変容」、『中国 - 社会と文化』(5).

佐藤慎一（1990)「『天演論』以前の進化論——清末知識人の歴史意識をめぐって」、『思想』(792).

高柳信夫（1993)「厳復思想における「科学」の位置」、『中国哲学研究』(6).

手代木有児（1994)「厳復の英国留学——その軌跡と西洋認識」、『中国 - 社会と文化』(9).

初版后记

从1983年起，我进入北京大学哲学系攻读硕士研究生学位，开始更多地接触中国近现代哲学和思想。随着时间的推移，我对中国近代哲学和思想的一个总体感觉愈来愈强烈，这就是一批又一批、一代又一代中国知识分子和思想家们的安身立命充满着艰难，他们的道路曲折、复杂。当初，他们都有强烈的理想和坚定的信念，又都是那样执着和向往，有一种不可阻挠的追求力量，可理想和信念对他们来说却总是可望而难及，到头来，他们或是在挫折中退却，或是在断层中改向，或是在悲壮中诀别。严复、康有为和梁启超为我们提供了前面两种象征的例子，谭嗣同则为我们提供了第三种表现的事实。正是谭嗣同的这第三种表现激烈地震撼着我的心灵。

虽然在中国传统社会的历史中，"士"受到惩罚的不乏其人，虽然嵇康临刑前"神气不变，索琴弹之，奏《广陵散》"①，虽然李贽在狱中自尽时有那"七十老翁何所求"②的自我安慰，但无论如何这些都会使人对他们的个人追求所付出的生命代价深感哀伤。然而，谭嗣同的追求则达到了超拔和崇高，所以他的死就显得特别悲壮。他的名言"各国变法，无不从流血而成。今日中国未闻有因变法而流血者，此国之所以不昌也。有之，请自嗣同始"③，他的临终语"有心杀贼，无力回

---

① 《世说新语・雅量》。

② ［明］袁中道:《李温陵传》。

③ ［清］梁启超:《谭嗣同传》,《梁启超全集》第1册，第233页。

天，死得其所，快哉快哉！”① 无不令人感怀万端。血是流了，而且是不断地流，但“法”却顽固地生存着而难以改变。这不能不燃烧起我内心的关切，促使我去探寻其深层的原因，并试图通过这种探寻，为中国近代化的难产给出一个合理的解释。

1986 年，我开始师从张岱年先生攻读博士研究生学位，并有机会赴日本东京大学进行访学。日本这一中国邻邦，这一西方人眼中的远东岛国，这一在一千多年中一直以中国为师的学生，它的近代奇迹超出了我的想象，使我抑制不住惊叹之情，从而引发出我的研究兴趣。我把这研究兴趣转到了日本近代思想文化上，开始面对日本近代知识分子和思想家们。同中国近代知识分子和思想家们相比，虽然日本近代知识分子和思想家们的道路也不平坦，也有痛苦的经历，但他们基本上还是比较幸运的。我们如果不把这归于日本的“魔法”和“神力”，就应该对它做出理性的阐释。于是，我开始了这种尝试。

这样，我集中研究的两个对象——中日近代思想和文化——就在我心中相互映照起来，我不愿只就一个而论，我要对它们进行比较性的研究。经过思考并征得尊师张岱年先生的同意，我从大处着眼，选定“中日启蒙思想比较”这一课题，并从小处入手，以严复与福泽谕吉这两位中日近代启蒙思想的代表为具体的解说对象，正式开始了我的博士论文《严复与福泽谕吉——中日启蒙思想比较》的工作。经过紧张的过程，1989 年夏我完成了它。

现在，《严复与福泽谕吉——中日启蒙思想比较》作为一部著作正式出版了，我自然感到欣慰，但并不心满意足。这不仅因为本书对中日启蒙思想的总体比较还显得单薄，而且因为对严复与福泽谕吉的具体分析和比较，也不敢说准确无误。损益补正，期待来日，读者谅之。

最后，我要向东京大学文学部中国哲学研究室和北京大学哲学系

---

① 杨廷福:《谭嗣同年谱》，人民出版社 1957 年版，第 119 页。

中国哲学史教研室的诸位先生深表谢意，他们各有示教，使我受益很多。我要特别感谢张岱年先生，先生的指导和教诲令我终生感铭。先生“好学深思，心知其义”的学风、“刚健有为，自强不息”的精神，将使我终生受用。同时，对河南大学出版社为本书的出版给予的支持和付出的辛劳，我表示衷心的感谢。

王中江

1991 年 1 月

修订版后记

这部书是我在北京大学攻读博士研究生学位的论文，其初版是我出版的第一部著作。现在看来，它难免会有诸多不尽如人意之处，包括行文还带有不能平复的心情。人们从中也不难看出自 20 世纪 70 年代末开始的中国改革开放早期中国思想文化时空的色彩。那是一个似乎重现了新文化运动的新的启蒙时期。

20 世纪 90 年代以来，中国的思想文化发生了一系列新的变化，其中的一个表现是人们整体上对传统文化有了更多的认同感，并努力去发现中国历史上各种思想和学说的内在理路与内在价值。

作为中国哲学和思想文化的研究者，我自己也身在其中。我们对传统文化的同情、理解和认同，超越了过去启蒙理性的过多批判和否定。这同近代的启蒙理性、新文化运动的启蒙和 20 世纪 80 年代的反传统都形成了明显的对比。但不同的时代都有自己的课题、主题，都有自己的角色和作用，试图用后来的简单地否定之前的并不是历史的和客观的态度。

基于此，尽管我的学术方法和学术研究同以前相比，有所超越、有所扩展，对问题的看法也有所不同，但我不能简单地否定昔日之我，何况昔日之我也不是轻易就能否定的。我相信，这部书原有的体系和讨论整体上仍然能够成立，它提出的问题还能促使我们在一些领域展开反思和转化。因此，我对初版只是做了非常有限的修订，同时为了对学者同人表示尊重，所有直接引文都保留原貌。同情的读者将会体谅这一点。我希望读者对修订版有兴趣，并给予批评、指正。

感谢中国人民大学出版社欣然出版本书，感谢王琬莹女士对本书的出版给予的帮助和罗晶女士为编辑本书付出的辛劳。

王中江

2020 年 6 月

王中江著作系列

第 1 卷　简帛时代与早期中国思想世界（上）
第 2 卷　简帛时代与早期中国思想世界（下）
第 3 卷　根源、制度和秩序：从老子到黄老学
第 4 卷　道家形而上学及其展开
第 5 卷　儒家精神之道和社会角色
第 6 卷　近代中国思维方式的演变
第 7 卷　进化主义在中国的兴起
第 8 卷　自然和人：近代中国两个观念的谱系
第 9 卷　世界巨变：严复的角色
第 10 卷　严复与福泽谕吉启蒙思想比较
第 11 卷　理性与浪漫——金岳霖的生活和哲学
第 12 卷　从古典到现代：观念和人物